Vor
1000
Jahren

Alltag im
Mittelalter

ICI EST ENFERS E LI ANGELS KI ENFERME LES PORTES

Rolf Schneider

Vor 1000 Jahren

Alltag im Mittelalter

Das Werk einschließlich aller seiner Teile ist urheberrechtlich geschützt. Jede Verwertung außerhalb des Urhebergesetzes ist ohne Zustimmung des Verlages unzulässig und strafbar. Das gilt insbesondere für Vervielfältigungen, Übersetzungen, Mikroverfilmungen und die Einspeicherung und Verarbeitung in elektronischen Systemen.

Der Inhalt dieses Buches ist sorgfältig recherchiert und erarbeitet worden. Dennoch können weder Autor noch Verlag für alle Angaben im Buch eine Haftung übernehmen. Der Text dieses Buches folgt den neuen Regeln der deutschen Rechtschreibung.

Weltbild Buchverlag
© 1999 by Weltbild Verlag GmbH, Augsburg
Alle Rechte vorbehalten
Herausgeber und Redaktion: Dr. Manfred Leier, Hamburg
Wissenschaftliche Beratung: Prof. Dr. Jürgen Sarnowsky,
Historisches Seminar der Universität Hamburg;
Prof. Dr. Bruno Reudenbach, Kunstgeschichtliches Seminar
der Universität Hamburg
Layout, Satz und Covergestaltung: Therese Schneider, Berlin
Bildredaktion: Regina Tresp M. A., Hamburg, Therese Schneider
Lektorat: Gisela Merz-Busch, Hamburg
Produktion: HVK Hamburger Verlagskontor GmbH
Lithoarbeiten: Type Work Layoutsatz & Grafik GmbH, Augsburg
Druck und Bindung: Offizin Andersen Nexö –
ein Betrieb der INTERDRUCK Graphischer Großbetrieb GmbH, Leipzig
Gedruckt auf chlorfrei gebleichtem Papier
Printed in Germany
ISBN 3-89604-673-X

Inhalt

Der Blick zurück 6
Thiudisk, theodiscus, deutsch –
Ordenunge

Bäuerliche Welt 16
Einblick in das Gemüt – Das Prinzip Ungleichheit –
Dörfliches Leben – Rechtsgemeinschaft Familia –
Slawenland

Stadtluft macht frei 62
Zwei Briefe – Markt und Stadt – Handel und Geld –
Weib und Kind – Die Außenseiter. Das Sterben –
Diaspora

Die Seele ist wie ein Wind 118
Mönchsregeln – Triumphierende Kirche –
Erhaltene Bauten, erhaltenes Wort – Reformen –
Romanisches – Zisterzen, Ketzer, Bettelorden
und Universitäten

Ritterleben 164
Biographie – Feudalherrschaft – Krieg –
Gerechtigkeit – Nach Jerusalem –
Ministeriale Gewohnheiten – Höfisches Leben –
Der schöne Schein – Der Flug des Falken

Könige und Kaiser 218
Gefühl der Überwältigung – Herrschaftspraxis –
Anfechtungen – Weihekaiser und Papsttum –
Erhabener Abgesang

Herrscherchronik, Bildquellen, Fotovermerk 254

Der Blick zurück

Das Thema unseres Buches lautet: Alltag vor tausend Jahren. Wobei wir, um den intendierten Zustand wirklich fassen zu können, im Zeitraum ziemlich weit ausgreifen müssen, nämlich viel länger als ein Jahrzehnt oder selbst ein Jahrhundert.

Es geht um Deutschland im Hochmittelalter. Hier befinden wir uns vor der Notwendigkeit zu einer exakteren Bestimmung und Definition. Das Mittelalter ist kein sehr fest umrissener Begriff; gemeinhin bezeichnet er, jedenfalls in der europäischen Geschichte, die Epoche zwischen Antike und Neuzeit, und die reicht in etwa von der Völkerwanderung bis zur Epoche von Renaissance und Reformation.

Der Begriff wurde von den Humanisten geprägt, Ende des 15. und Anfang des 16. Jahrhunderts; sie waren der Meinung, diese „dunkle" Epoche sei durch einen Verfall von Kultur und Bildung gekennzeichnet und hebe sich dadurch von der kulturellen Blütezeit der Antike auf der einen Seite und der Wiedergeburt der antiken Traditionen in der Renaissance auf der anderen deutlich ab. Solche negative Beurteilung haftete an dem Mittelalter-Begriff noch bis ins Zeitalter der Aufklärung, und erst die Romantik rückte davon ab. In die Romantik fallen zugleich der Beginn von geschichtswissenschaftlicher Forschung und Darstellung, wie sie uns heute geläufig sind.

Uns geht es um das sogenannte Hochmittelalter, genauer: den Zeitraum von der Mitte des 10. bis zur Mitte des 13. Jahrhunderts, noch exakter: von 962 bis 1250. Das erste Datum ist das Jahr, da man Sachsenkönig Otto I. zum Kaiser krönte, und 1250 starb auf Sizilien der letzte Hohenstauferherrscher, Friedrich II.

Unsere zeitliche Eingrenzung ist einigermaßen willkürlich und deswegen anfechtbar, außerdem werden wir wiederholt über diese selbst gesetzten Grenzen hinaus greifen müssen. Wir haben uns dennoch zu ihnen entschlossen, da irgendeine Einordnung unumgänglich war. Jedenfalls fällt in diese Zeit die allmähliche Herausbildung jener ethnischen Gemeinschaft, die man die Deutschen nennt, und es lassen sich die Umrisse des Territoriums nachzeichnen, das sie bewohnen.

Die beträchtliche Faszination, die das Mittelalter seit mehr als zweihundert Jahren (bei wechselnder Intensität) auf das deutsche Lesepublikum ausübt, ist ein noch wenig untersuchtes Phänomen. Die deutschen Romantiker Ludwig Tieck und Wilhelm Heinrich Wackenroder, die bei einem studentischen Reitausflug von Erlangen ins Muggendorfer Gebirge, das heute Fränkische Schweiz heißt, die verschüttete Schönheit der alten Stadt Nürnberg für sich entdeckten, waren zunächst bloß auf ästhetische Alternativen zum etwas steril gewordenen Antikekult der Weimarer Klassiker aus. Die Tatsache, dass jenes Volk, dem sie selber entstammten, eine im Wortsinn bemerkenswerte Geschichte besitze, erkannten sie nicht als Erste, doch waren sie gewillt, dieser Geschichte einen anderen Rang beizumessen. Fortan nährte sich das deutsche Nationalgefühl, das schon sehr viel früher existierte als der zugehörige Nationalstaat, aus solcher Art von Vergangenheitsbetrachtung, und zumal die Ereignisse des deutschen Hochmittelalters boten ihm einigen Anlass zu Bewunderung und Stolz.

Die schöne Literatur nahm sich der Sache an, neben der akademischen Geschichtsschreibung. Die anhebende Denkmalpflege wandte sich den architektonischen Zeugnissen zu. Jacob Grimm, einer von zwei märchensammelnden Brüdern, kümmerte sich um den im Mittelalter gesprochenen deutschen Dialekt und war den in dieser Sprache verfassten Dichtungen auf der Spur.

Das Mittelalter okkupierte den Inhalt von Romanbüchern, und zwar nicht nur von denen unbezweifelbarer Hochliteraten wie Friedrich von Hardenberg, der sich Novalis nannte, sondern auch von denen aus der Feder vergleichsweise trivialer Autoren. Das Mittelalter erklomm die Theaterbretter in der Gestalt pathetisch skandierender und übertrieben kostümierter Darsteller von Rittern und Königen, und es bedeckte al fresco die neu verputzten Wände historischer oder historisierender Gemäuer.

1. Das Jüngste Gericht. Ikonenmalerei, Nowgorod (15. Jh.)

8 Der Blick zurück

2. Paul Joseph Kiedrich: »Heinrich V.« Gemälde für den Römer in Frankfurt/M. (1847)

Solange sich die Deutschen im völligen Einverständnis mit ihrer nationalen Entwicklung wähnen durften, hatte jene Art von Vergangenheitsseligkeit eine immer währende Konjunktur. Von den in der Sache besonders beharrlichen Nationalkonservativen und Deutschnationalen kam sie dann, häufig vermittelt durch die nämlichen Personen, auf die Zustände des Dritten Reiches, wo sie förmlich inflationierte. Männer wie Adolf Hitler und Heinrich Himmler sahen sich in der direkten Nachfolge hochmittelalterlicher Herrscher. Als ihr Regime verdientermaßen zur Hölle gefahren war, rissen sie eine Menge des durch sie verdorbenen Bildungsgutes mit sich. Um das deutsche Nationalgefühl nach dem Jahre 1945 war es dann nicht sehr gut bestellt. Die zivilisatorischen Ikonen, an denen sich die Leute nunmehr orientierten, wurden zunächst eher anderswo gesucht, im Zweifelsfall in der Fremde, und das galt für den erhabenen Bereich ebenso wie für den trivialen.

Nun war der Mittelalterenthusiasmus des 19. Jahrhunderts keine deutsche Spezialität. Andere Völker, voran Engländer und Franzosen, hatten gleichermaßen daran Anteil, immer bezogen auf die jeweils eigene Geschichte. Ihrerseits verschont geblieben von nationalen Katastrophen der selbstgemachten Art, war ihnen die Mediävistik ein selbstverständlicher Sektor des anspruchsvollen Geisteslebens ebenso wie des populären, und während bei uns Deutschen die Texte der Alexis, Riehl und Wildenbruch schon vor 1933 einem nicht ganz unverdienten Desinteresse entgegen zu dämmern begannen, gehörten bei unseren Nachbarn Victor Hugo, Walter Scott und William Shakespeare selbstverständlich und unbestritten zur Hochkultur.

So wurde die neu erwachte Begeisterung für das Mittelalter in deutschen Landen vornehmlich über Kulturimporte angeregt. Die 1989 verstorbene Historikerin und Publizistin Barbara Tuchman veröffentlichte 1978 ihr Buch »Der ferne Spiegel«. Es wurde bald ins Deutsche übersetzt und gedieh zu einem außerordentlichen Verkaufs- und Leseerfolg. Es beschrieb die Zeit des Hundertjährigen Krieges zwischen England und Frankreich in einer so ungemein lebendigen Form, dass es von jener gründlich vergangenen Epoche den Schleier fortriss und die einstigen Konflikte, Personen und Motive als überraschend gegenwärtig erscheinen ließ.

3. Ein weiteres Beispiel deutscher Historienmalerei: »Die Ungarnschlacht auf dem Lechfeld 955«. Gemälde von Michael Echter (1860)

Noch stärker wirkte dies alles in dem Roman »Der Name der Rose« von Umberto Eco. Der Strukturalist und Mediävist aus Bologna schrieb eine Art von hochmittelalterlichem Detektivroman, dessen (bei aller postmodernen Ironie) akribische Detailtreue sich ausführlichen Studien zur mittelalterlichen Kulturgeschichte verdankte, über die der Verfasser seinerseits noch spezielle Buchveröffentlichungen vorlegte.

Spätestens mit Ecos Weltbestseller waren dem Thema sämtliche Türen aufgesperrt, zumal in Deutschland. Sieht man ab von der allerjüngsten Zeitgeschichte, erregt gegenwärtig kein anderer historischer Abschnitt unserer nationalen Vergangenheit ein derartiges Interesse wie die Epoche der Heinrichs, Ottos und Friedrichs. Auch unser Buch reiht sich hier ein, selbstverständlich.

Es gibt sich nicht dem Ehrgeiz hin, vollkommen Neues zu erzählen. Es setzt auf die Ergebnisse der akademischen Mittelalterforschung, die sich übrigens in ihren Behauptungen gerne widerspricht, so dass wir von zwei oder noch mehr divergierenden Lesarten uns schließlich für eine entscheiden mussten, nach Maßgabe der Plausibilität. Die Illustrationen, die wir dazu stellen, entstammen überwiegend, wiewohl nicht ausschließlich, den beschriebenen Zeitabschnitten. Veränderungen im Mittelalter geschahen langsamer als heute, so dass man auch in jüngeren Darstellungen »ein, zwei Jahrhunderte zuvor in diesen Umrissen« wahrnehmen kann, wie der Historiker Otto Borst anmerkt.

Es geht, gemäß unserem Untertitel, um Alltag. Laut Bedeutungswörterbuch bezeichnet dieser Begriff das Tagtägliche, das Gewöhnliche, das Unauffällige. Dies nun gibt es allerorten, bei prominenten Leuten und bei Namenlosen. Sie haben alle ihren Alltag, nur unterscheidet sich des einen Alltag fundamental von dem des anderen. Worum es uns also geht, und was unser Titel eher umspielt als konzise benennt, ist der Versuch einer alle gesellschaftlichen Schichten im damaligen Deutschland umfassenden Sozial- und Zivilisationsgeschichte. Zivilisation meint alles: Krieg und Frieden, Philosophie und Baukunst, Sprache, Ökonomie, Ansiedlung, Reichtum, Armut und

4. Berufung eines Herrschers. Hier: Heinrich der V. erhält Schwert und Ring von seinem Vater (zeitgenössische Buchmalerei)

5–6. Hochmittelalterliche Münzen mit Kaiserporträts. Denar (oben) und Brakteat (rechts)

Tod. Wir werden von Königen handeln und von Sklaven, von Päpsten wie auch von anonymen Mönchen.

Sonst noch?

Wir werden zu erkennen haben, dass die alte, in der Romantik kultivierte Vorstellung vom Mittelalter als einer Epoche, da der Mensch gläubig eingehüllt war in Anonymität und christliche Geborgenheit wie in einen schützenden Kokon, den dann die Renaissance grausam aufbrach, sich unmöglich halten lässt. Die Gefühle von Individualität gab es schon vor den Humanisten, und sie äußern sich recht deutlich. Der Glaube war kein schützender Kokon, sondern oft genug die allerletzte Zuflucht von Betroffenen in den immer wiederkehrenden Perioden von Not und Verzweiflung. Dessen ungeachtet trifft auch die frühneuzeitliche Vorstellung vom Mittelalter als einer Zeit der Finsternis und der sich perpetuierenden Grausamkeiten nicht durchweg zu. Es gab immer wieder Abschnitte der Ruhe, der Gelassenheit und der kulturellen Opulenz.

Der Historiker Golo Mann hat gesagt: »Wie es aber in der Geschichte geht: sie nimmt nur das an, was sie im Augenblick brauchen kann, und macht daraus, was sie will.«

Es gilt, was für die Geschichte gilt, ebenso für die Gegenwart. Auch die Geschichte war einmal Gegenwart. Auch die Gegenwart wird einmal Geschichte.

Thiudisk, theodiscus, deutsch

Das Wort deutsch bedeutet so viel wie volksmäßig und volkstümlich. Es ist eine Ableitung von dem althochdeutschen Substantivum *diot*, was Volk bedeutet; wir haben es heute noch in einer Reihe gebräuchlicher Vornamen wie Dietrich, Dieter, Dietlinde. Als *thiudisk*, lateinisch *theodiscus*, kommt das Adjektivum für Westeuropa erstmals in einem Bericht aus dem Jahre 786 vor. Der Bericht ist für einen Bischof verfertigt und teilt mit, die Beschlüsse einer Synode seien sowohl in lateinischer als auch in der Volkssprache – *theodisce* – verlesen worden, damit alle sie verstehen könnten. Allerdings, diese kirchliche Versammlung fand nicht auf heute deutschem Boden statt, sondern im britischen Mercia, und die benutzte Sprache dürfte deswegen Altenglisch gewesen sein.

Das Wort Deutschland in unserem heutigen Verständnis entstand erst während des 15. Jahrhunderts und brauchte nochmals Jahrzehnte, um sich als Begriff durchzusetzen. Zwar erscheint erstmals um 1080 die Wendung *diutsche lant* in einem literarischen Text, aber hier handelt es sich um die Bezeichnung einer bloßen Sprachregion. Wenn das Territorium, um das es geht, mit offiziellem Namen benannt wurde, hieß es zumeist Germania. Dieses Wort geht auf klassische römische Autoren wie Tacitus zurück.

Gelegentlich gibt es noch den Begriff *teutonicus*. Er ist nicht sonderlich korrekt. Er leitet sich her von jenem germanischen Stamm, der, ursprünglich aus Jütland stammend, gemeinsam mit dem anderen Stamm der Kimbern im zweiten vorchristlichen Jahrhundert Gallien und Norditalien heimsuchte und im Jahre 102 v. Chr. von dem römischen Feldherrn Gaius Marius geschlagen wurde, bei Aquae Sextiae, dem heutigen Aix-en-Provence. Die Verwendung des Wortes *teutonicus* in lateinisch abgefassten Texten hat allemal eine zart pejorative Bedeutung.

Deutsch, diutsch, thiudisk waren und blieben sozusagen linguistische Namen. Dass sämtliche Sprecher, die damit gemeint waren, einander auch immer verstanden hätten, darf man bei alledem nicht annehmen. So wie heute noch Leute vom Niederrhein und Bewohner der bayerischen Alpen sich nicht verständigen können, sofern sie Dialekt sprechen, verhielt es sich schon vor tausend Jahren, und da war der Dialekt die überhaupt einzige Darstellungsform des Deutschen. Denn eine übergreifende Hochsprache, wie wir sie gegenwärtig besitzen, der sich die meisten Sprecher annähern und die jedenfalls von allen Sprechern verstanden wird, existierte vor tausend Jahren nicht. In ihrer heutigen Form ist sie das Resultat von Martin Luthers Bibelübersetzung. Frühere Versuche einer linguistischen Vereinheitlichung, die unternommen wurden, setzten sich nur begrenzt durch, was unter anderem daran lag, dass wichtigstes Mittel zur Verbreitung einer Hochsprache die Schriftlichkeit ist, an der eine entsprechend große Teilhabe bestehen muss. Unsere Vorfahren vor tausend Jahren waren überwiegend Analphabeten. Schriftlichkeit blieb das Privileg des Klerus, und der besaß als verbindliche Schriftsprache das Lateinische.

Latein war auch die übliche Form einer überregionalen Verkehrssprache. Nicht nur geistliche, auch weltliche Texte wurden in ihr abgefasst, nämlich Urkunden, Verträge, Briefe, Chroniken; sie sind heute die wichtigsten Quellen der Geschichtswissenschaft über jene Epoche, gemeinsam mit den künstlerischen Zeugnissen und denen der Archäologie. Das Latein war Kirchensprache, und so sehr in jener Zeit die Kirche ins Politische hinein spielte, waren doch längst nicht alle politisch Handelnden Kleriker oder hatten eine geistliche Erziehung genossen. Eine andere überregionale Verkehrssprache war deswegen für eine Weile das im Karolingerreich übliche Westfränkisch, also ein germanischer Dialekt mit starker spätlateinischer Vermischung, Vorform des heutigen Französisch.

Die Region, von der wir handeln, ist die ostfränkische. Auf dem Höhepunkt seiner Macht, das war die Endphase der Regierung Karls des Großen etwa um 800, erstreckte sich das fränkische Reich der Karolinger von den Pyrenäen bis nach Jütland, vom Atlantik bis zum Mittelmeer, von der Nordsee bis zum Apennin, von der Elbe bis nach Korsika. Es umfasste zahllose Völkerschaften, von Bretonen und Katalanen bis zu Flamen und Slawen. Wie bei allen alten (und vielen modernen) Riesenreichen war der innere Zusammenhalt gering. Unter den Nachfolgern des großen Karl zerfiel das Herrschaftsgebiet deswegen ziemlich rasch; es ging an verschiedene Erben, die sich ihrerseits bekriegten und einander gegenseitig die Oberherrschaft streitig machten. Hundert Jahre nach Karls Tod existierte als einigermaßen kohärentes Gebiet aus ostfränkischem Herkommen eine Landmasse, die von der Maas bis zur unteren Elbe reichte und von der Schlei bis nach Südtirol. In ihr befindet sich auch, was man bei einiger Großzügigkeit die Kernregion des späteren Deutschland heißen kann, also alles Land zwischen Nordsee und bayerischen Alpen, zwischen Rhein, Elbe und Saale. Kernregion meint hier, dass dieses Gebiet immer, oder doch fast immer, zu Deutschland und den darin herrschenden staatlichen Oberhoheiten gehört hat.

Ethnisch einheitlich war und blieb auch dies nicht. Es gab nichtgermanische Minderheiten wie die Westslawen, die in einzelnen Siedlungsinseln oder größeren Siedlungsgebieten hier ansässig waren, und auch die germanischen Völkerschaften waren alles andere als homogen. Nebeneinander (und häufig gegeneinander) lebten da die Stämme der Alemannen, Bayern, Thüringer, Franken, Sachsen und Friesen. Sie unterschieden sich in Herkommen, Zivilisationsgewohnheiten und eben in der Sprache. Eine beträchtliche linguistische Barriere ergab sich durch die Lautverschiebung, die im Frühmittelalter einsetzte und nördlich der deutschen Mittelgebirge zum Stillstand kam. Sie schied das Sächsische, das im Norden gesprochen wurde, von den übrigen Dialekten.

Deutsch bezeichnete demnach weniger eine Sprechgemeinschaft als eine Sprachengemeinschaft, darin durchaus vergleichbar dem Nebeneinander unterschiedlicher romanischer Dialekte in West- und Südeuropa, wo man sich bis heute als eine linguistische und zivilisatorische Einheit begreift: *peuples latins*, wie bei solcher Gelegenheit französische Museumsführer stolz zu verkünden pflegen. Staatliche Zusammenschlüsse meint das alles nicht. Wenn es auf ostfränkischem Gebiet gleichwohl immer wieder zu Zusammenschlüssen gekommen ist jener Art, dass am Ende so etwas wie ein gemeinsames deutsches Territorium entstand, so hatte dies mit der sprachlichen Nähe bloß unter anderem zu tun.

Die Gemeinsamkeit, auf die man sich bezog, war vielmehr die Herkunft aus dem einstigen fränkischen Großreich der Karolinger. Selbst wenn es nun so gründlich zerfallen war, stiftete es doch eine übergreifende Erinnerung, jedenfalls bei den Mächtigen, also den Entscheidungsträgern, sowie jener Schicht, die wir heute die Intellektuellen nennen. Als Heinrich I. aus dem sächsischen Geschlecht der Liudolfinger im Jahre 919 die Königswürde annahm, hieß er einfach *rex*, König, ohne eine nähere ethnische Bezeichnung. Sein Sohn Otto hieß in einer Chronik Herrscher von *omnis Francia Saxoniaque*, von allen Franken und Sachsen. Der Zusammenhalt blieb durchweg lose und die Einheit immerzu gefährdet.

Weiter als bis zum sichtbaren Horizont reichte die diesseitige Erlebniswelt der allermeisten Bewohner kaum, dazu waren sie zu wenige. Man hat sich in Berechnungen der damaligen Bevölkerungszahlen versucht, was insofern ein ziemlich riskantes Geschäft ist, als es zu jener Zeit weder Statistiken noch Kirchenbücher gab. Der Zensus römischen Ursprungs, von dem etwa das Lukas-Evangelium des Neuen Testamentes anläßlich der Geburt Christi erzählt, war noch längst nicht wieder im Gebrauch. Man ist angewiesen auf Güterverzeichnisse und Steuerlisten. Mehr als Grobschätzungen erbringt das nicht, und untereinander differieren sie stark. Wir müssen uns mit diesen Angaben zufrieden geben, und wir müssen mit ihnen umgehen, da es andere nicht gibt.

Nach der am meisten verbreiteten Annahme hätte die Einwohnerzahl auf den Territorien des heutigen Deutschland und Skandinavien im Jahre 1000 etwa zwei Millionen Menschen betragen. Für das Gebiet der alten Bundesrepublik bedeutete dies eine ungefähre Einwohnerschaft von rund einer Million und eine durchschnittliche Zahl von etwa 2,5 Personen pro Quadratkilometer. Dies ist eine sehr dünne Besiedlung, auch nach damaligen Maßstäben; anderswo, etwa in Frankreich, konnte es zu Massierungen von bis zu 39 Personen pro Quadratkilometer kommen.

Gleichmäßig war auch die Besiedlung auf dem Territorium des heutigen Deutschland nicht. Es gab dichter und loser bewohnte Landschaften, was jeweils abhing von der Bodenbeschaffenheit, von der Zugänglichkeit und von der zivilisatorischen Überlieferung. Wo einstmals Besatzungsgebiet gewesen war, also westlich des von den römischen Kolonisatoren in Abwehr gegen die germanischen Barbarenstämme errichteten Befestigungsstreifens Limes, lebte es sich leichter als anderswo. Bildung und Kommunikation waren lebhafter, und der Lebensstandard war höher.

Ordenunge

Bei Ausgrabungsarbeiten in den Vogesen traten Schachfiguren zutage, die aus dem 10. Jahrhundert stammten und ganz offensichtlich von skandinavischer Herkunft waren. Sie bezeugen die wunderbaren Wanderwege jenes bis heute erfolgreichsten und populärsten Denkspiels unserer Zivilisation. Entstanden während des 6. Jahrhunderts in Indien, gelangte das Schach durch die Araber nach Europa, teils über das maurische Spanien, teils durch die Wikinger und teils durch die Kreuzfahrten ins Heilige Land. Während des Hochmittelalters war es jedenfalls europaweit präsent, kam auch nach Deutschland, wurde hier wie sonst vor allem von den gehobenen Gesellschaftsschichten gespielt und in teilweise sehr ausführlichen Büchern beschrieben.

Solche Texte handeln dann nicht nur von Regeln, Eröffnungen und sonstigen Spielzügen. Von Anfang an neigen sie außerdem dazu, das Spiel und seine Figuren grundsätzlich zu bedenken, indem sie in ihnen Symbole des irdischen Lebens und der über diesem obwaltenden göttlichen Ordnung sehen. Die Namen, die die verschiedenen Figuren im Deutschen tragen, machen heute noch darauf aufmerksam: König, Läufer und Bauer sind Bezeichnungen für Berufe und stehen für höchst unterschiedliche Ränge im Sozialgefüge.

Im Mittelalter trugen die einzelnen Schachfiguren verschiedentlich andere Namen. Der Springer wird zum *miles*, zum Ritter, der Turm zum Richter, der Läufer zum Bischof, der Bauer tritt manchmal auch als *pedinus* auf, als Fußsoldat. Die Versuchung, die Bewegungsfolgen und Wirkungsmöglichkeiten der sechs Brettfiguren in direkte Beziehung zu realen Personengruppen zu setzen und das Schachbrett mit seinen vierundsechzig Feldern als Gleichnis für Welt und Leben zu begreifen, blieb jedenfalls außerordentlich, und es entstand eine mittelalterliche Schachliteratur, die sich allein dieser Art von Allegorisierung widmete.

Die Versuchung dazu war so groß, da die Regelhaftigkeit des tatsächlichen Lebens so groß war. Alles war vorgezeichnet. Jeder hatte seinen Platz im Leben, mit ziemlich genau definierten Möglichkeiten und Grenzen. Es herrschten strenge Hierarchien von oben nach unten, und dies auch in Sondermilieus, wie dem Kloster, oder in neuen Verhältnissen, wie der Stadt. Der Platz im Leben war zunächst gegeben durch die Geburt. Er wurde verwirklicht durch die berufliche Tätigkeit, er wurde geschützt durch das Recht, und er wurde äußerlich angezeigt durch Kleidung, Wohnung, Ernährung. Solcher Platz hieß *status* oder Stand. Das durch selbstverständliche Überzeugungen gestützte System, in das er sich einfügte, war *ordo*, mittelhochdeutsch *ordenunge*, also die Ordnung.

Die zumeist geistlichen Autoren des Hochmittelalters haben sich viel Mühe gegeben, diese Ordnung zu beschreiben und zu begründen. Es hing mit der alles durchdringenden christlichen Frömmigkeit der Zeit zusammen, dass sie, vor-

7–8. Das Wessobrunner Gebet ist eines der frühesten Literaturdenkmäler deutscher Sprache. Ausschnitte aus der Handschrift (9. Jh.)

nehmlich durch interpretierende Rückgriffe auf die entsprechenden Passagen der Paulusbriefe, ihre ausführliche biblische Rechtfertigung erhielt und damit als heilig galt.

»Gott selber hat gewollt, dass unter den Menschen die einen Herren, die anderen aber Knechte seien, auf dass die Herren gehalten wären, Gott zu ehren und zu lieben, und die Knechte, ihren Herrn zu lieben und zu ehren nach dem Worte des Apostels ›Ihr Knechte, gehorcht den irdischen Herren mit Furcht und Zittern. Ihr Herren, behandelt eure Knechte mit Gerechtigkeit und Billigkeit; laßt das Drohen! Ihr wißt ja, dass sowohl für sie als auch für euch der Herr im Himmel ist.‹ «

In diesen Einleitungsworten eines mittelalterlichen Vertrages klingt ebenso viel Feststellung wie Ermahnung mit.

Der unüberhörbare Ton der Ermahnung macht deutlich, dass, wozu da aufgerufen wird, in der Wirklichkeit durchaus nicht immer und vielleicht nur ausnahmsweise existierte. Die Divergenz zwischen Norm und lebendiger Realität, zwischen dem Wünschbaren und dem Wirklichen ist ein uraltes Konfliktpotential aller gesellschaftlichen Zustände. Daher auch immer wieder die Warnung, gegen das einmal Bestehende ja nicht zu rebellieren:

Wan selten im gelinget
Der wider sînen orden ringet

So heißt es in einer hochmittelalterlichen Dichtung – »Denn niemals hat derjenige Erfolg gehabt, der gegen die Standesordnung rebelliert«.

Die Norm garantierte die Existenz der einzelnen Stände und ihre Unverrückbarkeit. Die Realität aber war, dass die Stände von Zeit zu Zeit, von Region zu Region, ja von Definition zu Definition sich höchst unterschiedlich ausnahmen. Es gab die Vorstellung von den drei Ständen: *oratores, bellatores, laboratores,* also Lehrstand, Wehrstand, Nährstand. Oder so (das Original ist lateinisch): »Das Haus Gottes, das man für eins hält, ist in drei geteilt: Die einen beten, die anderen kämpfen, die dritten schließlich arbeiten.«

Oder, in mittelhochdeutschen Reimen:

Got hât driu leben geschaffen
gebûre, riter, phaffen.

Bald freilich erwies sich, dass man mit dieser Grobeinteilung nicht auskam. Der Ritterstand umfasste vom Kaiser bis zum kleinen Ministerialen zahllose unterschiedliche Ränge, und ebenso fielen bei den *oratores* der adlige Erzbischof wie der kleine Mönch unter die nämliche Kategorie. Andere Autoren bemühen sich deswegen, die Stände stärker zu untergliedern, was dann von Fall zu Fall sehr verschiedene Resultate erbringen konnte.

Der Historiker Otto Borst versucht, in das lebhafte Durcheinander ein wenig Systematik zu bringen, indem er zusätzlich den modernen Sozialbegriff der Klasse verwendet:

»Stand ist eine Rechtsform, Klasse eine Sozialform … Stände in diesem Sinne … wären von ›unten‹ nach ›oben‹: Hörige, Halbfreie, Ministeriale, Freie und Adlige. Als mittelalterliche Klassen treten auf, gleichfalls in aufsteigender Reihenfolge: Tagelöhner, arme Bauern, bessergestellte Bauern, Herrenbauern, Ritterschaft, Fürsten.«

Borsts Anordnung klingt einleuchtend, lässt freilich den gesamten Klerus und das städtische Bürgertum mit seinen zwei prinzipiellen Erscheinungsformen des Kaufmanns und des zünftigen Handwerkers außen vor.

Wir werden im Folgenden (immer im Bewusstsein, dass es Überschneidungen und Permissionen geben kann, dass auch sonst immer wieder etweliche Verschiebungen stattfinden) die damals vorhandenen mittelalterlichen Stände nach ihren Haupttätigkeitsfeldern ordnen: Bauern, Stadtbürger, Kleriker, Ritter, Regierende.

Wir werden sie in genau dieser Reihenfolge beschreiben.

9. Normiertes Leben im Mittelalter. Der Steckenpferdreiter soll der antike Philosoph Sokrates sein. Kolorierte Zeichnung des Tirolers Hans Vintler (15. Jh.)

Ordenunge 15

10. Ständeordnung innerhalb der Stadt. Süddeutsche Miniatur (14. Jh.)

Bäuerliche Welt

- Einblick in das Gemüt
- Das Prinzip Ungleichheit
- Dörfliches Leben
- Rechtsgemeinschaft Familia
- Slawenland

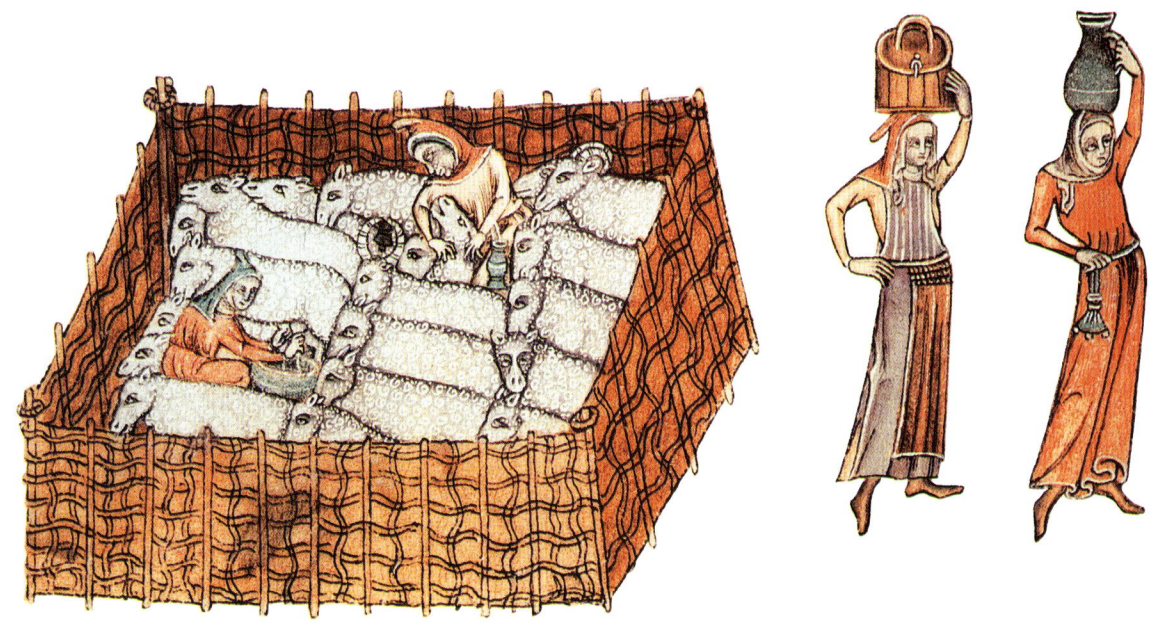

Einblick in das Gemüt

Wir stellen uns vor, es ist ein Wochentag Mitte März. Wir stellen uns einen Bauern vor, den wir Wigbert nennen wollen. Es ist die Zeit kurz vor Sonnenaufgang. Der Himmel im Osten wird hell, die wenigen Wolken, die an ihm hängen, färben sich rosa, in den Büschen beginnen die Amseln zu lärmen, und im Stall kräht der Hahn, man kann ihn durch alle Wände vernehmen. Wigbert, unser Bauer, gähnt, reibt sich die Augen und erhebt sich von seiner Pritsche, einem flachen Gestell, gefügt aus grob behauenen Fichtenbrettern, mit einem Strohsack als Unterlage und einem weißgrauen Schaffell als Decke.

Neben ihm liegt seine Frau, Hiltrud, sie schläft noch. Sie liegt auf einer anderen Pritsche. Er betrachtet sie: Ihre Haut ist von der Sonne verbrannt, eine braune Haarsträhne hängt ihr in die Stirn, ihre Hände, die sie vor der Brust verschränkt hält, sind schmutzig. Seine vier Kinder schlafen in aufgeschüttetem Stroh gleich neben der Feuerstelle, einem aus Lehm gefügten Kochofen, der nach oben hin offen ist, damit der Rauch aufsteigen kann bis unter das Dach, von wo er durch eine Luke entweicht. Die Feuerstelle ist jetzt tot, weiße Asche und ein angekohltes Stück Buchenholz liegen darin.

Wigbert gähnt neuerlich und steht auf. Er trägt ein leinenes Hemd. Er bückt sich nach seinen übrigen Kleidern, die neben der Pritsche auf dem Boden liegen: einer wollenen Hose und einem Rock, den er über den Kopf zieht und der ihm bis über die Hüften reicht, mit Schlitzen links und rechts, damit er sich besser bewegen kann. Die Farbe der Kleidung ist Dunkelgrau. Bunte Farben würde Bruno, sein Fronherr, nicht dulden. Bunte Farben würde kein Bauer tragen, hier nicht und sonst nicht.

Wigbert schlüpft in seine Schuhe, die geschnitzt sind aus Lindenholz. Es hängt verkrustete Erde daran. Wigbert besitzt noch ein anderes Schuhepaar, aus

**11. Dorfanlage um 1100, rekonstruiert nach den Erkenntnissen der modernen Archäologie.
Das Bild zeigt mit Palisadenzäunen geschützte Höfe. Im Hintergrund das steinerne Wohnhaus des Dorfschulzen, jenseits des Flusses die Äcker**

12. Der Bauer und das Nutzvieh: Szene aus dem Wolfenbütteler Sachsenspiegel

Leder gefertigt und um die Knöchel zu binden. Sie liegen in der Truhe, einer rohen Holzkiste, die eines der wenigen Möbel im Raume ist neben Pritsche, Schemel und Tisch.

Wigbert ist nicht sehr groß. Seine Haare, dunkelblond und mit grauen Strähnen, sind abgeschnitten in Höhe der Ohren, die übliche bäuerliche Haartracht. Sein Rücken ist gekrümmt von der Arbeit. Seine Zähne sind schlecht. Er weiß nicht genau, wie alt er ist, er kann sich an ungefähr fünf mal fünf Sommer erinnern, nicht sehr genau, da ein Sommer wie der andere ist, und wenn er nicht wie die anderen ist, sind Katastrophen der Grund: schwere Unwetter, durch die auf den Feldern das Getreide vernichtet wird, Überfälle von bewaffneten Haufen, die das Vieh rauben und die Häuser anzünden, Seuchen, die Menschen und Tiere vernichten. Das Außergewöhnliche ist immer das Furchtbare, nur die Normalität ist das Glück.

Wigbert klatscht in die Hände. Er ruft nacheinander die Namen seiner Kinder, dass sie erschreckt hochfahren, und auch seine Frau schlägt jetzt ihre Augen auf. Er schlurft durch den Raum, dessen Fußboden gestampfter Lehm ist, und geht hinaus; die Tür, ein paar zusammengeheftete Bretter, bewegt sich an Lederriemen.

Er will seine Notdurft verrichten, auf den Misthaufen, und während er da hockt, blickt er auf sein Anwesen. Es besteht aus drei Häusern, alle gleich groß, in dem einen leben er und seine Familie, das andere ist für das Vieh bestimmt, das dritte für die Vorräte. Es handelt sich um einfache niedrige Bauten, mit Wänden aus behauenen Holzstämmen, in die Erde gegraben, der Raum zwischen den Stämmen wurde mit Strohlehm verschmiert. Die Satteldächer bestehen aus Stroh. Es hängt fransig herab, und seine Spitzen schaukeln im Wind, sofern Wind weht.

Jetzt weht er nicht. Die Luft ist bewegungslos und überraschend warm. Soeben steigt auch die Sonne über den Horizont. Durch den Himmel zieht mit schnarrenden Rufen ein Zug Kraniche, zurück aus dem Süden und auf dem Weg zu ihren Brutplätzen. Die sind wer weiß wo, Wigbert kennt sie nicht und fragt es sich nicht, er hat andere Sorgen.

Während er zurückgeht zu seinem Haus, sieht er, dass einige der Holzstämme, die es halten, zu faulen beginnen, unmittelbar über der Erdoberfläche, wo Nässe und Frost besonders leicht angreifen können. Das Haus hat noch Wigberts Vater errichtet, der vor ein paar Sommern gestorben ist. Ein Haus hält nicht länger als ein knappes Menschenleben, weiß Wigbert, dann ist es verfault und stürzt ein, und man muss ein neues bauen, am gleichen oder, noch besser, an einem anderen Ort, denn auch die Felder sind dann unergiebig geworden, dass man sich besser neue sucht.

Wigbert holt den Ochsen aus dem Stall und greift sich den Pflug, ein einfaches Ding aus Eichenholz, mit einer hölzernen Deichsel und einem eisernen Dorn. Er geht bis zu seinem Acker und schirrt dort den Ochsen ein, indem er ihm Lederriemen um Hals und Brust legt, die er dann mit der Deichsel des Pfluges verknüpft. Der Ochse brummt und stöhnt. Sein Fell ist an einigen Stellen wund gescheuert, Wigbert musste in den

13. Wohnhaus aus dem 10./11. Jahrhundert. Das Leben der bäuerlichen Familie spielte sich in einem einzigen Raum ab. Werkstätten und Stallungen waren abgetrennt, lagen aber unter dem gleichen Dach

14. Ein Bauer erneuert den Flechtzaun seines Hofes. Illustration aus dem Heidelberger Sachsenspiegel

letzten Tagen Geschirrdienst leisten auf der Burg seines Grundherrn, wo ein neuer Palisadenzaun zu errichten war, die Stämme dafür hat Wigbert mit seinem Ochsen aus dem Wald herbeigeschafft.

Wigbert drückt den Pflug in die trockene Erde. Er treibt das Zugtier an, mit Rufen, mit Stockschlägen. Im Acker hängen noch die verdorrten Wurzeln des vergangenen Herbst geernteten Korns, der Pflug holt sie nach oben. Wigbert pflügt leidlich gerade Furchen in den Acker, er legt sie möglichst eng nebeneinander, später wird er noch einmal quer pflügen müssen, damit möglichst viel Erde aufgebrochen wird für die Saat. Das Feld gleich nebenan, das ihm auch gehört, trägt die fingerlangen Keime der Wintersaat. Sie scheint gut aufgegangen. Auch die Brache, gleich dahinter, zeigt bereits Grün. Er wird seinen Kindern sagen, sie sollen die Ziegen dorthin treiben.

Während er mit seinem Ochsen am Ackerrand kehrtmacht, sieht er, wie Hiltrud aus dem Haus tritt. Sie ist hochschwanger. In ein paar Wochen wird sie ihr siebentes Kind gebären; wenn alles gut geht, wird es am Leben bleiben und also nicht tot zur Welt kommen oder bereits in den ersten Wochen sterben wie drei von Wigberts Kindern zuvor. Hiltrud macht sich im Garten zu schaffen. Sie lockert die Erde mit einer Hacke. Sie steckt Samen für Kohl und Rüben und tritt sie anschließend fest.

Es wird rasch sehr warm, und noch immer weht kein Wind. Wigbert sieht, wie am Horizont Gewittertürmchen in den Himmel wachsen, er treibt seinen Ochsen zur Eile. Er wundert sich, dass er heute der Einzige auf dem Feld ist. Die anderen Bauern scheinen noch zu schlafen, gestern wurde eine Hochzeit gefeiert, das ganze Dorf war geladen, es wurde gegessen und getrunken, vor allem getrunken, Met und Wein, viele Krüge voll, Wigbert hat sich zurückgehalten, Wigbert hält sich immer zurück.

Er hasst es, wenn die Leute lallend und sabbernd auf der Erde liegen. Er möchte nicht so sein. Er weiß, dass die anderen ihn deswegen belächeln, als wäre er kein wirklicher Mann, das ärgert ihn, aber er ändert sein Verhalten nicht, und warum sollte er? Sagt nicht auch der Geistliche in seinen Predigten am Sonntag, Völlerei sei eine Todsünde? Er sagt es und besäuft sich bei gegebenen Anlässen wie irgendeiner der Bauern aus seiner Gemeinde.

Seine Kirche steht in einem anderen Dorf. Es ist größer als dieses und liegt über eine Stunde Fußwegs entfernt. Das Dorf hier, dieses, besteht aus gerade fünf Gehöften. Die Häuser ähneln einander, sie wurden auch alle zur ungefähr gleichen Zeit errichtet, vor vier mal fünf Sommern, nach einer Rodung, auf der die Bäume umgelegt und zu Balken behauen wurden, während man das Gezweig und das Unterholz verbrannte, um auf diese Weise Platz zu schaffen für den Häuserbau und die Felder. Der Vater des jetzigen Grundherrn hatte sich gelegentlich eingefunden, um nach dem Fortgang der Arbeiten zu schauen. Er war ein jähzorniger, finsterer und unberechenbarer Mann. Er glich darin Bruno, seinem Sohn.

Hinter dem Waldstück, an das Wigberts Hof grenzt, ist heftiges Hundegebell. Offenbar reitet Bruno zur Jagd, zusammen mit seinen Söhnen und seinem Gefolge, unbeeindruckt davon, dass es demnächst gewittern

22 Bäuerliche Lebenswelt

könnte. Bruno ist ein Jagdnarr. Er lässt sich die Wildschweine zutreiben, um sie abzuschlachten und dann einfach liegen zu lassen. Als sie neulich in den Wald gingen, um Brennholz zu holen, Wigbert und seine beiden Ältesten, fanden sie an einer Lichtung vier verendete Sauen mit Frischlingen, halbverwest und stinkend, weißliche Maden krochen über das dunkelgraue Fleisch. Hätte man das erlegte Wild nicht besser ausnehmen, die Haut abziehen und das Fleisch verzehren können? Bruno wollte es offenbar anders. Ohnehin lässt er sich, wenn ihm danach zu Mute ist, von seinen Bauern Schlachtvieh bringen. Auch er, Wigbert, wird demnächst wieder ein Tier auf der Burg abliefern müssen.

Mittlerweile hat sich der Himmel völlig zugezogen, dicke dunkelgraue Wolken drängen gegeneinander, mit gelben Rändern, von Ferne ist Donner zu hören. Wigbert hat seine Furchen gezogen, ungefähr vierzig in der Länge, dreißig in der Quere, er hat Steine aufgelesen und an den Feldrand geworfen, nach dem Regen, der zu erwarten ist, wird er mit der Aussaat beginnen. Jetzt treibt er erst einmal seinen Ochsen zurück in den Stall und prüft das Fell seines Tieres. Die wunden Stellen haben sich vertieft. Er wird zu seinem Nachbarn gehen müssen, der sich auf Arzneien und Heilmittel versteht. Er wird sich eine heilsame Tinktur für seinen Ochsen holen und dafür mit einem Dutzend Eiern bezahlen. Sein Nachbar ist habgierig, Wigbert kann ihn eigentlich nicht leiden.

Daheim hat Hiltrud die erste Mahlzeit bereitet. Der Raum, in dem sie leben, ist erfüllt von Rauch, der sich unter dem Abzug staut und nicht fortgehen will, da von außen die Wärme auf das Dach drückt. Sie setzen sich um den Tisch, Wigbert, Hiltrud, die Kinder, sie sitzen auf Schemeln, der Tisch ist eine große, von Schragen gehaltene Platte aus rohem Holz. Jeder hat vor sich einen Holznapf, in den Hiltrud aus dem Kochkessel Brot füllt. Das Brot ist Brei. Er besteht aus Mehl, mit Milch aufgekocht und mit Honig gesüßt, die übliche Mahlzeit. Sie trinken aus hölzernen Bechern Molke dazu, jene Flüssigkeit, die verbleibt, wenn von gesäuerter Milch der Quark abgeschöpft wurde.

Draußen zischt ein Blitz, Donner rollt hinterher, es ist das erste Gewitter dieses Frühjahrs. Die Kinder halten inne, Hiltruds Gesicht ist auf einmal völlig blutleer. Sie hat Angst vor Gewittern. Sie murmelt Gebete. Die zwei Kleinsten fassen sich furchtsam bei den Händen. Wigbert selbst löffelt weiter. Beim Kauen knirscht es zwischen seinen Zähnen, das macht der Abrieb von der Steinmühle, auf der Hiltrud das Korn zerkleinert. Wigbert hat keine Angst vor dem Gewitter, er hat Hunger, er hat schwer gearbeitet die letzten Stunden und muss Kraft sammeln für die nächsten, er wird schuften bis zum Sonnenuntergang. Kauend sieht er, wie Hiltrud sich krümmt, und hofft nur, dass sie jetzt keine Fehlgeburt hat, es wäre eine Katastrophe, es wäre ein böser Ausfall an Arbeitskraft eben jetzt, da auf dem Hof jede Hand gebraucht wird. Aber könnte er es ändern? Er muss die Dinge nehmen, wie sie kommen. Gott allein richtet alles.

Das Gewitter scheint sich zu entfernen. Der Donner wird leiser, Hiltrud hat mit dem Beten aufgehört. Die beiden Kleinen geben einander ihre Hände frei. Draußen rauscht der Regen. Das wird dem Winterkorn nutzen, aber die Aussaat wird es beschwerlicher machen. Man muss die Dinge nehmen, wie sie kommen. Gott allein richtet alles.

Romantische Vorzeit

Eine andere Szenerie: »Uns ist möglich, Einblick in das Gemüt des Landvolkes und in viele Einzelheiten seines Lebens zu erhalten. Seit dem Ende des 12. Jahrhunderts haben die Handschriften manchen unschätzbaren Zug aus dem Leben des Bauern überliefert. Mit Erstaunen erkennen wir aus solchen Quellen, dass der Landmann damals in ganz anderer Weise ein Teil der Volkskraft war als viele Jahrhunderte später.

Der Leibeigene zwar stand nicht nur unter hartem Druck, er war auch gering geachtet, durch schlechte Tracht, durch kurzes Haar musste er sich äußerlich von dem Freien unterscheiden. Der freie Bauer aber und wer als Höriger mit besserem Recht unter einem Herrn saß, fühlte sich mit Recht als Bewahrer der heimischen Sitte, das Schwert an der Seite schritt er zur Versammlung unter dem Baum oder dem Gerichtsstein des Dorfes. Und stammte er von vier freien Ahnen und saß er auf drei freien Hufen, so war nach altem Sachsenrecht sein Rang höher als der eines Ritters, in dem unfreies Blut war, und wer ihn schädigte, der hatte es zu büßen wie einem von Fürstengeblüt. Gerade nach 1200 fing der Bauer an, seinen Acker sorgfältiger zu bestellen, es scheint um diese Zeit aufgekommen zu sein, dem Sommerfeld vor der Saat die zweite Furche zu geben. In der Nähe der reichen Klöster gedieh auch feinere Gartenkultur, schon wurden die Weinberge eifrig gepflegt, und in den Niederungen des Rheins, bei Holländern und Flä-

15. Feldarbeit im April. Das Fresko im Trientiner Adlerturm zeigt Bauern beim Pflügen, Eggen und Säen, während sich adlige Frauen in den Gärten vergnügen. Die farbenprächtige Darstellung entstand am Ende des 15. Jahrhunderts und zeigt höfische Kultur und ländliches Leben in aller Vielfalt

16. Seit der Römerzeit wurde am Rhein der Anbau von Wein betrieben. »Tacuinum sanitatis«, eine Gesundheitslehre des späten 14. Jahrhunderts, zeigt betrunkene Zecher in geselliger Runde

17. Geerntete Trauben werden gekeltert und zu saurem Wein vergoren. Aus dem »Tacuinum sanitatis«

mingen blühte eine Ackerwirtschaft des Moor- und Sumpfbodens, welche durch zahlreiche Kolonisten dieser Stämme in die Elblandschaften bis tief in den Osten getragen wurde.

Wohlhäbig steht der größere Bauer in seinem Hof, fröhlich, vergnügungslustig tummelt sich das junge Volk in den Dorfgassen und auf dem Anger. Zwar ist der Titel Herr nach höfischem Brauch die Ehre des Ritters, aber in freundlichem Verkehr wird auch der Bauer Herr genannt, nicht nur von seinen Knechten, ebenso von den Hofleuten, »stolz« ist ehrendes Beiwort der Burggenossen, aber auch das Bauernmädchen wird als »stolze Magd« von dem Ritter gerühmt. Unvermindert ist die alte Freude des Landvolkes an dem Erwachen der Natur, ungeduldig erwarten die Mädchen das Ausbrechen der ersten Kätzchen an Weide und Hasel, sie sehen nach dem Laub, das aus der Knospe dringt, und suchen im Grunde nach den ersten Blumen. Das früheste Spiel des Sommers ist der Ball in der Dorfstraße oder dem sprießenden Anger, er wird von Jung und Alt, von Männern und Frauen geschwungen. Wer den bunten Federball zu werfen hat, sendet ihn mit einem Gruß nach einem, den er lieb hat. Die behänden Bewegungen, der kräftige Wurf, die kurzen Zurufe an Freunde und Gegner sind die Freude der Zuschauer und der Spielenden.«

Tanz auf dem Anger

»Und kommt der sonnige Mai, dann holen die Mädchen den Festschmuck aus der Lade und winden Kränze in ihr Haar und das ihres Freundes. So ziehen sie bekränzt und mit Bändern geschmückt, den Handspiegel als Zierrat an der Seite, mit ihren Gespielen auf den Anger, wohl hundert Mädchen und Frauen sind dort zum Reihen versammelt. Dorthin eilen auch die Männer, zierlich ist ihre Tracht, das Wams mit bunten Knöpfen besetzt, vielleicht sogar mit Schellen, welche eine Zeit lang der anspruchsvolle Schmuck der Vornehmen sind, die Seide fehlt nicht, wie im Winter nicht die Pelzverbrämung. Der Gürtel ist wohlbeschlagen mit glänzendem Metall, ein Eisenhemd ist in das Kleid gesteppt, die Spitze des Schwertes klingt im Gehen an die Ferse. Die stolzen Knaben sind voll Freude am Kampf, herausfordernd, jeder eifersüchtig auf seine Geltung. Mit Leidenschaft werden die großen Reihen getanzt, kühn sind die Sprünge, voll Jubel die Freude, überall die Poesie einer fröhlichen Sinnlichkeit. Laut singt der Chor der Umstehenden den Text des Reihens, leise singt das Mädchen die Weise mit. Und noch größer wird unser Befremden, wenn wir den Rhythmus und Text dieser alten Volkstänze näher betrachten, es ist eine Grazie nicht nur in der Sprache, auch in den menschlichen Verhältnissen, die vielmehr an die antike Welt erinnert als an die Empfindung unserer Landleute. Auf einleitende Strophen, welche in zahllosen Variationen das Aufgehen des Frühjahres rühmen, folgen andere, zum Teil in lockerem Zusammenhang wie improvisiert, den Schnaderhüpfeln ähnlich, welche sich in Oberdeutschland bei Volkstänzen bis jetzt erhalten haben. Oft ist der ein Streit zwischen Mutter und Tochter, die Tochter schmückt sich zum Fest, die Mutter will vom Tanz zurückhalten, oder ein Lob schöner Mädchen oder drollige Aufzählung der tanzenden Paare, oft enthält der Text Angriffe auf eine Gegenpartei unter den Tänzern, welche geschildert und verhöhnt werden. Denn leicht bilden sich beim Tanz Parteien, durch spitze Verse wird der Gegner herausgefordert; der Ruhm des jungen Burschen ist, sich nichts bieten zu lassen, der kräftigste Tänzer, der gewandteste Sänger, der kühnste Schläger zu sein.

Auf den Reihen folgen die Trinkgelage mit lauter und übermütiger Fröhlichkeit. Der Winter bringt neue Freuden, die Männer spielen Würfel, im Schlitten wird auf dem Eis gefahren, in einer großen Stube sammelt sich das Volk zum Tanz. Dann werden die Schemel und Tische herausgetragen, zwei Geiger machen Musik, der Vorsänger beginnt die Weise, ein Vortänzer führt an.«

Schnöde Flucht

»Verschieden ist der Charakter der Reihen und Tänze, altertümlicher und volksmäßiger läuft Weise und Text der Reihen in dem altheimischen Parallelismus von je zwei Sätzen; die Tänze des Winters sind kunstvoller und modischer. Denn in den erhaltenen Tanzliedern ist überall das höfische Gesetz der Dreiheit in den Strophen durchgeführt, man erkennt die Nachahmung des ritterlichen romanischen Brauches.

Unter den verschiedenen Arten der Tänze wird auch der slawische Reidawak genannt. Bei diesen

18. Eine Gruppe von Hirten mit Schaf. Relief am Grabmal des hl. Stephan von Obazine (1250/60)

19. Bauer beim Garbenbinden. Aus dem Wolfenbütteler Sachsenspiegel

Vergnügungen des Dorfes trinkt und tanzt der Ritter mit dem Bauer, schon mit dem Stolz feinerer Sitte; aber wie sehr er geneigt ist, über seine Umgebung zu spotten, er fürchtet sie auch, nicht nur ihre Fäuste und Waffen, auch die Schläge ihrer Zunge. Der langlockige Bauer bietet dem Ritter den Becher und zieht ihn schnell von dem Greifenden zurück, setzt ihn dann nach Hofgebrauch vor dem Trank auf das eigene Haupt und schleift auf den Zehen durch die Stube, dann freut sich der Ritter, wenn der Becher dem Dorftölpel vom Haupt fällt und ihn begießt; aber der Ritter findet auch kein Bedenken darin, sich auf schnöde Flucht zu begeben, wenn ihn zornige Dorfknaben suchen, weil er etwa ihren Frauen und Mädchen zu große Aufmerksamkeit geschenkt hat.«

Verklärtes Landleben

Die Unterschiede zwischen den beiden wiedergegebenen Bauernszenen sind erheblich. Zum Teil lassen sie sich durch die Zeitdifferenz erklären, die zwischen ihnen liegt; die erste erzählt von Zuständen um das Jahr 1000, während die zweite im 13. Jahrhundert spielt. Man kann erkennen, dass sich im ländlichen Milieu der Deutschen während dieser Zeit einiges verändert hat: Der bäuerliche Reichtum ist größer geworden, und dies stärkte das Selbstwertgefühl; wie aller Wohlstand wurde er außerdem zur Basis jener kulturellen Vergnügungen, die der zweite Bericht so ausführlich schildert.

Er stammt von Gustav Freytag und findet sich in dessen »Bilder aus der deutschen Vergangenheit«, die vor fast anderthalb Jahrhunderten entstanden und die man, nicht ganz zu Unrecht, eine erste deutsche Geschichtsschreibung von unten genannt hat.

Gustav Freytag war ein erklärter Nationalliberaler, und wie allen Geschichtsschreibern geht es ihm außer um die Wiedergabe seines Forschungsgegenstandes noch um eine unmittelbar zeitbezügliche Botschaft. Er möchte seinen Deutschen die allgemeinen Vorzüge des Landlebens dartun, indem er die Traditionen anpreist, auf die der folkloristische Charme des deutschen Dorfes gründet. Er will den zivilisatorischen Unwägbarkeiten des modernen Großstadtdaseins ein konservatives Gegenstück entwerfen; ein anderer Autor jener Jahre, Wilhelm Heinrich Riehl, Begründer der Volkskunde in Deutschland, formuliert solche Absichten ganz schnörkellos:

»Der Bauer hat in unserem Vaterlande ein politisches Gewicht wie in wenigen anderen Ländern Europas; der Bauer ist die Zukunft der deutschen Nation. Unser Volksleben erfrischt und verjüngt sich fort und fort durch die Bauern.«

Hier äußert sich unverblümt jene antiurbanistische Ideologie und Bewegung, die in der deutschen Romantik aufkam und die seither immer wieder aufflammte, von der sich die Lebensreform der Jahrhundertwende ernährte und die im Blut-und-Boden-Mythos der deutschen Nationalsozialisten ihren schaurigen Höhepunkt fand. Mit den Landkommunen von Hippies und makrobiotischen Radikalökologen setzte sie sich dann fort bis in unsere unmittelbare Gegenwart. Die hundertfünfzig Jahre, die uns von Gustav Freytag trennen, sind hundertfünfzig Jahre mehr an positivistischen Forschungsresultaten. Unsere Mittelalterkenntnis ist heute anders, nämlich reicher und differenzierter als zur Mitte des 19. Jahrhunderts, zumal betreffend die bäuerlichen Zustände. Hier, wo die Überlieferungen allemal spärlicher ausfielen, brauchte die Erschließung stärkere Anstrengung, größere Geduld und modernere Hilfsmittel. »Freytag malt ein optimistisches Bild vom Leben der freien Bauern«, urteilt mit aller gebotenen Höflichkeit der Mediävist und Gustav-Freytag-Herausgeber Horst Fuhrmann.

Schlechtes Sozialprestige

Denn dass es nicht immer und nicht überall so idyllisch und selbstbewusst zuging, wie von Freytag erzählt, darf als sicher gelten. Die freien Bauern, die er vorführt, befanden sich in Deutschland eher in der Minderzahl und waren beschränkt auf bestimmte Regionen. Ihr Wohlstand, der den herausfordernden Vergleich mit ritterlichen Lebensgewohnheiten und aristokratischen Selbstwertgefühlen befördern mochte, blieb zudem ständig gefährdet, durch die sich ändernde Wirtschaftssituation, durch räuberische Übergriffe, vor allem aber und immer wieder durch den Krieg. Das Landvolk, es machte ungefähr neunzig Prozent der Gesamtbevölkerung aus, in Deutschland wie anderswo in Europa, war und

Einblick in das Gemüt 27

20. Gemeinsame Ernte. Männer beim Grasmähen und Einbringen des Heus. In der Federzeichnung des Utrechter Psalters (9. Jh.) wird bereits mit der Sense, nicht mehr mit der Handsichel gemäht

21. Mit dem Hakenpflug bricht im frühen Mittelalter der Bauer den Boden auf. Symbolisch umgeben ihn die Tiere des Feldes. Viehwirtschaft war zeitweilig von größerer Bedeutung als der Ackerbau mit seinen geringen Erträgen

22. Milch von Ziegen und Rindern wird weiterverarbeitet. Hier: die verschiedenen Arbeitsgänge vom Melken bis zum Buttern in einem Fass

Bäuerliche Lebenswelt

blieb insgesamt die Gesellschaftsschicht mit den geringsten Rechten und dem miserabelsten Sozialprestige auch im 13. Jahrhundert.

»Das Land bildete im Mittelalter die Ernährungsquelle und die Existenzgrundlage schlechthin: sowohl der Bauern, die sie es bearbeiteten, als auch der Herren, die es besaßen«, schreibt ein anderer Mediävist, Hans-Werner Goetz. »Landbesitz bildete die wirtschaftliche Grundlage schlechthin, die Herrschaft über die Bauern das Mittel, diesen Besitz nutzbar zu machen. Das Leben auf dem Lande war vorwiegend zwar bäuerliches Leben, in der Regel aber eingeordnet in ein herrscherliches Gefüge.«

Wir wollen sehen, wie im Einzelnen das ablief.

Das Prinzip Ungleichheit

wan selten im gelinget
der wider sînen orden ringet.
dîn ordenunge ist der phluoc.

So heißt es in einem berühmten mittelhochdeutschen Handlungsgedicht, darin ein Vater seinen Sohn zu belehren versucht, der das bäuerliche Leben aufgeben und ein Edelmann werden will: Denn niemals hat jener Erfolg gehabt, der gegen die Gesetze seines Standes aufbegehrte. »Deiner Herkunft nach gehörst du hinter den Pflug.«

Der Autor dieser Verse nannte sich Werner der Gärtner, das Werk selbst trägt den Titel »Meier Helmbrecht«. Werner war vermutlich einer jener bettelarm umherreisenden Literaten, die sich von dem Lohn ihres Vortrags mehr schlecht als recht ernährten und denen die materielle Existenz eines wohlhabenden Bauern, wie Helmbrecht einer ist, durchaus verlockend vorkommen mochte, weshalb sie diesen auch ausführlich priesen. Viele Schilderungen, die Gustav Freytag in seiner Szenerie eines fröhlichen Landlebens schilderte, verdanken sich Anregungen aus »Meier Helmbrecht«.

Deiner Herkunft nach gehörst du hinter den Pflug. Die Herkunft bestimmt den Stand. Solche Überzeugung, die das gesamte Mittelalter beherrschte, galt freilich nicht durchweg. Sie traf

23. Parteienstreit in Erb- und Lehensangelegenheit. Ein Bauernführer schlichtet eine Auseinandersetzung um Grundbesitz. Ein Mann wird belehnt, während seine Brüder ihren Anteil als Ausgleich fordern. Zuletzt erscheint der Graf als Richter, um die Vergabe eines Grundstücks zu klären. Aus dem Wolfenbütteler Sachsenspiegel

Das Prinzip Ungleichheit 29

24. Entgelt für vergebene Lehen waren Abgaben. Das galt nicht nur für Äcker, sondern auch für Mühlen, Weingärten oder Münzstätten (o.). Belehnung und Lehenserneuerung erfolgten durch den Lehnsherrn (M.), der das Lehen zu Lichtmess aber auch wieder entziehen konnte (u.)

weder für das mönchische Milieu zu noch für die Bewohner der Städte. Ziemlich uneingeschränkt aber war sie verbindlich für die beiden historisch sehr viel älteren Stände der Bauern und deren adliger Herrschaft.

Das Wort Bauer, mittelhochdeutsch *gebure*, althochdeutsch *giburo*, hat nichts mit dem Anbauen zu tun, vielmehr mit jenem Wort, das wir noch im Vogelbauer besitzen und das ursprünglich so viel bedeutet wie Behältnis, Kammer und Hütte, auch in unserem Wort Nachbar ist es enthalten. Der Name des Gegenstandes ging über auf seinen Benutzer. Ein Bauer ist zunächst jemand, der über eine eigene Bleibe, eine dauerhafte Wohnung verfügt. Ein wenig wird damit der fundamentale Unterschied zu der sehr viel älteren Nomadenexistenz des Hirten festgehalten.

Die Scheidung zwischen Hirt und Feldbauer darf als eine der ältesten Arbeitsteilungen der Menschheitsgeschichte gelten. Die bäuerliche Existenz hat viele, teilweise divergierende Darstellungsformen, jeweils abhängig von Region, Zivilisation und sozialem Umfeld. Die Ursprünge des mittelalterlichen deutschen Bauern sind wohl der fränkische Adelshof, wo sich um einen Herrn die Untergebenen scharen, zuständig sowohl für den Kampf mit der Waffe als auch für die agrikulturelle Arbeit.

Bäuerliche Untertänigkeit

Das Waffentragen blieb den Bauern, doch allmählich fand eine Art von sozialer Dislozierung statt. Der Adelsherr blieb mit seinem unmittelbaren Gefolge für sich und war vorrangig zuständig für die militärische Verteidigung, während die Bauern an die Orte ihrer direkten landwirtschaftlichen Betätigung zogen, was ihnen Weg und Zeit sparte und dadurch auch ein intensiveres Arbeiten ermöglichte.

Sie zogen in Einzelgehöfte, oder aber, was sowohl für den militärischen Schutz als auch für eine Fortsetzung der am Adelshof erlernten gemeinschaftlichen Handlungen vorteilhafter war, sie wohnten in einer größeren Siedlungsgemeinschaft, dem Dorf. Das von Gustav Freytag gepriesene altdeutsche Dorf ist eine vergleichsweise junge Einrichtung. Entgegen älteren Geschichtsdarstellungen, die es auf urgermanische Überlieferungen zurückführen möchten, beginnt

30 Bäuerliche Lebenswelt

es sich erst in spätkarolingischer Zeit förmlich herauszubilden.

Die eigentlichen Ursprünge im Adelshof schreiben die sozialen Zustände fort. Die einstige Untertänigkeit des Personals wird zu einer sozialen Abhängigkeit, die lebenslang gilt. Sie ist ebenso unerschütterlich wie determinierend für den Beruf, was Meier Helmbrecht mit seinem Satz, »Deiner Herkunft nach gehörst du hinter den Pflug«, formuliert hat. Präziser: Sie ist des Berufes tiefster und eigentlicher Inhalt.

In dem wiedergegebenen Text Gustav Freytags fällt, eher nebenher, der Begriff Leibeigener, was verknüpft wird mit der knappen Feststellung, diese Leute hätten ein einigermaßen bitteres Leben zu ertragen. Der Freytag-Herausgeber Horst Fuhrmann fühlt sich hier zu einer etwas genaueren Erläuterung veranlaßt:

»Es gab, ganz grob eingeteilt, erstens die ›unfreien Unfreien‹, wie sie heute in der Forschung genannt werden, also jene Bauern, die bedingungslos an den Grundherr gebunden waren, der über sie wie über ein Stück Ware verfügen konnte ... Für die weitaus größere Zahl der Leibeigenen lockerte sich aber im Laufe der Zeit die Bindung an den Grundherrn. Sie blieben jedoch nach wie vor abgabepflichtig.«

Sklaverei

Ein alles beherrschendes Prinzip des gesamten mittelalterlichen Lebens war das der Ungleichheit, und die zunächst wichtigste Unterscheidung innerhalb der Gesellschaft blieb jene zwischen Freiheit und Unfreiheit. Die einzelnen Historiker definieren die Unfreiheit recht verschieden. Einige, zumal französische Autoren, reden ungeniert von Sklaverei. Man muss sich an diese Nomenklatur erst gewöhnen. Für gewöhnlich verbinden wir mit ihr die sozialen Zustände der römischen Spätantike, vielleicht auch solche des Kolonialbetriebes in Nord- und Lateinamerika bis zur Mitte des 19. Jahrhunderts. Aber es gab Sklaverei samt Sklavenhandel ebenso das gesamte europäische Mittelalter hindurch.

Die ständigen militärischen Auseinandersetzungen mit den Westslawen, die jeder der ostfränkischen Herrscher von den Karolingern bis zu den Staufern führen musste und führen wollte, hatten unter anderem das Ziel, Sklaven auszuhe-

25. Befestigte Höfe, Mühle und Kirchenbau im mittelalterlichen Dorf. Aus der Wolfenbütteler Handschrift des Sachsenspiegels Eike von Repgows (oben)

26. Vielfalt der bäuerlichen Arbeiten: außer Feldbestellung noch Obstanbau, Fischfang und das Urbarmachen neuer Böden (Mitte)

27. Heu diente der Viehversorgung. Holz war Bau- und Brennmaterial. Hier: Ein Bauer schneidet Gras mit der Sichel, der Baumstamm wird mit der einschneidigen Axt bearbeitet. Aus dem Sachsenspiegel

Das Prinzip Ungleichheit

28. Der Grundherr übergibt einem Bauern die Urkunde über den Erbzins. Danach wird Land gerodet. Der Bauer baut sein neues Haus (oben)

29. Es gab auch Landvolk ohne festen Besitz, das »nach Art der Fremden« umherzog. Links ein Knecht mit seiner Mistgabel (Mitte)

30. Getreideernte mit Sichel. Ein Reiter schneidet Korn für sein erschöpftes Pferd

ben. Der deutsche Name dieser ethnischen Gruppe macht die heimliche Identität erkennbar, denn die Homophonie ist kein Zufall, sondern etymologische Wahrheit: Das Wort Slawe meint nichts anderes als Sklave. Um keine moralisierenden Irrtümer aufkommen zu lassen, muss man wissen, dass die slawischen Völkerschaften ihrerseits die Sklaverei durchaus kannten und ausführlich praktizierten. Wir haben es hier mit einer zeittypischen sozialen Einrichtung zu tun. Sklavenmärkte existierten das gesamte Hochmittelalter hindurch, die größten befanden sich in den Städten Verdun und Prag.

Sklaverei, Horst Fuhrmann deutet es an, benennt eine unumschränkte Form der menschlichen Knechtschaft. Ihre alles kennzeichnende Eigenart ist die beliebige Erzwingbarkeit von Arbeiten und Diensten. Sklaven gelten als das Eigentum ihrer Besitzer und sind deren Willen völlig unterworfen. Rechtlich werden sie als Dinge begriffen, als bloße Gegenstände, weswegen sie auch gekauft und verkauft, getauscht, verschenkt oder als Pfand hinterlegt werden können. Sie sind nichts anderes als menschliches Vieh.

Dies alles gilt grundsätzlich für die Unfreiheit auf den Territorien des späteren Deutschland, doch, auch dies ließ Fuhrmann erkennen, entwickeln sich im Verlaufe des Mittelalters Tendenzen, die allerbrutalsten Regeln der Sklaverei zu lockern, was der sozialen Unfreiheit eine gewisse Differenzierung eröffnet. Die Mehrzahl vor allem der deutschen Geschichtsschreiber haben sich deswegen die vergleichsweise harmlos klingenden Bezeichnungen Leibeigenschaft und Hörigkeit angewöhnt. Zum Ende hin sollte es dann gar den möglichen Aufstieg aus der Unfreiheit in die Aristokratie geben, aber dergleichen würde erst im 12. und 13. Jahrhundert erfolgen, im Zusammenhang mit allgemeinen gesellschaftlichen Entwicklungen, die keinesfalls bloß die Unfreien erfassten.

Reichtum und Armut

Nun kannte man außer dem Leibeigenen, meinethalben Sklaven, und dem in Bezug auf seine Person wie auf sein Besitztum freien Bauern noch jene, die als Personen frei, hinsichtlich ihres Eigentums und ihrer Arbeit hingegen unfrei waren. Die Unterschiede zu den Leibeigenen

31. Eichelmast der Schweine. Zwei Männer treiben Tiere zur Mast in den Wald und schlagen Eicheln von den Bäumen. Aus dem Londoner Psalter der Königin Maria

verwischen sich da bald. Zu Abgaben und Frondiensten wurden die einen wie die anderen herangezogen. Es konnte durchaus geschehen, dass ein unfreier Bauer über größeren landwirtschaftlichen Besitz verfügte als ein freier und er demnach auch wohlhabender war. Über Reichtum und Armut sagte der Rechtsstatus einer Person selbst noch nichts aus.

Der wichtigste, aus diesem persönlichen Rechtszustand sich herleitende Unterschied betraf die Freizügigkeit. Sie war beim Freien gegeben, beim Unfreien nicht, doch blieb sie insofern ein eher virtuelles Rechtsgut, als die Bauern, schon aus Gründen ihrer Arbeitsorganisation, zur Sesshaftigkeit genötigt waren. Ein anderer Unterschied betraf die Teilhabe am Kriegsdienst. Freie konnten dazu berufen werden, Unfreie nicht. Mit Waffenfähigkeit hatte das freilich nichts zu tun, denn für den Schutz gegen räuberische Übergriffe trugen beide Gruppen bei ihrer Arbeit Waffen, die freien wie die unfreien Bauern.

Für das allgemeine wirtschaftliche und rechtliche Ordnungsprinzip der Agrikultur im Mittelalter hat sich der Name Grundherrschaft durchgesetzt. Es handelt sich dabei um einen durchaus modernen Begriff, den das Mittelalter noch nicht kannte; begreifen lässt sich, was darunter verstanden wird, durch die bereits erwähnte Herkunft der ländlichen Besitz- und Abhängigkeitsverhältnisse aus den Zuständen des fränkischen Adelshofs. Wahrscheinlich ist, dass diese spezielle Form der sozioökonomischen Organisation gleichermaßen Rechtsvorstellungen der römischen Antike aufgreift und weiterträgt wie auch die Eroberungspraxis der germanischen Stämme während der Völkerwanderungszeit.

Verliehener Grundbesitz

»In der Realität ist Grundherrschaft ein komplexes Sozialgebilde, in dem sich wirtschaftliche, politische und soziale Faktoren überlagern. Die beiden Bestandteile des Begriffs geben einen ersten Einblick in seinen Inhalt. Grundherrschaft hat etwas mit Grund und Boden, also mit Landbesitz zu tun«, sagt Hans-Werner Goetz. »Herrschaft aber kann man nicht über das Land, sondern nur über die darauf wohnenden Leute ausüben. Grundherrschaft, so lassen sich beide Elemente zusammenfassen, liegt dort vor, wo Landbesitz dazu berechtigt, Herrschaftsrechte über Menschen auszuüben.«

Man kannte zwei Formen der Grundherrschaft, die kirchliche und die weltliche. Es gab also klösterlichen Grundbesitz, zumeist durch Schenkungen entstanden, und es gab weltliches Latifundialeigentum als das Resultat von Eroberung oder von Erbschaft.

Weltlicher Grundbesitz hatte zwei Erscheinungsformen: zunächst das unmittelbar um den Herrenhof gelegene Salland, lateinisch *terra salica*, das gewöhnlich im Eigenbetrieb bewirtschaftet wurde, mit Hilfe der direkt am Hof wohnhaften Unfreien und der Dienste abhängiger Bauern. Sodann gab es das Leiheland. Es wurde ausgegeben an abhängige Bauern.

Überschüsse

Mittelpunkt der Herrschaft war in jedem Falle der Sal- oder Fronhof, bei kleineren Besitztümern zugleich Wohnstatt des Herrn und Aufenthaltsort des Vogt oder Meier genannten Verwalters bei den größeren. Im Verlaufe des Hochmittelalters nahm die Bedeutung und die Größe von Leiheland dann immer mehr zu. Die Bauern, die es bewirtschafteten, konnten frei oder unfrei sein. Sie hatten jedenfalls Abgaben zu entrichten, in der Form von Produkten und in der Form von Dienstleistungen.

Neben den freien Bauern, wie sie, dort übrigens durchweg, in den Tiroler Alpentälern und in Friesland existierten, gab es also minder abhängige Bauern, wobei eine solche Abhängigkeit auch dadurch entstehen konnte, dass ein ursprünglich freier Bauer sich aus eigenem Ermessen einem Herrn unterwarf, einfach, um dessen militärischen oder rechtlichen Schutz zu erwirken.

Bauern mit großen Wirtschaftsflächen hielten sich ihrerseits Knechte; sie gehörten zum Haushalt, und ihr Los war es, ehelos zu bleiben. Die Namen für diese verschiedenen gesellschaftlichen Graduierungen stammen durchweg aus späterer Zeit. Otto Borst hat, wie gesehen, die Begriffe armer Bauer, bessergestellter Bauer und Herrenbauer vorgeschlagen, ohne freilich mitzuteilen, wie und wo er die jeweiligen Unterschiede sieht.

»Die Bauern mussten Überschüsse erwirtschaften, um nicht nur sich selbst, sondern darüber hinaus auch die adligen und geistlichen Herren und – über den Markt – zunehmend auch die Bevölkerung der Städte zu ernähren«, sagt Hans-Werner Goetz. Erstaunlich ist, wie dieses System der selbstverständlichen Subordination so lange hat

32–33. Mittelalterliche Haustiere: ein Hahn, Schweine, Kühe, Esel, Pferde, Ziegen, Hunde, Gänse und Enten. Aus dem Wolfenbütteler Sachsenspiegel sind sie aufgelistet

34. Schlachtung.
Ein Schwein wird mit dem Beil getötet und ausgenommen. Schweine lieferten das begehrteste Fleisch und wurden am häufigsten gehalten, auch in der Stadt. Mittelalterliche Haustierrassen lassen noch die Nähe zum Wildschwein erkennen. Aus dem Luttrell-Psalter

halten können und der Bauer, als der eigentliche Werteproduzent, seine demütige und demütigende Rolle unter einer ausbeuterischen Herrschaftsschicht so lange widerspruchslos ertrug. »Als Adam grub und Eva spann, wo war denn da ein Edelmann«, sang man erstmals im 14. Jahrhundert, und man sang es in England. Bei den Deutschen würde es nochmals mehr als einhundert Jahre brauchen und dann eine besonders drängende soziale Notsituation, dass sie sich auf dieses Lied und seinen Inhalt besannen.

Dominanz der Viehhaltung

Bäuerliche Tätigkeit bedeutete im zehnten Jahrhundert, jedenfalls in unseren Breiten, zunächst einmal Viehhaltung. Die Nutztiere wurden aufgezogen, auf die Weide getrieben und sonstwie versorgt. Die Nutztiere waren Rinder, Schafe, Ziegen und Geflügel, ganz selten Pferde, die ein weitgehend herrschaftliches Privileg blieben. Die einzelnen Tierrassen waren durchweg von kleinerer Körpergröße als ihre heutigen Nachfahren. Als begehrtestes und deswegen auch teuerstes Nutztier galt das Schwein. Tierisches Eiweiß stellte in jener Zeit noch den wichtigeren Teil der menschlichen Ernährung, Viehhaltung war deshalb zunächst bedeutsamer und auch umfangreicher als der Anbau von Feldfrüchten.

Den gab es daneben durchaus, doch geschah er in einigermaßen unwirtschaftlicher Form. Man hat ausgerechnet, dass damals auf ein ausgesätes Getreidekorn durchschnittlich zwei, höchstens drei geerntete Körner kamen: wenn alles gut ging, denn im Falle von Missernten konnte der Ertrag auch spärlicher ausfallen oder selbst zu einem völligen Verlust des Saatgutes führen.

Die Ursache für solch magere Erträge war die Primitivität der landwirtschaftlichen Technik. Die zur Verfügung stehenden Gerätschaften taugten weder für besonders leichte noch für besonders schwere Böden. Die Möglichkeiten zur Entwässerung von Feuchtgebieten kannte man noch nicht. Wichtigstes Hilfsgerät war der Hakenpflug, wie ihn schon die Antike kannte, wie ihn auch unser Bauer Wigbert benutzte und mit dem sich der Boden lediglich aufritzen ließ.

Felder wurden anfangs noch nicht sonderlich scharf gegeneinander abgegrenzt.

Nach jeder Ernte ließ man sie für ein Jahr brachliegen, damit sie sich erholen konnten. Nach mehreren hintereinander erfolgten Ernten waren sie häufig gleichwohl erschöpft, und also zog man weiter, um durch Brandrodung neues Ackerland zu erschließen, was insofern kein besonderes Problem darstellte, als die Besiedlung immer noch dünn war, Urwälder reichlich zur Verfügung standen und der Latifundialbesitz, über den die Grundherren geboten, schier endlos erschien. Man hat errechnet, dass im 10. Jahrhundert gerade erst drei Prozent des gesamten deutschen Territoriums überhaupt bewohnt oder sonstwie genutzt wurden.

35. Fortschritte in der Agrartechnik: Verbesserungen von Deichsel- und Zaumzeug ermöglichen das Anschirren von vier Ochsen beim Pflug. Aus dem Londoner Luttrell-Psalter (vor 1340)

Dörfliches Leben

Trotz der fortwährenden kriegerischen Verheerungen (das deutsche Wort bindet Ursache und Wirkung eindrucksvoll zusammen) nahm die Bevölkerungsdichte in Europa und also auch in den deutschen Regionen nach dem 10. Jahrhundert allmählich zu. Die Ursache dafür war, unter anderem, ein allmählicher Anstieg der jährlichen Durchschnittstemperaturen. Die Sommer wurden wärmer und dauerten länger, die Winter waren milder und kürzer, was alles das Leben ein wenig leichter machte und auch der Bodenfruchtbarkeit zugute kam. In unserem Betrachtungszeitraum, zwischen 950 und 1250, wuchs die Bevölkerungszahl um wenigstens das Doppelte.

Dies hatte zur Konsequenz, dass Siedlungs- und Nutzflächen irgendwann nicht mehr beliebig zur Verfügung standen. Man musste nun mit den vorgegebenen Ländereien auskommen. Man musste sie auch intensiver bewirtschaften. Äcker besaßen jetzt exakte Umfänge und genau festgelegte Abgrenzungen, markiert durch Steine und Sträucher und bestimmbar durch entsprechende Maßeinheiten. Das Gelände der bäuerlichen Einzelbetriebe wurde in Hufen festgesetzt: als der Grundfläche, von der eine bäuerliche Familie leben konnte.

Die Größe einer Hufe konnte deswegen, entsprechend der unterschiedlichen Fruchtbarkeit, verschieden ausfallen von Region zu Region. Die flämische Hufe bemaß sich auf 16,8, die fränkische auf 24 Hektar. Das sind erhebliche Differenzen, wozu man noch wissen muss, dass es daneben die Königshufe gab, die etwa 40 Hektar betrug.

Im sächsischen Gebiet durfte bei Erbschaftsfällen die Hufe nicht geteilt werden, im Oberdeutschen geschah dies durchaus, weswegen es hier bald auch Betriebe nur mehr von halber Hufengröße gab, ihre Bewirtschafter hießen Huber. Selbst Betriebe von der Größe eines Viertelhufens existierten, ihre Bewirtschafter hießen Lehner. Die Größe des bäuerlichen Hofes bestimmte unter anderem die Größe des zu verwendenden Gespanns bei Scharwerken, also den Frondiensten mit Zugvieh. Lehner brauchten bloß mit einem Tier anzurücken, die größeren Bauern dagegen mit einem gesamten Gespann.

Man hat die bäuerlichen Innovationen ab dem 11. Jahrhundert nicht ganz zu Unrecht eine agra-

36. Zwei Bauern beim Pflügen. Auch die Egge gehört zu den agrotechnischen Innovationen im Hochmittelalter. Illustration aus dem 14. Jahrhundert

37/38. Bodenbearbeitung nach dem Pflügen: Einsatz der Egge vor der Aussaat. Verbesserung beim Zaumzeug für Zugvieh. Statt nackter Riemen wird das gepolsterte Joch verwendet, wodurch sich die Zuglast auf eine größere Körperfläche des Tieres verteilt

rische Revolution genannt. Mehr und mehr setzte sich die konsequente Dreifelderwirtschaft durch: Im ersten Jahr wuchs auf einer Bodenfläche Wintergetreide, im zweiten Sommerkorn, im dritten lag sie brach und diente als Weideland für das Vieh, was außer der Erholung des Bodens noch eine natürliche Dungzufuhr bewirkte. Überhaupt verlagerte sich die bäuerliche Tätigkeit jetzt von der überwiegenden Viehhaltung mehr und mehr hin zum Ackerbau. Ausschließliche Viehhaltung wurde jetzt wieder, jedenfalls in bestimmten Landschaften wie dem Gebirge, zu einer speziellen Tätigkeit von Hirten.

Schubkarre und Räderpflug

Der intensivere Ackerbau wäre nicht möglich gewesen ohne bestimmte technische Innovationen. Die wichtigste war der Schollenpflug, der erstmals schon im 6. Jahrhundert nachgewiesen ist, sich aber jetzt erst zunehmend durchsetzte; er lief auf Rädern, und er war ausgestattet mit asymmetrischer Pflugschar, die den Boden nicht mehr nur ritzte, sondern ihn umwälzte. Er blieb nicht die einzige Neuerung. Zusätzlich kam die Egge in Gebrauch, mit der sich der umbrochene Boden zerkleinern und glätten ließ. Für das Zugvieh, also Ochsen und Pferde, gab es jetzt ein anderes Zaumzeug: An die Stelle der bis dahin allein gebräuchlichen Riemen, die alle Last auf die Brust des Zugtieres legten, dass sie leicht dessen Fell wund scheuern konnte, trat nunmehr das gepolsterte Joch, das die Zuglasten dann auf eine erheblich größere Körperfläche der eingeschirrten Tiere verteilte.

Man lernte es außerdem, die Tiere im Vierergespann einzuschirren. Die vermehrte Zugkraft, die das erbrachte, revolutionierte ihrerseits den Wagenbau: Zu dem zweirädrigen Karren, den schon die Antike kannte und der bis dahin ausschließlich im Gebrauch war, gesellte sich nunmehr der vierrädrige Wagen, geeignet für das Bewegen schwerer und sperriger Lasten, ebenso auch geeignet für den Personentransport. Er fand Verwendung bei zivilen wie bei militärischen Aktionen.

Man erfand die Schubkarre, als eine eminent wichtige und vielfach einsetzbare Gerätschaft. Das Spatenblatt wurde jetzt aus Eisen gefertigt. Die Ernte erfolgte nicht mehr bloß mit der Sichel, sondern manchmal auch mit der Sense, und das eingefahrene Getreide wurde nicht mehr vermittels Füßen oder Tierhufen gedroschen, sondern mit dem Dreschflegel. Die Weiterverarbeitung des Korns zu Mehl, bisher Arbeit der Bauersfrau, entwickelte sich zu einer Spezialtätigkeit, der sich ein dann eigener Berufsstand widmete, unter Zuhilfenahme der durch das fließende Wasser

factus sum sicut homo non au

39. Ursprünglich wurde Getreide durch Tritte von Tier oder Mensch gedroschen. Seit Ende des 11. Jahrhunderts gab es Dreschflegel. Sie waren rationeller und steigerten den Ertrag

hergestellten Antriebskraft. Der Müller wurde zum ersten spezialisierten Handwerker im ländlichen Raum neben dem Schmied.

Man darf annehmen, dass dergleichen Neuerungen in aller Regel von den Klöstern ausgingen, denn dort gab es schon früh die spezialisierten Handwerker, die dergleichen zu verfertigen wussten, dort gab es die erforderlichen Mittel für die entsprechenden Investitionen, und dort gab es ausreichenden Agrarbesitz, auf dem sich die Innovationen beispielhaft erproben ließen. Ob und wie sie sich dann in der nichtklösterlichen Landwirtschaft durchsetzten, lässt sich nur schwer nachvollziehen.

Das Wohlstandsgefälle bei der Bevölkerung war immer groß, sozial wie regional, und nicht überall standen die Mittel für solche Anschaffungen beliebig zur Verfügung.

Die übliche bäuerliche Siedlungsgemeinschaft war das Dorf. Es bildete, nachdem die bäuerlichen Nutzungsflächen in etwa festlagen, seine besonderen Strukturen heraus, seine Gewohnheiten und seine Gestalt.

Noch immer existierte daneben das Einzelgehöft oder der winzige Flecken aus bloß zwei oder drei Betrieben. Die Regel waren sie nicht mehr. Die größeren Dorfgemeinschaften boten den Vorteil der gegenseitigen Unterstützung und die Annehmlichkeiten einer wechselseitigen Kommunikation. Es gab Dörfer mit bis zu sechzig Gehöften.

Das machte eine gewisse Anordnung erforderlich, die zu auch regional sehr unterschiedlichen Ergebnissen führte. Man unterscheidet zwischen Straßen-, Haufen- und Angerdorf, die ihre jeweils besondere Form durch ihren Namen mitteilen. Der Rundling bot durch seine spezielle Form eine besonders große Schutzfunktion gegenüber räuberischen Übergriffen. Die lange Zeit weitergereichte Überzeugung, der Rundling sei slawischen Ursprungs, trifft übrigens nicht zu. Auch die Slawen verwendeten üblicherweise das Haufendorf.

Flurordnung

Es war dies auch sonst der am weitesten verbreitete Dorftypus. Seine Gestalt ist relativ gut überliefert und stellt sich wie folgt dar:

Da gibt es zunächst den Dorfkern. Er umfasst einen kleinen Platz, meist mit Kirche und Kirchhof, sowie den Wohnbereich, das sind alle bäuerlichen Hofstätten samt ihren Wohn- und Wirtschaftsgebäuden. Die Hofstätten stehen relativ planlos. Sie sind umzäunt und lassen Raum für Wege und Straßen. Innerhalb der Einzäunung befinden sich die Gärten, die

40. Nicht nur die Steigerung der Zugkraft verbesserte den Transport. Nach dem bisher ausschließlich verwendeten zweirädrigen Karren fand der neu erfundene vierrädrige Wagen Verwendung

Bäuerliche Lebenswelt

41. Heuernte mit Rechen und Heugabel

42. Schärfen einer Sense

Sondereigentum der Hofbesitzer sind und deren Erträge ausschließlich ihnen zustehen. Rings um den Dorfkern liegt die Ackerflur, Gewann genannt. Sie hat die Gestalt großer Feldflächen, die ihrerseits wieder unterteilt sind in einzelne Streifen, jeder Bauer besitzt davon eine oder mehrere.

Im Falle der Dreifelderwirtschaft gibt es für jeden der drei Feldtypen eine dieser großen Flächen, sie heißen Zelge, Zelche oder Schlag. Sie wird teils individuell, teils gemeinschaftlich bestellt und unterliegt einer strengen Flurordnung. Durch die Dorfgenossenschaft oder auch durch den Dorfvorsteher werden die Termine von Saat, Ernte und Einzäunung bestimmt.

Den dritten, äußersten Bereich der Dorfflur bildet die Allmende.

Sie wird durchweg gemeinschaftlich genutzt. Sie besteht aus Weideland und Wald. Hierher wird das Vieh getrieben, und die Wälder liefern neben Eicheln für die Schweinemast außerdem das benötigte Holz für Baumaßnahmen und für die Öfen.

Regelrechte Verteidigungsanlagen waren manchmal vorhanden und manchmal nicht. Gelegentlich errichtete man Palisaden, schon zum Schutz gegen Wildbefall, doch blieben Wehrdörfer immer die Ausnahme. Für den militärischen Schutz stand in Notfällen schließlich die Burg des Grundherrn bereit.

Das Regiment des Schulzen

Der Dorfvorsteher, der Schultheiß oder Schulze, wurde eingesetzt vom Grundherrn. Er war zuständig für alle minderen administrativen und gerichtlichen Entscheidungen, und er legte die Gemeinschaftsaufgaben fest. Er schlichtete einfache Streitfälle, sofern sie nicht, ihrer Natur nach, in die richterliche Zuständigkeit des Grundherrn fielen. Wie aber stand es um die gesellschaftliche Situation unterhalb dieser Schulzenebene?

»Die mittelalterliche Dorfgemeinschaft, die häufig als ein Hort der Gleichheit, der Harmonie und des konfliktfreien Zusammenlebens angesehen

43. Getreideernte
(Fresko aus dem Trientiner Adlerturm)

wird, war keine homogene Gesellschaft gleichgestellter Bauern, die den gemeinschaftlichen Zielen und Aufgaben einen Vorrang vor dem persönlichen Eigennutz einräumten; die mittelalterliche Dorfgesellschaft und die Bauernschaft allgemein war vielmehr sozial stark gegliedert und mannigfach in sich abgestuft. Die Sozialform des hochmittelalterlichen Dorfes wies zwar einige egalitäre Züge auf, und die Dorfgemeinde konnte in gewissem Umfange auch als gesellschaftliche und politische Ausgleichsinstanz fungieren, doch sind die Phänomene wirtschaftlicher, rechtlicher und sozialer Ungleichheit unter den Bewohnern des mittelalterlichen Dorfes nicht zu übersehen.«

So der Mittelalterhistoriker Werner Rösener. Die von ihm behauptete mannigfache Gliederung ergibt sich aus dem unterschiedlichen Sozialstatus und dem unterschiedlichen Besitztum. Es gab, wie wir wissen, unfreie, halbfreie und freie Bauern, und es gab unterschiedliche Feldgrößen, die nicht zwingend an den Sozialstatus des Nutzers gebunden waren. Die Abgaben, die ein Unfreier an den Grundherrn abzuliefern hatte, waren größer als die des Halbfreien. Das ließ sich kompensieren durch einen größeren Feld- und Viehbesitz, sofern er denn zur Verfügung stand. Ursprünglich großer Grundbesitz konnte sich durch Erbteilungen rasch verkleinern, und die landlosen Knechte waren durchaus nicht nur Hörige, die von Hörigen abstammten, sondern auch jüngere Kinder von Bauern, deren Besitz im Erbfalle nicht geteilt wurde. Außerdem spielen jeweils immer noch regionale Unterschiede hinein, und es liegt, bedenkt man die sämtlichen Möglichkeiten einer bäuerlicher Existenz, eine Vielfalt mit der Tendenz zur völligen Unübersichtlichkeit vor.

Der wackere Landmann

Ab dem Hochmittelalter setzte sich auf dem Dorfe allmählich ein Primat des Wirtschaftlichen vor dem Sozialen durch. Will heißen: Die Verfügbarkeit von Land- und Viehbesitz beein-

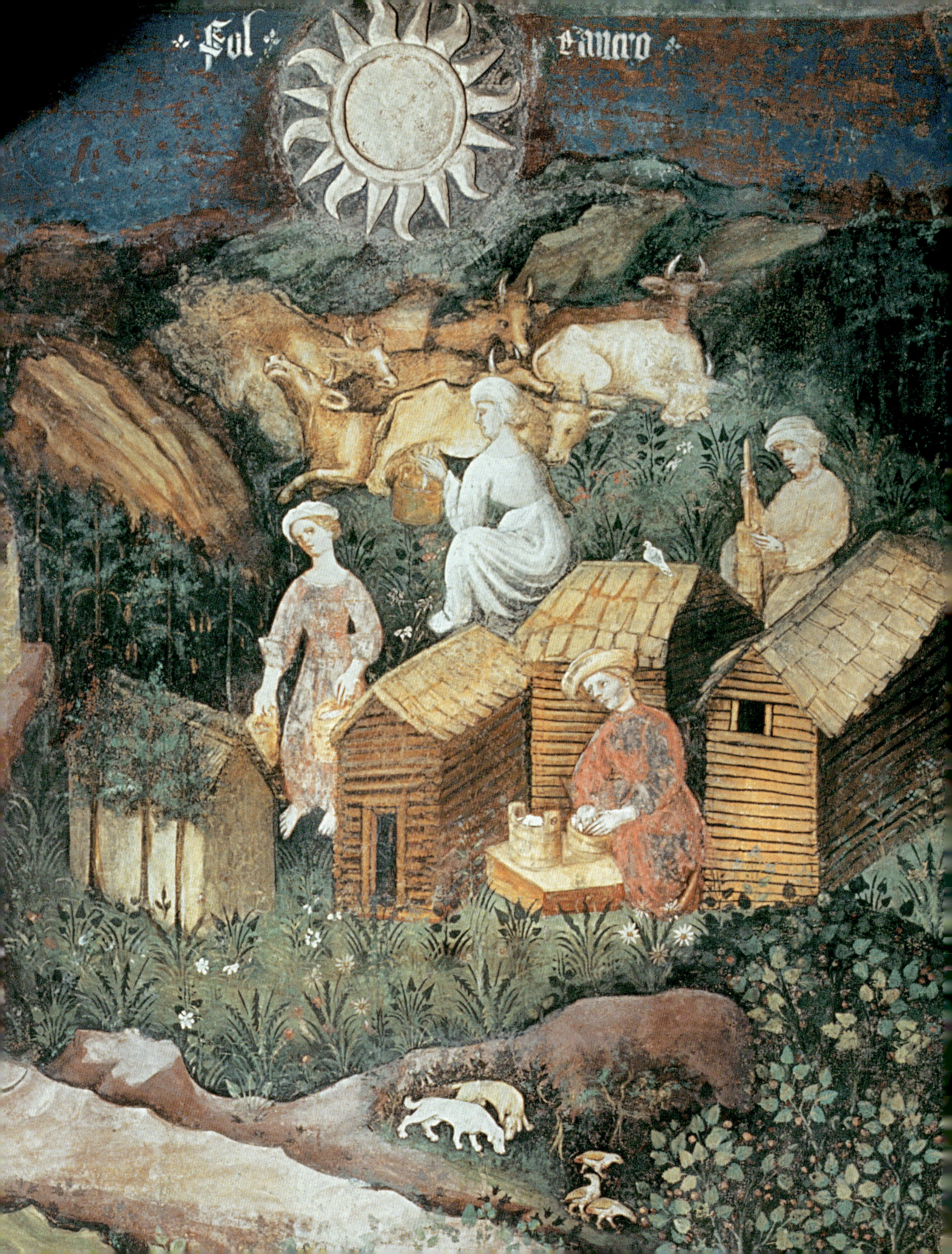
Sol

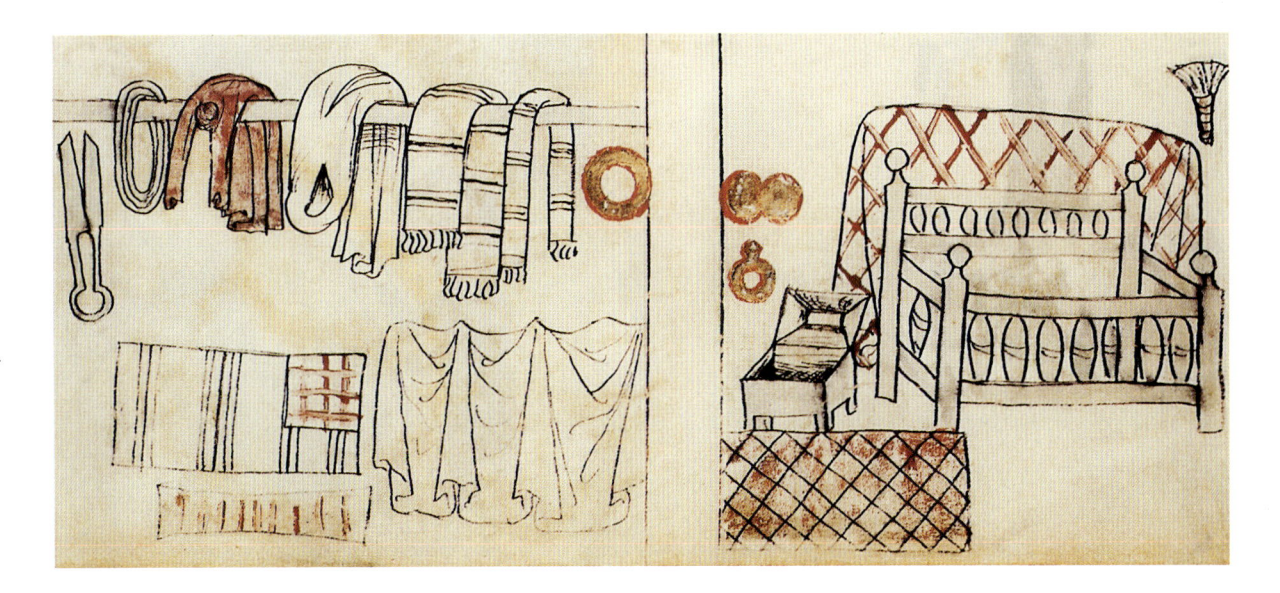

45. Häusliches Leben. Hier: die Habe einer Witwe – Tücher, Laken, Hemd, Kleid, Garn und Schere, Tischdecke, Bettlaken, Kopfkissen, Gewandspange, Fingerring, kleine Truhe, Teppich, Wandteppich, Bett, Bürste. Aus dem Wolfenbütteler Sachsenspiegel

44. Wichtigster Milchlieferant neben dem Rind war die Ziege. Hier: Eine der Bäuerinnen melkt die Kühe, eine andere buttert, eine Dritte stellt Käse her

flusst, dominiert und verdrängt am Ende den angeborenen rechtlichen Status. Nochmals Rösener: »Dieser jahrhundertelange Prozeß der rechtlichen Angleichung fand im 12. und 13. Jahrhundert seinen Abschluss und brachte einen nach außen relativ einheitlichen Bauernstand hervor, bei dem der ursprüngliche persönliche Rechtsstand des einzelnen Bauern gegenüber den Momenten seiner wirtschaftlichen Stellung zurückgetreten war.« Eine ähnliche Entwicklung vollzieht sich übrigens, wie wir sehen werden, ebenso im außeragrarischen Bereich.

»Der wackere Landmann«, schreibt Gustav Freytag, um einen Moment dieser hochkomplizierten Entwicklung zu fixieren, »welcher um das Jahr 1100 von einer Höhe seiner Dorfflur ausschaute, sah im Morgenlicht eine andere Landschaft, als seine Ahnen gekannt hatten. Noch war der Rand des Horizontes von dunklem Waldessaum umzogen, es war damals viel Wald auch in der Ebene, überall Laubgehölz, Weiher und Wasserspiegel auf niedrigen Stellen zwischen dem Ackerboden; aber das Land war in den Ebenen reich bevölkert.«

Weiter:

»In gerodetem Wald waren neue Hufen ausgemessen und mit Ansiedlern besetzt, in der eigenen Dorfflur war altes Weideland in Ackerflur verwandelt; zwischen Saat und Holz stand am Waldessaum oder auf einem Bergvorsprung die Kapelle eines Heiligen …« Und so fort. Wir haben es mit einer entschieden süßlichen Idyllisierung zu tun. Nimmt man sie fort, erhält man ein einigermaßen realistisches Bild.

Rechtsgemeinschaft Familia

Der bäuerliche Hausstand war patriarchalisch geordnet. Darin befand er sich nicht anders als der Hausstand in den Städten oder beim Adel. Den Mittelpunkt bildete die Ehegemeinschaft eines rechts-, waffen- und handlungsfähigen Mannes, der die Munt besaß, dies war das Verfügungsrecht über und zugleich die Haftung für alle Angehörigen des Hauses. Das Wort Munt ist sprachgeschichtlich verwandt mit dem lateinischen *manus*, Hand, und wurde ein Zentralbegriff des mittelalterlichen Personalrechts, wir haben das Wort noch im Vormund und in der Mündigkeit, die beide mit dem aus Lippen, Kiefer und Gaumen gebildeten menschlichen Kopforgan nichts zu tun haben.

Unter die Munt des Hausvorstandes fielen: die Ehefrau, die minderjährigen Kinder, die zwar erwachsenen, aber noch nicht verheirateten Kinder sowie, so vorhanden, das Gesinde. Der übliche lateinische Rechtsbegriff lautete *pater familias*, dessen wörtliche Übersetzung Familienvater insofern in die Irre führt, als mit der mittelalterlichen Familie erheblich mehr als die heutige Kleinfamilie gemeint war, nämlich sämtliche Bewohner eines Hauses, und auch Haus bezeichnete damals einen konkreten Rechtsbegriff: Er meinte den Raum, für den die Munt des *pater familias* galt. Der Begriff Familie beinhaltete also eine größere Wirtschafts- und Rechtseinheit und

46. Ehen wurden vor der Kirche geschlossen. Hier: Ein heiratswilliges Paar erhält vor der Hochzeit Unterweisungen durch einen Geistlichen. Blutsverwandtschaft, damals sehr viel weiter gefasst als heute, galt als Ehehindernis. In dieser Szene des Wolfenbütteler Sachsenspiegels ist die Geistlichkeit durch den Papst vertreten

steht dem, was wir unter Sippe verstehen, entschieden näher als unser heutiges Familienverständnis.

Nächst dem *pater familias* war für die Existenz einer bäuerlichen Wirtschaft wichtig die Tätigkeit der Bäuerin. Sie nahm an sämtlichen Arbeiten in Haus, Stall und auf dem Felde teil. Es gab noch kaum eine geschlechtsspezifische Arbeitsteilung wie in späterer Zeit. Die Bäuerin säte und erntete, sie schlug Holz ein, sie trieb das Vieh aus, sie leistete Dienste auf dem Fronhof und war bei alledem rechtlich gegenüber ihrem Mann deutlich zurückgesetzt. *ain frow mus tun, was ain mann will*, heißt es in einer Gesetzessammlung, was durch das männliche Privileg zur körperlichen Züchtigung bekräftigt wurde. Die Züchtigung war förmlich vorgeschrieben, und wenn sie bei gegebenen Anlässen unterblieb, wurde das mit einer Buße geahndet.

Schonung für Schwangere

Sagten wir, dass eine geschlechtsspezifische Arbeitsteilung noch nicht existierte, so waren damit nicht die geschlechtsspezifischen Arbeiten gemeint, die von der Bäuerin jedenfalls zu verrichten waren, neben allem anderen. Sie hatte das Herdfeuer zu betreuen, die Speisen zuzubereiten, die Vorräte anzulegen, Flachs und Hanf zuzurichten, sie mußte Wolle spinnen und Leinen weben.

Die bäuerliche Ehe war eine reine Arbeitsgemeinschaft mit deutlicher Mehrbelastung für die Bäuerin. Hinzu kam noch das Austragen und Gebären der Kinder; die bäuerliche Ehe war außerdem eine Einrichtung zur Aufzucht von Nachwuchs. Die Schwangerschaft war dann auch der einzige Zustand im Leben der dörflichen Frau, da sie etwas Schonung und kleine Sonderrechte beanspruchen durfte, und da sie eigentlich fortwährend schwanger war, jedenfalls zwischen ihrem zwanzigsten und vierzigsten Lebensjahr, hatte sie solche Rechte ziemlich oft. Dafür wurde jedesmal die Entbindung zu einem hohen gesundheitlichen Risiko, denn angesichts der miserablen hygienischen Zustände in den Bauernhäusern war die Gefahr, im Kindbett zu sterben, außerordentlich groß.

Der verwitwete Bauer beeilte sich dann, eine neue Frau zu finden. Das Leben mußte weitergehen. Ohne eine Bäuerin war sein Hof dem wirtschaftlichen Untergang geweiht. Wollte er den riskieren?

Das Haus meinte, als Rechtsbegriff, den Haushalt, und es meinte gleichermaßen die dingliche Wohnstätte. Auf dem Dorf bestand sie aus

47. Die Ehe war eine Zweckgemeinschaft. Männer suchten sich daher sexuelle Abwechslung außerhalb der Familie, was strafwürdig war, doch immer wieder vorkam. Nahmen sich Frauen, was auch vorkam, dieses Recht heraus, galten schärfere Strafen. Hier vergnügt sich eine verheiratete Frau mit einem Spielmann

Stallung, Speicher und Wohnhaus. Dies alles konnte, wie noch heute, auf mehrere separate Gebäude verteilt sein oder unter einem Dach vereint, wie in Niedersachsen. Das Niedersachsenhaus ist jüngeren Datums, als die ältere Geschichtsschreibung glaubte, es ist nicht urgermanischen Ursprungs, sondern kam erst im Hochmittelalter auf.

Tageslicht durch Tierblase

In jedem Falle war die Bauweise ziemlich einfach, wie das Beispiel unseres Bauern Wigbert zeigt: Auf gestampftem Boden erhob sich ein einfaches einstöckiges Gebäude, errichtet aus Holzstämmen oder behauenen Balken, die Zwischenräume wurden ausgefüllt mit lehmbeworfenem Flechtwerk.
Das Dach bestand aus Stroh, Schilf, Gras oder Schindeln. Es hatte in der Mitte eine Öffnung für den Rauchabzug. Die Fenster waren kleine Luken, mit Flechtwerk verblendet oder mit der Haut von Tierblasen, die etwas Tageslicht einließen. Erst spät setzte sich beim bäuerlichen Häuserbau eine teilweise Verwendung von Steinen durch, wenigstens für die Fundamente, und wie in den Städten kam das Fachwerk auf mit seinen verschiedenen Varianten vom einfachen Ständerbau bis zur Konstruktion von Schwellen und Rahmen.
Einzelne Wohnräume für die Mitglieder der Familia gab es lange Zeit nicht. Man aß, schlief, ruhte, liebte, gebar und starb in einem einzigen Raum. Wichtigstes Möbel war der gemeinsame Tisch, an dem die Mahlzeiten erfolgten, er bestand aus einer rohen Platte, die auf einem Gestell mit schrägen Beinen lag, dem Schragen. Sitzgelegenheit war der Schemel. Als weitere Möbel gab es noch die Betten, die entweder eine simple Holzbank waren oder eine mit Strohsack und Fellen belegte Pritsche, manche schliefen einfach auf dem Fußboden, in aufgeschüttetem Stroh.

48. Ein Erbfolger für Haus und Hof. Vier Männer hören die Schreie des Neugeborenen und bezeugen die Geburt. Die Wöchnerin trägt einen Witwenschleier. Sie weist hin auf das Kind, das ihr Lehen erben wird

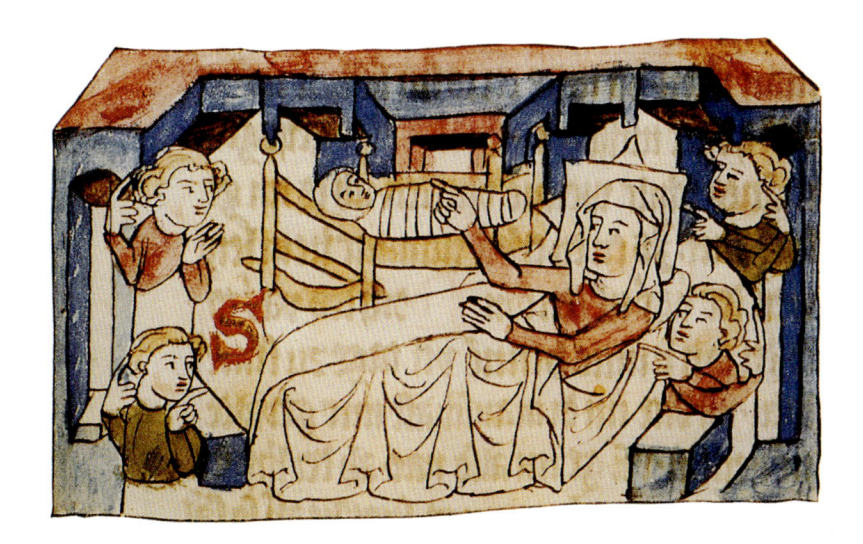

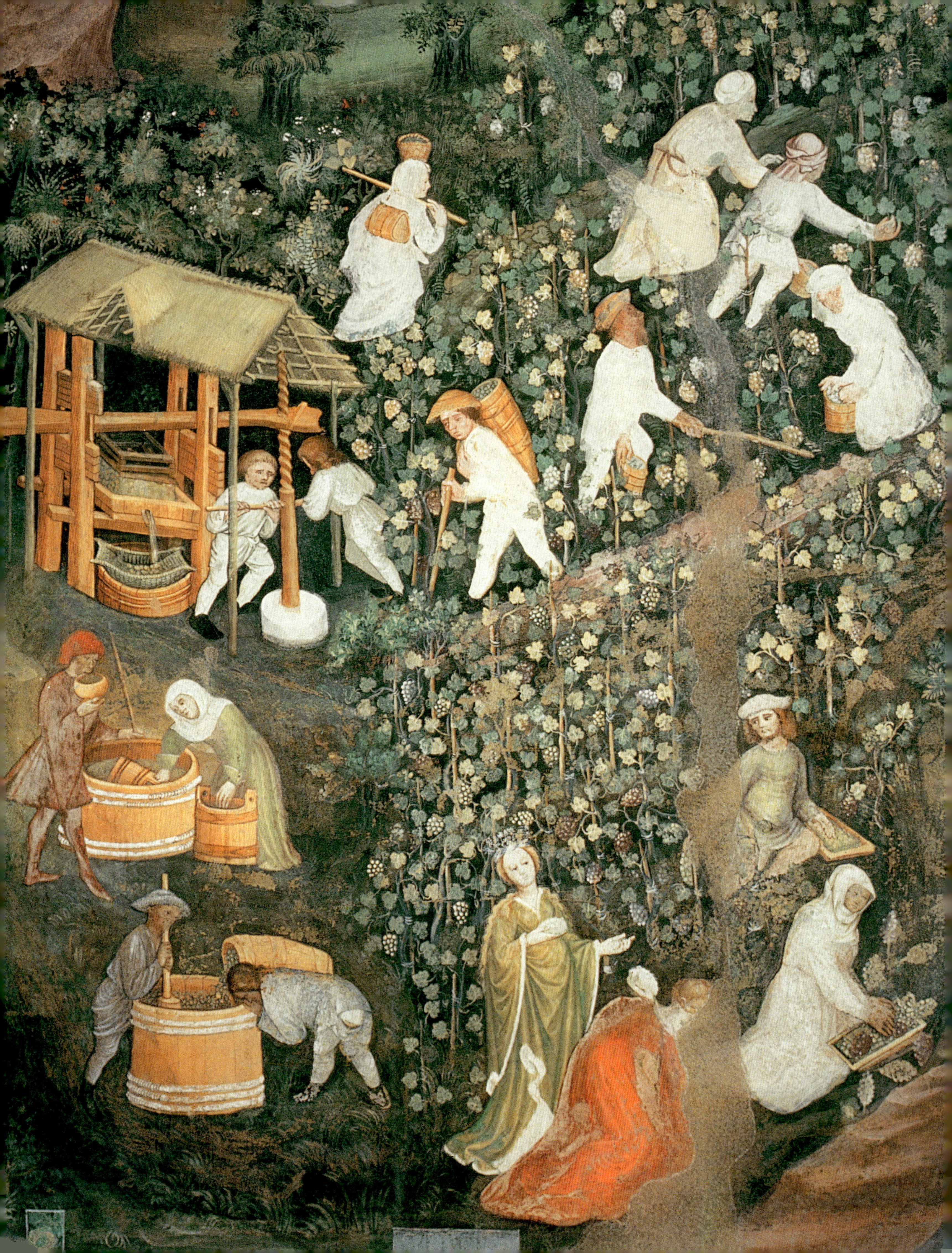

50. Sinnbild für den Herbst: Trauben werden in einem großen Bottich mit den nackten Füßen zerstampft. Aus einer italienischen Handschrift (um 1400)

51. Backen von dunklem Brot. Alltagsszene aus einer italienischen Handschrift (um 1400)

49. Weinlese im Oktober. Frauen und Männer pflücken die Trauben, die anschließend in Bottiche gefüllt und in der Weinpresse zu Most verarbeitet werden

Zur Aufbewahrung kleinerer Besitztümer gab es Truhen. Hausgerätschaften wie Töpfe wurden an die Wände gehängt. In der Mitte des Raumes befand sich die Feuerstelle, an deren Flammen man sich winters wärmen konnte, auf der sich das Essen zubereiten ließ und die in der Dunkelheit Licht spendete, wenn man nicht, was selten war, zum rußenden Kienspan griff. Von der Feuerstelle stieg Rauch auf und erfüllte den gesamten Raum, ehe er durchs Dach entwich. Er beeinträchtigte die Wohnsituation erheblich, denn er machte das Atmen schwer; *sunt tria dampna domus, imber, mala femina, fumus*, wie es in einer Redensart aus dem 11. Jahrhundert heißt: Die drei schlimmsten Dinge im Haus sind ein undichtes Dach, ein böses Weib und der Rauch.

Hütten aus Lehm und Stroh

Man kam ihm bei, indem man, aus Holz, Schornsteinabzüge anlegte. Noch hilfreicher war dann die Unterteilung des Bauernhauses in zwei Stuben, deren eine über einen möglichst noch von außen beheizbaren Ofen verfügte. Durch ihn wurde der Aufenthalt im Hausinneren von einem Notbehelf zu einer Annehmlichkeit. Man konnte jetzt in den Häusern Feste begehen, und der Winter war nicht länger eine Zeit des Fröstelns und der Einschränkungen, sondern eine der freien Zeit und der fröhlichen Zusammenkunft.

Freilich, dies alles begann sich erst im 13. Jahrhundert allmählich durchzusetzen, von Oberdeutschland her, für den weitaus größeren Teil des Landes fällt der Siegeszug der Bauernstube in eine Periode, die jenseits unseres Betrachtungszeitraums liegt.

Bis dahin galt, was Otto Borst so beschreibt: »Eine einfache, eine primitive Welt. Als Energiequelle hat man nur seine eigene und die tierische Kraft. Kleine Hütten aus Lehm und Stroh, der Fußboden ist festgestampfte Erde, die Notdurft verrichtet man im Freien, Trinkwasser fehlt, Männer, Frauen, Kinder schlafen im selben luftleeren düsteren Raum, der Geschlechtsverkehr spielt sich in Anwesenheit der Kinder ab, nebenan steht das Vieh. Wenn die Versorgung des Viehs es erfordert, wenn es hell wird, steht man auf, im Sommer jedenfalls zwischen vier und fünf Uhr. Zwischen neun und zehn nimmt man die Hauptmahlzeit ein, zwischen vier und fünf Uhr nachmittags die zweite Mahlzeit des Tages. Und wenn es dunkel wird, geht man zu Bett, zumal man in der Hauptsache ohne Beleuchtung auskommen muss. Es genügt die Anpassung an die rhythmische Zeit, die ohnehin nicht zu beeinflussen war.«

Die Plätze in der Dorfmitte säumten, außer Kirche und Kirchhof, eine Linde oder ein Stein, vor dem Gericht gehalten wurde. Dort liefen dann auch die Dorffeste ab.

Die in Gustav Freytags Schilderung vorgeführten Festlichkeiten werden wesentlich nach literari-

52. In der Küche wie in der Medizin fanden die verschiedensten Kräuter Verwendung. Hier: Eine Frau schneidet Fenchel …

53. … und zwei Frauen beim Salbeipflücken im Kräutergarten. Aus einer italienischen Handschrift (um 1400)

schen Denkmälern erzählt, deren Entstehung ins 13. Jahrhundert fällt oder noch später. Man darf für diese Zeit von einem gewachsenen bäuerlichen Wohlstand sprechen, wie er davor (und übrigens auch danach) nicht existierte – immer vorausgesetzt, dass es ihn gab; sowohl Werner der Gärtner als auch der Liedermacher Neidhard von Reuenthal, Freytags Zeugen, waren adlige Literaten mit einer erkennbaren Neigung zu tendenziellen Verzerrungen. Das höfische Publikum, dem sie ihre Texte vortrugen, sollte und wollte mit Geschichten aus dem bäuerlichen Milieu unterhalten werden. Elend stieß ab. Luxus kitzelte die Phantasie. Derart stieg der Unterhaltungswert durch das Mittel der Übertreibung.

Dass auf den Dörfern gefeiert wurde, darf immerhin als unzweifelhaft gelten. Die Anlässe waren verschieden. Man feierte Taufen und Hochzeiten, man feierte auch bei Begräbnissen. Familienereignisse wurden vom gesamten Dorf zur Kenntnis genommen. Bei den Kirchenfesten spielte Weihnachten noch keine Rolle, das wichtigste christliche Datum war Ostern. Daneben beging man den Tag des Dorfheiligen, und eine gewisse Popularität scheint das Dreikönigsfest gehabt zu haben, in dem sich Bräuche aus vorchristlichen Festen wie der Wintersonnenwende erhielten.

Festsaison Winterzeit

Die Feste wurden, solange die Unwirtlichkeit der Behausungen anhielt, unter freiem Himmel begangen, auf dem Dorfplatz und nicht selten gar auf dem Friedhof. Mit dem Aufkommen der rauchfreien Stuben wurde alles anders. Jetzt bot sich der Winter als Festsaison an, da in dieser Jahreszeit die Feldarbeiten fortfielen und ein wenig mehr Freizeit war.

Feste boten Musik und Tanz, vor allem jedoch reichliches Essen und Trinken bis hin zur Völlerei. Der tiefste Inhalt eines mittelalterlichen Festes waren Exzess und Rausch. Otto Borst hat eine Szenerie beschrieben, und man ist gehalten, seine Schilderung mit jener von Gustav Freytag zu vergleichen:

»Die lehmbelassene Dorfstraße ist zum Tanzplatz geworden, die schweren klobigen Tische sind herausgestellt, ein paar Hocker dazu, darauf sitzt einer, der den Dudelsack bläst, ihm rückt ein

quoniam ipse cognouit figmen

Gevatter zu Leibe, der ihm fortwährend den Krug unter die Nase heben will, von rechts trabt einer mit seinem Weib den Tanzenden zu, drei, vier Paaren, die in ungelenken, aber weit ausholenden Gesten ein ›hovtänzel‹ mimen, drüber zieht einer mit langen Armen seine ›Alte‹ durch die Haustür, sie soll auch mitmachen: jeder verliert sich auf seine Weise in diesen seligen Nachmittag. Auch die Hand voll Zecher gehört dazu, die gestikulierend, begütigend, schreiend am Tisch sitzt, auch das Mädchen, das dem kleinen Kindlein, das sich auf den Festplatz verirrte, ein Tänzchen beibringen will. Es geht hoch her … Warnend und still steht die Kirche in der Straßenflucht, was soll's, sie drehen sich, umarmen sich, küssen sich, eine mostselige, branntweinselige, eigentümlich schwere, dumpfe, klobige Fröhlichkeit.«

Vom Essen und Trinken

Was aber aß man, bei Feiern und überhaupt? Man aß, was man hatte, und das war, im bäuerlichen Normalfall, was man anbaute, erntete und was das Vieh hergab. Im Mittelpunkt stand jetzt nicht mehr das Fleisch, sondern, ganz wörtlich zu nehmen, das tägliche Brot, um das im Vaterunser immerfort gebetet wurde.

Brot ist ein Getreidederivat. Es wird aus Mehl hergestellt, das man zu einem Brei aufkochen, mit Honig süßen oder mit Kräutern würzen kann. Dies war lange Zeit die am meisten verbreitete bäuerliche Nahrung; es gab sie auch in der Form eines Breis aus grob geschroteten Körnern, als Grütze.

Außerdem läßt sich Mehl mit Wasser zu einem Teig verkneten, der, zu Laiben geformt, an einer Herdstelle gebacken wird. Man kannte und kennt ungesäuertes wie gesäuertes Brot. Für beides existierten ursprünglich verschiedene Namen. Gebackenes Brot konnte getrocknet, aufbewahrt und der trockene Fladen bei Bedarf aufgeweicht werden.

Die Güte des Mehls ist und war abhängig von der Qualität des Korns. Als edelstes Mehl galt, wie heute noch in romanischen Ländern, das Weizenmehl. Andere Getreidesorten wie Dinkel, Roggen und Hafer waren eher gut für ärmere Leute, für Gesinde und Vieh.

Der Weizenanbau, ursprünglich nur eine süddeutsche Angelegenheit, weitete sich ständig weiter nach Norden hin aus, darin unterstützt durch die vergleichsweise hohen Jahresdurchschnittstemperaturen, die jetzt in Mitteleuropa herrschten und für die kein CO_2-Ausstoß irgend verantwortlich war.

54. **Wassermühle und Aalreusen.** Ländliche Szene aus dem Londoner Luttrell-Psalter (vor 1340)

55. Frauen an der Kornmühle. Aus dem »Hortus deliciarum« der Äbtissin Herrad von Landsperg (12. Jh.)

Als Getreideersatz dienten Bohnen, Erbsen, Rüben und Kraut. Sie waren die eigentlichen Nahrungsmittel der Armen und blieben das bis in die Neuzeit.

Grundnahrungsmittel Brot

Brot bildete ab dem 12. Jahrhundert das Hauptnahrungsmittel, auch auf dem Dorf, jedenfalls bei den Wohlhabenderen; alles andere war *companaticum,* Zubrot. Gemeint sind damit Fleisch, Gemüse und Obst. Die zumal für kältere Jahreszeiten wichtige Fettzufuhr geschah in Deutschland, anders als in den südlicheren Ländern, wo Oliven wuchsen, nicht durch pflanzliches Öl, sondern durch tierische Fette.

Ein wichtiges Nahrungsmittel, und zwar für alle gesellschaftlichen Stände, bildete Fisch. Naturgemäß wurde er vor allem dort verbraucht, wo er vorkam. In der vorösterlichen Fastenzeit war er der Hauptlieferant für das tierische Eiweiß. Fische wurden in freien Gewässern gefangen, oder aber sie wurden gehalten, in eigens dafür angelegten Teichen, was freilich eher eine von Klöstern betriebene Angelegenheit war. Um Fische etwas haltbarer zu machen, wurden sie eingesalzen, was hauptsächlich mit dem Hering geschah; er konnte auf diese Weise über größere Strecken transportiert werden und bildete die hauptsächliche Fastenspeise in fischarmen Gegenden.

Das bäuerliche Nutzvieh stellten weiterhin Rinder, Schweine, Ziegen, Schafe und Geflügel. Man molk die Milch, trank sie oder verarbeitete sie zu Butter und Käse. Man schor das Fell der Schafe, schlachtete sie wie die anderen Tiere, aß ihr Fleisch und verarbeitete ihre Haut. Das alles geschah damals nicht viel anders als heute. Wichtigster Fleischlieferant in Deutschland blieb weiterhin das Schwein. Geschlachtet wurde es im Spätherbst, und die Fleischvorräte, durch Trocknen, Räuchern und Einsalzen konserviert, brachten die Leute dann über den Winter.

Salz als Konservierungsmittel war zugleich das wichtigste Gewürz. Es war kostbar, und die Salzgewinnung war seit keltischen Zeiten ein sehr geschätztes Gewerbe. Andere Gewürze lieferten Kräuter aus dem Garten und der freien Natur, allen voran die Zwiebel. Das älteste Kochbuch des deutschen Mittelalters, entstanden um das Jahr 1350, nennt neben exotischen Ingredienzen wie Safran, Zimt und Pfeffer die einheimischen Zutaten Kümmel, Lauch, Rainfarn und Quitte. Zum Süßen diente der Honig. Er stammte teils von wilden, teils von domestizierten Bienen.

Kochkultur

Getrunken wurden Wasser, Molke, Obstsaft und auch Wein. Die erstaunliche Karriere des Rebanbaus in Deutschland hatte mit den Römern begonnen, die das ursprünglich kleinasiatische Gewächs zunächst an Rhein und Mosel brachten. Dass Wein später auch weiter nördlich angebaut wurde, bis an die Küsten von Nord- und Ostsee und selbst noch in England und Skandinavien, hatte abermals mit den relativ hohen Durchschnittstemperaturen zu tun. Bier war noch wenig bekannt, es setzte sich erst im Spätmittelalter durch.

Die hochexquisite Kochkultur der alten Römer war in den romanischen Ländern zu Teilen erhalten geblieben, bis nach Deutschland drang sie freilich kaum vor und wenn, dann geschah das eher in Klöstern, wo man Zeit, Muße und Gelegenheit zu einer guten Küche besaß. Es waren auch die Klöster, die den Weinanbau voran brachten, unter anderem aus liturgischem Grund. Alles bisher Gesagte benennt die Regel. Sie hat zur Voraussetzung, dass die Zeiten friedlich, die Ernten ausreichend und die Nutztiere gesund waren. Es gab auch Zeiten der Missernten, in denen vielleicht nur noch der Ertrag des zum bäuerlichen Hausstand gehörigen Gartens zu ernähren vermochte. Es gab Tierseuchen, und immer wieder gab es Krieg. Da blieb am Ende selbst den Bauern oft nichts, als von Wurzeln und Beeren aus dem Wald zu leben, als Gras zu essen oder ganz einfach zu verhungern.

Dies geschah immer wieder. Niemand regte sich darüber auf. Es war eben so.

56. Pflege des Rebgartens. Winzer setzen neue Sprösslinge. Aus dem Stuttgarter Bilderpsalter

57. Der biblische Noah pflanzt Weinstöcke. Glasmalerei

58. Bienenzucht. Ein Bauer, der seinen Zehnten leistet, zahlt hier offensichtlich nicht mit Honig, sondern mit einem Bienenkasten (aus dem Wolfenbütteler Sachsenspiegel)

Bäuerliche Lebenswelt

Slawenland

Es gab vom 11. bis zum 13. Jahrhundert insgesamt sieben große Kreuzzüge ins Heilige Land. Das von muslimischen Seldschuken eroberte Palästina mitsamt Jerusalem, der heiligen Stadt der Christenheit, sollte von christlichen Truppen zurückgewonnen werden. Es gab zur gleichen Zeit kreuzzugsähnliche Unternehmen auch anderswo und in andere Richtung. Einer davon war der Wendenkreuzzug von 1147, den die norddeutschen Fürsten, unter der Führung von Welfenherzog Heinrich dem Löwen, gegen die slawischen Völkerschaften östlich der Elbe durchführten. Er fand parallel zum zweiten Kreuzzug statt, an dem teilzunehmen Papst Eugen III. dem Welfen und seinen Verbündeten ihres ostelbischen Abenteuers wegen erließ.

Die Wenden waren während des Frühmittelalters in die durch die Völkerwanderung devastierten Regionen östlich von Saale, Unstrut und Elbe eingesickert. Ursprünglich stammten alle Slawen aus der Gegend zwischen Weichsel und Dnjepr, zwischen Pripjetsümpfen und Karpaten. Entsprechend ihren späteren Siedlungsräumen wird zwischen Ost-, West- und Südslawen unterschieden, mit jeweils zuzuordnenden Spracheigentümlichkeiten, wobei die slawischen Dialekte insgesamt sehr viel weniger Differenzierung erfuhren als etwa die germanischen.

Wendische Siedlungsräume

Die in den östlichen Gebieten des heutigen Deutschland ansässigen Gruppen gehörten zu den Westslawen. Es handelte sich um die Völker der Obotriten, der Ranen und der Wilzen im Norden, der Heveller, Sprevanen und Lusizer im Gebiet von Havel und Spree, der Milzener, Daleminzier und Sorben in der Region zwischen Erzgebirge und Thüringen. Ranen und Wilzen verschmolzen später, nach dem 10. Jahrhundert, zum Volk der Liutizen. Es gab außerdem noch die Main- und Rednitzwenden, ansässig im Gebiet des heutigen Ober- und Mittelfranken, woran östlich das Territorium der späteren Tschechen anschloss.

Für die Westslawen im ostfränkischen Grenzgebiet setzte sich bald die Bezeichnung Wenden

59. Slawische Götterstatue mit zwei Köpfen. Holz. Fund von der Fischerinsel im Tollensesee bei Neubrandenburg (11.–12. Jh.)

Slawenland

60. Slawensiedlung mit Burg. Rekonstruktion. Archäologisches Freilichtmuseum Groß Raden, Mecklenburg

61. Tempel als kultisches Zentrum in einer slawischen Siedlung. Nachbau im Freilichtmuseum Groß Raden

62. Blick auf Wall und Befestigungsanlagen einer Slawenburg (Rekonstruktion Freilichtmuseum Groß Raden)

52 Bäuerliche Lebenswelt

63. Slawische Schmiede waren vorzügliche Handwerker. Hier: Funde slawischer Metallgeräte – Sichel, Sägeblatt, Pfeil, Zange

64. Die slawische Stadtanlage Starigard. Sie war auch Handelsplatz, so für Pelzwaren. Nachbau einer Hafenanlage mit Lagerhäusern (Wall-Museum Oldenburg/ Holstein)

65. Slawische Dorfsiedlungen lagen bevorzugt im Schutze von Burgen. Der Zugang zur Burg, meist durch sumpfiges Gelände, führte über hölzerne Bohlenwege, die bei feindlichen Angriffen eingeholt werden konnten (Freilichtmuseum Groß Raden)

durch, eine altrömische Entlehnung: Die Namen *Vanaeta* oder *Veneti* kommen bei antiken Autoren vor, so bei Tacitus. Verläßliches Indiz für ehemals wendische Siedlungsräume sind die Orts- und Flurnamen auf *-ow* und *-itz*.

Über die ersten Stadien des westslawischen Vordringens ist relativ wenig überliefert, über Lebensweise, Religion und Entwicklung des Sozialgefüges immerhin einiges. Außer Grabungsfunden existieren die schriftlichen Zeugnisse mehrerer mittelalterlicher Autoren wie der Kleriker Thietmar von Merseburg und Widukind von Corvey, aber auch das des Abraham Jakobson, eines Reisenden, der sich 973 mit der Gesandtschaft des Kalifen von Cordoba am Hofe von Sachsenkaiser Otto I. aufhielt. Der Kleriker Helmold von Bosau verfasste in den Jahren 1167–72 eine Slawenchronik.

Starosten und Wozog

Konstituierende soziale Einheit der Wenden war demnach das Dorf, in den Formen von Zeilen- und Gassendorf sowie dem auf einem Hügelrücken gelegenen Sackdorf. Haus, Hof und Garten waren Eigenbesitz. Weide- und Ackerland wurde gemeinschaftlich besessen und genutzt. Entscheidungen und Aufsicht über den gesamten Wirtschaftsbetrieb oblagen dem Dorfältesten oder Starosten.

Auch hier erfolgte dann jene Verfestigung ursprünglich noch mitbestimmter Amtsvollmachten, wie wir sie aus anderen Kulturkreisen kennen. Das Amt des Starosten wurde erblich, der gemeinschaftliche Flurbesitz wurde aufgegeben, die weitgehend egalitäre Dorfordnung zerbrach. Die Starosten entwickelten sich zu feudalen Gutsherren, während die übrigen Bauern formell frei blieben, doch verschiedene Formen der materiellen Abhängigkeit eingingen oder eingehen mußten, von der Pachtzahlung, dem Wozog, bis zu Hand- und Spanndiensten. Daneben gab es noch eine erhebliche Zahl an Unfreien, die Smurden, die verkauft werden konnten, es handelte sich um reine Sklaverei.

Diese soziale Differenzierung ging mit einem Zusammenschluss zu größeren staatlichen Organisationsformen einher. Dörfliche Siedlungen lagen bevorzugt in der Nähe von Burgen, die in Konfliktfällen eine Zufluchtsstätte boten. Die

**66–68. Szenen aus Starigard, rekonstruiert im Wall-Museum Oldenburg/Holstein.
Oben:** Wohnen und Wirtschaften im Schutze der Burg
Mitte: mit Brennholz befeuerter Lehmofen
Unten: mit massivem Palisadenzaun verstärkter Wall

69–71. Zeugnisse aus der Epoche der Slawenchristianisierung:
Oben: Reliquienschrein
Mitte: Gewandschnalle, Spielstein eines Brettspiels, Würfel
Unten: Gürtel und Schnallen mit Emaillearbeiten.
Fundgegenstände aus Oldenburg/Holstein

Burgen standen bevorzugt in sumpfigen Landschaften, der Zugang erfolgte über Bohlenwege, die leicht kontrolliert und notfalls eingeholt werden konnten. Die Burgen selber waren kunstvolle Holz-Erde-Fortifikationen, die den ausgezeichneten zimmermännischen Standard ihrer Erbauer bezeugten; ihre Überreste, große Erdwälle, finden sich etwa in Mecklenburg noch heute.

Am Ende entstanden förmliche Burgenketten. Aus dem Starosten war längst ein Burgherr und schließlich ein Gaufürst oder Supan geworden, und für Zwecke der militärischen Eroberung und Verteidigung bildete sich eine eigene Kriegerkaste. Im Schutz der Burgen wuchsen suburbane Ansiedlungen, die als Handelsplätze Bedeutung erlangen konnten.

Wechselvolle Kämpfe

Die bisher beschriebene und vergleichsweise hochentwickelte Sozialordnung ist vorwiegend am Beispiel der Obotriten gewonnen. Die östlicher und südlicher siedelnden Wilzen haben eine vergleichbare Form des zentralistischen Zusammenschlusses offenbar nie erlangt. Gruppen- und Stammeshändel gab es bei allen slawischen Völkern, auch darin unterschieden sie sich von den gleichzeitigen germanisch-deutschen Zuständen nicht.

Es scheint, dass die Wenden der Viehhaltung vor der Ackerwirtschaft immer den Vorzug gaben. Ihre Häuser waren strohgedeckte Lehmbauten. Ihre Werkzeuge zur Bodenbestellung, voran die Pflüge, waren primitiv. Sie betätigten sich als ausgezeichnete Tischler, gute Schmiede und als höchst kunstfertige Töpfer. Eine besondere Geschicklichkeit scheinen sie in der Bienenzucht entwickelt zu haben; bei den Handelsgeschäften, die sie mit ihren Nachbarn immer auch unterhielten, ist als Bezahlung für erworbene Luxusgüter außer von Häuten und Pelzwerk immer wieder von Wachs und Honig die Rede.

»Dennoch zogen die Slawen den Krieg dem Frieden vor und achteten alles Elend gering. Dieser Menschenschlag ist nämlich hart und scheut keine Anstrengung; gewöhnt an karge Nahrung, halten die Slawen das für eine Lust, was uns als eine schwere Last erscheint. Wahrlich, viele Tage gingen in wechselvollen Kämpfen

72. Die Slawen lebten in strohgedeckten Lehmhäusern. Rekonstruktion im Freilichtmuseum Groß Raden

dahin; die einen kämpften für ihren Kriegsruhm und die Ausdehnung ihrer Herrschaft, die anderen aber für ihre Freiheit und gegen die schlimmste Sklaverei.« So Widukind von Corvey.

Was die Umgangsformen anlangt, berichtet Helmold von Bosau (der im Holsteinischen, also nahe der Grenze zu den Wenden, als Pfarrer wirkte), »dass kein Volk, was Gastlichkeit anlangt, ehrenwerter ist als die Slawen. Denn in Bewirtung der Gäste sind alle eines Sinnes und gleich eifrig, so dass niemand um eine gastliche Aufnahme zu bitten braucht. Was sie durch Ackerbau, Fischerei und Jagd erwerben, das geben sie mit vollen Händen hin und preisen den als den Tapfersten, der der Verschwenderischste ist, weshalb viele durch die Sucht, hierin Aufsehen zu erregen, zu Diebstahl und Raub sich verleiten lassen.«

Widukind und Helmold waren parteiische Autoren. Ihr heimliches Ziel war die Rechtfertigung der Christianisierung. Dessen ungeachtet scheint es, dass den Wenden in der Tat ein starker Hang zur Freibeuterei eignete, womit sie sich von ihren germanischen Nachbarn keinesfalls unterschieden. Raubkriege waren hier wie dort das Übliche. Gefangene wurden als Sklaven gehalten oder verkauft, sofern man sie nicht im Dienst der Religion hinschlachtete.

Diese Religion scheint nach einer einfachen manichäischen Ordnung funktioniert zu haben: Es gab einen guten und lichten Gott sowie dessen bösen und düsteren Widerpart: Belbog und Czernebog. Auch von einer weiblichen Gottheit ist die Rede, Siwa, einem Ernte- und Fruchtbarkeitsidol. Die großen religiösen Feste hielten sich eng an den Ablauf des Sonnenjahrs.

Götzenbilder

Es bestand eine Priesterkaste, die sehr angesehen war; weiße Rösser galten als heilige Tiere. Offenbar wurden außerdem lokale Gottheiten verehrt, die manchmal mit den zentralen Göttern verschmolzen und manchmal nicht. Für Obotriten und Wilzen bezeugt sind verschiedene Tempelanlagen eines Gottes namens Svantewit, die wichtigste befand sich in Arkona auf Rügen. Helmold berichtet noch von einer anderen Gottheit namens Radegast. Ihr Heiligtum lag am

73. Nachbau eines in Ralswiek auf Rügen aufgefundenen slawischen Bootes. Slawische Handwerker waren nicht nur gute Schmiede und kunstfertige Töpfer, sondern auch ausgezeichnete Zimmerleute, wie Überreste von Burganlagen und Schiffen beweisen

74. Knochengeräte, Schleifsteine, Spinnwirtel

75. Kämme waren unerlässlich, auch im Kampf gegen Läuse

Tollensesee. »Eine hölzerne Brücke diente zum Übergang, der jedoch nur denen, die Opfer darbringen oder die Antwort des Gottes auf vorgelegte Fragen einholen wollten, gestattet war.« Man habe zunächst eine dreieckige Burg passieren müssen, danach einen einsamen Pfad, der hinführte zum Tempel. Dessen Bau habe auf Hörnern gestanden, die Außenwände seien verziert gewesen mit Götzenbildern. Im Inneren hätten dann allerlei Statuen gestanden, in ihrer Mitte, gefertigt aus reinem Gold, das Bildnis des Radegast.

Von Wiligrad zu Mecklenburg

Wiligrad bedeutet: große Burg. Es war der Name einer Fortifikation südlich der Wismarer Bucht. Die korrekte Eindeutschung, erstmals bezeugt in einer Urkunde Kaiser Ottos III. aus dem Jahr 995, lautete: Michelenburg, niederdeutsch Mecklenburg. Der Name ging später auf die gesamte Landschaft über.

Bereits lange zuvor waren intensive Berührungen zwischen Obotriten, Wilzen und dem fränkischen Reich Karls des Großen erfolgt. Sie leiteten eine drei Jahrhunderte während Periode der Bündnisse, Zwiste, Eroberungen und Niederlagen ein, bei allen beteiligten Seiten. Will man so etwas wie eine innere Zielrichtung festmachen, ist sie nur in den immer wiederholten Bemühungen zu sehen, von germanisch-deutscher Seite einen endlichen Zugriff auf jene ziemlich befremdliche Welt der Westslawen zu erlangen. Die Mittel dazu waren höchst unterschiedlich. Man hat es mit Spaltungen versucht, mit Unterdrückung, mit Teilbündnissen, mit der Religion. Auch die Bestrebungen zur Christianisierung waren, hier wie anderswo, eigentlich bloß der Vorwand oder das Vehikel für rein imperiale Interessen.

Als ein Zentrum der Heidenbekehrung entstand 787 der Bischofssitz von Bremen. 831 erfolgte die Umwandlung des sechs Jahre zuvor gegründeten Grenzkastells Hamburg zum Sitz eines Erzbischofs. Hamburg wie Bremen, im Jahre 865 zu einem Erzbistum vereinigt, sollten bald zu erheblichen Fixpunkten deutsch-wendischer Beziehungen werden.

Christianisierungsversuche schlugen zunächst fehl. Heinrich I., der erste Sachsenherrscher,

76. Ein Wende, ein Franke, ein Sachse (v. l. n. r.). Charakterisierung der verschiedenen Volksstämme im Sachsenspiegel Eike von Repgows

führte einen Feldzug gegen die Wenden, den er 927 zu seinen Gunsten entschied. König Otto I. setzte diese Politik seines Vaters fort, indem er für das deutsch-wendische Grenzland energische Markgrafen bestellte. Das Bistum Oldenburg in Holstein wurde gegründet, um die Wenden zu missionieren, und ein erster Wendenfürst ließ sich taufen.

Die Christianisierung hielt nicht lange. Es gab einen Wendenaufstand, der viele inzwischen entstandene Vorposten des Christentums auf westslawischem Boden schleifte. Die nunmehr schon seit über hundert Jahren andauernden Versuche zu einer vorsichtigen Kolonisation und Christianisierung waren damit vorerst gescheitert.

Es gab auch späterhin immer wieder solche Versuche, mit Teilerfolgen, mit der Taufe einflussreicher westslawischer Aristokraten und mit einem neuerlichen Wendenaufstand. Eine wirklich durchgreifende Veränderung erfolgte erst durch Heinrich den Löwen.

Wendenkreuzzug

Die Territorialherrschaft im wendischen Norden war und blieb seine *idée fixe* und sein Gegenentwurf zu den italienischen Aktivitäten des Kaisers Friedrich Barbarossa. Er war eben achtzehn Jahre alt, als er sich dem Wendenkreuzzug anschloss. Er sollte und wollte Obotriten, Wilzen und Pommern das Kreuz bringen. Er schien überzeugt, dass die Aussicht auf wendische Bekehrung mindestens ebenso viele Kräfte mobilisieren könne wie das fromme Blutvergießen in Palästina. Die Führer des Wendenkreuzzugs waren neben Heinrich noch Konrad von Zähringen und der Bremer Erzbischof Adalbero. Es gab außerdem eine zweite Front weiter südlich, im Raum der Mittelelbe, dirigiert durch Albrecht den Bären und Konrad von Meißen.

Heinrichs Gegner war der Obotritenfürst Niklot, ein überaus geschickt taktierender Heerführer und Regent. Er zerstörte die deutsche Siedlung Lübeck, danach verschanzte er sich auf seiner Burg Dolbin am Schweriner See. Dort widerstand er erfolgreich der Belagerung Heinrichs des Löwen über Monate hinweg, bis der Welfe sein Unternehmen abbrechen musste. Der Wendenkreuzzug, darin nicht anders als der gleichzeitige zweite Kreuzzug in das Heilige Land, war gescheitert.

Niklot verglich sich später mit Heinrich dem Löwen und ließ sich mit den Dänen auf kriegerische Auseinandersetzungen ein, bei denen er sein Leben verlor. Es war das Jahr 1160. Heinrich sah seine Chance. Er verfügte jetzt die Angliederung Mecklenburgs an sein Herzogtum Sachsen. Er bestimmte einen Adligen aus Braunschweig zu seinem Statthalter, machte Schwerin zum Bischofssitz und zum Zentrum der Christianisierung. Obotritenfürst Pribislaw ließ sich taufen

Bäuerliche Lebenswelt

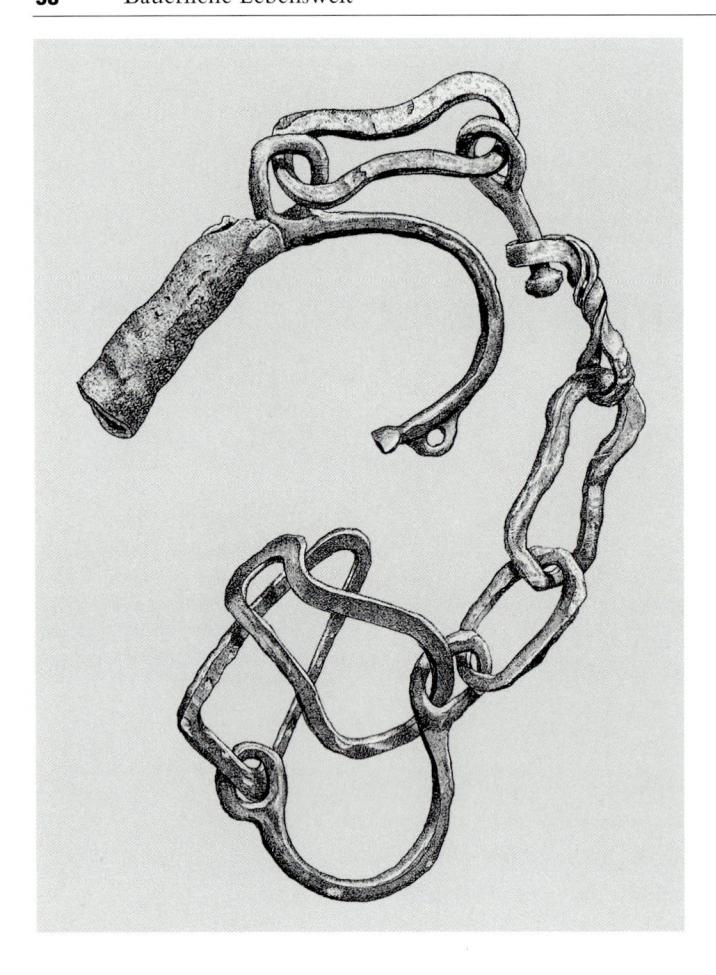

77. Sklavenfessel. Nach kriegerischen Auseinandersetzungen wurden auch bei den Slawen Gefangene als Sklaven gehalten bzw. als Sklaven verkauft

78/79. Slawische Keramik. Es wurden fußgetriebene Töpferscheiben verwendet; gebrannt wurde die Keramik in Reisighaufen bei verhältnismäßig niedrigen Temperaturen, vereinzelt in Öfen aus Stein und Lehm

und anerkannte sowohl die geistliche Oberhoheit der christlichen Kirche als auch die weltliche Oberhoheit des welfischen Herrschers. Das letzte heidnische Heiligtum in Arkona auf Rügen wurde zerstört.

Schleichende Eroberung

„Allenthalben sind die Slawen aufgerieben und vertrieben worden; vom Ozean ist starkes und unzähliges Volk gekommen, das der Slawen Land gewann«, schrieb Helmold, was alles nichts anderes bedeutet, als dass für die Gebiete zwischen Elbe und Weichsel nunmehr die endgültige Umwandlung in deutsches Siedlungsgebiet begann. Der Vorgang war eine schleichende Eroberung. Freilich erfolgte sie mit vergleichsweise unkriegerischen Mitteln; Heinrich der Löwe war interessiert an möglichst hohen Abgaben, und deutsche Bewohner garantierten ihm dies eher als slawische, da ihre Wirtschaft weiter entwickelt und ihre Produktivität entsprechend höher war.

Ein steter Strom deutscher Einwanderer setzte ein. Sie kamen aus Westfalen, aus Ostfriesland, aus Holstein, aus dem Rheinland, aus Gebieten zwischen Unterelbe und Weser, aus Flandern und Holland. Deutsche Dörfer wurden gegründet. Besonders entlang der Küste entstanden sie von *wilden wortelen*, von wilden Wurzeln, nämlich als durch Waldrodung geschaffene Hagensiedlungen auf schweren Lehmböden.

Die Dorfgründungen erfolgten über »Siedlungsunternehmer«, sogenannte Lokatoren. Dies waren meistens zugewanderte deutsche Kleinadlige, die außer einem Grundbesitz von bestimmter Größe, nämlich vier Hufen, die niedere Gerichtsbarkeit und das Schulzenamt erhielten. Es wurde dann erblich. Die Lokatoren warben jüngere Bauernsöhne für die Besiedlung. Das gewonnene Land wurde in Erbpacht bewirtschaftet und konnte vom Grundherrn nicht gekündigt werden. Die zu entrichtenden Abgaben an die Obrigkeiten waren hoch.

Die Siedler brachten aus ihrer alten Heimat das niedersächsische Hallenhaus mit. Fortan bestimmte es in seinen verschiedenen Ausprägungen die meisten Dörfer. Die einfache slawische Bauweise verlor sich bald, und auch sonst verdrängte die deutsche Siedlungsbewegung alles

Slawenland

80. Der Tod des Slawenfürsten Niklot. Historisierendes Gemälde von Theodor Schoepke (1857)

60 Bäuerliche Lebenswelt

Wendische, zeitgenössische Urkunden sprechen von einer förmlichen *eiectio Slavorum*: gewaltsam vorgenommene Umsetzungen der Wenden auf andere Fluren, in besondere Dörfer oder in die Wendenquartiere deutscher Dörfer.

Helmold berichtet, wie Graf Gunzelin von Schwerin, der Statthalter des Löwen, »den Seinen befahl, alle Slawen, die sie auf Nebenwegen und in abgelegenen, einsamen Gegenden anträfen, sofort zu ergreifen und aufzuknüpfen«. Manchmal geschah eine Assimilation. Häufiger war die andauernde Pauperisierung. Die Slawen stellten das Heer der Tagelöhner, Knechte und Kossäten. *Kotsassen*, so der Wortursprung, bedeutet Katenbewohner; gemeint waren damit Leute ohne Land und ohne Spannvieh, allenfalls ausgestattet mit einem kleinen Garten; in der Regel mussten sie sich, um ihr Leben zu fristen, auf anderen Gütern verdingen.

Wohl am geschlossensten hielten sich die Siedlungen der wendischen Fischer, gelegen in ausgedehnten Sumpf- und Bruchlandschaften: die sogenannte Kietze. Sie befanden sich etwa in den Gegenden von Spree und Havel.

Landbesetzung

Diese Germanisierung sollte insgesamt etwa ein Jahrhundert brauchen. Ein dichtes Netz deutsch bestimmter Dörfer und Städte würde schließlich das Land überziehen und unumkehrbare zivilisatorische Tatsachen schaffen. In die ehemaligen Wendenburgen setzten sich deutsche Adelsherren. Fast alle hochmittelalterlichen Klosterorden kamen ins Land, gründeten Abteien und beteiligten sich an der Kultivierung der Böden.

»Dass ein so weites, nur dünn bewohntes Gebiet zwischen Elbe und Oder und zwischen Oder und Weichsel dem wachsenden Volke als Kolonialland zur Verfügung stand, war ein unermessliches Glück«, kommentiert es, vielleicht ein wenig gar zu pathetisch, die bedeutende deutsche Schriftstellerin Ricarda Huch. »Es bedeutete nicht nur einen Machtzuwachs, sondern es gab dem ganzen Volke Gelegenheit zur Betätigung, den Armen Brot und verhinderte, dass Massenarmut entstand. Waren die Städte des Westens überfüllt, so konnte hier, auf dem Lande und in neugegründeten Städten, die Freiheit eine Zuflucht finden.«

81. Eine wendische Frau erhält von ihrem Verlobten den Trauring und zahlt mit der anderen Hand ihrem Herrn den Heiratszins

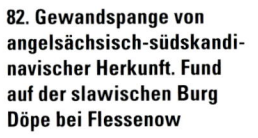

82. Gewandspange von angelsächsisch-südskandinavischer Herkunft. Fund auf der slawischen Burg Döpe bei Flessenow

83. Waffenfunde

Slawenland 61

**84. »Heinrich der Löwe bezwingt die Wenden an der Ostsee«.
Historisierende Darstellung aus dem 18. Jahrhundert**

Rotwil

CONRADVS · III · ROMANORV · REX

Stadtluft macht frei

- Zwei Briefe
- Markt und Stadt
- Handel und Geld
- Weib und Kind
- Die Außenseiter. Das Sterben
- Diaspora

Zwei Briefe

Ich, Wendelin Burmester, grüße Konz, meinen jüngeren Bruder. Ich benutze die Gelegenheit einer letzten Handelskarawane, die morgen vom Kontor der deutschen Kaufmannschaft zu Venedig aufbrechen will, dass ich Dir diesen Brief zukommen lasse, als ein Zeichen, dass ich mich nicht nur am Leben, sondern bei allerbester Gesundheit befinde.

Ursprünglich wollte ich selbst Teilnehmer jenes Kaufmannszuges sein. Sämtliche Verabredungen waren getroffen, und alle rechneten fest mit meinem Aufbruch, doch der Umstand, dass ein Schiff, dessen Ladung den größeren Teil jenes Handelsgutes enthält, das ich einzukaufen gedenke, noch nicht eingelangt ist, zwingt mich zu einer Verlängerung meines hiesigen Aufenthalts.

Selbst wenn das Schiff heute noch einträfe, worauf ich nicht hoffen kann, müsste ich erst das Löschen der Ladung abwarten, um anschließend mit meinen venezianischen und levantinischen Partnern die letzten Verhandlungen zu führen. Dies alles wird wenigstens eine Woche beanspruchen, wahrscheinlich länger. In dieser spätherbstlichen Jahreszeit muss auch ständig mit einer plötzlichen Verschlechterung des Wetters gerechnet werden, welche das Passieren der Gebirgspässe erschweren würde, wenn sie es nicht unmöglich macht.

Derart ziehe ich es vor, den Winter hier zu verbringen. Ich gestehe, dass es unangenehmere Unterbrechungen als diese gibt. Denn so sehr ich die Umgebung meines heimatlichen Hauses, die Nähe meines Weibes, die Stimmen meiner Kinder vermissen mag, so versöhnt mich mit alledem das Leben hierselbst, dessen Annehmlichkeiten jene in unseren heimatlichen Gegenden vielfach übertreffen.

Die Witterung ist freundlich. Sie ist viel milder als bei uns und das zumal im Winter. Man muss, wenn man aus dem Hause tritt, keinen Pelz anlegen, da man ohne denselben etwa frösteln würde, vielmehr trägt man ihn, um der Nachbarschaft angemessen zu begegnen und den eigenen Wohlstand vorzuführen.

Die Stadt bietet Zerstreuungen der mannigfachen Art. Man trifft auf Menschen aus unterschiedlichsten Ländern, welche ungewöhnliche Hautfarben, befremdliche Gesichter haben und seltsame Kleider tragen. Auch benutzen sie Sprachen, welche man nicht versteht, und so muss man, um mit ihnen zu reden, sich entweder eines Dolmetschs bedienen oder man verwendet, wenn es sich fügt, den hierorts gebräuchlichen Dialekt, den ich inzwischen leidlich beherrsche.

Das Schiff, dessen Ankunft ich erwarte, befördert kostbare Stoffe und edle Spezereien, darunter solche, die in unseren Gegenden noch unbekannt sind, wie die Gewürze Safran und Ingwer. Die Mengen und Gewichte meiner Bestellungen sind nicht so groß, dass

85. Kaufmann, seine Waren feilbietend. Aus dem Hausbuch der Mendelschen Zwölfbrüderstiftung zu Nürnberg. Um 1440

86. Reise und Transport auf dem Landweg waren beschwerlich und voller Gefahr. Sänften waren Fortbewegungsmittel für reiche Kaufleute und Angehörige des Adels. Illustration zu den Reisebeschreibungen Marco Polos, 1375

ich viele Lasttiere benötigte, was den Transport für mich einfach und kostengünstig gestaltet. Unterwegs werde ich meine Aufmerksamkeit daher vermehrt den lauernden Gefahren zuwenden können, das Schwert an meinem Sattel wird stets griffbereit sein, und ich bin, wie Du weißt, ein geübter Fechter.

Wenn ich mein Handelsgut erst heimgebracht habe, hoffe ich einen hübschen Gewinn aus ihm erlösen zu können. Die Einkäufer des Herzogs werden mich bestürmen, dessen bin ich gewiss, denn ihr Herr ist ein Leckermaul und völlig vernarrt in jegliche Art von Luxus.

So sehe ich dem kommenden Frühjahr mit Zuversicht entgegen. Ich will den Winter benutzen, dass ich neue Verbindungen herstelle, weitere Partner erprobe und andere Waren auf ihre Verwendbarkeit prüfe.

Die Nächte aber gedenke ich in den Armen Lätitias zu verbringen, einer Kebse mit feuerrotem Haar und sehr weißer Haut. Letzteres teile ich Dir in aller Vertraulichkeit mit, der ich Deiner als meines verständnisvollen und verschwiegenen Verwandten gewiß sein darf.

Es ist, wir heiraten, um unser Vermögen zu mehren und um Kinder zu zeugen. Die Wonnen des Fleisches müssen wir anderswo suchen, und da wir damit, wie uns die Pfaffen versichern, eine große Sünde begehen, müssen wir sie anschließend beichten. Der hiesige sehr prunkvolle Dom, der nach dem heiligen Markus heißt, da er von demselben gegründet wurde, lässt die Absolution vielleicht nachhaltiger, gewiss aber angenehmer werden, als die düsteren Kirchen, die unser Norden hat, sie zu leisten vermögen.

Melancholische Antwort

Ich, Konz Burmester, grüße Wendelin, meinen älteren Bruder.

Dein langer Brief aus Venedig hat mich erreicht. Ich beeile mich, Dir die Antwort zu senden in der Hoffnung, dass sie bald zu Dir gelangen möge.

Frater Bertold, mit dem wir in der Klosterschule von St. Katharinen dereinst die Schrift und das Lesen erlernten, hat, wie Du weißt, eine erfolgreiche geistliche Laufbahn angetreten und will morgen nach Rom aufbrechen. Die verschneiten Alpenpässe schrecken ihn nicht. Er müsse, versichert er mir, seinen Weg über Venetien nehmen und will Dir dabei dieses Schreiben überreichen.

Aus alledem vermagst Du zu erkennen, wie überaus weise der Einfall unseres Vaters war, uns etwas Gelehrsamkeit beibringen zu lassen. Wie gerne würde Bertha, Dein Weib, Deine Worte selber lesen und auf sie entgegnen wollen, wenn sie es nur vermöchte! So habe ich es ihr alles vortragen müssen, ausgenommen jene letzten Zeilen, da Du von Deiner Kebse berichtest, deren Wortlaut ich Bertha besser verschwieg.

Sie befindet sich recht wohl, und ebenso befinden sich Deine Kinder. Dein Weib steht auf kluge Art Eurem Hause vor. Das Gesinde gehorcht ihr ohne Widerspruch. Es war, mein Bruder, ein guter Entschluss, in das blühende Geschäft ihres Vaters einzuheiraten. Ich selbst, der ich die elterliche Waffenschmiede inzwischen allein führe, da unser Vater, gerührt vom Schlagfluss, sich seit fünf Wochen im hiesigen Heilig-Geist-Spital

87. Aeneas schifft sich ein. Der antike Sagenheld wird optisch ins Mittelalter versetzt. Illustration aus den »Carmina Burana«, einer Sammlung von Vagantenliedern um 1225

88. Ansicht von Lüneburg um das Jahr 1400.
Der Heilige auf dem Pferd wird vor der Stadt von Teufeln heimgesucht. Altarbild aus der ehemaligen Kirche St. Andreas in Lüneburg

89. Verkauf von Fischen, Fröschen und Schnecken. Marktszene um 1465.
Aus der Konstanzer Richental-Chronik

befindet, kann über mangelnden Umsatz zwar nicht klagen, da Streit, Fehde, Turniere und Kämpfe fortwährend und überall stattfinden, doch neide ich Dir den Aufstieg in das Patriziat unserer Stadt, den ich niemals erreichen werde.

Das sonstige Leben hier ist das Übliche. Wir gehen unseren Geschäften nach. Die Ernte vor den Toren war nicht gut, es gab zu viel Regen. Im Viertel der Gerber hat es gebrannt, fünf Häuser wurden zu Asche und Ruß. Ein Fieber geht um, die davon Befallenen tragen rote Flecken am Leib und speien Auswurf. Hinrich, der Schuhmacher, hat im Zorn einen seiner Gesellen getötet, und nun muss er vor Gericht. Erhardt, der Wamsschneider, wird sein Haus vergrößern; er verdient gutes Geld, da der Hof des Herzogs ihn ständig mit Arbeiten überhäuft.

Ich beneide Dich auch, Bruder Wendelin, um die Kebse mit den roten Haaren und der sehr weißen Haut. Ich selbst muss, wenn ich ins Badehaus gehe, mich mit Gunhild begnügen, der fleischigen gelbhäutigen Magd, deren Haar schwarz ist und die eine große dunkle Warze an ihrem Kinn trägt.

Doch man muss sich mit jenen Dingen begnügen, welche der Himmel uns bietet, und dafür dankbar sein. Unser Norden ist gewiss weniger annehmlich als Dein Venedig, aber dafür ist er unser Vaterland.

Gott sei mit Dir.

Es mag nicht überflüssig sein, zu erwähnen, dass die beiden voranstehenden Briefe und die in ihnen vorkommenden Personen nicht geschichtlich bezeugt, sondern eine reine Erfindung des Buchverfassers sind.

Markt und Stadt

Handel setzt Märkte voraus oder schafft Märkte. In dem deutschen Wort Markt klingt das lateinische *mercatus* nach, das Handelsplatz bedeutet.

Der Markt ist ursprünglich ein Ort, der am Schnittpunkt von Handelsstraßen liegt. Der Händler errichtet hier seinen Stand und bietet seine Waren feil. Damit der Geschäftsbetrieb möglichst reibungslos verlaufen kann, besitzt der Markt seine eigene Rechtsordnung, den Marktfrieden, der wiederum das Recht voraussetzt, Markt überhaupt abzuhalten. Es wird durch einen hoheitlichen Akt verliehen.

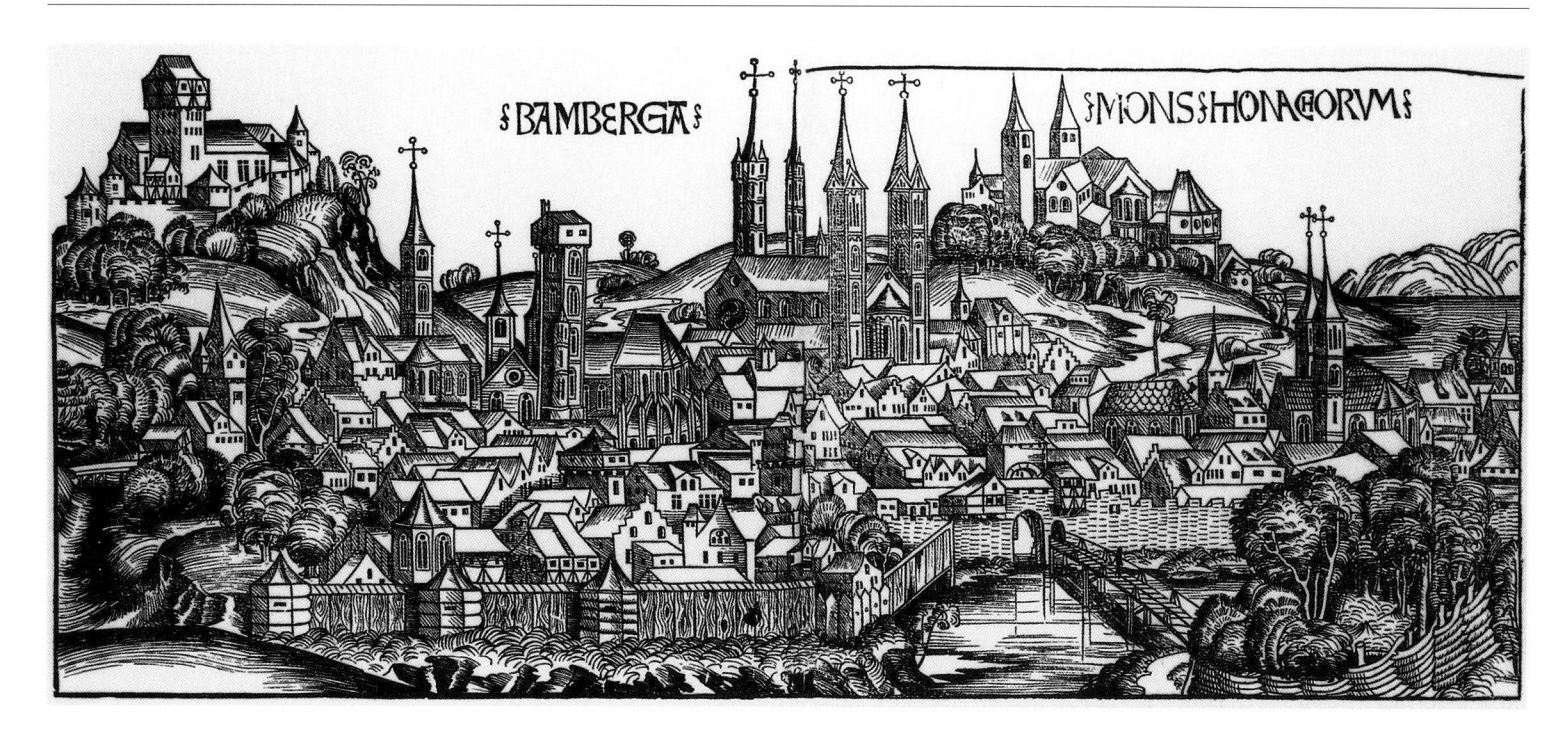

90. Ansicht der Stadt Bamberg. Holzschnitt aus der Schedelschen Weltchronik von 1493

Der Markt konstituiert und vollzieht sich selten auf unbewohntem Gelände. Selbst wo er zunächst menschenleere Räume antreffen mag, werden sie bald besiedelt, eben infolge seiner Existenz. Denn der Markt beschäftigte nicht nur reisendes Personal, sondern auch sesshaftes, das dann in seiner unmittelbaren Nähe lebt. Dessen Unterkünfte säumen den Markt und bestimmen seinen Umriss. Die Gebäude sind Speicher oder Wohnstatt oder beides.

Zum Schutz gegen räuberischen Übergriff müssen solche Siedlungen geschützt werden. Es entsteht eine alles umschließende Befestigung mit mehreren bewachbaren Zugängen. Für den Handel mit bestimmten, sehr empfindlichen Waren werden bald feste Überdachungen errichtet, schließlich eigene Gebäude, etwa Tuchhallen. Ihre Laubengänge bieten Platz für Tische und Stände und laden zum Besuch ein, zum Gaffen und zum Kaufen.

Auf dem Hauptmarkt entsteht eine Hauptkirche. Mit dem zunehmenden Warenangebot und seinem Umschlag spezifiziert sich der Handel. Kaufleute bestimmter Produktgruppen sondern sich ab, finden zueinander und suchen sich eigene, abgesonderte Plätze.

Handelsmärkte können gelegentliche oder regelmäßige Einrichtungen sein. Letztere schließen sich zum Beispiel gern an die großen Kirchenereignisse an, bei denen immer viel Volks zusammenläuft, dies ist das potentielle Kaufpublikum. Der Name Messe für bestimmte Märkte oder Marktformen geht auf solche Zusammenhänge zurück.

Außer den Waren werden Zerstreuungen und Lustbarkeiten angeboten, durch Schausteller, Bänkelsänger und Gaukler. Der Markt ist ein Ursprungsort auch des Kunstbetriebs.

Selbstbewusstsein des Händlers

Als ein Platz, wo um des Handels willen eine bedeutende Konzentration von Gebäuden und Menschen erfolgt, wird der Markt zur Keimzelle der hochmittelalterlichen Stadt. Sie muss sich eine Verwaltung schaffen. Wegen der Größe des Gemeinwesens und der Vielfalt der darin anfallenden Aufgaben ist sie ungleich größer und anspruchsvoller als etwa das Schulzenamt auf den Dörfern. Es entstehen eigene städtische Administrationen, mit eigenen Rechten, einem eigenen Selbstwertgefühl und einer genuinen Herrschaftsschicht, die manchmal Stadtadel ist, noch häufiger ein bürgerliches Patriziat. Bevorzugt baut es seine Häuser in der unmittelbaren Marktnähe.

dat ken Kramer ist
de blief da buten
oder ich schla
em up de schnuten.

So lautet der selbstbewusste Spruch unter dem Bildnis eines Keulenschwingers, der das Amts-

91. Köln war eine römische Stadtgründung. Das gesamte Mittelalter hindurch hatte es hohe Bedeutung als Bischofssitz und Handelsplatz. Über Jahrhunderte war es die größte deutsche Stadt überhaupt

gestühl in der Stralsunder Nikolaikirche ziert. Er will deutlich machen, dass für andere als Kaufleute in dieser Kirche und Kirchengemeinde, also im inneren Kreis dieser Stadt, überhaupt kein Platz sei. Dies bedeutete nichts weniger denn Wunschdenken, vielmehr war es die übliche städtische Realität.

Die hier geschilderte Stadtentwicklung wurde nach dem Üblichen der deutschen Ostkolonisation wiedergegeben. Daneben und davor finden sich andere Stadtbiographien.

Fast sämtliche Hochkulturen dieser Welt kannten Städte, sofern sie nicht ohnehin reine Stadtstaaten waren. Städte sind ein Indiz für zivilisatorischen Aufschwung, was auch für das Hochmittelalter gilt, und dies keinesfalls nur im Zusammenhang der Ostkolonisation.

Die Abgrenzung der Stadt gegenüber anderen Siedlungsformen ist nicht ganz einfach. Der Markt stellt ihren Mittelpunkt, aber es existierten auch Märkte, die es niemals zum Status einer Stadt brachten; im bayerischen Raum lebt das, als Name wie als Einrichtung, bis heute fort. Die meisten Städte verfügten über Befestigungsmauern, aus gutem verteidigungspolitischen Grund, doch längst nicht alle Städte waren von einer Mauer umgeben, wie es umgekehrt auch befestigte Märkte und, so im deutschen Südwesten, vereinzelt befestigte Dörfer gab.

»Es lässt sich nicht recht sagen, was eine Stadt ist, es lässt sich ein Begriff von Stadt, der sowohl auf die Städte des Altertums als auch auf die der europäischen Völker passt und nicht inhaltsleer bleibt, schwerlich definieren«, sagt der Historiker Ernst Pitz, womit er uns einer diffusen Beliebigkeit überlässt. »Stadt ist, was sich selbst Stadt nennt«, behauptet in einer Art von Gertrude-Stein-Tautologie ein modernes Nachschlagewerk, und tatsächlich kann sehr viel mehr und wesentlich Genaueres nicht gut ausgesagt werden.

Deutschlands größte Stadt noch bis ins Hochmittelalter hinein war Köln. Man sprach von ihr als der *scônistin burge, / dî in diutschemin lande ie wurde,* so in einer Dichtung Ende des 11. Jahrhunderts: der schönsten Stadt, die je in deutschem Land entstand. Um das Jahr 1000 zählte Köln 10 000, im 12. Jahrhundert etwa 20 000 Einwohner.

Städtische Größen

Im europäischen Vergleich war das nicht besonders viel; größte Stadt überhaupt war da Paris, dessen Einwohnerzahl Ende des 13. Jahrhunderts bei 80 000 lag. Großstädte mit mehr als 25 000 Menschen waren zum Beispiel Florenz, Genua, Mailand, Venedig, Padua, Bologna, Neapel und Palermo in Italien, waren Brügge, Gent, Brüssel, Leuven, Ypern, Tournai und Lüttich in Flandern. Im Durchschnitt besaß eine deutsche Stadt zwischen 2 000 und 5 000 Einwohnern.

Köln lag günstig an einem viel benutzten Wasserweg, was bereits den römischen Imperator Claudius im Jahre 50 n. Chr. zur Gründung seiner Colonia Claudia Ara Agrippinensium veranlasst hatte. Die danach entstandenen Bauwerke antiken Ursprungs boten einen zivilisatorischen Rahmen, in den sich, nach ihrem Eroberungszug, bald auch die Franken willig einpassten. Im Jahre 330 wurde Köln Bischofssitz, und damit waren zwei wesentliche Bedingungen für ein erfolgreiches mittelalterliches Stadtwachstum gegeben: die römische Vergangenheit und die Funktion als geistlicher Verwaltungssitz. Ganz ähnlich verhielt es sich mit anderen Städten vergleichbarer Geschichte wie Mainz, Augsburg und Trier. Freilich: Zwingend war eine solche Siedlungskontinuität nicht überall oder nicht in jedem Falle.

Zwang der Lage

Von Mainz existiert eine lebendige Beschreibung aus staufischer Zeit durch den geistlichen Chronisten Otto von Freising:

»Die am Rhein gelegene Stadt ist groß und stark und auf der an den Rhein grenzenden Seite dicht bevölkert, auf der anderen Seite dagegen hat sie nur wenige Einwohner und ist nur von einer starken Mauer mit vielen Türmen umgeben. Die Stadt erstreckt sich in der Länge unendlich weit, in der Breite dagegen ist sie schmaler. Der Zwang der Lage hat ihr das Gepräge gegeben. Denn auf der an Gallien grenzenden Seite wird sie durch einen mäßig hohen Berg eingeengt, auf der anderen, nach Germanien liegenden Seite aber durch den Rhein. So kommt es, dass sie am Rhein mit herrlichen Kirchen und Gebäuden ausgestattet, nach dem Berg zu dagegen mit Weingärten und anderen Nutzanlagen versehen ist.«

Der Bischofssitz war eine gute Voraussetzung für Stadtgründung und Stadtentwicklung, die weltliche Grundherrschaft eine andere. Viele Städte versuchten sich von der Adelsherrschaft zu emanzipieren, was ihnen gelingen mochte oder nicht. Lübeck zum Beispiel. Die Stadt war eine Gründung auf germanisiertem Wendengebiet. Dass, wie es lange die Historiker-Überzeugung war, den Westslawen die Stadt als zivilisatorischer Topos eine völlig fremde Einrichtung gewesen sei, lässt sich so nicht halten; es gab dort durchaus größere Agglomerationen, zumal in Pommern, und bei der tschechischen Gründung Prag handelte es sich unzweifelhaft um eine Stadt. Es gab Städte selbst bei den Obotriten, wie es dort auch von Ausländern, zum Beispiel deutschen Kaufleuten, beschickte Märkte gab. Die Stadt des westeuropäischen Zuschnitts freilich, mit ihrer zivilisatorischen Ballung, ihrer wirtschaftlichen

92. Warenumschlag in Mainz. Die befestigte Stadt ist zugänglich über den Hafen. Darstellung von 1493

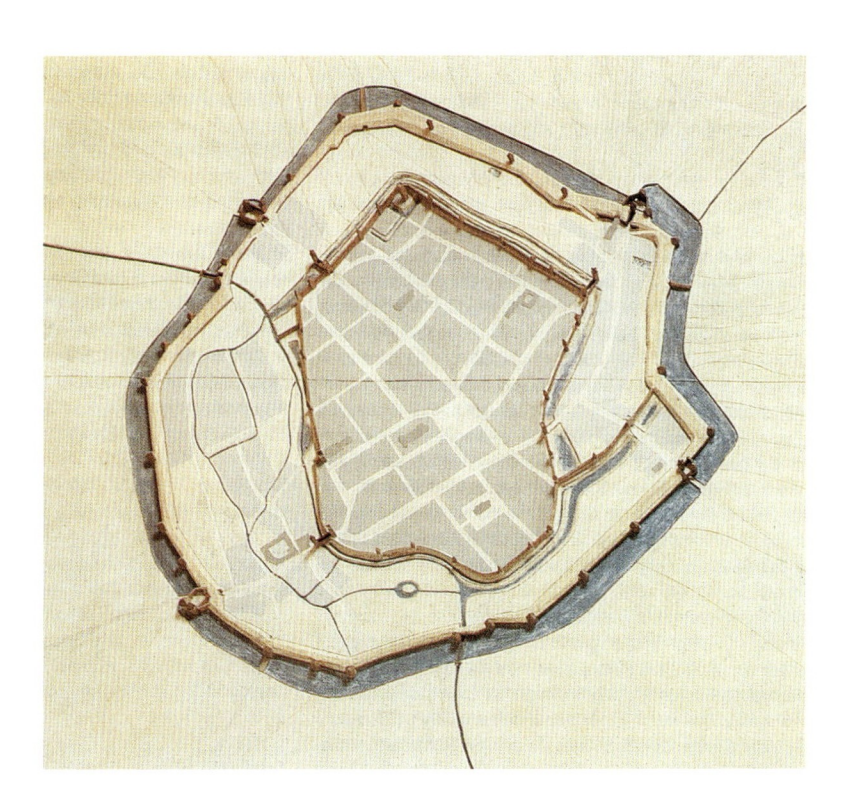

93. Plan der mittelalterlichen Stadtbefestigungen in Göttingen (13.–17. Jh.)

Effizienz und ihrer rechtlichen Stellung, kannten die Wenden so nicht.

Lübeck hatte, nach einer Totalzerstörung durch ein Feuer, Welfenherzog Heinrich der Löwe 1159 neu gegründet. Ein Dreivierteljahrhundert später wurde es zur freien Reichsstadt erhoben. Das Stadtrecht, das es sich gab, diente schon bald als Vorbild für zahlreiche andere Städte, man sprach von förmlichen Stadtrechtsfamilien.

Derart gründeten sich im Anschluss an Lübeck und nach dessen Vorbild entlang der gesamten südlichen Ostseeküste immer neue Städte: Wismar, Rostock, Stralsund, Greifswald, Anklam, Demmin. Eine Eigentümlichkeit jener Schöpfungen bestand darin, dass sich zu der eigentlichen Stadt gewöhnlich schon rasch eine Neustadt bildete, manchmal gleich mehrfach. Eine Zeit lang blieb sie selbständig, hatte ihre eigene Verwaltung, einen eigenen Markt und eigene Befestigungsanlagen und verschmolz dann irgendwann mit der Altstadt zu einer neuen kommunalen Einheit.

Durch ihre Befestigungsanlagen zeigte die Stadt an, dass sie eine ähnliche Aufgabe und also einen ähnlichen Rang beanspruchte wie die Burg. Ihre Bevölkerung aus überwiegend freien Bewohnern besaß eine gewisse soziale Homogenität, die allerdings in den sehr unterschiedlichen Besitzständen alsbald wieder aufgehoben wurde. Auch die Stadt hatte ihre deutlichen patriarchalischen Hierarchien, wie alles Leben im Mittelalter, aber hier zeigte es sich ein wenig durchsichtiger und durchlässiger als etwa bei der feudalen Adelsgesellschaft.

Weise und nützlich

Die mittelalterliche Stadt war der Ort für Handel und Handwerk. Der Handel dominierte, in ihm wurden die wesentlichen Reichtümer erworben, aus seinen Kreisen bildete sich das städtische Patriziat. Es stellte als wichtigstes Organ der städtischen Selbstverwaltung den Rat, der aus seiner Mitte den Bürgermeister berief. Für seine Zusammenkünfte besaß er ein eigenes zentrales Gebäude, das Rathaus.

Die Einrichtung der städtischen Räte setzt in Deutschland um das Jahr 1200 ein, also zusammen mit der Gründungswelle neuer Städte auf dem Gebiet der Ostkolonisation. Umfang und Zusammensetzung sind unterschiedlich von Stadt

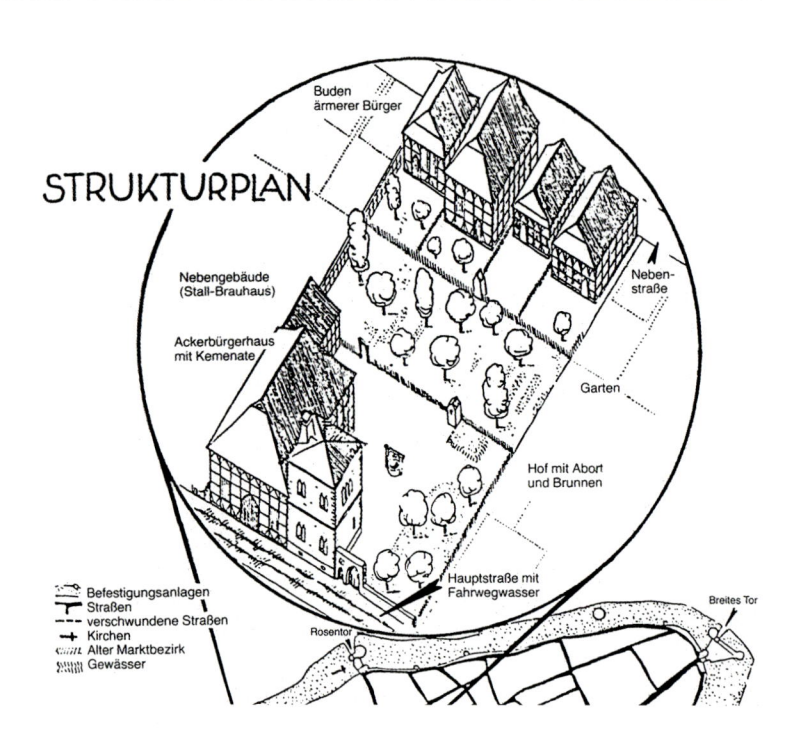

94. Mittelalterliches Anwesen in Niedersachsen

95. Modell eines Göttinger Bürgerhauses aus dem 15. Jahrhundert

Markt und Stadt

96. Haus und Stadttorturm in Solnhausen. 14. Jahrhundert

97. Esslingen. Gelbes Haus am Hafenmarkt (13. Jh.)

98. Deutschlands ältestes noch erhaltenes Wohnhaus in Östrich-Winkel, das »Graue Haus«, 12. Jahrhundert

zu Stadt; Worms, um ein Beispiel zu geben, hat im Jahre 1198 40 Ratsherren, die zunächst *iudices* (Richter), später *consularii* (Berater) und noch später *consules* hießen, dies der dann übliche Urkundenname für Ratsherren. Straßburg hat zur gleichen Zeit nur deren zwölf. Als unabdingliche Eigenschaften eines Ratsherrn werden gefordert, dass er weise und besonders nützlich sei, vornehm, vermögend und besonders klug. Dies alles schloss die Handwerker indirekt aus. Die Ratswahlordnung von Lübeck untersagt die Teilhabe von Handwerkern am Rat dann ausdrücklich.

Qualität und Wettbewerb

Selbstbestimmt wie die gesamte städtische Administration war auch die innere Ordnung der meisten Berufe durch das Instrument der Zünfte. Ihrem Ursprung zufolge waren das christliche Bruderschaften; beginnend mit dem 12. Jahrhundert und zum Spätmittelalter hin immer stärker, entschieden sie über die Zulassung zum Beruf, sie nahmen Qualitätsprüfungen vor und regelten den Wettbewerb. Zünfte organisierten das Handwerk und den städtischen Kleinhandel. Immer wieder gab es Tendenzen, die Zünfte, über ihre Meister, an der Stadtverwaltung zu beteiligen, was manchmal gelang, meistens nicht. Die Stadt hatte ihre juristische Autonomie, symbolisiert durch das Siegel. Sie hatte ihre eigene Gerichtsbarkeit. Sie zog die Unterprivilegierten vom Lande an, die hier freie Bürger werden konnten: »Stadtluft macht frei«. Klosterorden richteten sich in ihren Mauern ein und lebten demonstrativ das Gebot der Armut, denn es handelte sich durchweg um sogenannte Bettelorden, Franziskaner und Dominikaner, die auf irdischen Besitz fast völlig verzichteten. Gleiche Gewerbe siedelten zumeist in den nämlichen Gassen und den nämlichen Quartieren, was sich schon durch die Umstände der Berufsausübung ergab: Gerber und Färber benötigten bei ihrer Arbeit fließendes Wasser.

Die Stadt erwies sich, verglichen mit dem agrarischen Land, als deutlich produktiver und progressiver. Dabei lebte man in ihr nicht in jedem Falle besser. Aller potentieller Siedlungsgrund war vorgegeben durch die Mauer, und Einzelgrundstücke mussten sich um so mehr bescheiden, je größer der Andrang neuer Bewohner wurde. Schließlich entstanden Vorstädte, die dann mit einer neuen, erweiterten Fortifikation zu umgeben waren.

Ein besonderes Problem stellten die sogenannten Pfahlbürger dar, auch Aus- oder Schutzbürger genannt und siedelnd (daher ihr Name) innerhalb der aus Pfählen und Gräben bestehenden städtischen Außenwerke. Es handelte sich um Bewohner des platten Landes, die das Stadtrecht erwarben, unter anderem um leichteren Zugang zu den Märkten zu erhalten. Da sie sich damit zugleich der Verfügung ihrer Grundherren entzogen, wurde ihre Existenz zu einem Gegenstand fortwährender Streitigkeiten.

Das hochmittelalterliche Haus war schmalbrüstig, und es war häufig so lichtarm wie irgendeine Kätnerwohnung im Dorf. Wer es sich leisten konnte, baute in Stein. Das bot einen größeren Schutz gegen die immer wieder wütenden Brände. Aller Unrat fiel auf die Straße, blieb dort liegen, die Schweine wühlten darin und liefen den Passanten durch die Beine.

Auch im städtischen Haus drängten sich die Mitglieder einer Familie, zusammen mit den unverheirateten Gesellen und dem Lehrling, zumeist in einem Raume, der zusätzlich noch Werkstatt war. Manche Handwerker zogen es vor, ihre Arbeit vor dem Hause im Freien zu verrichten.

Autonomer Wirtschaftsraum

Ein Großteil aller städtischen Handwerke war mit der Herstellung von Nahrungsmitteln und der Produktion von Kleidung befasst: Bäcker, Metzger, Schneider, Schuster. »Nachfrage und Absatzmöglichkeiten«, sagt die Historikerin Evamaria Engel, »sowie Unterschiede in den finanziellen und ökonomischen Möglichkeiten mancher Handwerker führten, besonders in den mittleren und größeren Städten, zu spezialisierter Produktion auch in den Grundgewerben. So waren ... Weiß- oder Semmelbäcker von den Roggenbrotbäckern getrennt tätig. Von den reicheren Schuhmachern, die neue Schuhe anfertigten, sonderten sich manchen Orts die ärmeren Altflicker ab, die Schuster im heutigen Sinne des Wortes.«

Solche Spezialisierungen betrafen auch die übrigen Handwerke. Sie führten zu größeren Fertigkeiten, zu vielfältigeren und höherwertigen Pro-

99–102. Die Stadt begünstigte die Spezialisierung auf bestimmte Tätigkeiten und Handwerke. Das Hofämter-Spiel zeigt verschiedene städtische Dienstleistungsberufe: Kellner, Barbier, Bote und Truchsess

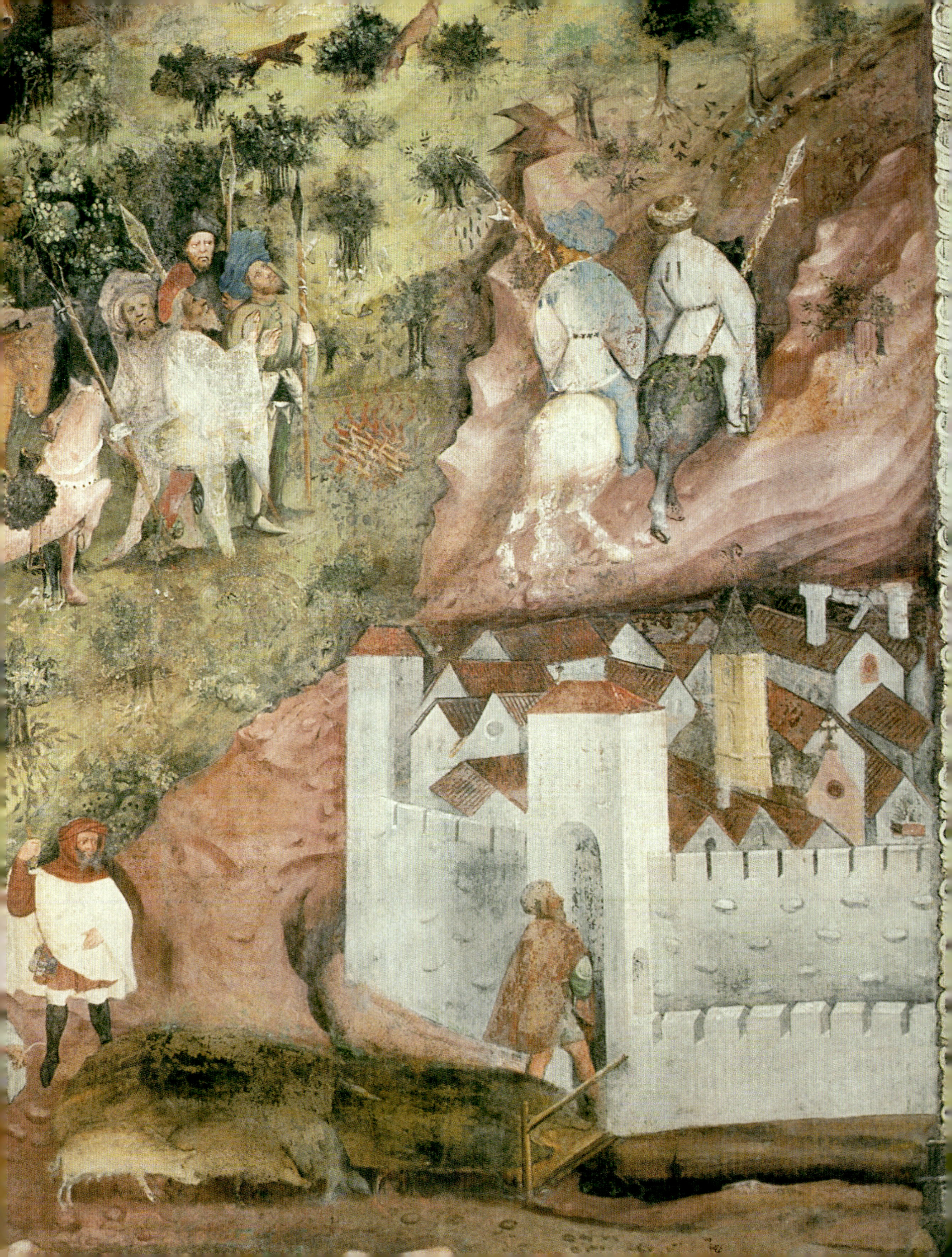

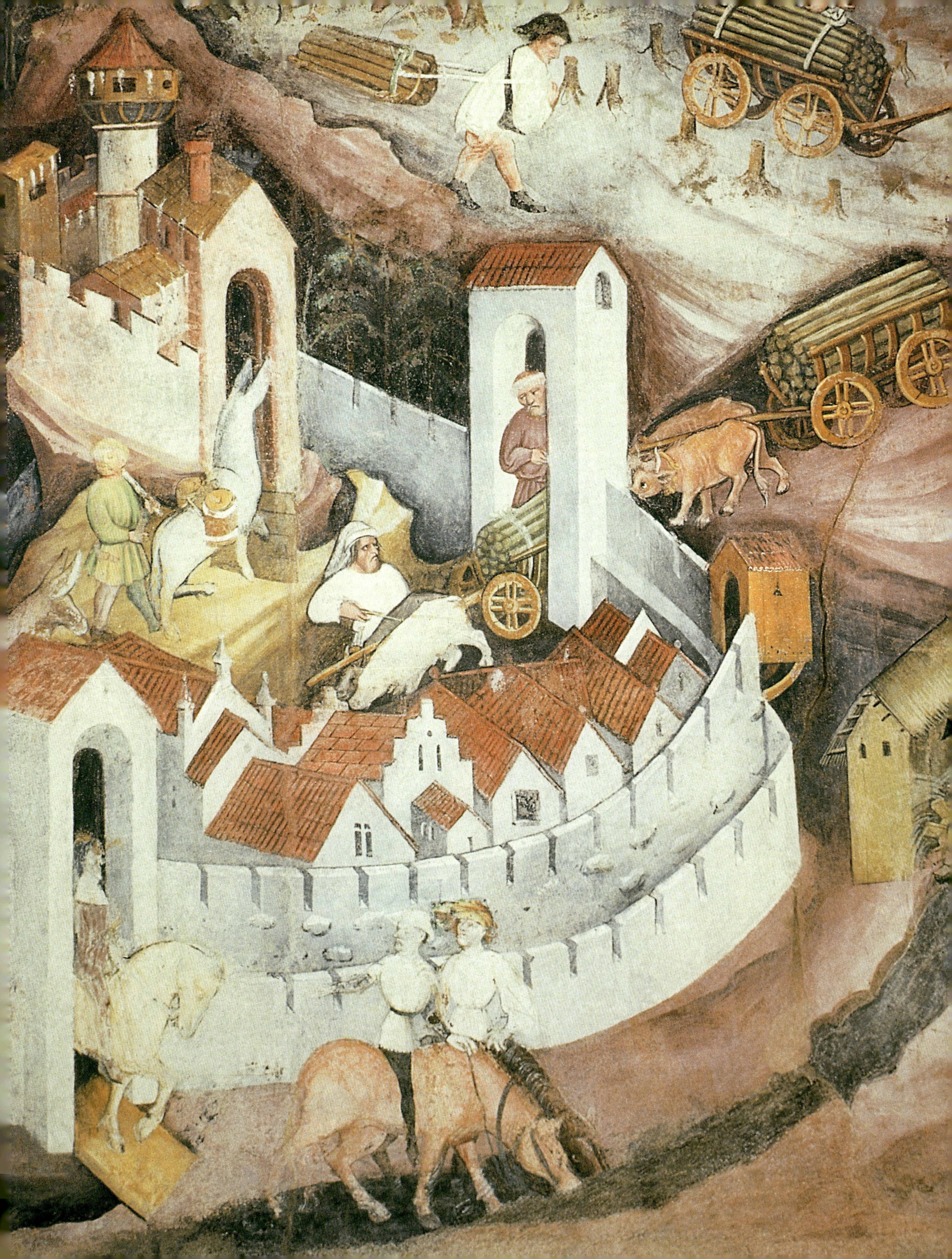

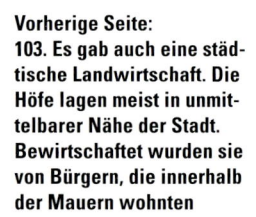

Vorherige Seite:
103. Es gab auch eine städtische Landwirtschaft. Die Höfe lagen meist in unmittelbarer Nähe der Stadt. Bewirtschaftet wurden sie von Bürgern, die innerhalb der Mauern wohnten

104. Zerstreuung in städtischen Wirtshäusern. Szene aus den »Carmina burana«

105. Mittelalterliche Spielleidenschaft. Hier: zwei Würfelspieler, die Ehefrau fürchtet um ihr Hab und Gut

dukten; Tätigkeiten, die auf den ländlichen Höfen von den Bauern noch nebenher erledigt wurden, erfuhren nun in der Stadt eine qualitative wie quantitative Erhöhung.

Die Arbeitszeit der Handwerker war leidlich geordnet. Anders als der von Witterung und Jahresrhythmus abhängige Bauer konnten sie sechs Tage die Woche ihre 12 bis 14 Stunden tätig sein. Der Inhaber einer Werkstatt war zünftiger Meister. Sein Geselle musste ehelich geboren sein und nach seiner Lehrzeit vor der gesamten Zunft seine Befähigung nachweisen. Wenn er Glück hatte, gelang ihm schließlich die Zulassung als Meister und der Beitritt zu einer Zunft, beispielsweise durch Einheirat, durch direktes Familienerbe sowieso.

Stadtvieh und Schuppen

»Aus der Heide führt die Straße durch die Landwehr, einen Wall mit Graben, der die Flur und ihre Gemarkung in weitem Kreise umzieht, der Wall ist mit Dornengebüsch und Knicken besetzt, die Feinde abzuhalten … Hinter der Landwehr zeigt sich die Stadt, die Morgensonne glänzt von hoher Kuppel der Stadtkirchen, von dem riesigen Holzgerüst des neuen Doms, an welchem gerade gebaut wird, und von vielen großen und kleinen Türmen der Stadt. Sie stehen, aus der Ferne betrachtet, dicht gedrängt, nicht nur an Kirchen und Rathaus, auch zwischen den Häusern, als Überrest alter Befestigung, oder an einer Binnenmauer, welche die alte Stadt von einem neueren Teil scheidet; dann hat die innere Mauer auch Tore, die bei Nacht zu großer Belästigung der Bürger noch geschlossen werden. Sehr groß ist die Zahl der Mauertürme. München hatte damals gegen 100, Frankfurt zwischen 60 und 70 …

Diese Türme, quadratisch oder rund gebaut, von ungleicher Höhe und Dicke, sind bei einer reichen Stadt mit Schiefern und Ziegeln gedeckt, vielleicht mit metallenen Knäufern versehen, welche im Sonnenlicht wie Silber glänzen, kleinen Fahnen darauf und hie und da ein vergoldetes Kreuz. Auch Erker springen aus den Mauern vor nach dem Stadtgraben, sie sind zum Teil heizbar, zierlich gedeckt und mit metallenen Kugeln geschmückt …

Doppelt sind die größeren Tore, um das Außentor steht ein festes Werk, ein dicker Turm oder ein Wighaus, dahinter liegt die Brücke über dem breiten Stadtgraben, in welchem der Rat Fische hält, trotz dem Schlamm.

Wer am Morgen die Stadt betritt, der begegnet sicher zuerst dem Stadtvieh. Denn auch in den großen Reichsstädten treibt der Bürger Landbau auf Wiesen, Weiden, Äckern, Weinbergen der Stadtflur, die meisten Häuser, auch vornehme, haben im engen Hofraum Viehställe und Schuppen …

Da fehlt auch der Mist nicht, auf abgelegenen Plätzen lagern große Haufen, und wenn die Stadt

Markt und Stadt

sich einmal zu einem Kaiserbesuch oder einer großen Messe schmückt, dann lässt sie, um säuberlich auszusehen, nicht nur die Gehängten vom Galgen abnehmen, sondern auch den Dünger von Straßen und Plätzen der Stadt schaffen ...«

Klöster, Kirchen, Kapellen

»Sehr unähnlich moderner Bauweise sind die Straßen der Stadt ..., die Häuser stehen mit dem Giebel auf die Straße, in der Regel nicht dicht aneinander, denn zwischen ihnen sind Schlupfe, in denen das Regenwasser herab geleitet wird, die Eingänge sind häufig mit Halbtür versehen, über der Tür hängt an einem Schild das gemalte Zeichen des Hauses, oft wird der Besitzer nach seinem Hausbild genannt. Die Häuserlinie verläuft nicht glatt und senkrecht, ein Oberstock oder zwei – die Gadem – springen über das untere Stockwerk vor, der zweite wieder über den ersten, und darin sind wieder Erker und Söller. Diese Überhänge, Ausschüsse und Erker brechen die Fluchtlinie in jedem Haus anders, verengen das Licht und nähern die oberen Stockwerke den gegenüberliegenden Häusern.

Zahlreich sind die Gotteshäuser, außer den Stadtkirchen kleinere Kirchen und Kapellen, auch solche, welche von Gesellschaften und Privatleuten unterhalten werden, mehrere vornehme Stifte und mehrere Klöster der Bettelorden, die Klöster und Kirchen womöglich durch eine Mauer abgeschlossen, der Bürger ist gewohnt, Mönche und Nonnen von verschiedener Tracht zu sehen ... Der Morgen wird den Bürgern durch Geläut verkündet, und die Glocken der zahlreichen Gotteshäuser tönen fast den ganzen Tag hindurch, bald mahnt die eine, bald die andere zum Gebet und Kirchengang.«

So Gustav Freytag. Er beschreibt damit das hochmittelalterliche Stadtbild im 13. Jahrhundert und später. Erhalten hat sich aus dieser frühgotischen Zeit nicht mehr sehr viel, am ehesten noch Kirchen, die Profanbauten verschwanden zumeist in Feuersbrünsten und späteren Umbauten, nur die Straßenverläufe sind manchmal geblieben und weisen auf jene frühe Vergangenheit zurück, so in Regensburg, in Quedlinburg, in Wien.

Die Massierung von Personen auf sehr engem Raum, ähnlich dem Dorfe und manchmal noch viel beengter als dort, bestimmte das soziale

106. Häusliches Leben. Hier: Der junge Jesus, ins Mittelalter versetzt, soll gebadet werden

107. Wirtshausszene. Illustration aus dem Weckherlin-Stammbuch

108. Die Stadt als weitgehend autonomer Wirtschaftsraum: Korn wird vermahlen (französische Handschrift um 1317)

Geschehen. Geburt und Altern, Liebe und Tod wurden nicht anders erlebt als auf den Bauernhöfen.

Gefahren bestanden außer durch kriegerische Überfälle und Brände durch den Ausbruch von Seuchen. Sie wüteten in den Städten erheblich schlimmer als im Dorf.

Feste waren noch weit vielfältiger als auf dem Land.

Es gab die besonderen, immer recht aufwendigen Feste der Zünfte. Es gab den Karneval. Es gab die Messen und die Jahrmärkte mit ihren schillernden Vergnügungsangeboten. Die Möglichkeiten zur Zerstreuung waren auch sonst überaus vielfältig. Es existierten Wirtshäuser, Badestuben, Tanzdielen, Bordelle.

Das Trinken war eine verbreitete Gewohnheit, ebenso das Tanzen und vor allem das Spielen, besonders jenes mit Würfeln und, später, Karten. Es nahm bald die vielfach beklagten Ausmaße einer ausufernden Leidenschaft an.

Feiern bis zum Exzess blieb, wie auf dem Dorf, eine gesamtmittelalterliche Leidenschaft. Das schloss nicht einmal Anlässe wie das Sterben aus, denn zum Abschluss jeder Beerdigung gab es ein Totenessen, und das endete wie alle großen Feierlichkeiten mittelalterlicher Städte und Dörfer in einem Gelage. Der Rausch war das Übliche. Der Rausch war das Leben.

Handel und Geld

Die Dominanz der Kaufmannschaft in den Städten beruhte auf den Vermögen, die sie sich erwarb, und dem sozialen Ansehen, das eben auf den Vermögen gründete. Handelskapital ist allemal älter und mächtiger als das Gewerbekapital und geht diesem voraus. Bedacht, wie schlecht im Hochmittelalter die Fernstraßen beschaffen waren, welche Beschwer und welche Gefahren aller Verkehr auf ihnen mit sich brachte, erscheint solche Entwicklung einigermaßen erstaunlich.

Nun gab es außer den Straßen zu Lande noch die Wasserwege, auf denen verhältnismäßig große Lasten bewegt werden konnten und dies noch vergleichsweise schnell, weswegen die Häfen an Flussufern und an der Küste zu Hauptumschlagplätzen des mittelalterlichen Handels aufstiegen. Auch dies war ein Grund für den wirtschaftlichen Erfolg und das rasche Wachstum der Stadt Köln. Gleichwohl erfolgte ein nicht unerheblicher Teil aller Warenbewegungen auf dem Land. Das geschah einigermaßen problemlos im Nahhandel zwischen Dorf und Stadt oder auch innerhalb der Stadt, wo die handwerklichen Produzenten teilweise ihre eigenen Händler waren. Ein Großteil allen Handels widmete sich dem Austausch von

Rohstoffen und Fertigprodukten, von Nahrungsmitteln gegen Handwerksgut. Das sehr viel größere Risiko und, freilich, der sehr viel größere Gewinn winkte beim Fernhandel.

»Der Mann, der ein Kaufmann sein will«, heißt es in einer zeitgenössischen Unterweisung, »muss sich mancher Lebensgefahr aussetzen, manchmal auf dem Meere, manchmal in heidnischen Ländern und fast immer unter fremden Völkern. Stets muss er daran denken, sich dort richtig zu verhalten, wo er sich befindet. Auf dem Meere muss er rasche Entschlossenheit und starken Mut haben. Aber wenn du dich auf Handelsplätzen befindest und wo du immer bist, da zeige dich gesittet und gefällig, das macht den Mann beliebt bei allen guten Leuten.«

Mit gewöhnlichen Produkten gab sich der Fernhändler nicht ab. Es waren Spezial- und Luxusgüter, die von ihm bewegt wurden: besondere Textilien, besondere Gewürze, besondere Rohstoffe. Wer dergleichen käuflich erwarb, musste außer über einen entsprechend verfeinerten Geschmack auch über die hierfür erforderlichen Mittel verfügen.

Der Kaufmann wiederum musste Quellen und Verbindungen haben, und er musste seine Kundschaft kennen. Außer viel Wagemut hatte er das für Einkäufe und Ausrüstungen nötige Eigenkapital aufzubringen und musste vertraut sein mit den Straßen.

Die Herkunftsländer von Luxusgütern lagen im Süden und im Westen. Dies entsprach dem allgemeinen zivilisatorischen Gefälle Mitteleuropas, wobei sich im Süden, in Italien, die wesentlichen Umschlagplätze für die Warenströme aus dem Nahen Osten befanden.

Die allgemeine Plage

Sie wurden dorthin mit Schiffen verbracht. Venedig und Genua erlangten durch ihren Überseehandel eine gewaltige wirtschaftliche Macht und einen enormen Reichtum. Im 13. Jahrhundert betrug der Umsatz allein des Seehandels der Stadt Genua dreimal so viel wie die gesamten Einkünfte des Königs von Frankreich.

Die Handelswege von Italien nach Deutschland führten über die Alpenpässe St. Bernhard und St. Gotthard. Sie waren seit alters bekannt und seither in fortwährendem Gebrauch. Es handelte

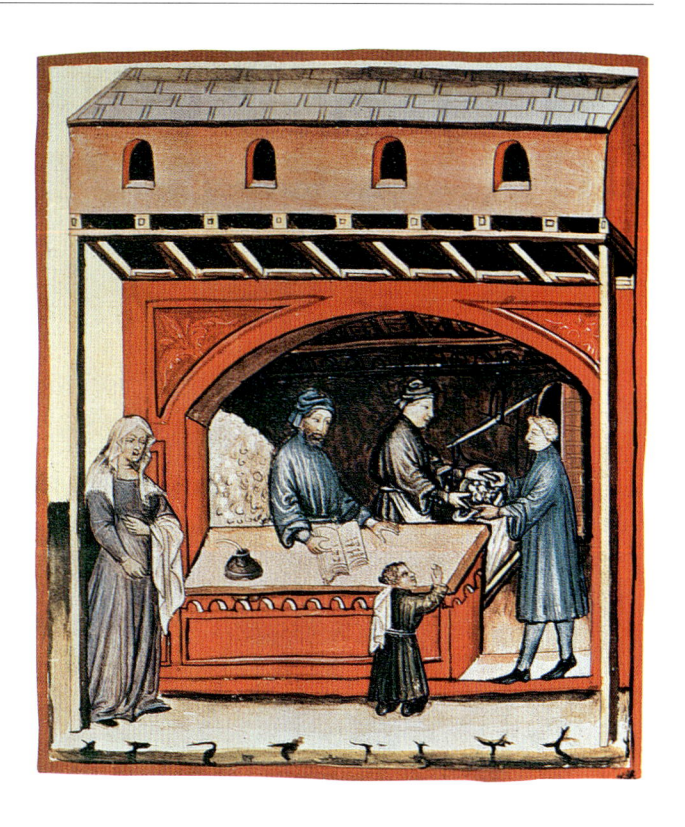

109. Salzverkauf. Als Gewürz und Konservierungsmittel war Salz seit jeher ein wichtiges Handelsprodukt.
Aus dem Hausbuch der Cerruti (Ende 14. Jh.)

110. Fernreisenden drohte Überfall und Raub.
Hier erläutert anhand einer Illustration zum biblischen Gleichnis vom barmherzigen Samariter.
Aus dem »Hortus deliciarum« der Herrad von Landsberg (2. Hälfte 12. Jh.)

sich um die gleichen Wege, die auch die deutschen Herrscher bei ihren vielfachen Italienzügen benutzten. Die Klöster an den Passstraßen boten sich den Reisenden als Unterkunft an und vermittelten die Bergführer.

Auch die logistischen Anschlüsse jenseits der Berge hatten ihre alte Tradition. Es gab so etwas wie Wegekarten. Sie waren grob, aber sie boten eine allgemeine Orientierung.

Die deutschen Straßen standen unter königlichem Schutz. Wer hier Überfälle vornahm und die Reisenden ausplünderte, wurde mit dem Tode bestraft – wenn man ihn denn fasste, was angesichts der unsicheren politischen Verhältnisse eher die Ausnahme als die Regel blieb. Die Kaufleute reisten in größeren Gruppen, als Karawane, sie waren zudem bewaffnet und wussten sich im Notfall tätlich zu wehren.

Die Wegelagerei war eine allgemeine Plage, an der sich vorrangig Adlige beteiligten. Jede Form der Fortbewegung bedeutete ein Risiko, weshalb es sich eigentlich empfahl, daheim zu bleiben. Das Wort Elend meinte ursprünglich nichts anderes als Ausland; die pejorative Bedeutung, die es bald annahm, sagt etwas aus über das schlimme Schicksal, das man üblicherweise in der Fremde – und die begann bereits außerhalb der eigenen Stadt – zu gewärtigen hatte.

Produkte und Nachrichten

Trotzdem herrschte unaufhörliche und vielfache Bewegung auf den Überlandstraßen. Unterwegs waren fahrende Scholaren, Landstreicher, Wanderprediger, Fürsten, Bewaffnete und eben Kaufleute. Die Fremde drohte nicht nur mit potentieller Verelendung, sie lockte auch mit Ungewohntem und Neuem, von dem man sich inspirieren lassen konnte, die Fremde war Welt-Anschauung und Abenteuer. Die Kaufleute transportierten nicht nur dingliche Produkte, sondern außerdem Nachrichten und Erfahrungen. Sie mussten Sprachen beherrschen. Sie mussten sich in anderen Kulturen auskennen. Manches davon brachten sie mit heim, um es hier anzuwenden oder weiterzugeben, und so bürgerte es sich schließlich ein, einfach weil es vernünftig oder anziehend war. In der schon zitierten Unterweisung für Fernkaufleute heißt es:

111. Fleischmarkt. Aus der Handschrift des Hrabanus Maurus vom Jahr 1023

112. Die mittelalterliche Tafel war reichhaltig. Viktualienmärkte boten nicht nur Schwein und Rind an, sondern auch Fische, Frösche und Schnecken. Konstanzer Chronik des 15. Jahrhunderts

»Das sollst du auch immer dir vornehmen, dass dir kein Tag vergeht, ohne dass du irgendetwas lernst, was dir nützlich ist, wenn du klug heißen willst.«

Zum Handel gehört das Angebot, zum Angebot die Anschauung und die Probe. Wer als Fernhandelskaufmann mit seiner Ware heimkehrte an seinen Wohnort, konnte üblichenfalls sicher sein, dass er das Mitgebrachte dann auch losschlug, da er sonst gar nicht aufgebrochen wäre; in einzelnen Fällen, wie bei unserem Wendelin Burmester, kannte er zuvor auch schon den endgültigen Abnehmer.

Die städtischen Märkte mit ihren Tuchhallen waren der eine und schließlich am meisten verbreitete Geschäftsort. Die Verkaufsbuden am Rande von Königspfalzen und bei großen Zusammenkünften waren ein anderer. Es geschah, dass Kaufleute mit Kaufleuten handelten. Die Märkte in den großen italienischen Seehäfen waren ein solcher Platz, und darüber hinaus entwickelten sich Treffpunkte an anderen viel benutzten Strecken. Hieraus entstanden dann die großen Messen, da jeder mit jedem handelte, veranstaltet zu vorher festgelegten Jahreszeiten und gedacht, jeweils bestimmte, vorher bekannte und vereinbarte Warengruppen zu vertreiben. Eine viel besuchte Messelandschaft war die Champagne, wohin Händler aus Italien, Frankreich, Flandern und Deutschland zogen, um Geschäfte abzuwickeln. Später fanden sich solche Messeplätze auch in Deutschland, zum Beispiel in Frankfurt und, noch später, in Leipzig.

Der Anteil am Gewinn

Der riskanteste Teil des Fernhandels blieb immer der Transport. Wenn, was durchaus vorkommen konnte, ein Kaufmann während seines Handelsweges in der Fremde starb, ging sein mitgeführtes Warenlager in den Besitz des gerade zuständigen Grundherrn über.

Im Rahmen ständig zunehmender Arbeitsteiligkeit geschah es dann, in Italien zunächst und bald auch in Deutschland, dass spezielle Spediteure den Warentransport übernahmen, während der eigentliche Kaufmann an seinem Wohn- und Geschäftsort verblieb. Der sesshafte Kapitalgeber behielt dann gewöhnlich einen Teil des Gewinns. Es konnte auch geschehen, dass der sesshafte

113. Mittelalterliches Eichamt. Maße für verschiedene Handelsprodukte an einem Strebepfeiler des Freiburger Münsters, hier: Brot- und Weckenmaße (1320, 1270, 1317)

114. Zuber für Holzkohle. Freiburg 1295

115. Feilschen und Verhandeln an Marktständen. Auf Märkten wurden ebenso Waren wie Neuigkeiten umgeschlagen

116. Verkauf von Zucker …

117. … und Maßnehmen beim Tuchhändler. Stoff wird vom Ballen geschnitten und anschließend von Schneidergesellen vernäht. Aus dem Hausbuch der Cerruti

Kaufmann, der *socius stans,* mit dem Spediteur, dem *socius tractans,* durch einen entsprechenden Kapitaleinsatz des Letzteren sich sowohl in das Risiko als auch in den Gewinn teilten, der für den sesshaften Kaufmann dann entsprechend kleiner ausfiel. Das Verfahren empfahl sich zumal beim Seehandel.

Solch intensive Vernetzung von Handlungen und Personen setzte ein hohes Maß an Verlässlichkeit und wechselseitigem Vertrauen voraus. Dies alles wurde unter anderem abgesichert durch Verträge und Rechtsprechung sowie durch Zusammenschlüsse zu eigenen Kaufmannsgilden. Schließlich kam es zur Herausbildung von förmlichen Handelsgesellschaften, sie konnten für eine einzige Unternehmung organisiert werden oder auf Dauer. Das hieß im Lateinischen *societas, collegantia* oder *accomandatio*. Die zuweilen außerordentlichen Entfernungen bedingten außerordentliche Reisezeiten. Die italienischen Überseekaufleute pflegten auf ihren Schiffen im Herbst in die Levante aufzubrechen, um erst im darauf folgenden Sommer wieder zurückzukehren. Bei ihrem Aufenthalt in der Fremde benötigten sie Unterkünfte für Personen und Waren, also ein Kontor. Es war üblich, dass Kaufleute einer bestimmten Nationalität sich im Ausland zusammenfanden und gemeinsame Niederlassungen eröffneten. So hatten deutsche Kaufleute sowohl in London, dem Einkaufsort der überall auf dem Kontinent besonders geschätzten englischen Wolle, ihre eigene Niederlassung als auch in Paris und an verschiedenen Plätzen Skandinaviens. Umgekehrt gab es ausländische Handelsniederlassungen auf deutschem Boden.

Kommerzielle Revolution

Der Warentransport über lange Strecken wurde nicht nur durch Anstrengungen und drohende Wegelagerei erschwert. An Grenzen und Brücken mussten Zölle entrichtet werden; sie bildeten eine wichtige Einnahmequelle für Grundherrschaften und Städte; außerdem gab es das sogenannte Stapelrecht, was bedeutete, dass bei einem Warentransit das Handelsgut zunächst am Durchgangsort zum Verkauf angeboten werden musste. Dies erbrachte, zum wirtschaftlichen Vorteil der jeweiligen Stadt, besondere Handelsumsätze und Warenimporte. Die Stadt Wien verdankte dem Stapelrecht einen Großteil ihrer hochmittelalterlichen Prosperität.

Man hat geradezu von einer »kommerziellen Revolution« im europäischen Hochmittelalter gesprochen, was kein ganz unpassender Begriff ist, da sich in der Tat durch den hochmittelalterlichen Handel eine völlig neue Qualität des Wirtschaftens und damit des allgemeinen Lebens entwickelte. Diese kommerzielle Revolution nun war, und so nur ließ sich der immer umfänglicher werdende Warenumschlag problemlos bewälti-

Handel und Geld

118. Weinmarkt. Aus einem flämischen Kalender

119/120. Mittelalterliches Kleingeld. Hier: zwei Münzen aus Ravensburg

121. Wechsel- und Bargeldverkehr in einem Florentiner Bankhaus. Holzschnitt von 1490 (spätere Kolorierung)

gen, vor allem eine solche des Zahlungsverkehrs. Den Tauschhandel von Ware gegen Ware gab es zwar immer noch, doch er nahm ab und wurde mehr und mehr ersetzt durch den Handel Ware gegen Geld und Geld gegen Ware.

Geld war keine mittelalterliche Erfindung. Fast alle Hochkulturen kannten und kennen Zahlungsmittel, und zumal die römische Antike kannte sie, die sie dann auch den Nachfolgegesellschaften des europäischen Mittelalters vermachte. Die Karolinger veranstalteten eine Münzreform, die als einheitliche Währung den silbergeprägten Denar einführte. Er hielt sich bis ins Hochmittelalter, bei schleichender Entwertung, und wurde teilweise durch neue Münzen ersetzt, die sowohl auf Silber wie auf Gold fußten, während das nunmehr überholte Geld durch die Maßnahme des so genannten Münzverrufs aus dem Verkehr gezogen werden konnte.

Die Geldwirtschaft blühte mit der Zunahme des Handels mächtig auf. Münzhoheit war zunächst ein königliches Privileg, das der Herrscher aber delegieren konnte und auch delegiert hat, an geistliche oder weltliche Fürsten. Es gab Großmünzen, und es gab Kleingeld; eine Sonderform waren die in einigen deutschen Gegenden geschlagenen Brakteaten, heute unter Numismatikern ein begehrtes Sammelobjekt.

Gute Ernte, kleine Preise

Geld wurde wichtig auch für die bäuerlichen Abgaben an den Grundherrn. Solange sie in Naturalien erfolgten, waren die Mengen vorgegeben. Nunmehr konnten oder mussten die Abgaben gleichermaßen in Geldwert erfolgen, wobei die wechselnden Preise für agrarische Produkte von der wechselnden Marktsituation diktiert wurden. Hartmut Boockmann hat die überlieferten Getreidepreise aus einem halben Jahrhundert miteinander verglichen und Preisdifferenzen festgestellt, die in teuren Jahren das Dreifache eines billigen Jahres ergeben.
Er schließt:

»Für die Bauern hatte jede solcher Preisschwankungen unterschiedliche Konsequenzen, je nachdem, ob sie ihre Abgaben in natura oder in Geld

Handel und Geld

122. Illustration aus dem Freibrief für die Goldschlägergilde von Bologna (14. Jh.)

123. Venezianischer Bankherr des 16. Jahrhunderts. Aquarell von Jan Grevenbroich (1731–1807) nach einer älteren Vorlage

leisteten und ob es ihnen möglich war, einen Teil der Ernte auf den Markt zu bringen. Ein großer Hof kann bei einer durch Missernte verursachten Teuerung profitieren, weil er immer über Getreide für den Markt verfügt, während bei einem mittleren Hof sich Ernterückgang und Preiserhöhung ausgleichen, und der kleine Hof gar nichts mehr auf den Markt bringt. Umgekehrt wird bei guter Ernte und kleinen Preisen dem großen und dem mittleren Hof der Mehrertrag infolge der niedrigen Preise wenig Gewinn bringen, während der kleine Hof, weil er nun überhaupt etwas – wenn auch zu schlechten Preisen – auf den Markt bringt, einen geringen Vorteil hat.«

Die Preisschwankungen wirkten sich dann auch auf die Einkünfte der Grundherrn aus, die, sofern sie weiterhin in Naturalien abgegolten wurden, in Jahren mit guten Ernten manchmal schlechtere Einkünfte hatten als in Jahren der Missernte.

Bei Handelsgeschäften zwischen verschiedenen Währungsgebieten mussten die jeweils gültigen Münzen zueinander in ein Verhältnis gesetzt, sie mussten gegeneinander verrechnet und untereinander gewechselt werden. Diesem für den Fernhandel unabdingbaren Geschäft widmete sich ein eigener Berufsstand, der sich nach seinem Geschäftsmöbel benannte, der Bank.

Banchieri saßen auf allen großen Messen und Warenumschlagplätzen. Am frühesten nachgewiesen sind sie in Oberitalien, wo sie sich bald mächtig ausbreiteten; viele heute noch gebräuchlichen Fachbegriffe des Geldhandels, von Konto und Giro über Lombard bis zu Agio und Bankrott, sind bezeichnenderweise italienischen Ursprungs.

Die Banken haben ihren Geschäftsbereich über den bloßen Währungsumtausch hinaus schon bald erweitert. Sie nahmen außerdem Guthaben entgegen, die sie anschließend an Dritte als Kredit vergaben. Dies geschah etwa zur Vorfinanzierung künftiger Geschäfte, wobei die Kredite ihrerseits abgesichert sein mussten, etwa durch Pfand. Die Banken wur-

124. Münzschatz von Sindelfingen

den an künftigen Gewinnen beteiligt oder erhoben Zinsen, und sie stellten Wechsel aus; dies, eine erste Form des bargeldlosen Zahlungsverkehrs, erwies sich als recht hilfreich, zumal für den Fernhandel, und bot außerdem, wenigstens partiell, einen Schutz gegen räuberische Übergriffe, da sich ein gestohlener Wechsel nicht problemlos einlösen ließ. Alles das erforderte einen gut entwickelten und verlässlich funktionierenden Urkunden-, Vertrags- und Notariatsbetrieb.

125. Lübecker Schiffssiegel von 1256

Wucher ist des Teufels

Für das dem gesamten Geldverkehr zugrunde liegende Rechnungswesen war eine neue Form der Fakturierung hilfreich, die doppelte Buchführung. Auch sie ist eine oberitalienische Erfindung. Bedeutsam war zusätzlich, dass die alte lateinische Zahlenordnung allmählich ersetzt wurde durch die arabische mit ihrer konsequenten Dezimalordnung und, vor allem, mit der Verwendung der zuvor ungebräuchlichen Null. Beides wurde im Zusammenhang mit den Kreuzzügen importiert, zusammen mit dem Reis,

126. Schiffzimmerer bei der Arbeit. Teppich von Bayeux (11. Jh.)

der Seide und dem Pfeffer. Auf ihr hochentwickeltes Bankwesen vor allem gründete der wirtschaftliche Erfolg der lombardischen Städte, die selbst keinen unmittelbaren Zugang zum Meer besaßen, und es schuf die ökonomisch-politische Macht der toskanischen Stadtrepubliken. Mailand, Florenz, Pisa und Venedig waren in ihrem Selbstverständnis laisiert genug, dass sie den Geldhandel als eine naturwüchsige Notwendigkeit begriffen und das im Neuen Testament gegen ihn verhängte Verbot schlichtweg missachteten. Für andere Regionen Europas galt dies keineswegs. Hier waren Geldhändler und Lombarden entweder zugewanderte Italiener, oder sie waren Juden.

Geldverleih gegen Zins war Wucher, und Wucher war des Teufels. Ein Geschichtsschreiber des 13. Jahrhunderts, Matthäus Parisiensis, hat sich darüber ausgelassen:

»Die Lombarden sind sehr gewandte Menschen. Verräter sind sie und Betrüger ... Sie verschlingen nicht nur die Menschen und Haustiere, sondern auch Mühlen, Schlösser, Bauernhöfe, Wiesen, Gehölze und Wälder ... In einer Hand halten sie ein Blatt Pergament und in der anderen eine Feder, mit deren Hilfe sie den Einheimischen das

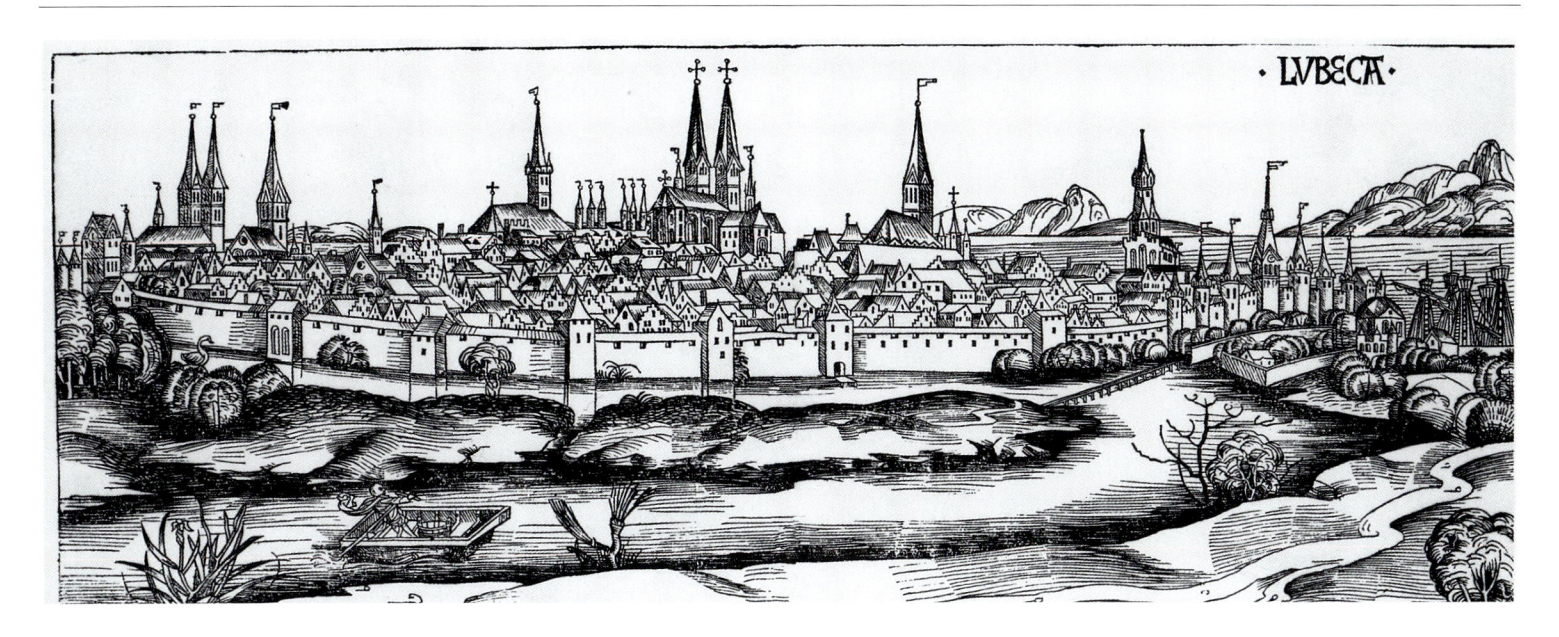

127. Lübeck 1493. Holzschnitt aus der Schedelschen Weltchronik

Letzte wegnehmen, um mit deren Silber ihre Beutel zu füllen … Sie mästen sich mit der Not der anderen und sind wie die Wölfe, weil sie Menschen verschlingen.«

Dass auch kirchliche Einrichtungen diese eigentlich verbotenen Geldgeschäfte betrieben, sah Matthäus Parisiensis nicht, oder er wollte es nicht sehen.

Raubkrieg und Handel

Das alte germanische Wort *hansa* bedeutet eigentlich Kriegerschar, bewaffnete Gemeinschaft, Gefolge; der frühesterhaltene schriftliche Nachweis findet sich in der bekannten Bibelübersetzung des Gotenbischofs Wulfila. Der militante Beigeschmack, der dem Begriff von Beginn anhaftete, macht zugleich darauf aufmerksam, dass die hochmittelalterliche Einrichtung der Hanse immer auch ein sehr wehrhaftes Bündnis gewesen ist. Warenhandel und kriegerisches Tun widersprechen einander weniger, als es auf den ersten Blick erscheinen mag. Die Gefahr ergab sich nicht nur daraus, dass der Transporteur auf seinen Wegen ein mögliches Ziel für räuberische Begehrlichkeiten wurde, sondern auch, dass er sich dort, wo er nicht zu Hause war, in einer fremden, also nicht zuständigen und oft völlig unberechenbaren Rechtssituation befand.

Die Grenzen zwischen Handel und Krieg bleiben sonderbar fließend. Die Wikinger etwa waren durchaus nicht bloß räuberische Plünderer der Küsten Europas. Es gibt immer nur dort etwas zu rauben, wo zuvor etwas produziert worden ist, und da zwischen dem Produkt und seinem Konsum allemal der Handel liegt, sind Raubkrieg und Handel allemal innig miteinander verwoben. Der Raub, hat man gesagt, sei nichts anderes als eine parasitäre Form des Handels, wie denn auch der Krieg nichts anderes als eine globalisierte und ritualisierte Form des Raubes ist.

Ein wichtiger Handelsraum des frühen Hochmittelalters bildete die Region von Niederrhein, Flandern und Friesland mit dem kommerziellen Zentrum Köln.

Friesische Seeleute holten Schafwolle aus England, die in Flandern verwebt wurde zu einem besonders qualitätvollen und entsprechend kostbaren Tuch. Am Niederrhein wurde es anschließend verkauft. Für den Erlös erwarben Händler die in der Gegend angebauten und anderswo hoch geschätzten Weine.

Trotz aller Unwägbarkeiten der Witterung bot das Wasser den insgesamt sehr viel besseren Handelsweg. Das System der Geschäftsbeziehungen über die Nordsee, vor allem aber über die Ostsee hinweg wurde immer ausgedehnter

128. Modell eines slawischen Schiffes (11. Jh.)

129. Zürich von Westen. Diese früheste Ansicht der Stadt zeigt die Belagerung 1443–44 durch die alten Eidgenossen (Alter Zürichkrieg). Aus der Chronik von Gerold Edlibach (1454–1530)

130. Warentransport zu Schiff. Luxusgüter werden verladen

und dichter. Als Zwischenaufenthalt nebst Umschlagplatz für die schifffahrenden Händler auf der Ostsee bot sich die ostschwedische Insel Gotland an.

Ein weit gespanntes Netz

Sie nahm diese Funktionen wahr vermöge der an ihrer Westküste gelegenen Hafenstadt Visby. Hier entstanden, nicht anders als an der Levante, ständige Handelsniederlassungen, auch Höfe genannt, deren Tätigkeit bestimmt wurde durch strenge Regularien. Sie versammelten feste Gemeinden von Kaufleuten gleicher ethnischer Herkunft, die gemeinsam einen solchen Hof betrieben und als ihren Exponenten einen Oldermann benannten. So bildete sich in Visby eine starke Gruppe deutscher Kaufleute, die den genossenschaftlichen Zusammenschluss suchten und nach außen hin auch gemeinsam auftraten.

Das geschah um das Jahr 1160. Die Germanisierung Mecklenburgs hatte eben begonnen. Zur gleichen Zeit wuchs am Zusammenfluss von Trave und Wakenitz die Stadt Lübeck.

Sie geriet zum bevorzugten Anlaufhafen der gotländischen Genossenschaft. Bald war sie ihrerseits aktiver Mittelpunkt eines weit gespannten Netzes von Handelswegen zu Wasser und auf dem Land, das von Brügge in Flandern, von Boston in England bis nach Stockholm in Schweden und nach Nowgorod in Russland reichte. Die letztgenannte Handelssiedlung, am Nordufer des Ilmensees, entwickelte sich zu einem Hauptumschlagplatz von Waren aus dem Osten, das waren vor allem Wachs und Pelze.

Die großen Entfernungen bewirkten auch hier, dass ein Kaufmann manchmal nur eine Handelsreise im Jahr unternahm. Man unterschied zwischen Sommerfahrern und Winterfahrern, und zumal die Winterfahrer sahen sich gezwungen, über mehrere Wochen hinweg an ihrem Reiseziel Nowgorod zu verbleiben: Der Schnee musste erst getaut, das Eis auf den Wassern erst geborsten sein.

Der deutsche Hof in Nowgorod, er hieß nach St. Peter, hatte feste Unterkünfte, er hatte einen Friedhof und eine Kirche. Deren Seitenschiffe und Krypta dienten als Warenspeicher, außerhalb des Gottesdienstes liefen dort die Geschäfte ab. Die rege Kommunikation zwischen Lübeck und

Handel und Geld 89

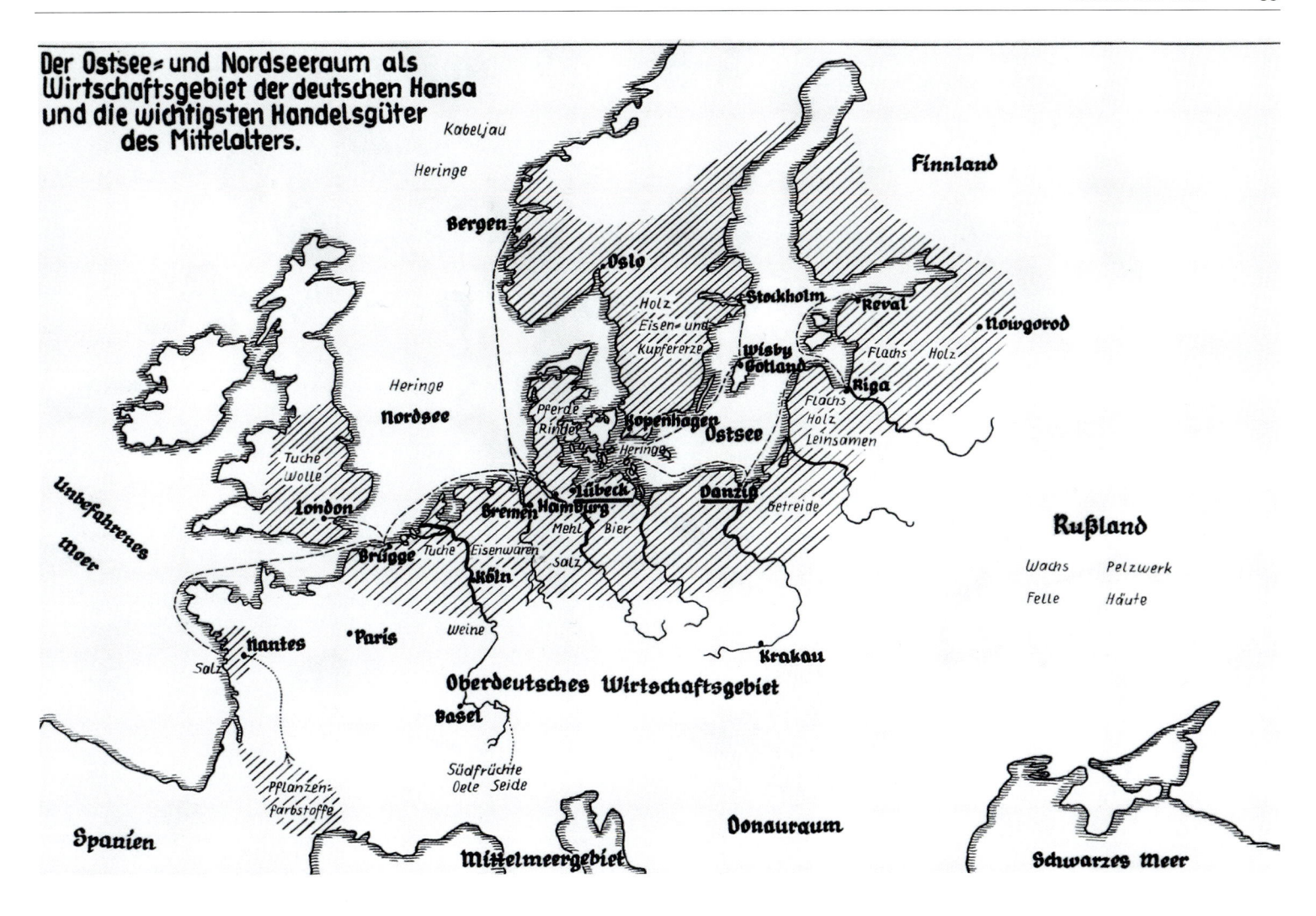

Der Ostsee- und Nordseeraum als Wirtschaftsgebiet der deutschen Hansa und die wichtigsten Handelsgüter des Mittelalters.

Visby führte schließlich zu einem förmlichen Vertragswerk, in dem die Kaufleute beider Städte einander Unterstützung und Schutzmaßnahmen zusicherten. Man kann dies als den eigentlichen Beginn der Hanse ansehen, die niemals etwas anderes darstellte als einen Interessenverband von Kaufleuten, vornehmlich solchen, die ihre Waren per Schiff beförderten, unter besonderer Berücksichtigung der Wasserwege auf der Ostsee.

Kontore in Brügge und London

Der allgemeine genossenschaftliche Zusammenschluss von einzelnen Kaufmannsunternehmen war bloß der Anfang. Ohne eine institutionalisierte Macht mussten die vertraglich beschworenen Sicherheiten unwirklich bleiben. Als vorgegebene Institution der Macht kam für eine Kaufmannschaft in Frage, was ihren Lebens- und Wirkungsraum ohnehin ausmachte und häufig genug ihre Existenz dem Tun der Kaufmannschaft überhaupt erst verdankte, nämlich die Stadt. 1226 erhielt Lübeck das Privileg der Reichsfreiheit. Es war damit keinem regionalen Adelsherrscher mehr unterworfen, sondern nur noch dem König. Etwa vier Jahre später kam es zu einem ersten regelrechten Vertragswerk zwischen den Städten Lübeck und Hamburg. Man darf dies als den Beginn der Städtehanse ansehen. Dass selbständige Orte einer unmittelbaren Nachbarschaft miteinander kommunizierten und gegebenenfalls ein politisches Bündnis eingingen, war nicht gänzlich neu. In Oberitalien gab es das seit langem. Die Städtehanse allerdings war, verglichen damit, sehr viel größer, und die räumliche Ausdehnung griff weiter. Die Hanse zeigte sich auch ethnisch weniger homogen. Ihre Eckpfeiler bildeten die Märkte

131. Wirtschaftsgüter und Handelswege zur Hansezeit

132. In Nord- und Mitteleuropa löst die Kogge als Frachtschiff die bis dahin gebräuchlichen Hochseeschiffe ab

**133/134. Wachssiegel der Stadt Reval.
1527 kopiert nach Vorlagen des 14. Jahrhunderts**

eines Fernhandels, der die Küsten von Nordsee und Ostsee umschloss.

Man unterhielt Kontore in London, Brügge und Nowgorod, in Oslo, Antwerpen und Boston. Man war mitbeteiligt an der Gründung von Stockholm, Riga, Dorpat und Reval. Die deutsche Ostkolonisation wie auch die Ausdehnung der polnischen Königsherrschaft wurden durch die Eröffnung von immer neuen Hansestützpunkten begleitet. Zur Zeit seiner größten Ausdehnung würde der Einfluss dieses Handels- und Städtebündnisses von Krakau bis nach Bergen reichen, von Newcastle und Groningen bis nach Vitebsk und Smolensk.

Über die Gesamtzahl aller Hansestädte gibt es keine völlig verläßliche Angabe. Man rechnet mit 180 bis 200, wobei siebzig von ihnen gleichsam den unerschütterlichen Kernbestand bildeten, während bei den übrigen die Form der Zugehörigkeit durchaus zufällig und lose sein konnte. Es gab Austritte und, seltener, Ausschlüsse. Es gab auch den stillschweigenden Verzicht auf die Mitgliedschaft.

Man unterscheidet gewöhnlich drei Formen der Teilhabe: die anerkannte Zugehörigkeit von Beginn an, die durch offiziell gestellten Antrag zuerkannte Mitgliedschaft und die De-facto-Zugehörigkeit ohne förmlichen Antrag.

Mit der Zugehörigkeit verbunden waren bedeutende Privilegien des Handels und der Selbstverwaltung. Letztere gestaltete sich nach den Normen eines Stadtrechts, das häufig jenes von Lübeck war.

Hauptübel war Nichterscheinen

Entschieden über die Zugehörigkeit wurde durch den Hansetag. Er war eine Versammlung von Hansestädten und deren oberstes Organ. Die Zusammenkünfte bildeten äußerlich glanzvolle Ereignisse, sie entschieden über Verträge und Privilegien, über Blockaden, über Frieden und Krieg. Gemessen am Umfang der ihm übertragenen Aufgaben tagte er relativ selten: höchstens einmal im Jahr, manchmal bloß alle drei Jahre. Es fanden daneben Regionaltage statt. Der Ort des Hansetags war in aller Regel Lübeck.

»Das Hauptübel war das Nichterscheinen«, notiert der Historiker Philippe Dollinger, »weil man die Kosten für die Abordnung sparen oder sich auch nicht an Entscheidungen beteiligen wollte, die man für unerwünscht hielt. Wenn die Beteiligung zu gering war, musste man eine neue Tagung einberufen, sehr zum Missvergnügen der Abgesandten, die sich unnötigerweise bemüht hatten. Man versuchte vergeblich, gegen diese Nachlässigkeit anzugehen.«

Der zentrale Rang von Lübeck war nicht allein durch die Geographie vorgegeben und auch nicht bloß durch ein besonders erfolgreiches Stadtrecht. Vielmehr stellte er sich her durch den auf den Werften Lübecks gebauten Typus eines dann von allen Hansküstenstädten übernommenen Handels- und Frachtschiffs, der Kogge.

Sie löste die bis dahin gebräuchlichen Hochseeschiffe ab. Deren eines war das schmale Wikingerschiff gewesen, ein anderes das westeuropäische

135. Urkunde des Bündnisses der Hansestädte Lübeck, Wismar, Rostock, Stralsund, Greifswald, Stettin, Kolberg und Anklam gegen den dänischen König und die Seeräuber

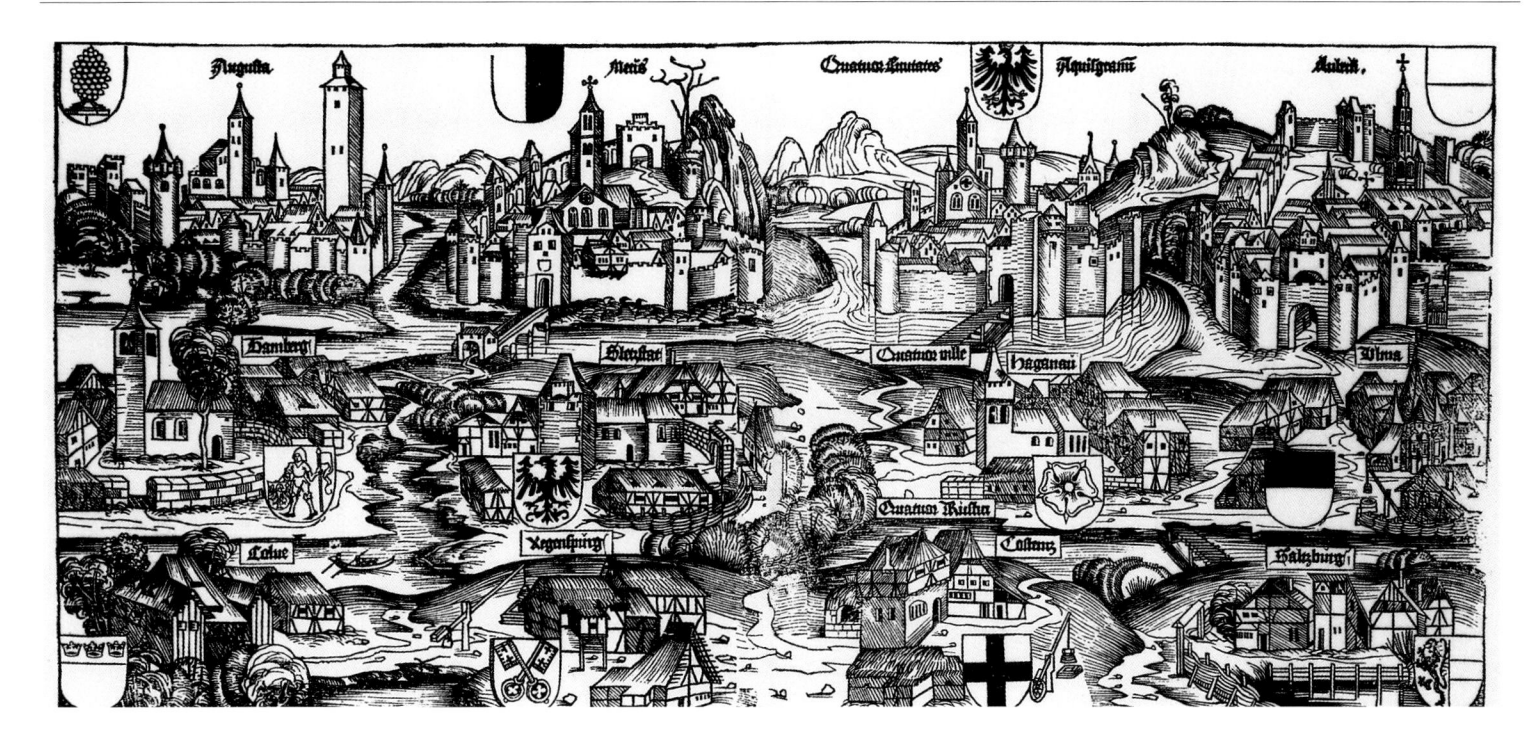

Segelschiff. Beide hatten eine vergleichsweise geringe Ladefähigkeit gemein. Der neue Schiffstyp war breitbäuchig. Seine Länge betrug 30, seine Breite sieben Meter, der Tiefgang drei Meter. Kiel und Steven waren gerade. Die Ladefähigkeit betrug über 100 Last (200 Tonnen).

Erfolg

Die Ursprünge der Kogge sind unbekannt. Wahrscheinlich wurde sie von den niederländischen Friesen entwickelt, auf der Schwelle zum 12. Jahrhundert. Koggen waren geplankte Schiffe, was bedeutet: auf Kiel und Stevenhölzer wurden, von unten beginnend, dachziegelförmig die Planken aufgetragen. Hierbei handelte es sich um Zimmermannsarbeit. Übrigens gab es keine eigenen Schiffbauergilden, selbst in den Hansestädten nicht. Die Geschicklichkeit der hanseatischen Zimmerleute wurde, nimmt man an, im Umgang mit dem Fachwerk der niederdeutschen Profanbauten erworben.

Die Kogge besaß nur ein Segel. Gleichwohl war sie relativ wendig und konnte gegen den Wind kreuzen. Die durchschnittliche Reisegeschwindigkeit lag zwischen fünf und fünfzehn Stundenkilometern, für eine Fahrt von Lübeck nach Danzig wurden vier, von Lübeck nach Bergen neun bis vierzehn Tage benötigt. Die wichtigste Navigationshilfe auf der Ostsee war der Blickkontakt zur Küste. Daneben benutzte man das Senklot. Kompass und Seekarte, im Mittelmeer bereits gebräuchlich, setzten sich im hanseatischen Norden erst viel später durch.

Die Kogge wurde eines der erfolgreichsten Schiffsmodelle der Seefahrtsgeschichte. Sie diente der Lastschifffahrt so gut wie dem Passagiertransport, und mit entsprechender Umrüstung war sie gleichermaßen verwendbar als *vredenschip,* das ist Kriegsschiff. Zweihundert Jahre sollte sie unangefochten die nördlichen Meere beherrschen, dann würden andere Modelle aufkommen, Holk und Krawel, und sie verdrängen.

Die für die Hanse nicht minder wichtige Binnenschifffahrt wurde von Wasserfahrzeugen verschiedener Bauart bewältigt. Es gab Treidelkähne, wie es kleinere Segelschiffe mit geringem Tiefgang gab. Sehr bald schon erfolgte die Regulierung von Flüssen. Künstliche Kanäle entstanden, die Fahrrinnen in Flussmündungen und Hafenbecken wurden freigelegt.

Die Handelsgüter waren vielfältig. Was die Umsätze betrifft, ist an die erste Stelle immer wieder der Tuchhandel zu setzen. Die größten Gewinne wurden mit Pelzen erzielt; sie gelten als die Hauptquelle allen hanseatischen Reichtums. Nach Norwegen wurde Getreide gebracht, Salz in den östlichen Ostseeraum, aus Schweden wurden Erze herbeigeschafft, aus Island Stockfisch, aus Schonen Hering. Zu dessen Konservierung diente das Salz, Herkunftsort war bevorzugt die

136. Zwölf-Städte-Ansicht aus der Schedelschen Weltchronik. Rechts oben Lübeck

137. Hanseschiffe des 15. Jahrhunderts. Miniatur aus einer Handschrift des Hamburger Stadtrechts von 1487

Hansestadt Lüneburg. Die Herstellung der Fässer, für die Aufbewahrung benötigt, ernährte die Böttchergilden in den Küstenstädten. Fisch, wir wiederholen uns, war ein wichtiges Nahrungsmittel während der Fastenzeit.

Die Hanse war eine wirtschaftlich-politische Zweckunion, aber fast ebenso folgenreich wurden dann ihre kulturellen Auswirkungen.

Die zivilisatorischen Ähnlichkeiten bei den verschiedenen Hansestädten untereinander sind erheblich. Das gilt vorrangig für die in Niederdeutschland und dann zumal für jene mit Hafenfunktion. Immer gibt es da die großzügigen Marktplätze mit ihren Marienkirchen und ihren backsteinernen Patrizierhausfronten. Es gibt die prächtigen Rathäuser mit ihrem gelegentlich florentinischen Zuschnitt, entworfen durch aus Italien stammende Wanderarchitekten. Es gibt die Heiliggeist-Spitäler. Es gibt die Speichergebäude zum Wasser hin, mit ihren Ladekränen unter den spitzen Giebeln.

Das alles stiftet dann eine förmliche Verwandtschaft zwischen Kapitalen wie London, Stockholm, Stralsund und Riga. Es schafft jene würdigen Stadtsilhouetten, die beim Näherkommen allmählich herauswachsen aus den ebenen Flächen von Küste und blinkendem Meer, mit ihren Türmen und ihren Schrägen, mit rotbraunen Mauern und patinagrünen Dächern. Gemessen nehmen sie ihren Platz ein unter dem hohen Himmel, durchdrungen von Ruhe und Ernst, von geschichtlicher Erinnerung und würdiger Schwermut.

Weib und Kind

Die Frauen genossen in der Praxis wie im Prinzip das Privileg, den Schrecken des Krieges weniger unmittelbar ausgesetzt zu sein als die Männer. Das führte sogar zu einer Art Umkehrung der Machtstruktur dergestalt, dass manche hochgestellte Frau als Aufreizerin zur Schlacht mehr zu sagen hatte als die Krieger, die in sinnlosen Kavalkaden für sie verbluteten«, schreibt die Historikerin Dominique Barthélemy. Einschränkend fügt sie hinzu: »Freilich wissen wir über die ›Frau im Feudalismus‹ nur das, was Männer über sie geschrieben haben.«

Daran hat sich wenig geändert, ungeachtet der Tatsache, dass es im Mittelalter vereinzelt auch weibliche Autorinnen gegeben hat, und ungeachtet der vielen Detailuntersuchungen, die durch die Anstrengungen des modernen Feminismus und zumal die daraus resultierende Mode der *gender studies* mittlerweile entstanden. Im extremen Fall liefern sie bloß eine Projektion heutiger weiblicher Haltungen auf die mittelalterliche Frau, und das unterscheidet sie von den männlich bestimmten Projektionen früherer Epochen dann eigentlich bloß in der Tendenz.

Die Frau im Mittelalter galt als ein menschliches Wesen minderen Wertes. Verantwortlich dafür waren die ererbten patriarchalischen Gesellschaftsstrukturen, die durch das christlich-paulinische Gebot, das Weib habe dem Manne untertan zu sein und in der Kirche habe es zu schweigen, eine zusätzliche Begründung und Verschärfung erfuhr. Entsprechend den Abstufungen, denen das soziale Leben gehorchte, besaßen auch die Frauen in der Gesellschaftspyramide irgendwo ihren zurückgesetzten Platz.

Mitgift, Brautgabe, Wittum

Dies schloss eine gelegentlich dominante Stellung von Frauen nicht aus, aber dabei handelte es sich um Frauen aus der gesellschaftlichen Oberschicht, durch besondere Umstände in das Zentrum wichtiger Entscheidungen befördert, Beispiele gaben die Kaiserinnen Adelheid und Theophanu. Im übrigen standen sie auf den jeweiligen hierarchischen Ebenen immer einen Schritt hinter ihren Männern zurück, und dies nicht nur bei den Bauern. Die Deklassierung, die das bedeutete, gründete auf dem patriarchalischen Prinzip, das außer durch die Theologie noch durch die Rechtsordnung bekräftigt wurde. Wenn die verdienstvolle Ricarda Huch in ihrer Mittelaltergeschichte fälschlich den hohen Rang der deutschen Frau jener Zeit behauptet und formuliert: »Unbändiger Stolz beseelte die deutsche und namentlich die nordische Frau«, so folgt sie bis in die Wortwahl hinein einem faschistoiden Zeitgeist, dem sie sich sonst so demonstrativ entzog.

Der übliche Platz der mittelalterlichen Frau blieb Hof und Herd, auch in der Stadt. Durch ihre Eheschließung wechselte sie von der Munt der Familie, in die sie geboren wurde, in die Munt ihres Mannes. Der Akt der Eheschließung kannte

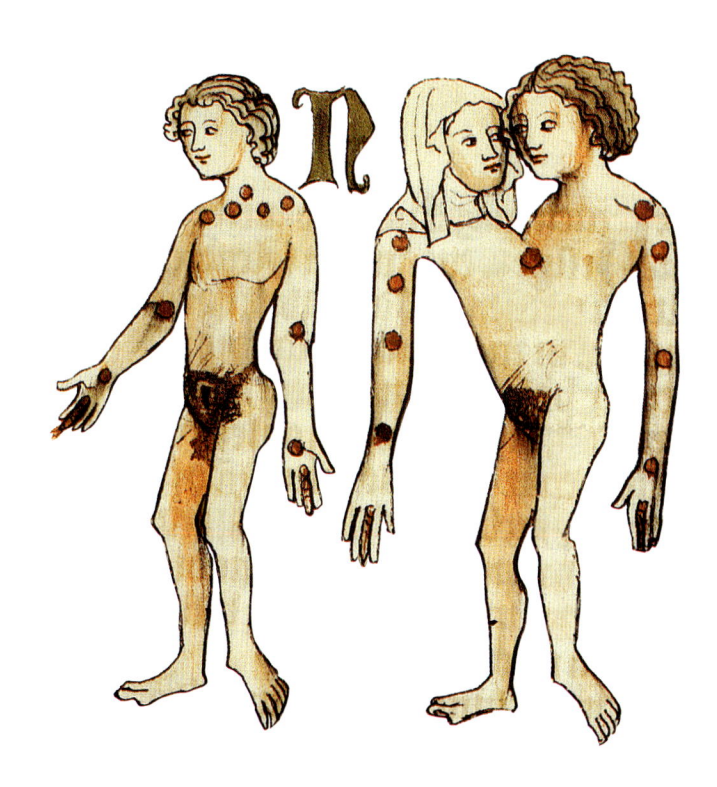

138. Die biblisch begründete Stellung der Frau im Mittelalter: Urmutter Eva wird erschaffen ...

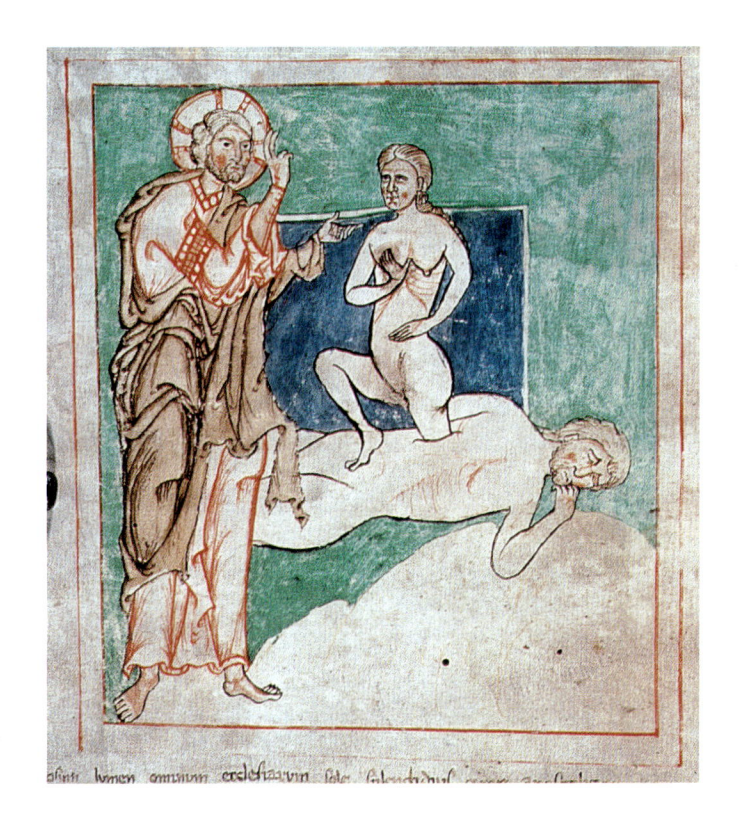

139. ... aus einer Rippe von Urvater Adam. Sinnbild für die weibliche Abhängigkeit vom Manne

94 Stadtluft macht frei

141. Nacktes Paar. Szene aus dem Teppich von Bayeux (11. Jh.)

strikte Abläufe: Der Brautwerbung, lateinisch *petitio,* folgte die Verlobung, *despensatio,* mit bereits ziemlich bindender Verpflichtung, die dann zur Hochzeit oder *nuptiae* führte. Der Bräutigam musste zuvor die Brautgabe zahlen, *dos* oder Wittum; der deutsche Name erzählt den Zweck, es handelte sich um einen vorsorglichen Besitzstand für den eventuellen Fall der Witwenschaft; die Höhe des Wittums richtete sich nach den wirtschaftlichen Möglichkeiten des Bräutigams.

Die Ehe galt als ein vor allem wirtschaftlich-soziales Konstrukt. Zugrunde lag dem die Vorstellung, hierdurch träten zwei Sippen in engste Verbindung, weshalb Ehen zwischen Herrscherdynastien gerne als ein Mittel zur Friedensstiftung, Friedenssicherung oder Besitzstandsregelung dienten. Wie die politische Geschichte Europas im Mittelalter ausweist, schloss dies Feindschaften und Kriege nicht nur nicht aus, sondern hat sie manchmal geradezu befördert.

Die Trauung war anfangs ein rein weltlicher, ein durch Zeugen zu beglaubigender Rechtsakt. Die Kirche konnte eine Eheschließung segnen, was dann zunehmend rituelle Formen annahm. Nunmehr gab es das Aufgebot, und es wurde üblich, dass der Priester der Braut den Ring aufsteckte. Die Ehe galt nunmehr als ein kirchliches Sakrament. Sie ging damit in das kanonische Recht ein.

Das Mindestalter für Hochzeiten betrug 14 Jahre für den Mann und 12 für die Braut. Üblicherweise dürfte das Alter wohl bei 20 bis 24 Jahren für den Mann und bei 14 bis 16 Jahren für die Frau gelegen haben. Ehestiftungen durch die Eltern waren üblich, bei herrscherlichen Dynastien sogar die Regel; es konnte geschehen, dass Brautleute einander im Augenblick der Hochzeit das überhaupt erste Mal begegneten. Kirchliche Bestimmungen sahen vor, dass eine Hochzeit der vorherigen Einwilligung der Braut bedürfe, worauf allerdings in der Praxis wenig Rücksicht genommen wurde.

In adeligen Kreisen konnte die Ehe zum Instrument des sozialen Aufstiegs werden. Bei den niederen Ständen galt umgekehrt, dass, etwa bei Ehen zwischen Freien und Unfreien, der mindere Stand entschied. Man folgte, so die juristische Formel, der »ärgeren Hand«. Der einzige Ort, wo solche sozialen Einordnungen nicht galten, war die Stadt. Hier zählte allein das Besitztum.

Brautraub und Kebsverhältnis

Von Liebe und Liebesneigung zwischen den Ehepartnern war trotz der kirchlichen Novellierung des Brautrechtes selten oder überhaupt nicht die Rede. Vorherrschend war die Überzeugung, die Ehe müsse die Liebe stiften und nicht etwa umgekehrt.

Nach der Trauung, beschlossen durch das feierliche Ja der Brautleute, führte der Ehemann seine Frau heim in sein Haus. Nunmehr vollzog er, in Gegenwart der Verwandten, die »Beschreitung« des Ehebetts; das erste Beilager geschah also vor Zeugen.

Nach der Hochzeitsnacht erhielt die junge Frau die Morgengabe, halb materielle Belohnung für den gehabten Geschlechtsgenuss und halb soziale Vorsorge für den späteren Ernstfall; bald schon fiel sie mit dem Wittum zusammen.

Im Frühmittelalter, was noch hinein reicht bis ins Hochmittelalter, kannte man daneben andere Formen der Eheschließung, so den Brautraub, der aber bald juristisch geächtet und mit erheblichen Strafen bedacht wurde.

Neben der Muntehe gab es die Friedelehe; *friedel* bedeutete Freundin, Geliebte, es handelte sich hier um eine Konkubinatsehe ohne Trauung, doch mit Morgengabe und vollzogen gleichfalls

140. Blick in eine mittelalterliche Küche. Über der Feuerstelle werden Innereien gekocht

142. Die Braut sollte jungfräulich in die Ehe gehen. Darstellung einer Hochzeitsnacht in einem Nicolo di Segna zugeschriebenen Fresko. Die Braut erwartet ängstlich die erste Umarmung (14. Jh., Museo Civico, San Gimignano)

143. Die Hochzeitsnacht erfolgte im Beisein von Zeugen. Miniatur in einer Ausgabe des Artusromans (14. Jh.)

vor Zeugen. Ein Mann konnte mehrere Friedelehen nebeneinander unterhalten, eine Frau durfte dies nicht; die Einrichtung selbst gab es wohl eher in Adelskreisen.

Außerdem kannte man noch die Kebsverhältnisse. Auch sie verfielen bald der juristischen Ächtung, und ein kanonisches Handbuch zählt die hierfür fälligen Strafen auf: Ein verheirateter Mann, der mit seiner Magd schlief, musste ein Jahr lang Buße tun, die Magd, sofern das Beilager gegen ihren Willen geschehen war, büßte nur 40 Tage. Eine freie Frau, die sich mit einem Knecht einließ, riskierte ihr Leben.

Jungfräulichkeit und Treue

Die Frau hatte jungfräulich in die Ehe zu gehen. Keuschheit galt als hohes Gut, und Versuche, sich daran zu vergehen, was die unzüchtige Berührung einschloss, wurden gleichfalls mit harten Strafen bedroht.

Hier gehen heidnische und christliche Überzeugungen zusammen; der Jungfräulichkeit wurde in germanischen Zeiten eine besondere Magie beigemessen, wie es etwa die Brünhild-Episode im Nibelungenlied belegt. Das Christentum hat die Jungfräulichkeit durch das Beispiel der Gottesmutter Maria und die vielen jungfräulichen Märtyrerinnen ihrerseits als einen gnadenvollen Zustand gepriesen.

Entsprechend war es um die eheliche Treue bestellt. Beging eine Frau Ehebruch, wurde sie bestraft, der ehebrecherische Mann hingegen blieb straffrei.

Hauptaufgaben der Frau, auch hierin unterschied sich die Stadt nicht vom Dorfe, waren das Gebären und die Erziehung der Kinder, außerdem das Wirken im Haushalt. Dies schloss Arbeiten ein, die heute nicht mehr in jedem Falle als haushaltstypisch gelten: Spinnen, Weben, überhaupt das Herstellen von Kleidung.

Das mittelalterliche Frankfurt am Main kannte insgesamt 65 Frauenberufe, darunter das Verfertigen von Schnüren, Bändeln, Hüten und Schleiern, von Knöpfen und Quasten, dazu Kürschnerei, Handschuh- und Hutmacherei, dazu die Herstellung von Schnallen, Nadeln, Ringen, Golddraht, Besen, Bürsten, Matten, Körben, Rosenkränzen und Holzschüsseln. Das Augsburger Recht aus dem 13. Jahrhundert wies an, man möge sein Kind ein Handwerk lernen lassen, »es sei Sohn oder Tochter«.

Es sei Sohn oder Tochter. Was da wie eine Emanzipation durch berufliche Selbstverwirklichung anmuten mag, lief eher auf ein Deklassement hinaus. »Um ihre Mitgift oder Aussteuer zu erarbeiten, verdingen sich die Töchter armer Leute bisweilen schon als Kinder, häufiger im Jugendalter. Doch vor allem Witwen, allzu oft Opfer von Einsamkeit und Elend, sollten den Hauptteil der Arbeiterinnen ausmachen«, schreibt die Historikerin Christiane Klapisch-Zuber. »Es sind Frauen ohne Familie, die sich außerhalb des ›natürlichen‹ Rahmens stellen, der dem weiblichen Geschlecht von der mittelalterlichen Gesellschaft zugewiesen ist. Sie sind um so verletzlicher, und ihr guter Ruf hat von vornherein einen Makel.«

Das galt auch für den Fall der Ehescheidung. Die Absicht dazu ging überwiegend vom Manne aus. Im frühen Mittelalter konnte der bloße Wunsch auch schon der Vollzug sein: Die Frau wurde verstoßen, die Ehegemeinschaft war damit beendet. Durch die kirchliche Überzeugung von der prinzipiellen Unauflöslichkeit der Ehe wurde dieses Verfahren im Hochmittelalter zusehends obsolet; nunmehr gab es als Begründungen den Ehebruch oder den Eintritt eines Partners in ein Kloster. Unfruchtbarkeit der Frau oder Nichtvollzug der Ehe waren mögliche, doch nicht immer zureichende Scheidungsgründe; auch eine familiäre Verwandtschaft, die im Mittelalter sehr viel weiter und differenzierter gefasst wurde, galt als triftige Begründung. Mit den fortschreitenden Jahrhunderten wurden Scheidungen dann immer schwieriger. Dessen ungeachtet (oder eben deswegen) gerieten Scheidungsprobleme immer wieder zu bevorzugten Inhalten von kirchlichen Beratungen.

Zerfressen von Würmern

Das Bild der Frau im Mittelalter wird nicht allein dadurch geprägt, dass vorwiegend Männer es gezeichnet haben, sondern dass, wenigstens bis ins Hochmittelalter hinein, dies vornehmlich geistliche Männer taten. Ihrerseits zu Ehelosigkeit und Keuschheit verpflichtet, sahen sie, darin wiederum völlig dem Apostel Paulus verpflichtet, in der Frau auch und vorrangig die sinnliche Verführe-

144–146. Szenen einer Niederkunft, offensichtlich in einem Adelshaus. Aus den Cantigas von Alfons dem Weisen, Madrid, Bibliothek des Escorial (13. Jh.)

147. Entbindung erfolgt im Sitzen. Aus den Cantigas von Alfons dem Weisen, Madrid, Bibliothek des Escorial (13. Jh.)

148. Taufe. Miniatur aus dem Decretum Gratiani. Laon, Bibliothèque Municipale (13. Jh.)

rin, verkörpert in der biblischen Gestalt der sündigen Urmutter Eva aus dem Pentateuch. Das Bild erweiterte sich durch die allegorische Figur der Frau Welt, die an ihrer Vorderseite allen erotischen Liebreiz aufbietet, von hinten aber scheußlich zerfressen wird von Würmern: als ein Gleichnis für die trügerische Doppelgestalt jeder sinnlichen Versuchung und für die Hinfälligkeit aller irdischen Dinge.

Die tabuisierte Sexualität

Freilich stand daneben die allegorische Figur der Ekklesia, der Kirche, wiedergegeben als eine edle und eindrucksvolle Frauengestalt an den Mauern vieler Kathedralen, in Straßburg etwa oder in Bamberg. Solche Transmutation lässt sich wohl erklären mit dem Vorbild der Gottesmutter Maria, deren Verehrung immer noch zunahm. Derart gelangen wir zu einem für das gesamte Mittelalter auch sonst höchst charakteristischen Dualismus, da man in der Frau zugleich die Heilige und die Magd, die Mutter und die Hure zu erblicken meinte. Dass dies ein Widerspruch in sich sei, da doch das eine das andere jeweils ausschloss, störte offenbar keinen. Es war dies nur eine von vielen Paradoxien, mit denen das Zeitalter zu leben gelernt hatte, da es eben offenbar anders nicht ging.

Dies betraf gleichermaßen die Sexualität. Sie war ebenso tabuisiert wie allgegenwärtig, unerlässlich für das Fortsetzen des Menschengeschlechts, und sie war der alttestamentarisch begründete Ausgang aller Erbsünde und Mittelpunkt alles Sündenbewusstseins. Die katholische Moraltheologie wollte die Sexualität auf die Ehe beschränkt wissen und auch da immer nur für das Zeugen von Kindern. Dieser Grundsatz, der noch heute gilt, wurde bereits im Mittelalter immer wieder verletzt.

Fortwährend wurde der Geschlechtslust nachgegeben um ihrer selbst willen, und wenn daraus Schwangerschaften entstanden, war dies eine ärgerliche Folge und keinesfalls die familienplanerische Absicht. Um Schwangerschaften zu verhindern, gab es Verhütungsmittel, meist in der Form pflanzlicher Säfte, vor oder nach dem Koitus zu applizieren. Auch Abtreibungen wurden vorgenommen; bis zum vierzigsten Schwangerschaftstag, so die damals auch kirchlich abgestütz-

149. Kinder kümmern sich unter der Hand Gottes um die Ernte. Aus dem Stuttgarter Bilderpsalter (frühes 9. Jh.)

te Überzeugung, war der Fötus nicht beseelt, mithin noch kein menschliches Wesen; strafwürdig war die Interruptio gleichwohl.

Dessen ungeachtet fiel die Zahl der Geburten im Mittelalter sehr hoch aus. Eine Frau war die Hälfte ihres Lebens hindurch schwanger, elf bis sechzehn Entbindungen waren das übliche, das galt ebenso für die Bäuerin wie für die Städterin wie für die Frau von Adel. Dass dergleichen nicht etwa zu einer Bevölkerungsexplosion führte, lag an der überaus hohen Säuglings- und Kindermortalität; fast die Hälfte aller Menschen starb bereits vor Erreichen des 18. Lebensjahrs. Dies drückte entsprechend die statistische Lebenserwartung auf 25 bis 30 Jahre. War jemand erst einmal erwachsen, lag die durchschnittliche Lebenserwartung dann höher, etwa bei 50 Jahren. Es gab auch noch ältere Menschen.

Bottich als Taufbecken

Der biologische Beginn des menschlichen Lebens war die Geburt, der soziale Beginn war die Taufe. »Was das mittlere Mittelalter angeht, so hat man den Eindruck«, schreibt der französische Historiker Philippe Ariès, »dass die Erwachsenen es nicht immer eilig damit hatten, ihre Kinder rasch taufen zu lassen, ja, es schlimmstenfalls sogar vergaßen. Sie betrugen sich also in einer ausschließlich christlichen Gesellschaft kaum anders als die Gleichgültigen unserer weltlich eingestellten Gesellschaften!

Ich könnte mir vorstellen, dass die Dinge sich folgendermaßen abgespielt haben: Die Taufen wurden zweimal jährlich an festgesetzten Daten vorgenommen, nämlich am Tag vor Ostern und am Tag vor Pfingsten. Es gab noch keine kirchlichen Register und keinen Taufschein; der Einzelne war folglich durch nichts anderes als durch sein Gewissen gezwungen, durch den Druck der öffentlichen Meinung und die Furcht vor einer weit entfernten, wenig spürbaren Autorität, die keine Druckmittel in der Hand hatte.

Infolgedessen brachte man die Kinder zur Taufe, wenn es einem recht war, und es ist denkbar, dass Verzögerungen von mehreren Jahren keine Seltenheit gewesen sind. Die Taufbecken des 11. und 12. Jahrhunderts sind im übrigen großen Badezubern nicht unähnliche Bottiche, so dass das Kind nicht einmal mehr sehr klein zu sein brauchte, um gänzlich darin unterzutauchen ...«

Die mittelalterliche Vorstellung von den Lebensaltern, wie sie Isidor von Sevilla notiert hat, kannte sieben Stufen, analog zu den sieben Planeten: Kindheit (bis zum 3. Jahr), Pueritas (bis zum 14. Jahr), Adoleszenz (bis zum 30. Jahr), Jugend (bis zum

150–152. Kinderspielzeug. Holzpuppe aus dem 13./14. Jahrhundert
Kind mit Dreirad
Drachensteigen

153. Strafandrohung bei Ehebruch. Miniatur aus dem Wolfenbütteler Sachsenspiegel

154. Pfählung zweier Ehebrecher. Aus dem Statutenbuch der Stadt Zwickau, 1348

45. Lebensjahr), Reife (bis etwa zum 60. Jahr) und Alter, welches dauert, bis der Mensch »zu Staub und Asche wird, daraus er genommen ist«, wie Isidor sagt.

Der kleine Erwachsene

Eine Miniatur aus ottonischer Zeit illustriert jene Szene aus dem Neuen Testament, da Jesus die Kindlein zu sich kommen lässt. Der Zeichner zeigt die Kindlein als acht normale Männer, die lediglich in ihrer Größe minimiert wurden. Ariès schließt aus diesem wie anderen Kunstbeispielen, etwa den Darstellungen der Madonna mit dem kleinen Jesus, dass die Kindheit als ein besonderer Zustand im Bewusstsein der Erwachsenen einfach nicht vorkam und Kinder, was so übrigens noch bis ins 19. Jahrhundert hinein galt, als kleine Erwachsene angesehen wurden.

Das Bewusstsein spiegelt hier völlig die Wirklichkeit.

Die berufliche Ausbildung und auch die Kinderarbeit begannen früh, etwa mit sechs Jahren. Kinderarbeit herrschte vor allem bei niederen Sozialschichten, auf dem Dorfe und in der Stadt, und es gab, wie in Entwicklungsländern bis heute, kinderspezifische Arbeiten. Dazu zählte der Bergbau: In den niederen Stollen konnten sich Kleinwüchsige besser bewegen; die vielen Märchen von im Bergwerk tätigen Zwergen erzählen von nichts anderem als von der Kinderarbeit.

Natürlich haben Kinder daneben auch gespielt, und es gab Spielzeuge, Puppen vor allem und Tierfiguren, aber auch der Kreisel, mit der Peitsche zu schlagen, das Steckenpferd, die Tonmurmel gehörten dazu. Viele später und noch heute kindliche Spiele wurden ursprünglich von Erwachsenen ausgeübt; der Vorgang zeugt seinerseits dafür, dass Kinder frühzeitig in das Erwachsenenleben einbezogen waren; bei den Verkleidungen zu Karneval gilt das bis in unsere Tage.

»Die mittelalterliche Gesellschaft«, sagt Ariès, »hatte kein Verhältnis zur Kindheit.« Er fügt hinzu: Sobald ein Kind jene Periode überschritten hatte, in der die meisten Kinder starben, habe es sich ganz selbstverständlich unter die Erwachsenen gemischt. Genau das war seine Bestimmung, und genau dort war sein Platz.

Die Außenseiter. Das Sterben

Armut ist ein einigermaßen ungefähres Wort für einen äußerst unbestimmten Zustand. Armut definiert sich entsprechend den besonderen Maßstäben eines jeweiligen Kulturkreises ebenso wie daran, wovon sie sich abhebt, nämlich von Zuständen des Wohlstand, und des Reichtums. Ein Kleriker des 13. Jahrhunderts definiert die *pauperes,* also die Armen, als Menschen, die ihren Lebensunterhalt mit ihrer Hände Arbeit verdienen, ohne dabei mehr zu haben als den täglichen Nahrungsbedarf. Dies ist ein Maßstab, der relativ hoch ansetzt, mit dem sich jedoch umgehen lässt, sofern man dabei anerkennt, dass es auch unter ihm immer noch zahlreiche Existenzen gibt bis hin zu Situationen einer völligen Verelendung.

Nun galt Armut im Mittelalter, in charakteristischem Dualismus, als Plage ebenso wie als Tugend. Immerhin behauptete das Christentum als alles durchdringende Religion die Vorzüge der selbstgewählten Besitzlosigkeit, wie sie wenigstens vom Mönchtum angestrebt und in immer neuen Reformversuchen bekräftigt wurde. Das schlechte Gewissen, das die Wohlhabenden deswegen hatten oder haben mochten, entlud sich dann in Handlungen der Mildtätigkeit, wie sie durch entsprechende Empfehlungen des Neuen Testaments angemahnt wurden.

Die übliche und immerfort praktizierte Form dieses materiellen Ausgleichs war das Betteln, und Vorbildfigur der Mildtätigkeit war der heilige Martin, jener frühmittelalterliche Bischof von Tours, der nach der Legende im kalten Winter mit einem frierenden Bettler seinen Mantel geteilt hatte, durch einen energischen Hieb seines Schwertes, worauf ihm Jesus Christus erschienen war.

Krankenstube und Lepraklapper

Um Almosen heischende Elendsfiguren säumten sämtliche Wege und Plätze, an denen die Wohlhabenden verkehrten, von den Kirchenportalen bis zu den Märkten und von den Pilgerzielen bis zu den Orten der Reichstage. Betteln galt nicht als unehrenhaft. Die Bettler selbst hatten schließlich genossenschaftliche Zusammenschlüsse, die den Zünften und Gilden ähnelten. Die von dem Engländer John Gay in seiner »Bettleroper« beschriebenen Verfahren eines

155. Leprakranke vor den Toren der Stadt. Aussätzige wurden von der Gemeinschaft ausgeschlossen. Sie mussten mit einer Klapper auf sich aufmerksam machen

102 Stadtluft macht frei

156. Badehaus und Bordell waren in aller Regel identisch. Im Vordergrund der Heizkessel für das warme Wasser. Aus Konrad Keysers »Bellifortis« (nach 1400)

gewerbsmäßigen Bettels haben altehrwürdige, nämlich mittelalterliche Vorbilder.

Die wichtigsten Plätze tätiger Barmherzigkeit allerdings waren die Klöster. Hier wurde, wie vereinzelt bis heute, täglich eine Armensuppe ausgeschenkt. Hierher kam, wer siech war. Die Klöster unterhielten Krankenstuben, wie sie es später auch in den Städten gab und an den Rändern häufig begangener Pilgerwege als Heiliggeist-Spital oder Hôtel-Dieu. Ein besonderes Problem wurde die durch die Kreuzzüge eingeschleppte Lepra. Die davon Befallenen mussten sich streng sequestrieren und hatten, wenn eine Begegnung mit Gesunden drohte, durch ihre Klapper auf sich aufmerksam zu machen.

Wir halten damit bei der großen und recht diffusen Gruppe der gesellschaftlichen Außenseiter. Ihr konnte man durch körperliche Entstellungen ebenso angehören wie durch den besonderen Beruf.

Käufliche Frauen

Hier sind an erster Stelle die Prostituierten zu nennen, deren Ruf nicht ganz so fürchterlich war, wie die paulinische Ächtung der Sexualität nahelegen könnte. Triebabfuhr wurde, vor allem bei unverheirateten Männern, als eine offenbar unumgängliche oder nützliche Handlung betrachtet, und war nicht auch die biblische Maria Magdalena eine Hure gewesen? Käufliche Frauen bevölkerten die städtischen Badehäuser, und sie waren überreichlich bei allen großen Menschenversammlungen anzutreffen, den verschiedenen Märkten sowieso, aber auch bei den Reichstagen und den kirchlichen Synoden.

Gesellschaftlich ausgestoßen blieben gleichermaßen die Spielleute, Gaukler und Komödianten, doch konnte vereinzelt geschehen, dass sie es zu einer gewissen gesellschaftlichen Bedeutung brachten, darin in etwa vergleichbar den vornehmen Kurtisanen als der höchsten Rangstufe im Hurengewerbe. Ein solcherart gesellschaftlich anerkannter Gaukler war der vor allem bei Hof zugelassene Possenreißer oder Narr.

Die Freiheiten, die er sich herausnehmen durfte, waren beträchtlich. Offenbar waren sie auch verlockend, denn ab dem 12. Jahrhundert gab es massenhaft fortgelaufene Geistliche, die sich nur noch diesem Geschäft widmeten und als vagie-

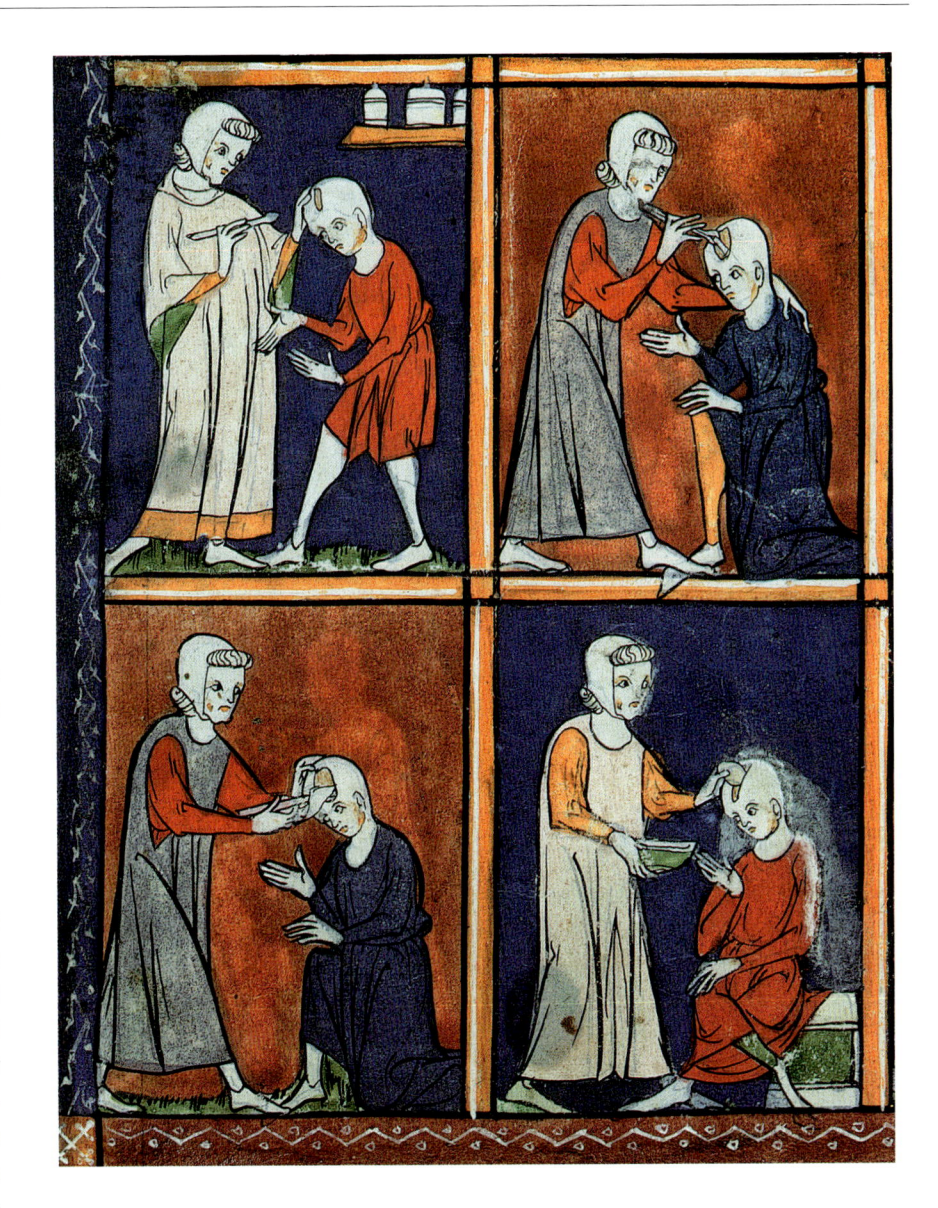

157. Arzt versorgt eine Kopfverletzung. Aus einer Londoner Handschrift

158. Urinprobe

159. Wilde Männer waren Einsiedler, die sich in die Wälder zurückzogen, um fern jeder Ordnung zu leben. »Festmahl wilder Männer« auf einer Grabplatte des Schweriner Doms (14. Jh.)

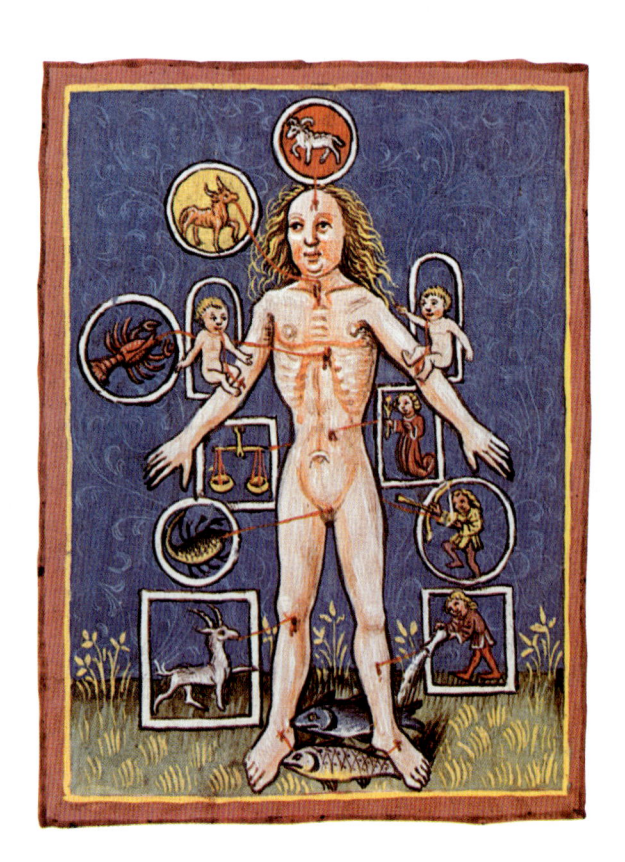

160. Medizin und Magie, Astronomie, Astrologie und Heilkunde waren in der mittelalterlichen Vorstellungswelt nur schwer voneinander zu trennen. »Tierkreiszeichenmensch« von 1496

rende Spaßmacher über die Straßen zogen. Sie gaben sich als Anhänger eines legendären Bischofs namens Golias aus und nannten sich Goliarden. Sie sollten sich durch ihren kahl rasierten Schädel ausweisen.

Wilde Männer

Die übrigen Narren waren kenntlich an ihrem grellbunten Gewand sowie ihrer Schellenkappe mit den Eselsohren und den angenähten Schellen. Hier stellt sich der Übergang zu den Maskeraden des Dreikönigsfestes her, und ebenso gleitend war der Übergang zwischen vorgefaßter intellektueller Frechheit und geistiger Verwirrung.

Der französische Kulturhistoriker Maurice Lever sagt:

»Im ewigen Konflikt zwischen Schatten und Licht erschien der Narr als Abgesandter der Finsternis. Sein stereotypes Bild verbannte ihn ein für allemal in den Bereich der animalischen Triebe. Dennoch blieb der Narr weiterhin zutiefst unschuldig. Da er nicht über sich selbst verfügte, ließ er sich widerstandslos in die dunklen Tiefen des Animalischen ziehen. Beständig mit dieser gleichsam tierischen Gestalt konfrontiert, nahm der mittelalterliche Mensch diese Vorstellung unvermittelt, naiv und restlos in sich auf: Das Monstrum war Teil seiner täglichen Landschaft.«

Andere Außenseiter waren die wilden Männer. Bei ihnen handelte es sich gleichsam um eine laisierte Form der Einsiedelei, um Sonderlinge oder Fanatiker, die sich in die Wälder zurückzogen. »Manchmal zottig, oft nackt, mit Kränzen im Haar, feiern sie ein freies Dasein«, schreibt Ferdinand Seibt, »denn der Wald ist noch groß und die Obrigkeit weit, wenn man ihren Ordnungen erst einmal entlaufen ist. Die wilden Leute sind aller Bindungen ledig, und ihr Dasein ist herrlich: Es steckt etwas von der Sehnsucht nach dem Paradies in solchen Darstellungen, zumindest für die Zurückgebliebenen.«

Es gab nicht nur die wilden Männer, die schließlich zum Vorbild aller Rübezahls, Eisenhänse und anderer Märchenfiguren geworden sind, es gab auch wilde Frauen. Sie hießen Hexen, nach dem althochdeutschen Wort *hagzissa*, was »die auf Zäunen Sitzende« bedeutet, die Vorstellung vom Besenreiten deutet sich hier bereits an. Die Hexenverfolgung als eine von der Kirche abgesegnete Massenhysterie kannte das Hochmittelalter noch nicht. Dort hat die Kirche eine Lynchjustiz gegen angebliche Hexen vielmehr juristisch verfolgen und die Opfer sogar heiligen lassen; immerhin, die spätere Massenbewegung kündigt sich da schon an.

Magie

Dass die wilden Leute keine an jene Zeit gebundene Erscheinung waren, beweisen uns die Kohlrabiapostel des Reformzeitalters unmittelbar vor dem Ersten Weltkrieg ebenso wie die Hippies und die anderen Zivilisationsflüchtlinge unserer unmittelbaren Gegenwart. In einem Zeitalter, das derart vom christlichen Glauben durchdrungen war wie das Hochmittelalter, eröffneten sich allerdings, was auch nahe lag, potentielle Konfliktfelder mit der Amtskirche; Hexen, so die Nachrede oder auch die von den entsprechenden Personen selbst gehegte Überzeugung, waren begabt zu Übersinnlichkeit und Magie.

»Was ist eigentlich Magie?« fragt der amerikanische Historiker mit dem deutschen Namen Richard Kieckhefer. »Ist es ein Fall von Magie, wenn ein Mensch sich Fledermausblut in die Augen reibt, oder handelt es sich hierbei vielmehr um eine primitive Form von medizinischer Wissenschaft?« Gefragt wird mithin nach einer scharfen Abgrenzung, und die ist keinesfalls leicht zu treffen.

Moderne Naturwissenschaften und magische Praktiken gehen noch bis in die Neuzeit hinein ständig zusammen. Es gab Alchimisten und Goldmacher bis ins 18. Jahrhundert hinein, und sie hantierten mit Praktiken und Überzeugungen, die ihrerseits zurück reichten bis ins Mittelalter. Erst das 19. Jahrhundert schwor mit seinem Rationalismus und Positivismus allem Übersinnlichen in der Wissenschaft ab. Zuvor berührte sich das ständig, und die Theologie als die alles über-

161. »Wilder Mann«. Schnitzarbeit. Schnütgen-Museum, Köln

Eiris sazun idisi sazun hera duoder suma
hapt heptidun sumaherilezidun sumaclu
bodun umbicuonio uuidi insprinc hapt
bandun inuar uigandun · H·
Phol ende uuodan uuorun ziholza duuuart
demobalderes uolon sin uuoz birenkict
thubiguolen sinhtgunt · sunna era suister
thubiguolen friia uolla era suister thu
biguolen uuodan so he uuola conda
sose benrenki sose bluotrenki sose lidi
renki ben zibena bluot zibluoda
lid zigeliden sose gelimida sin ·

Buchstabengetreue Wiedergabe

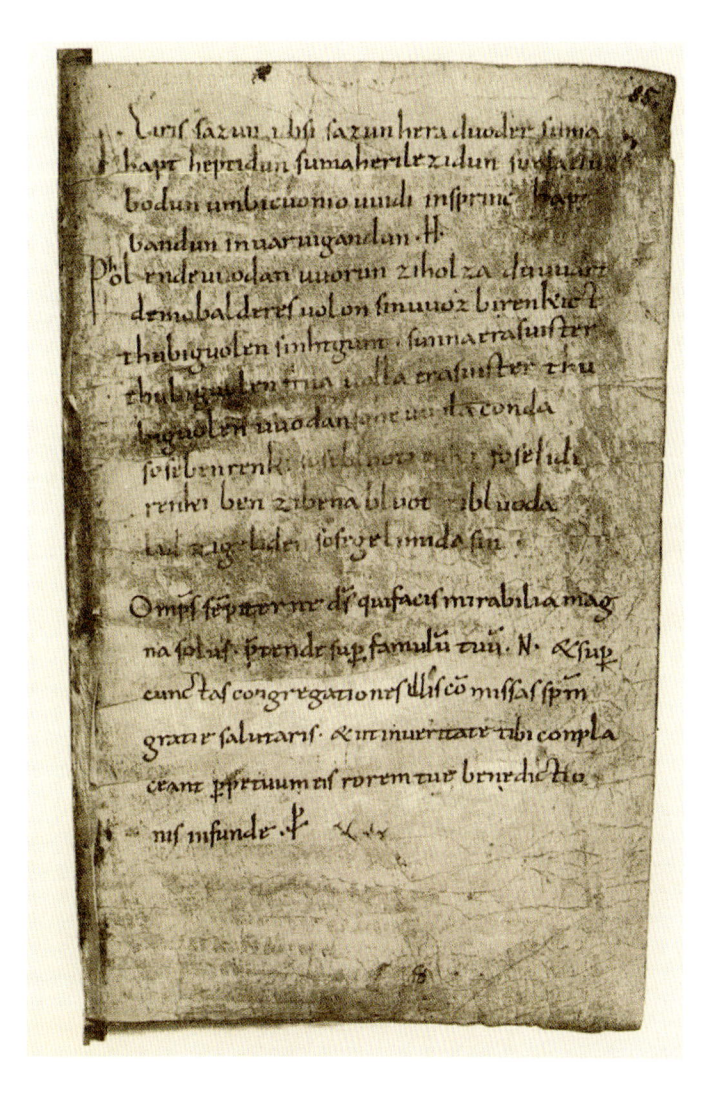

162. Merseburger Zaubersprüche. Eines der ältesten, noch heidnisch beeinflussten Dokumente deutscher Sprache

163. Mönch erteilt einem Sterbenden die Letzte Ölung

164. Totenzeremonie. Aus der Vita Liudgeri, Werden (11. Jh.)

greifende und bestimmende Wissenschaft entschied sich da durchaus nicht immer eindeutig. Das lag daran, dass ihr Hauptgegenstand die Transzendenz war und der Glaube sich dem exakten Wissenschaftbeweis entzieht, allenfalls unterschied man zwischen weißer Magie, die erlaubt war, und einem finsteren Dämonenglauben, der selbstverständlich dem Satan zugehörte.

Abermals stellt sich das Problem der Grenzziehung. Wir treffen immer bloß auf eine ständige Bewegung. Magische Überzeugungen und Aberglaube waren im Mittelalter stark und vielfältig. Die Quellen dafür lassen sich benennen.

Nimm diese Krankheit fort!

Da ist zunächst der christliche Glaube selbst. Bei einer Religion, in der die Wundertätigkeit sowohl des Religionsstifters Jesus Christus als auch die vieler seiner Nachfolger zur unerschütterlichen Substanz gehört, war der Wunderglauben ganz selbstverständlich in der Welt, und er war begabt, sich immer neue Formen und Felder zu suchen. Das Christentum hatte bei seinem Siegeszug durch Europa andere Religionen verdrängt oder überlagert, in denen es gleichfalls magische Praktiken gab, die mit den Massentaufen nicht plötzlich und gänzlich verschwanden, die sich vielmehr weiter hielten, als ein heimliches, verborgenes und verbotenes Substrat.

Es sind vor allem drei heidnische Religionen, um die es hier geht: die römische, die keltische und die germanische. Alle drei operierten mit übersinnlichen Erscheinungen und Möglichkeiten, die dann in das mittelalterliche Geistesleben einsickerten und sich dort erhielten, teils von der Amtskirche geduldet, teils von dieser wütend bekämpft, was sie aber nicht in jedem Falle vernichten konnte; wenigstens als Inhalt von viel erzählten Zaubermärchen hat es sich erhalten. Zwei Hauptfelder der Magie waren (und sind) die Heilkunde und die Wahrsagerei.

Medizinische Kenntnisse gab es in größerem Umfang. Der übliche Ort aller medizinischen Praxis war das Kloster. Die Kenntnis, welche Pflanzen nützlich seien gegen welche Leiden, war nicht unbeträchtlich; es existierten einschlägige Kräuterbücher. Die heilpraktischen Kenntnisse blieben nicht auf die Mönche beschränkt, daneben wirkten Laienärzte, die ihre Kenntnisse wie ein Handwerk erlernten. Es gab die Bader, deren Arbeitsplatz das öffentliche Badehaus war, wo sie Wunden verbanden und Schwären mit Bimsstein abschabten, und es gab die Hebammen. Besonders bei den Ärzten der gesellschaftlichen Oberschicht erfolgte ein beträchtlicher Wissenszufluss aus dem darin sehr viel weiter fortgeschrittenen arabischen Raum.

Wie undeutlich bei alledem die Übergänge von der Naturheilkunde zum bloßen Hokuspokus verliefen, mag ein aus dem 10. Jahrhundert stammendes Rezept gegen Hautkrankheiten beweisen: »Nimm Gänseschmalz, dazu die unteren Teile von Elecampe und Vipernzunge, Bischofswurz und Kletten. Stampfe die vier Kräuter im Mörser, presse den Saft aus und tu einen Löffel alte Seife dazu. Wenn du ein bisschen Öl hast, mische es darunter und streich es am Abend auf. Nach Sonnenuntergang ritze die Haut am Hals, lass schweigend das Blut in rinnendes Wasser laufen, spucke dreimal hinein, dann sprich: ›Nimm diese Krankheit und nimm sie mit dir fort.‹ Geh heim auf offener Straße, geh schweigend hin und zurück.« Der Wunsch, die eigene Zukunft vorher zu wissen, entspricht einem uralten Menschheitsbedürfnis, das sich zu allen Zeiten und in allen Kulturen äußert. Im Hochmittelalter trat zu den bisher üblichen Verfahren der Traumdeutung, des Handlesens und der Vorbedeutsamkeit bestimmter Fundgegenstände noch die Astrologie. Auch sie stammte aus dem arabischen Raum und wurde mitsamt den zugehörigen Tabellen von dort bezogen. Wie man weiß, hält sie sich unerbittlich bis in die Gegenwart.

Zaubersprüche

Zum Schutz gegen jede Form des Unheils dienten neben Zaubersprüchen die Amulette. Sie sind eine vorchristliche Form des magischen Schutzes, die durch die christlichen Symbole und vor allem durch den Reliquienkult eine vielfache Inspiration erfuhr. Auch Zauberspruch und Segen, christlicher und okkulter Fluch fließen fast unentwirrbar ineinander. Von besonderer Erheblichkeit waren dabei alle Formen des Liebeszaubers, die entsprechenden Hilfsmittel reichen vom Amulett über Zaubersprüche bis zu Kräutern, Säften und Salben. Man wird unschwer erkennen, wie viel auch davon sich bis in die jüngere Vergangenheit erhalten hat. Selbst Wetter und Ernte sollten durch Magie mitbestimmt werden, und wiederum sind da die Übergänge zwischen Glauben und Aberglauben völlig im Fluss. Kieckhefer führt einen überlieferten Fall von Steigerung der Bodenfruchtbarkeit an:

»Die Handlung nimmt einen ganzen Tag in Anspruch: Vor Sonnenaufgang werden vier Erdklumpen von vier Seiten des Ackers, der nicht genügend Ertrag bringt, ausgegraben. Dann muss jemand, vermutlich der Priester des Dorfs, diese

165. Aufbahrung eines Toten. Der Leichnam ist bandagiert. Aus dem Stuttgarter Bilderpsalter (um 830)

108 Stadtluft macht frei

Erdschollen mit einer Mischung aus Weihwasser, Öl, Milch und Honig sowie verschiedenen Teilen von Pflanzen besprengen und bestreuen und dazu auf Latein die Worte zitieren, die Gott zu Adam und Eva sprach: ›Seid fruchtbar und mehret euch und füllet die Erde‹ (Genesis 1,28), außerdem noch andere Segenssprüche. Die Erdklumpen werden anschließend in die Kirche getragen, wo der Priester vier Messen lesen muss. Vor Sonnenuntergang bringt man die Erde zurück aufs Feld, wo sie den Segen, den sie den ganzen Tag lang angesammelt hat, an den Acker weitergibt, der daraufhin wieder fruchtbar wird.«

Mit dem Kopf nach Jerusalem

Heinrich von Melk, ein donauländischer Dichter, schreibt um 1160: *nû gedench, mensch, dînes todes.* Er macht auch darauf aufmerksam, der Tod erreiche gleichermaßen *den armen unt den rîchen,* was ein egalitäres Ereignis behauptet, wie es ein dichtender Mönch aus St. Gallen, Notker der Deutsche, zuvor schon verstanden hatte, wenn er den Tod einen *ebenaere,* einen Gleichmacher, nennt.

Doch gleich macht und gleich ist hier allein der biologische Zustand. Weder die Umstände des Sterbens noch das Geschehen nach dem Sterben sind im mindesten egalitär, sondern wiederholen sämtliche Unterschiede zwischen Arm und Reich, zwischen Namhaft und Namenlos aus dem lebendigen Leben.

Das Ritual des Sterbens war vorgegeben durch die Religion. Der Moribunde erfuhr durch den Priester Absolution und Letzte Ölung. Die Angehörigen umstanden ihn. Sie wischten ihm den Schweiß vom Antlitz, sie küssten ihn, sie beteten. Den Eintritt des Todes selbst mussten erfahrene ältere Menschen feststellen: wenn kein Herzschlag und Atem mehr war, wenn der Leichnam erkaltete, wenn die Starre samt Totenflecken wuchsen und Verwesungsgeruch entstand.

Es war geboten, den Toten innerhalb von drei Tagen zu bestatten. Solange wurde er aufgebahrt, mit dem Kopf nach Osten, wo Jerusalem lag, der Ort des Jüngsten Gerichts.

Bei Fürsten konnte sich die Beisetzung verzögern, sofern sie über weite Entfernungen in die Grablege ihrer Dynastie verbracht werden mussten. Man entfernte dann vor der Überführung die Eingeweide und balsamierte die Leiche. Wenn ein städtischer Bürger im Sterben lag, machte er seinen Frieden mit der Umwelt. Die Angehörigen und das Gesinde nahmen förmlich von ihm Abschied. Weihwasser wurde verspritzt, um böse Geister zu vertreiben, und das Fenster wurde geöffnet, dass die Seele ungehindert entweichen konnte. Dem Toten wurden die Augen zugedrückt. Die Sterbeglocke läutete, und eine Totenwache zog auf, gebildet aus Verwandten und Freunden. Der Leichenansager lief umher und teilte das Ereignis mit. Die Bestattung wurde dann durch Angehörige der Zunft vorgenommen. Die Totenwache, eigentlich eine ernste Angelegenheit, scheint gelegentlich ausgeartet zu sein. Man tanzte oder sang frivole Lieder.

Anschließend wurde der Tote zur Kirche getragen, unter Glockengeläut. Der Priester las die Totenmesse, der Leichnam wurde hinaus getragen an das offene Grab. Der Friedhof befand sich in unmittelbarer Nähe der Kirche. Wichtige Personen, etwa die Äbte von Klöstern, wurden im Boden der Kirche beigesetzt oder in steinernen Sarkophagen, so wie auch die Angehörigen des hohen Adels. Die Sarkophage hatten im Boden eine Öffnung, damit die Leichenflüssigkeit ablaufen konnte.

Leichenschmaus zum Abschluss

Vor dem offenen Grab wurde der Tote das letzte Mal mit Weihwasser besprengt. Auf dem Friedhof wurde, so vorhanden, auch das Testament verlesen. Erdbegräbnisse waren verbreitet, doch gab es vereinzelt auch Feuerbestattungen. Ungetaufte, meist Kinder, mussten außerhalb der Friedhofsmauern beigesetzt werden. Der Abschluss des Zeremoniells war der Leichenschmaus.

Bei Wohlhabenden waren Grabbeigaben üblich: Schmuck und kostbare Garderoben bei den Frauen, Waffen bei den Männern, Spielzeug bei Kindern. Die Aufteilung der Hinterlassenschaft folgte den Maßgaben des jeweiligen Erbrechts und der Art der zu vergebenden Güter. Witwen blieb oft genug bloß der Besitz der Morgengabe. War der Tote ein Unfreier, erhob der Leibherr Anspruch mindestens auf das beste Stück Vieh beim Mann und auf das beste Kleid bei einer Frau. Der Friedhof war ähnlich gegliedert wie der Raum der Lebenden: Man trennte Arme von

166. Nach älterer christlicher Vorstellung gibt es ein Leben nach dem Tode; Diesseits und Jenseits lassen sich nicht trennen. Hier: Auferstehung von den Toten am Jüngsten Tag

110 Stadtluft macht frei

167. Darstellung des alttestamentarischen Aaron. Illustration aus einem hebräischen Bibel- und Gebetsbuch (spätes 13. Jh.)

168. Thoraschule

Reichen, Erwachsene von Kindern, Ledige von Verheirateten, wobei Ehepaare in aller Regel gemeinsam bestattet wurden. Der Friedhof war eingefriedet. Wer hierher flüchtete, hatte wie in der Kirche selbst Asyl. Die Totengräber wohnten auf dem Friedhof, auch Kriegsflüchtlinge, wenn es sich so ergab, errichteten sich auf Friedhöfen ihre Hütten. Gerichtsverhandlungen fanden zwischen den Gräbern statt und ebenso andere Zusammenkünfte der allgemeinen Art.

An den Innenmauern der Friedhöfe entstanden Vorratsräume für wertvollere Dinge, schließlich auch noch Gemeinschaftseinrichtungen wie Brau- und Backhäuser. Selbst Obstbäume pflanzte man auf Friedhöfen an. Man feierte dort Feste mit Musik und Tanz. Nachts brannte hier das ewige Licht. Es machte den Friedhof zu einem bestens geeigneten Treffpunkt und Versammlungsort für Verschwörer und Banditen aller Art.

Diaspora

Ein um das Jahr 1175 entstandener Holzschnitt zeigt als ein beliebtes mittelalterliches Schauermotiv das Höllenfeuer. An einer metallenen Kette hängt ein Kessel, unter dem Flammen züngeln, und mehrere Teufel sind damit beschäftigt, arme Sünder in das Gefäß zu werfen oder mit einer langen Forke auf die darin bereits Hockenden einzustochern. Sie alle, die Verdammten, tragen sonderbar spitze Hüte, und eine Aufschrift auf dem Kessel teilt in hebräisch anmutenden Lettern mit, um wen es sich handelt: »Juda«.

Das Hochmittelalter der Kreuzzüge war jene Zeit, da sich das Schicksal der in Deutschland lebenden Juden dramatisch veränderte. Bis dahin hatten sie als wenigstens geduldete, wo nicht als geachtete Menschen gelebt. Die jüdischen Gemeinden in den Landschaften von Rhein und Mosel waren teilweise von beträchtlichem Alter. Die erste Erwähnung von Juden in Köln stammt aus dem vierten nachchristlichen Jahrhundert. Immigriert sind sie ganz offenbar im Gefolge der römischen Besatzung, nachdem mit der Zerstörung Jerusalems und des dortigen Tempels im Jahre 70 n. Chr. ihre Diaspora begann. Jüdische Sklaven, Legionäre und Handwerker gelangten in sämtliche Regionen des Römischen Reiches und

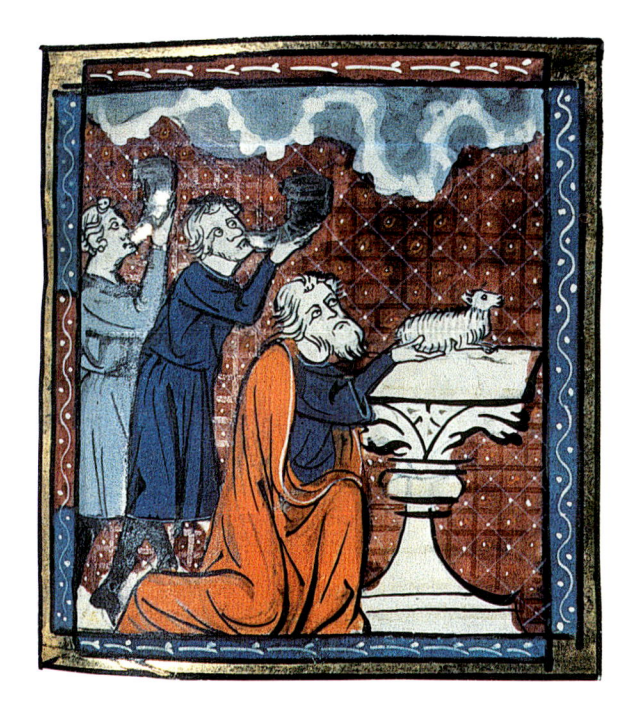

169. Rituelles jüdisches Lammopfer

170. Tabernakel und Bundeslade. Aus der »Bible historiale« von Guiart

so auch nach Germanien, in die städtischen Siedlungen westlich des Limes. Sie brachten ihre Sprache, ihre Kultur und ihre Religion mit. Sie hielten daran fest. Die ersten monotheistischen Religionsübungen, die im Rheinland abgehalten wurden, waren mosaische.

Die Christianisierung hat daran zunächst wenig ändern können. Im multiethnischen Herrschaftsbereich der Merowinger und Karolinger wurden die Juden als sprachgewandte und gebildete Leute hoch geschätzt. In den Überlieferungen der deutschen Judenheit berühmt ist die Geschichte der Gesandtschaft, die Karl der Große im Jahre 797 an den Hof Harun al-Raschids nach Bagdad schickte und der außer zwei fränkischen Edelleuten als Dolmetscher und Reisemarschall ein Jude namens Isaak angehörte.

Fünf Jahre später kehrte er zurück, als einziger, da die beiden Franken unterwegs gestorben waren, einer, wie es in einer Beschreibung gehässig heißt, an einer Geschlechtskrankheit. Isaak führte die sämtlichen Geschenke des Kalifen mit sich, unter denen sich auch ein weißer Elefant namens Abulabaz befand.

Hrabanus Maurus, berühmter Abt von Fulda und späterer Erzbischof von Mainz, ließ sich durch einen jüdischen Schriftgelehrten bei der Auslegung des Alten Testamentes beraten, und eine andere, viel erzählte Geschichte ist die vom Juden Kalanymos.

Königlicher Schutz

Sein Name ist griechischen Ursprungs und bedeutet soviel wie schöner Name; in der verschliffenen Form Kalman kam er bis auf die Neuzeit. Kalanymos aus dem toskanischen Lucca hatte zum Gefolge der aus Byzanz stammenden Kaiserin Theophanu gehört und befand sich 982 in der Nähe von deren Ehemann Otto II., als bei Cotrone in Kalabrien eine Schlacht gegen die Sarazenen geschlagen wurde. Sie ging für den Kaiser verloren, der selber sein Leben nur zu retten vermochte, da ihm Kalanymos für die Flucht sein Pferd übergab. Der Kaiser dankte es ihm, indem er ihm später ein Haus samt Bürgerrechten in der Stadt Mainz überließ, und Kalanymos gründete ein Handelsgeschäft, mit dem er es zu Wohlstand und Ansehen brachte. Aus seiner Familie gingen in der Folgezeit eine Reihe von sehr bedeutenden Persönlichkeiten hervor.

Im elften Jahrhundert waren die jüdischen Gemeinden von Worms, Mainz und Speyer bereits ziemlich umfangreich: eine jede, so schätzt man, um die tausend Köpfe stark. Sie hatten ihre eigene Gerichtsbarkeit. Sie durften Waffen tragen und Land besitzen, viele von ihnen waren erfolgreiche Weinbauern. Sie unterstanden dem besonderen Schutz des Königs und der geistlichen Fürsten, sie wurden geführt von einem Judenmeister oder Judenbischof, und weiterhin waren sie erfolgreich im Fernhandel. Auch die städti-

112 Stadtluft macht frei

171. Jüdisches Familienleben. Ostermahl nach aschkenasischem Ritus. Bildseite aus einer Pessach-Haggadah

schen Neugründungen im deutschen Osten, wie Magdeburg, hatten bald ihre jüdische Gemeinde. Vereinzelt gab es freiwillige Übertritte von Juden zum christlichen Glauben, wie im Falle des Wezzelin, der schließlich sogar Geistlicher am Hof von Ottonenherrscher Heinrich II. war.

Als dieser Heinrich gekrönt wurde, fand sich unter den vielen Huldigungen auch ein hebräisches Preisgedicht. Der gleiche Kaiser befahl zehn Jahre danach die Vertreibung aller Juden aus der Stadt Mainz; es kam zu Verfolgungen und Zwangstaufen, eine Begründung für die Maßnahme ist nicht bekannt. Die jüdische Gemeinde kehrte mit der Zeit wieder zurück, Mainz oder Magenza, wie sie es nannten, blieb ein sehr berühmter Ort der deutschen Judenheit, mit einer Gelehrtenschule und mit dem Wirken ihres großen Moraltheologen Gerschom ben Judat.

Waren sie auserwählt?

Doch »in Notzeiten genügte jedenfalls immer wieder ein kleiner Funke, um den Hass gegen die ›Fremden‹ zu entzünden«, sagt der jüdische Historiker Ismar Ellbogen. Als 1084 in Mainz ein Brand ausbrach, entlud sich die Verzweiflung der Bevölkerung in einem Überfall auf die Juden, die daraufhin nach Speyer flohen, wo der dortige Bischof über ihre Ankunft äußerst erfreut war, sie zum Bleiben einlud und mit einer besonders vorteilhaften Gesetzgebung privilegierte.

»Es ist kein Blatt in der Geschichte der Menschheit so tragisch und geheimnisvoll wie die Geschichte der Juden«, schrieb Ricarda Huch in ihrem Buch über das deutsche Mittelalter. »Einzig ihre Stellung unter den Völkern als das auserwählte, aus welchem der hervorging, der für das Abendland den Mittelpunkt und die Grenzscheide der Völker bildet, dessen Name und Wort das Höchste, das Verehrungswürdigste bezeichnet; einzig zugleich als das verfluchte, das ihn ans Kreuz schlug. Waren sie auserwählt, weil in keinem Volk eine so leidenschaftliche Spannung zwischen dem Guten und dem Bösen bestand? Und warum konnten sie, nachdem der Gottmensch in ihrer Mitte Fleisch geworden war, nachdem sie aufgelöst und in alle Teile der Erde zerstreut waren, nicht untergehen? Sollte ihnen die irdische Unsterblichkeit zuteil werden, weil sie an die jenseitige nicht glauben mochten?«

172. Die Synagoge in Worms. Sie ist das älteste erhaltene jüdische Gotteshaus in Deutschland, 1034 errichtet, 1938 zerstört, 1959–61 wiederhergestellt. Ansicht mit Apsis von Südosten

173. Alte Grabsteine auf dem Judenfriedhof von Worms

174. Juden vor Gericht. Hier: Ein Christ tut einem Juden Gewalt an, wofür er sich vor dem Richter verantworten muss. Der Richter ist so gerecht wie unerbittlich – der Täter wird vom Henker hingerichtet (v. l. n. r.)

Ricarda Huch veröffentlichte die zitierten Sätze im Jahre 1934, immerhin; sie war ein unabhängiger Geist und eine couragierte Person. Was das Tragische an der Geschichte der Juden anbelangt, die sie erwähnt, so bedeutete die Vertreibung der Mainzer Juden im Herbst 1084 ein erstes Fanal. Mit dem ersten Kreuzzug elf Jahre später ging es mit dem friedvollen Zusammenleben von Christen und Juden im deutschen Hochmittelalter zu Ende.

Die Nachrichten über antijüdische Ausschreitungen in Frankreich, wo sich die Kreuzfahrer sammelten, gelangten bereits Ende 1095 in die mosaischen Gemeinden am Rhein: in der Form von Bitten, das Fasten anzuordnen und für die Errettung der Bedrohten aus der Hand der Feinde zu beten. Die Mainzer Juden antworteten, man sei tief bestürzt über das Geschehene und wolle der Bitte gern entsprechen, hege für sich selbst allerdings keinerlei Befürchtung, da man weder früher noch jetzt das mindeste Anzeichen einer Gefahr habe wahrnehmen können.

Dann langte die Nachricht ein, der Kreuzzugsführer Gottfried von Bouillon wolle das Blut Christi an den Juden rächen und keinen von ihnen am Leben lassen. Der Vorsteher der Mainzer Judengemeinde, Kalonymus ben Meschullam, schickte Eilboten zu dem in Italien weilenden Kaiser Heinrich IV., der sofort ein Edikt erließ, die deutschen Bischöfe hätten den Juden in jedem Fall Schutz zu gewähren. Gottfried ließ sich von dieser Maßnahme beeindrucken und ließ es mit Geldzahlungen der Mainzer wie auch der Kölner Juden schließlich bewenden.

Lasst uns Rache nehmen!

Den Laienprediger Peter von Amiens beeindruckte das alles nicht. Er hetzte seine zerlumpte Anhängerschaft auf die rheinischen Judengemeinden, und der jüdische Chronist Salomon ben Simson hat, was im Folgenden losbrach, beschrieben:

»Als die Kreuzfahrer in die Städte kamen, in denen Juden wohnten, sprachen sie untereinander: Sehet, wir ziehen den weiten Weg, um die Grabstätte aufzusuchen und uns an den Ismaeliten zu rächen, und siehe, hier wohnen unter uns Juden, deren Väter ihn unverschuldet umgebracht und gekreuzigt haben! So lasst uns zuerst an ihnen Rache nehmen und sie austilgen unter den Völkern, dass der Name Israel nicht mehr erwähnt werde; oder sie sollten unseresgleichen werden und zu unserem Glauben sich bekennen.«

In Metz wurden 22 Juden getötet und viele gewaltsam getauft. In Trier flohen die Juden in die Bischofspfalz, ihre Thorarollen wurden durch die Kreuzfahrer all ihres Schmuckes beraubt und danach zerstört. Um der Zwangstaufe zu entgehen, töteten einige Juden ihre Kinder und stürz-

175. Nicht immer war der Richter objektiv. Hier wird ein Jude beschuldigt, christliches Kultgerät in seinen Besitz gebracht zu haben. Er wird vom Richter, einem Grafen, als ein gewöhnlicher Dieb behandelt und gehängt. (v. r. n. l.) Zwei Szenen aus dem Wolfenbütteler Sachsenspiegel

ten sich hernach in die Mosel »zur Heiligung des göttlichen Namens«, wie es in der Chronik heißt. Den Trierer Erzbischof, der sie retten wollte, haben die Kreuzfahrer verprügelt.

Fast noch schlimmer als Peter Amiens trieb es Emicho von Leiningen, ein Kleinadliger von der Nahe. Unter seiner Führung wurden massenhaft die Juden von Worms in ihren Häusern umgebracht. Einige, die sich in den Bischofssitz hatten flüchten können, begingen bald Selbstmord. »Alle nahmen ungeteilten Herzens das himmlische Verhängnis an«, schreibt der Chronist, »und indem sie ihre Seelen dem Schöpfer übergaben, riefen sie: ›Höre Israel, der Ewige ist unser Gott, der Ewige ist einzig!‹« Die Verfolger vergingen sich an den Leichen und raubten sie aus. Ein paar der Verfolgten retteten sich in die Zwangstaufe und überlebten so. Am Ende zählte die Wormser Judengemeinde insgesamt 800 Tote.

So ging es weiter. In Mainz gab es einen Versuch zur Gegenwehr, durch Männer des Bischofs wie auch durch bewaffnete Juden. Der aufgeputschte Haufen des Emicho von Leiningen war zahlreicher und stärker. Unter den Juden gab es Tote über Tote. Dann zogen die Verfolger weiter nach Köln und weiter nach Regensburg. Überall wiederholte sich unter den dortigen Juden das nämliche Schauspiel.

Die Verfolger zogen ab, die Juden bestatteten ihre Toten, allmählich kehrte in ihre Gemeinden wieder etwas Ruhe ein, aber die früheren Zustände würden sich niemals wieder herstellen.

Nunmehr gab es einen vom Kaiser garantierten Sonderschutz für die jüdischen Gemeinden. Einzelne Juden waren hoch geschätzt wegen ihrer Kenntnisse in der Pharmazie und Medizin, und aufgrund des chronischen Geldmangels an den Fürstenhöfen blieben sie auch als Geldhändler und Kreditgeber vorerst unentbehrlich.

Spitzer Hut und Judenfleck

Aber der Schock des Jahres 1096 wirkte nach, zumal bereits ein halbes Jahrhundert später der zweite Kreuzzug begann und sich in dessen Vorbereitung die blutigen Ausschreitungen wiederholten. Hier hieß der fanatischste der Judenfresser Radulf und war ein Mönch aus Bernhards Zisterzienserkloster Clairvaux. In Würzburg kam es zu wüsten antijüdischen Exzessen.

Der Antijudaismus war damit in der christlichen Welt, und er würde nicht mehr daraus verschwinden. Er war keinesfalls auf die deutschen Landschaften beschränkt, sondern wütete auch anderswo: Das England des Königs Richard Löwenherz verfolgte seine Juden ebenso wie das Frankreich des Kreuzfahrerkönigs Philipp II. August.

Die deutschen Juden verloren allmählich ihre Rechte. Sie durften keine Waffen mehr tragen.

176. Flucht der Juden aus einer fränkischen Stadt. Illustration zu einer Handschrift hebräischer Klagelieder

177. Juden im Höllenfeuer. Aus dem Hortus deliciarum der Äbtissin Herrad von Landsberg. (2. Hälfte 12. Jh.)

Sie mussten sich einer besonderen Kleiderordnung unterwerfen, die das Tragen des spitzen Hutes und des Judenflecks befahl: eines gelben Stofffetzens, an der Kleidung sichtbar anzubringen, Vorbild für jenen Judenstern, den sehr viel später der Nationalsozialismus des Adolf Hitler den deutschen Juden vorschreiben würde.

Die zentrale kaiserliche Macht hielt noch eine Weile dagegen. Friedrich Barbarossa beschäftigte einen aus Speyer stammenden Juden als seinen Finanzsachverständigen, und auf dem zweiten seiner Mainzer Hoftage trat er ausdrücklich für die Juden als *fideles nostri* ein, seine Getreuen.

Der aus Worms stammende Eleasar ben Jehuda lobte:

»Bloß der Kaiser und sein Sohn, der junge Kaiser, die lange leben mögen, war den Juden gewogen. Mehr als zehntausend der Kreuzfahrer zogen nur auf Raub und Mord aus; die Kaiser hatten jedoch jederzeit für das Wohl der Juden geredet, so dass die Feinde ihr Vorhaben aufgaben und beschämt in ihr Land zurückkehrten.«

Brunnenvergiftung

Doch die Kaiser waren sterblich, und weit fort waren sie meistens außerdem. Im Jahre 1235 kam es erstmals zum Vorwurf eines Ritualmords. In Fulda hatte eine Mühle gebrannt, dabei waren zwei Kinder in Abwesenheit ihrer Eltern umgekommen.

Alsbald entstand das Gerücht, Juden hätten die beiden Kinder geschlachtet und deren Blut abgezapft, um es als Heilmittel zu verwenden. In der Stadt hielten sich gerade Kreuzfahrer auf. 32 jüdische Frauen und Männer wurden erschlagen, und man erhob Anklage gegen sämtliche Juden im Reich.

Die Anklage wurde fallen gelassen und der ausdrückliche Freispruch der Juden durch ein Augsburger Hofgerichtsurteil bestätigt, aber die Ritualmordverdächte waren damit nicht ausgeräumt. Sie wurden in der Folge immer wieder und überall erhoben und führten jedes Mal zu antijüdischen Ausschreitungen. Noch später gab es die Beschuldigungen vorgeblicher Hostienschändung und Brunnenvergiftung. In ihrer unermüdlichen Ketzerverfolgung waren zumal die Mönche des Dominikanerordens den Juden ständig hinterdrein.

Große Teile der deutschen Judenheit wichen schließlich vor den ständig wiederkehrenden Verfolgungen aus. Sie flohen nach Osten. Sie wanderten in Gebiete jenseits von Oder und Weichsel und stellten sich unter den Schutz der damals noch überaus judenfreundlichen polnischen Könige.

Demütiglich sei nun mein Gang

Sie nahmen ihre Sprache mit, die sich, versetzt mit allerlei Hebraismen und Slawismen, als ein eigener Dialekt bis in die Moderne hielt; das Jiddische ist ein mittelhochdeutsches Idiom, es war die Verkehrssprache der in Litauen, Galizien und Ruthenien ansässigen Juden.
Bedeutende Belletristik wurde auf Jiddisch verfasst, heute leben noch ein paar jiddische Autoren in Israel, in New York City und in Abidjan; in den Vernichtungslagern von Auschwitz, Treblinka, Maidanek und Mauthausen, installiert von den gelehrigen Nachfahren des Emicho von Leiningen, wurde auch das Jiddische fast zu Tode getroffen.
Ein Dichter mit Namen Süßkind von Trimberg fasste um das Jahr 1215 die sich immer mehr verschlechternde Situation des jüdischen Volkes in melancholische Worte. Die Liederhandschrift, die sie überliefert, zeigt auch sein Bild. Er steht dort neben drei christlichen Personen, von denen einer den Krummstab eines Bischofs hält, Süßkind selbst muss den spitzen Judenhut tragen. Seine Verse lauten, ins Neuhochdeutsche übersetzt:

> *Nach alter Judensitte will ich fortan leben*
> *Und stille meines Weges ziehen.*
> *Der Mantel soll umfahn mich lang*
> *Tief unter meinem Hute,*
> *Demütiglich sei nun mein Gang,*
> *Und nie mehr sing ich höfischen Gesang,*
> *Seit mich die Herren schieden von dem Gute.*

178. Der Minnesänger und Jude Süßkind von Trimberg bei einer Verhandlung vor dem Vogt von Konstanz

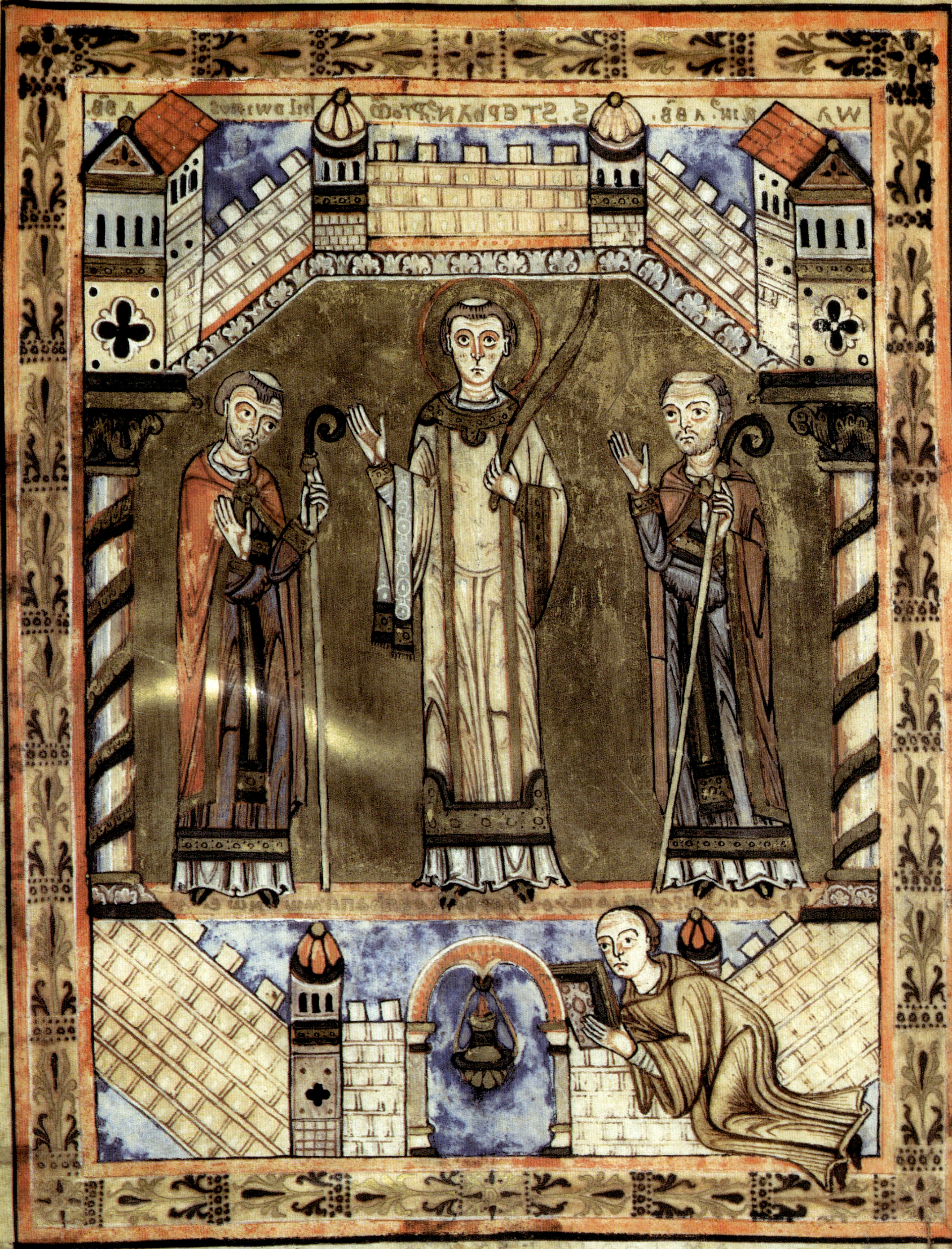

Die Seele ist wie ein Wind

- Mönchsregeln
- Triumphierende Kirche
- Erhaltene Bauten, erhaltenes Wort
- Reformen
- Romanisches
- Zisterzen, Ketzer, Bettelorden und Universitäten

120 Die Seele ist wie ein Wind

179. Der Abt Desiderius des Klosters von Monte Cassino besucht den heiligen Benedikt. Der abgebildete Berg und die Klosterkirchen zeigen das Lebensumfeld der Ordensbrüder. Darstellung aus der Zeit um 1070

Mönchsregeln

Frater Martin grüßt seinen alten, nun schon so lange von ihm entfernt lebenden Bruder – Benedictus.
Augenblicklich sitze ich im Scriptorium des hiesigen Klosters. Meine Brüder sind beschäftigt, einem neuen Kommentar zum Hohelied Salomonis zu lauschen, dessen Wortlaut sie anschließend aufs Pergament bringen sollen, während ich, etwas abseits sitzend, meine Arbeit an einem Evangeliar weiterführe, den ich mit kunstvollen Initialen und kleinen Bildern ausstatte. Die Fähigkeit dazu, wie Du weißt, wurde mir durch Gottes Gnade zuteil; nicht nur mein einstiges Mutterhaus, sondern ebenso das Kloster, in dem ich nunmehr lebe, fanden daran großen Gefallen. Mein Prior ist ein kunstsinniger Mann; mehrfach hat er meine Illuminationen mit Lob bedacht und dadurch meiner Eitelkeit geschmeichelt. Seit längerem besitze ich daher das Vorrecht, dass ich, während die Brüder ihre Wörter aufsetzen, mich mit meinen Bildern beschäftigen kann, kaum beobachtet, einzig meinem Ermessen verpflichtet und darum von den schreibenden Brüdern mit Neid und Misstrauen bedacht.
Jetzt nehme ich mir die Freiheit, diesen Brief an Dich aufzusetzen, was niemand bemerken wird. Die kleine Unregelmäßigkeit, die das bedeutet, will ich mit mir selbst ausmachen, denn ich erachte sie für mehr als lässlich und einer Mitteilung oder gar Beichte darum nicht für wert. Gott kann es nicht missfallen, wenn ich meinem Bruder, der nicht nur mein Freund, sondern außerdem von einer so außerordentlichen Gelehrsamkeit ist, wie ich sie unter den hiesigen Brüdern nicht finde, Gruss und Nachricht zukommen lasse. Daran magst Du gleichermaßen erkennen, dass ich mich in meiner Umgebung nicht besonders gut befinde, obschon auch nicht besonders schlecht. Ich will darum keine Klage führen. Mein Orden, dem ich allen Gehorsam schulde, hat mich an diesen Platz gestellt; also fülle ich ihn aus, sofern meine Fähigkeiten mir dies gestatten. Gleichwohl denke ich mit Wehmut zurück an das Haus, in dem ich einst meine Unterweisungen erhalten und meine Gelübde abgelegt habe; es war erfüllt vom Geist der gemeinsamen Frömmigkeit und der fröhlichen Hingabe. Ich kann mich dort keines Zwistes, keiner Ungerechtigkeit, keiner Kabale erinnern, wie ich sie hier oft genug habe erleben müssen.
Ich sage, dass ich mich darum nicht beklagen will. Mein Talent hebt mich unter den Brüdern heraus, dass man mir Achtung, freilich ebenso Missgunst entgegen-

180. Betender Mönch. Aus dem Wolfenbütteler Sachsenspiegel

181. Zu den wichtigsten Tätigkeiten der Ordensbrüder zählte das Kopieren von Texten. Miniatur aus dem Canterbury-Psalter

122 Die Seele ist wie ein Wind

182. Ein Mann tritt in ein Kloster ein. Er wechselt seine Kleidung

183. Er erhält den Mönchshaarschnitt. Seine Frau bleibt verschleiert zurück

184. Vergeblich hat sie versucht, ihn zurückzuhalten (Wolfenbütteler Sachsenspiegel)

bringt, und so kunstsinnig mein Prior ist, so unglücklich verfährt er in seinem Umgang mit den Brüdern; viele unter ihnen meinen, er liebe die Bücher mehr als die Menschen, welche dieselben verfertigen.

Dies nun ist mir fast verständlich, da ich einer ähnlichen Schwäche zuneige, wogegen jene andere Schwäche meines Priors, allzu heftig dem üppigen Essen zuzusprechen, mir stets fremd bleiben wird. Das Stillen des Hungers, behauptet er, bereite ihm den nämlichen Genuss wie das Lesen eines Buches, und in beiden Fällen handle es sich um Gaben Gottes. Die Wahrheit ist, dass er noch mehr als die Bibliothek und das Scriptorium die Klosterküche schätzt, und stärker als mich, den Illuminator, verwöhnt er meinen Bruder Magnus, den Koch.

Ich wiederhole, dass ich mich darüber nicht beklage. Ich weiß, dass ich es unangenehmer treffen könnte, und ich bin meinem Schöpfer dankbar, dass ich es einst besser traf. Schon dessenthalben bereue ich nicht das Gelübde, das ich einst abgelegt und das mich für immer an den Orden fesselt.

Wo sonst hätte ich mich entfalten und meiner inneren Neigung nachgehen können? Mit meinem verklumpten Fuß, der das Gehen beschwerlich macht, hätte ich mich anderswo nicht behaupten können. Ungern denke ich zurück, wie mein leiblicher Bruder, wiewohl viel jünger als ich, sich bei unseren kindlichen Raufereien mir überlegen zeigte. Es war gut, dass dann er den Grafentitel erbte und die Burg meines Vaters übernahm; gut auch, dass mein Vater das Kloster als den für mich einzig geeigneten Ort erkannte.

Mein Bruder verlor vor einem halben Jahr bei einem Feldzug sein Leben. Als ich die Nachricht erfuhr, war mir bewusst, wie weit ich mich der Welt meines Herkommens schon entfernt habe. Mag das hiesige Kloster auch nicht die äußerste Erfüllung mönchischen Lebens bedeuten, so ist es doch besser als jedes Leben außerhalb seiner Mauern und wäre dies selbst dann noch, wenn die hiesigen Zustände unbefriedigender wären, als sie es sind.

Reinheit des Gemüts

»Die Mönche waren ein friedliches Völkchen und wurden von Kriegsleuten mit einer Stimmung betrachtet, in welcher sich nicht geringe Scheu, gute Laune und zuweilen geheime Verachtung mischten. Aber auch die Brüder waren Söhne einer kriegerischen Zeit, und wenigstens die, welche aus der wilden Welt in das Kloster gekommen waren, vergaßen nicht ganz, wie sich die Faust über der Waffe ballte. Sie gingen gern für den Herrn Abt auf die Jagd, wussten Spieß und Keule gegen einen Räuber erfolgreich zu gebrauchen und krämpten die Ärmel ihrer Kutte gegen die Dienstleute des Klosters so entschieden auf, dass sie sich und ihrer Abtei Gehorsam erzwangen …

Aber im Innern der Brüderschaft wurde doch der Friede oft gestört. Die strenge Regel, welche durch einen Teil des Tages das Sprechen verbot, reichte nicht aus, den Ausbruch heftiger innerer Parteikämpfe zu verhindern. Auch den Guten gab das abgeschlossene Leben übergroße Reizbarkeit. Kleinigkeiten wurden sehr wichtig genommen, die Schwächeren waren neugierig und klatschsüchtig, und festere Naturen verhärteten sich in Bußübungen und dem Formelkram der Regel. Dennoch sind zur Sachsenzeit in den Klöstern lautere, pflichtvolle Menschen nicht selten, denen das Leben in Arbeit, Lehre und inniger Andacht verrinnt, und die Klöster enthielten damals nicht nur die gelehrtesten Deutschen, sondern auch nicht wenige der Besten, freilich Männer von zarter Reinheit des Gemüts, welches nicht durch die Versuchungen eines bewegten Lebens geprüft war. Denn manche Brüder kannten von der Welt nur den Umkreis ihrer Mauern und die Stellen, an welche der Abt sie geschickt hatte.«

Staatsreligion

Die zweite Klosterschilderung stammt abermals von Gustav Freytag, die erste ist unsere Erfindung. Um Fiktionen handelt es sich auch bei den »Bildern aus der deutschen Vergangenheit«, obschon ihr Autor Wert legte auf die Feststellung, er habe sich völlig an den damals bekannten Stand der Mittelalterforschung gehalten. Dies möchten wir gleichermaßen für uns beanspruchen, doch geschieht das mit stärkeren Selbstzweifeln und in der Gewissheit, dass die heutigen Geschichtsrealien morgen bereits überholt sein können.

Die Rede ist von der Kirche. Sie war das gesamte Mittelalter hindurch eine Kraft, von deren Omnipräsenz im geistigen und politischen Bereich wir uns heute nur mehr schwer eine Vorstellung machen können. Entstanden als eine judäisch-hellenistische Endzeitreligion, hatte sie durch die Tätigkeit ihrer Apostel das gesamte

185. Mit großem Aufwand wird eine Messe zelebriert. Elfenbein-Relief auf einem Buchdeckel, entstanden um 875

186. Zwei Mönche im Chorgestühl (Niederösterreich, um 1200)

römische Weltreich und später, als dies zerfallen war, dessen Nachfolger missionieren und erobern können. Ihr eschatologischer Charakter wurde dabei ebenso modifiziert wie der Gedanke der konsequenten Gewaltlosigkeit, den sie einst ausschließlich vertrat.

Sie verständigte sich mit der politischen Macht und war bald selbst eine: allein dadurch, dass ihre höchste Instanz, das Papsttum, infolge der Entwicklung des Kirchenstaates zur Territorialmacht aufstieg, was sämtliche dem innewohnenden Möglichkeiten und Gefahren mit sich brachte, und ähnlich dem Stuhle Petri verhielten sich die ihm nachgeordneten Instanzen innerhalb der klerikalen Hierarchie.

Sie wurde zu einer geistigen Großmacht, auch da sie bedeutende Teile des antiken Schrifttums sich anverwandelte und in dieser Form weitergab. Sie entwickelte ihre eigene intellektuelle Kultur durch die Schriften der Kirchenväter, durch ihre Ikonographie, durch zivilisatorische Impulse bis hin zu Architektur, Agrokultur und den verschiedenen Formen des monastischen Lebens.

Die einheitliche Weltkirche, die es anfangs gab, als das Christentum Staatsreligion der römischen Caesaren nach Konstantin dem Großen war, wurde ständig bedroht durch Häresien und Schismen, wie jene zwischen Aranianern und Athanasianern. Das fiel noch in die Zeit der Spätantike. Folgenreicher wurde der religiöse Bruch zwischen Westeuropa und Byzanz, zwischen Westrom und Ostrom, zwischen römischem Katholizismus und griechischer Orthodoxie. Er bereitete sich lange vor und vollzog sich im Hochmittelalter, unserem Betrachtungszeitraum, dann endgültig.

Triumphierende Kirche

Mittelalterlicher Grundherr in deutschen Gegenden konnte ein weltlicher Eigentümer sein oder ein geistlicher. Nicht unbeträchtliche Teile bäuerlich genutzten Landes befanden sich immer auch in der Hand der Kirche.

Sie war und blieb die andere große Institution gesellschaftlichen Lebens neben der Adelsherrschaft, wobei die Kirche im politischen Leben auch sonst noch vielfach präsent war.

Sie hatte ihrerseits verschiedene Erscheinungsformen. Es gab die kirchliche Hierarchie vom Papst über die Erzbischöfe bis hinab zum kleinen Dorfgeistlichen, der, meist miserabel ausgebildet, gerade bloß die elementarsten liturgischen Handlungen vorzunehmen verstand; meist handelte es sich bei ihm um einen einfachen Mann, der in seiner Kindheit Ministrant gewesen war und anschließend, nach ein paar hastigen Unterweisungen, in sein künftiges Amt entlassen wurde. Auch Unfreie konnten sich dem geistlichen Berufe widmen, dessen Sozialprestige erheblich über dem eines gewöhnlichen Bauern lag. Bis zur Mitte des 11. Jahrhunderts hatte der niedere Klerus noch insgesamt die Möglichkeit zur Heirat. Bei der Einsetzung des Pfarrers sprach der Grundherr sein gewichtiges Wort.

Eine Messe für Esel

Die geistliche Versorgung auf dem Lande geschah anfangs nicht sehr extensiv. Zu mehr als der Teilhabe an den wichtigsten kirchlichen Festen hatten die Bauern weder Zeit noch Gelegenheit, schon weil es zu wenige Kirchen gab und die Wege dorthin weit waren. Mangelhafte Ausbildung fand sich noch bis in die höheren kirchlichen Ränge, wie zwei Episoden um den geistlich hochgebildeten Ottonenkönig Heinrich II. belegen. Der Mittelalterhistoriker August Nitschke erzählt von ihm:

»Meinwerk von Paderborn etwa ließ er einen köstlich verzierten Brief zustellen, in dem ihm vom Himmel sein baldiger Tod verkündet wurde. Meinwerk glaubte an die Nachricht und erwartete in einem Sarg sein Ende. Als sich zu dem angekündigten Tage nichts ereignete und Meinwerk leicht verstört am nächsten Morgen vor dem Herrscher erschien, gratulierte ihm dieser als einem ›wiederauferstandenen Lazarus‹. Vor Messtexten hatte Heinrich auch nicht mehr Respekt; er ließ einzelne Wörter abändern, so dass der des Lateins nicht eben kundige Meinwerk vor dem lachenden Hof eine Messe für Esel und Maulesel hielt.« Nitschke urteilt nachgiebig: »Das waren Späße einer bäuerlich derben Gesellschaft, die sich der Macht ihres Gottes so sicher war, dass sie an diesen Geschichten keinen Anstoß nahm.«

Triumphierende Kirche 125

**187. Modell des Klosters
St. Gallen, nach dem aus dem
9. Jahrhundert überlieferten
Grundriss in unseren Tagen
rekonstruiert**

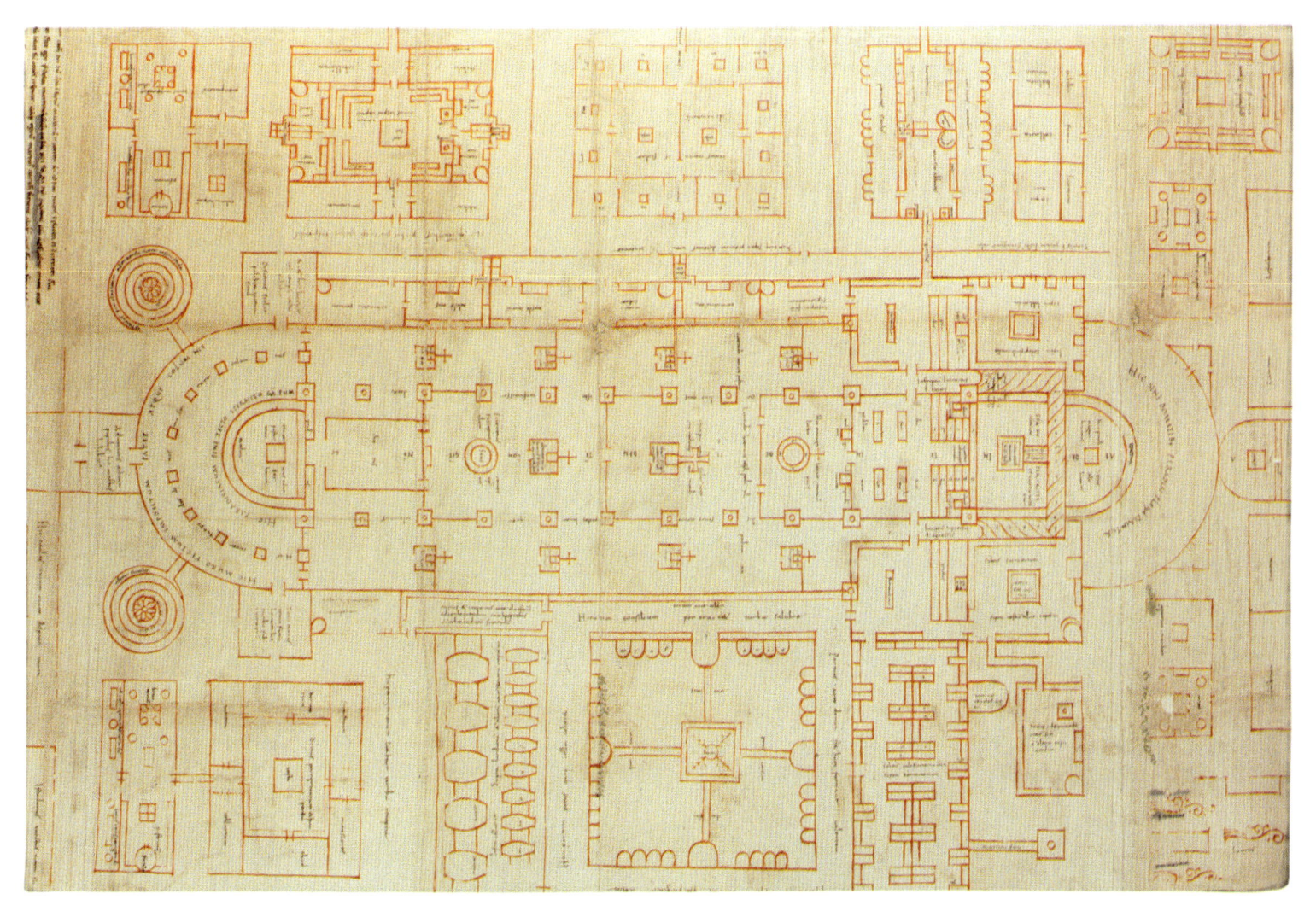

**188. Grundriss des Klosters
St. Gallen, der bedeutendsten
deutschen Klosteranlage des
9. Jahrhunderts. Der Plan entstand um das Jahr 820.**
Neben den Gebäuden und
den Kirchenbauten sind die
Gärten und die Wohnhäuser
der Ordensbrüder eingezeichnet

126 Die Seele ist wie ein Wind

So viel ist jedenfalls zu erkennen: Es war nicht immer die theologische Qualifikation, die den Aufstieg in höchste geistliche Ämter garantierte. Das hatte auch damit zu tun, dass Bischöfe und Erzbischöfe mächtige weltliche Fürsten waren, ausgestattet mit ausführlichem Territorialbesitz und mit hohen Ämtern im weltlichen Herrschaftsbetrieb. Die Erzbischöfe von Mainz waren Kanzler der deutschen Könige. Zu den Fürstenversammlungen, die den deutschen König wählten und woraus später die Kurfürsten hervorgingen, gehörten hohe Geistliche, nämlich die Erzbischöfe von Mainz, von Köln und von Trier. Allen deutschen Herrschern dienten hohe Geistliche als politische Berater, es finden sich außerordentliche Männer unter ihnen, wie Brun, Halbbruder von Sachsenkaiser Otto I., Erzbischof von Köln und zugleich Herzog von Lothringen, und Rainald von Dassel, Erzbischof von Köln und enger Mitarbeiter des Kaisers Friedrich Barbarossa.

Elite

Die Erzbischöfe kamen aus dem Hochadel. Da für den hohen Klerus der Zölibat galt, hatten sie keine Nachkommen oder jedenfalls keine legitimen. Die Nachfolge bei hohen Kirchenämtern musste allemal neu bestimmt werden; zwar besaßen die Domkapitel ein formelles Wahlrecht, das sie mit letzter Entschiedenheit aber kaum wahrnehmen. Maßgeblich blieb zunächst der Personalvorschlag des zuständigen weltlichen Herrschers.

Handelte es sich bei der kleinen ländlichen Pfarrei vielfach um die Eigenkirche des jeweiligen Grundherrn, ordneten sich die Bistümer und Erzbistümer der Reichskirche zu und damit der politischen Zentralgewalt, die ihrerseits alles daran setzte, sich diesen Teil der gesellschaftlichen Kraft im Land verfügbar zu halten.

Hohe Kleriker waren Fürsten, und sie lebten wie Fürsten. Sie vertraten die *Ekklesia triumphans*, die triumphierende Kirche, in einer Zeit, da sich Macht, auch geistliche, nur über Insignien und Darstellungen vermitteln ließ. Die Kirche war auch mächtig, weil sie reich war, und Reichtum musste ausgestellt werden. Die Bischofskirchen hatten ihre eigene Elite, die Kapitelherren, die beim Gottesdienst ihren gesonderten Platz ein-

189. Die »zwei Schwerter«, das weltliche und das geistliche, symbolisieren das Nebeneinander von Kirchen- und Kaisermacht. Die Bildfolge aus dem »Sachsenspiegel« zeigt die Investitur von Geistlichen und – unterste Szene – die Belehnung mit Grundbesitz

nahmen. Wer die mittelalterlichen Domschätze und die Sammlung alter Kirchengewänder betrachtet, die auf uns gekommen sind, erhält einen ungefähren Eindruck von der Pracht, die der hohe Klerus entfalten konnte.

Die Kirche hatte Grundbesitz. Meist handelte es sich um einstige Schenkungen des Adels, und es waren solche Schenkungen, die den personellen Zugriff bei der Besetzung von geistlichen Spitzenämtern rechtfertigten. Der Kirchenbesitz wuchs im Laufe der Zeit zu ansehnlicher Größe und machte Kirchenfürsten zu einflussreichen Grundherren, an Macht, Rang und politischem Einfluss den weltlichen Fürsten mindestens ebenbürtig, wo nicht überlegen.

Eine andere Form des Zusammenflusses von weltlicher und geistlicher Macht waren die Stifte. Auch sie entstanden durch Landschenkungen des Adels, und zwar an kirchliche Gemeinschaften, deren Personal seinerseits dem Adel entstammte. Es gab Stifte für männliche wie für weibliche Personen, verwaltet wurden sie durch das Stiftskapitel, und geleitet wurden sie durch einen Abt oder eine Äbtissin.

Die geistliche Bildung der meisten Mitglieder dürfte kümmerlich gewesen sein. Viele Herrscherwitwen, das begann mit Mathilde, der Frau von Sachsenkönig Heinrich I., endeten als Stiftsdamen. Bei näherem Hinsehen erweisen sich die Stifte lediglich als eine dem weltlichen Bereich etwas stärker angenäherte Sonderform des Klosters.

Spirituelle Vervollkommnung

Wir halten damit bei einer Einrichtung, deren Bedeutung für das Mittelalter nicht hoch genug angesetzt werden kann.

Das Mönchstum ist eine uralte Einrichtung und findet sich nicht bloß in der Religion von Jesus, Peter und Paul. Bei den Christen gab es als radikale Lebensformen der Frömmigkeit und Askese zunächst die Einsiedler oder Anachoreten. Sie waren auch noch später weithin anzutreffen. Schon früh fanden daneben fromme Gemeinschaften zusammen, die durch Benedikt von Nursia (um 480–547), der nach zeitweiliger Anachoretenexistenz in eine Mönchsgemeinschaft eintrat, ein Regelwerk erhielten. Benedikt schuf es zunächst für das Kloster Monte Cassino, das seine Gründung war, und dann wurde es verbindlich für sämtliche Klöster des christkatholischen Europa.

»Diese Regel haben wir verfasst, damit wir Mönche durch die Beobachtung derselben in unseren Klöstern zeigen, dass wir tugendhafte Sitten wenigstens bis zu einem gewissen Grade und den Anfang des Ordenslebens besitzen. Wer übrigens der Vollkommenheit des Ordens zueilen will, für den sind die Lehren der heiligen Väter. Wer sie beobachtet, der wird zur Höhe der Vollkommenheit geführt.«

So Benedikt. Er sah sich dabei völlig als Erfüllungsgehilfe innerhalb einer Tradition, die für ihn begründet und vorgegeben war durch die Kir-

190. Bischofssynode. Die Federzeichnung aus dem Utrechter Psalter zeigt ein solches Treffen des hohen Klerus

chenväter. Gleichwohl hat seine Regel als bedeutende Innovation gewirkt, und zu Recht wird sie eines der wichtigsten Dokumente der mittelalterlichen Theologie genannt.

Die mönchischen Prinzipien waren Keuschheit, persönliche Armut, Mildtätigkeit, Gehorsam und Schweigen. Sie wurden durch entsprechende Gelübde bekräftigt. »Der erste Grad der Demut ist der unverzügliche Gehorsam«, sagt Benedikt. »Er ist für jene, denen Christus das Teuerste ist. Wegen des heiligen Dienstes, den sie gelobt haben, oder aus Furcht vor der Hölle oder wegen der Herrlichkeit des ewigen Lebens kennen sie kein Säumen der Ausführung, wenn etwas vom Oberen angeordnet wird, gerade als wäre es ein Befehl Gottes.«

Hieran wird zweierlei deutlich: Auch das benediktinische Kloster kennt seine innere Ordnung und Unterordnung, und der Inhalt eines monastischen Aufenthaltes soll einen ständigen Prozess der spirituellen Vervollkommnung bewirken, er ist mithin also ein pädagogischer Vorgang. Organisation und Erziehung bilden erhebliche Grundlagen des klösterlichen Lebens. Sie strahlen aus auf die Umwelt und bewirken dort kulturelle Veränderungen von beträchtlichem Ausmaß.

An der Spitze des Klosters steht ein Abt. Er wird von den Brüdern gewählt und behält sein Amt lebenslang. »Er gilt ja für den Stellvertreter Christi im Kloster«, sagt Benedikt, »mit dessen Beinamen er angesprochen wird, da der Apostel sagt: ›Den Geist der Kindschaft habt ihr empfangen, indem wir rufen: Abba, Vater.‹ ... Der Abt soll immer bedenken, was er ist und was sein Name enthält, und wissen, dass, wem mehr anvertraut ist, von dem auch mehr verlangt wird.« Der Abt soll zugleich »Lehrmeister« und »liebevoller Vater« sein.

Bei der Führung des Klosters steht ihm ein Beirat zur Seite; in entscheidenden Problemen soll er außerdem die Stimmen aller Brüder hören. Bei der täglichen Verwaltung unterstützen ihn Dekane, für die bald der Name Priore in Umlauf kommt und die ihrerseits über Subpriore gebieten können. Manchmal existieren als weitere Führungsebene noch Pröpste.

Für das wirtschaftliche Verwaltungsgeschäft zuständig ist der Zellerar oder Schaffner. Er soll »weise, reifen Charakters, nüchtern, mäßig in Speise, nicht stolz, nicht ungestüm, nicht ungerecht, nicht säumig und nicht verschwenderisch,

191. Bischof und Kirche wachen über alles. Die um 1150 entstandene niederösterreichische Miniatur zeigt zwei disputierende Äbte

192. Singende Mönche. Miniatur aus einer englischen Handschrift

sondern gottesfürchtig« sein, sagt Benedikt. »Der Kranken, Kinder, Gäste und der Armen nehme er sich mit besonderer Sorgfalt an, da er wohl wissen muss, dass er wegen dieser alle am Tage des Gerichtes Rechenschaft ablegen muss.«

Weiterhin gibt es den Kantor, der über den Chorgesang wacht. Der Sakristan kümmert sich um die kirchlichen Gefäße und Gewänder, der Zeremoniar um den Ablauf des Gottesdienstes, der Armarius oder Bibliothekar um die Bücherei. Wer in ein Kloster eintritt, hat das Noviziat zu absolvieren, eine Prüfungszeit, die gewöhnlich ein Jahr dauert; für die Neulinge verantwortlich ist ein Novizenmeister.

Den Sinn klösterlichen Lebens beschreibt die bekannte Kurzforderung *ora et labora*, bete und arbeite. Das Gebet sei nach Benedikt »kurz und rein«, man kennt es als individuelle Übung wie als gemeinschaftliches Chorgebet. Die einzelnen Gebetübungen gliedern den Tagesablauf: Die erste erfolgt eine Stunde nach Mitternacht, Nocturn oder Vigilie geheißen, und später die Matutin (woher sich der deutsche Name Mette leitet). Beim ersten Tageslicht wird die Prim gebetet, um neun Uhr die Terz, um zwölf Uhr die Sext, um drei Uhr nachmittags die Non. Die Vesper findet vor dem Sonnenuntergang statt, und das letzte Gebet, die Komplet, unmittelbar vor dem Schlafengehen.

Den Hauptanteil der Gebete stellen die biblischen Psalmen. Jeder der insgesamt einhundertfünfzig sollen wenigstens einmal jede Woche vorkommen. Die Gebetsordnung bei hohen kirchlichen Festen und an Sonntagen wich von diesem Grundschema ein wenig ab.

Oberkleid und Kapuze

»Der Müßiggang ist ein Feind der Seele«, sagt Benedikt. »Deshalb müssen die Brüder zu bestimmten Zeiten sich mit Handarbeit und wiederum zu bestimmten Stunden mit der Lesung gotterfüllter Bücher beschäftigen.«

Es wurde also gearbeitet. Eine wichtige Tätigkeit war und blieb die intellektuelle. Das benediktinische Kloster war zugleich ein erfolgreicher Wirtschaftsorganismus und in seiner Versorgung weitgehend autonom; also wurde im Garten gearbeitet, auf dem Feld, es wurden handwerkliche Tätigkeiten ausgeführt, und daneben wurden

193. Die Speisung der Armen gehört zu den christlichen Geboten der Bibel. Französische Illustration, um 1280/90

194. Unterweisungen. Hugo von St. Viktor unterrichtet Ordensbrüder in der Bibelexegese. Im oberen Teil des Bildes sind Klosterbauten erkennbar

195. Mönche bei ihrer täglichen Arbeit. Im Ofen wird Opferbrot gebacken. Buchmalerei aus dem 13. Jahrhundert

196. Mönchische Haartracht. Franziskanern wird die Tonsur geschnitten

Kranke versorgt, Ordensangehörige wie auch Fremde. Ab dem 11. Jahrhundert kamen die Laienbrüder auf, die in vielem die klösterlichen Regeln übernahmen und befolgten, nicht aber die gleichen Rechte besaßen wie die geistlichen Brüder und sich vorrangig den körperlichen Tätigkeiten zu widmen hatten.

Bekleidung war die Tunika, ein langes Gewand mit kurzen Ärmeln, bestehend aus Leinen oder Wolle, und darüber die Kukulle, eine Art Regenmantel mit Kapuze, aus dichtem Gewebe gefertigt oder aus Fell. Jeder Mönch, so besagt es ein Text aus dem 9. Jahrhundert, habe jedenfalls zwei Hemden, zwei Unterkleider, zwei Oberkleider und zwei Kapuzen, außerdem vier Paar Fußlappen, zwei Paar Hosen, einen Gürtel und zwei Gamaschen.

Gingen Mönche auf Reisen, trugen sie außerdem Femoralien, Beinkleider, sowie leichte oder feste Schuhe, je nach der Jahreszeit. Bei der Arbeit wurde das Skapulier angelegt, ein lose anliegendes Schulterkleid. Am Gürtel hingen ein Messer, eine Nadel, ein Schreibtäfelchen mit Griffel und ein Taschentuch.

Eine Mahlzeit am Tag

Das Chorgebet wurde ursprünglich in einem eigenen Raum absolviert, dem Oratorium, später durchweg in der Kirche, wobei es in größeren Klosteranlagen zwei Kirchengebäude geben konnte, eines für den Mönchschor und eines für die Laien, nicht mitgerechnet die einzelnen Heiligen gewidmeten Kapellen.

Hauptversammlungsort war der Kapitelsaal. Hier fand nach der Prim die morgendliche Versammlung statt, auf der die einzelnen Arbeiten für den Tag verteilt wurden und auch das sogenannte Schuldkapitel stattfand: Abt oder Prior riefen mehrere Mönche auf, ihre Verstöße gegen die Regel einzubekennen, worauf ihnen Buße auferlegt wurde. Später wurde es üblich, dass die Mönche gegenseitig die Fehler ihrer Mitbrüder öffentlich machten. Es brachte einen zart denunziatorischen Zug in das monastische Leben.

Das Lesen war die dritte wichtige Tätigkeit neben dem Beten und der Handarbeit. »Jeder soll in den Tagen der Fastenzeit ein Buch aus der Bibliothek erhalten und es von Anfang an vollständig lesen«, sagt Benedikt. »Vor allem sind ein oder zwei ältere Brüder aufzustellen, die in den Stunden, da die Brüder dem Lesen obliegen, im Kloster umhergehen und nachsehen, ob nicht ein nachlässiger Bruder gefunden wird …«

Selbst während der Mahlzeiten, die gemeinsam im Refektorium, dem Remter, einzunehmen waren, wurden von einem dafür bestimmten Bruder, dem Tischleser, geistliche Texte vorgetragen; die anderen Brüder hatten währenddessen schweigend zu essen. Dieses Amt wechselte wöchentlich, ebenso wie der Tischdienst.

Üblicherweise gab es nur eine Mahlzeit am Tag, sie wurde nach der Non, also am frühen Nachmittag eingenommen. Zu bestimmten Anlässen, so in der Festzeit zwischen Ostern und Pfingsten, fanden zwei Mahlzeiten statt, die eine mittags und die andere abends. Bei harten Arbeiten durfte mit Erlaubnis des Abtes auch noch eine Zwischenmahlzeit eingenommen werden, das Mixtum. Geschlafen wurde gemeinsam, im Dormitorium; die Einzelzelle kommt erst im Hoch- und Spätmittelalter auf. Man schlief auf Holzpritschen, mit etwas Abstand zum Nachbarn, und man schlief bekleidet, manchmal sogar mit besonderen Bettschuhen, den *calcii nocturnales*. Wenn nach fünf- oder siebenstündiger Nachtruhe die Glocke zur Vigilie rief, sollte der zuerst Erwachte seinen Nachbarn wecken.

Es war überwiegend kalt im Kloster. Für gewöhnlich gab es nur eine einzige Heizungsquelle, das Calefactorium, eine backofenförmige Kammer, in deren Gewölbe sich verschließbare Öffnungen befanden; durch sie konnte die warme Luft in die übrigen Räume gelangen.

Unmittelbar neben dem Dormitorium befand sich der Abort, das *domus latrinarum*, auch dies eine Gemeinschaftsanlage und meist über fließendem Wasser angelegt, das die Exkremente fortspülte. Für die Rasur musste der Küchendiener Wasser erwärmen; ein Bruder schor dann dem anderen den Bart. Man wusch sich regelmäßig Gesicht und Hände und kämmte sich das Haar, gebadet wurde nicht sehr oft, nur etwa fünfmal im Jahr.

Strenge Abläufe

Man sprach sehr wenig, denn es galt das Schweigegebot, auch für Laienbrüder. Die einzige regelmäßige Lautäußerung blieb das Gebet, die menschliche Stimme war gleichsam für Gott bestimmt; betreffend die Verständigung während der Arbeiten gab es spezielle Vorschriften.

Kloster, *claustrum*, bedeutet Abgeschiedenheit, und so waren die Begegnungen mit der Außenwelt streng reglementiert und beschränkt auf das Notwendigste. Für Besuche, etwa von Familienangehörigen, musste die Erlaubnis des Abtes eingeholt werden.

Die strengen klösterlichen Abläufe waren nicht zu leisten ohne genaue Maße für die Zeit und die zeitlichen Abstände. Der Tag wurde untergliedert durch die Chorgebete; der tägliche Drei-Stunden-Rhythmus, der damit galt, verdankte sich dem Rückgriff auf die Zeiteinteilung des antiken Rom. Der Jahresablauf war jener des Kirchenjahrs.

197. Zwei Mönche beim Holzschlagen (Dijon um 1100)

198. Klöster verfügten über Krankenstuben. Hier wurden Ordensangehörige gepflegt, aber auch Laien. Illustration aus dem späten 11. Jahrhundert

132 Die Seele ist wie ein Wind

199. Jede Nonne verfügte über eine Truhe, in der sie ihre Habseligkeiten verwahrte. »Kistengang« im Kloster Wienhausen bei Celle. Illustration aus dem 16. Jahrhundert

200. Ordensangehörige schliefen in einem Gemeinschaftsschlafsaal. Hier: Blick in ein Nonnen-Dormitorium. Französische Miniatur (15. Jh.)

Zeitmessung und Zeitmaße sind bedeutende kulturelle Errungenschaften. Das Kloster war ein Ort mittelalterlicher Hochkultur, man hantierte mit Sonnenuhr und Stundenglas, und die mechanische Uhr ist wahrscheinlich eine klösterliche Erfindung. »Die Einteilung der Zeit ist wie die Schrift im Mittelalter ein Vorrecht der Mächtigen, ein Grundpfeiler ihrer Macht«, sagt Otto Borst. »Das Volk ist nicht Herr seiner Zeit. Es fügt sich, wenn es als interessierendes Objekt überhaupt in Frage kommt …, zu allererst den Glocken. Die *horae canonicae* des Klosters werden zum differenziertesten, gültigsten Zeitmuster; die klösterliche Elite gibt im genauen Wortsinn den Ton an.«

Lesen und Schreiben

Der inneren Organisation des monastischen Lebens entsprach die architektonische Gestalt. Es gab die nach Süden gelegene Klosterkirche mit dem Kreuzgang, um die herum sich Dormitorium und Refektorium gruppierten. Unterhalb des Dormitoriums lag, als Hauptversammlungsort, der Kapitelsaal, was eine zweistöckige Architektur erforderte. Außerhalb dieses Kernbereichs befanden sich das Wohnhaus für den Abt, die Werkstätten, die Infirmerie, das ist das Gebäude für die Krankenpflege, und das Hospiz, das Gebäude für Pilger und Gäste. Der Gesamtkomplex wurde von einem Zaun, später einer Mauer, umschlossen. Es existierten kleine Klöster, größere und sehr große, einzelne Anlagen hatten fast städtische Dimensionen und wurden von vielen hundert Brüdern bewohnt.

In ihren Schreibstuben, den Scriptorien, wurden fromme Texte kopiert und neue verfasst. Die Klosterbibliotheken enthielten die historische Erinnerung der Epoche. Hier wurden die antiken und frühchristlichen Schriften verwahrt, gelesen, bedacht, kommentiert, und sämtliche Chronisten jener Zeit und alle Verfasser von historischen Beschreibungen, auf denen unsere heutige Kenntnis jenes Zeitalters gründet, waren Kanoniker, von Widukind von Corvey bis Thietmar von Merseburg. Ein paar Klöster auf deutschem Boden wurden zu wahren Leuchttürmen von Kultur und Bildung: St. Gallen, Reichenau und Fulda.

Die Geistlichen, ob hoher Klerus, Dorfpfarrer oder Mönch, beherrschten als einzige gesell-

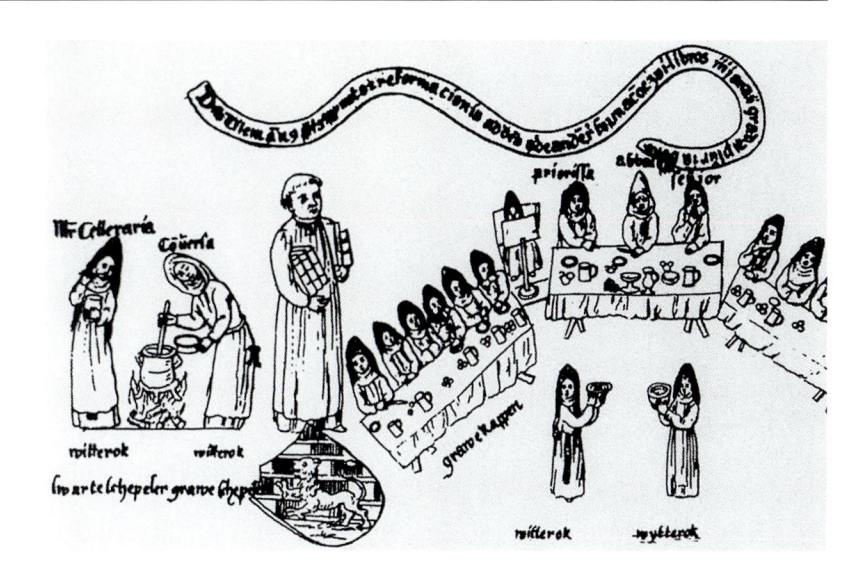

201. Fast alles im Kloster wurde gemeinschaftlich begangen, auch die Mahlzeiten. Die Illustration von 1499 zeigt das Refektorium im Nonnenkloster Medingen bei Uelzen

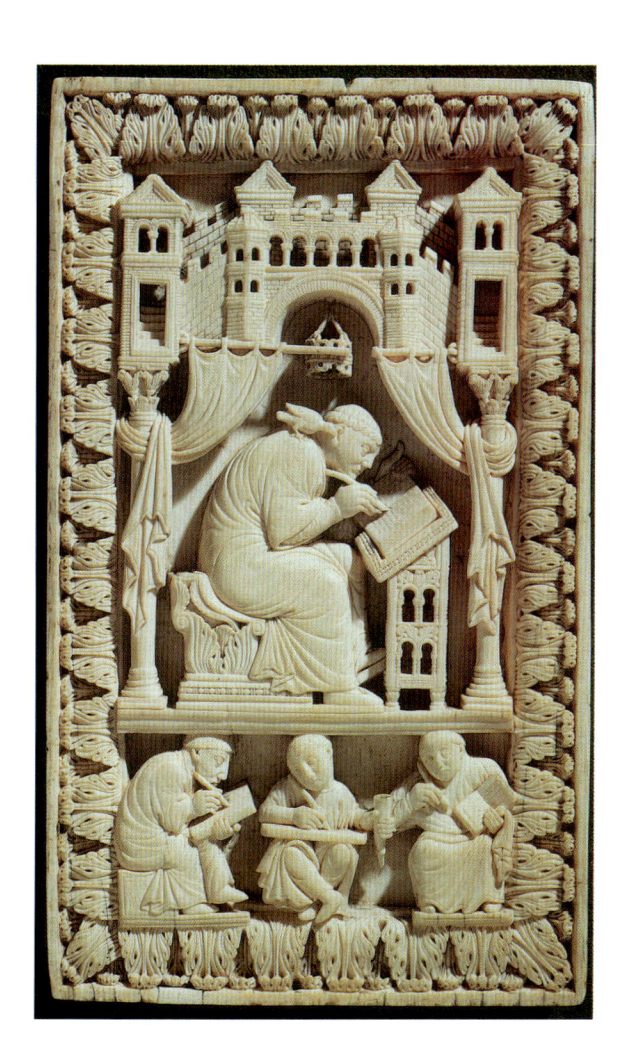

202. Schreiben und Lesen waren geistliche Tätigkeiten. Auch höchste Würdenträger, wie hier Papst Gregor der Große, waren auf dieses Können stolz (Elfenbein-Relief, Reichenau, Ende 10. Jh.)

134 Die Seele ist wie ein Wind

203. Herstellung eines Buches. Die einzelnen Szenen am Bildrand zeigen Abläufe vom Schreiben des Textes über das Einbinden bis zur Herstellung des Buchdeckels. Der Engel im Zentrum betrachtet es wohlgefällig. Das Buch ist ein geistliches (Bamberg, Mitte 12. Jh.)

schaftliche Schicht das Lesen und Schreiben. Es gab kirchliche Ausbildungsstätten, also Dom- und Klosterschulen, in denen dazu bestimmte Geistliche die Heranwachsenden unterwiesen.

»Die mittelalterliche Schule war den Tonsurierten, den Geistlichen und den Mönchen vorbehalten«, sagt Philippe Ariès. Er sieht gleichwohl – und nicht als einziger – in jenen klerikalen Unterrichtsstätten die direkten Ursprünge des modernen europäischen Schulsystems, wobei die Gegenüberstellung zwischen damals und jetzt auch sehr wesentliche Unterschiede offenbart. Sie betreffen den Umfang und die Inhalte des zu vermittelnden Wissens. Sie betreffen Art und Zweck der Vermittlung wie die personelle Ausgestaltung des Schulkörpers.

Psalmodierende Schüler

Ziel war die Heranbildung von geistlichem Nachwuchs mit der Befähigung, Gottesdienste auszugestalten samt allen zugehörigen liturgischen und rituellen Details. Die einfachste Form der Ausbildung bestand darin, dass ein Geistlicher sich seinen Nachfolger erzog. So geschah es auf dem Dorfe, und man hat darin die Ursprünge der späteren Landschule erkennen wollen. Hauptsächlich fand die schulische Ausbildung in Klöstern statt und in den Kathedralen.

»Man lernt das, was man zum Singen der Messe braucht, das heißt den Psalter, die Gebete des Kanon, und dies selbstverständlich in lateinischer Sprache, das heißt in der Sprache der Manuskripte, in denen diese Texte fixiert waren. Folglich fand dieser Unterricht auch überwiegend mündlich statt und richtete sich an das Gedächtnis«, sagt Philippe Ariès. »Die Schüler wiederholten und psalmodierten gemeinsam einen Satz, den der Lehrer ihnen vorgegeben hatte, und wiederholten diese Übung so lange, bis sie ihn auswendig konnten.«

So viel zur damaligen Methodik und Didaktik. Lektüre war nicht das erste und wichtigste Medium des Wissenserwerbs, Lesetexte dienten lediglich als Gedächtnisstütze.

Unterrichtssprache wie Unterrichtsinhalt war zunächst einmal das Lateinische. Während des Hochmittelalters gab es dann stoffliche Erweiterungen und Spezialisierung, und nunmehr

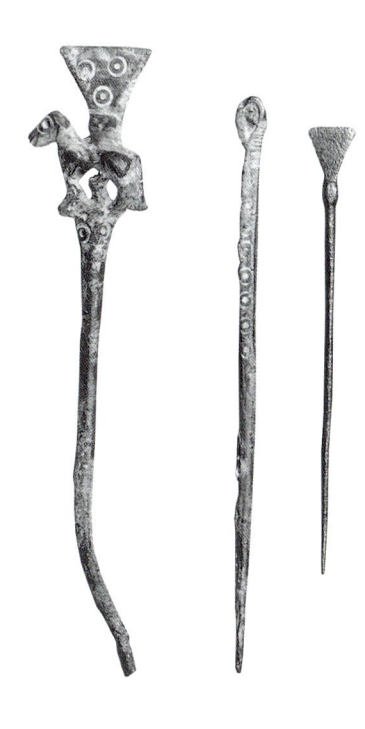

204–206. Requisiten aus dem Scriptorium: Schreibtafel mit Handgriff (13. Jh.), Tintenhorn mit Schatulle, dazu mehrere kunstvoll verzierte Schreibgriffel (11. Jh.)

207. Eintritt in das Kloster. Ein Vater übergibt seinen Sohn dem Abt (franz. Miniatur, 13. Jh.)

208. Pariser Collegium Ave-Maria. Schüler sitzen auf ihren Betten und beten. Schriftrollen zeigen Gebetsanfänge (Miniatur, 14. Jh.)

erfolgten Unterweisungen in den Artes, den sieben Künsten der Grammatik, Rhetorik und Dialektik, der Geometrie, Arithmetik, Astronomie und Musik. Wirkten zunächst an einer Anstalt nicht mehr als zwei Lehrkräfte, mussten fortan, um den größeren Lehrstoff zu bewältigen, noch Hilfslehrer oder Adlaten beschäftigt werden. Die Artes galten als eine Art Propädeuticum, als Vorbereitungskurs, sie bildeten sozusagen die Elementarstufe, die freilich mit den Elementarstufen heutiger Bildungseinrichtungen nicht zu verwechseln ist. »Die Schule setzte mit dem Lateinunterricht ein und hörte auf, wenn man mit seinem Lateinstudium so weit gekommen war, wie nötig«, sagt Ariès.

Man kannte keinerlei didaktische Abstufung. Das heute selbstverständliche pädagogische Prinzip, vom Einfachen zum Komplizierteren zu gelangen, immer angemessen den intellektuellen Fähigkeiten einer jeweiligen Altersstufe, kannte man noch nicht, so wenig wie feste Altersgrenzen für den Schulanfang und die Schuldauer. Üblich war, dass ein Kind mit acht, neun Jahren erstmals zum Unterricht ging, doch gab es vereinzelt auch jüngere wie, vor allem, sehr viel ältere Schulanfänger.

Der Umfang der Schülerschar differierte sehr stark, je nach Art und Bedeutung der Schule. Es gab bis zu zweihundert Schüler für einen einzigen Lehrer, was dann eher an den heutigen Universitätsbetrieb erinnert, und tatsächlich ist die Universität aus den Dom- und Klosterschulen hervorgegangen.

Notare und Urkunden

Ebenso wenig lässt sich Verbindliches über die Dauer der Schulzeit sagen. Sie differiert nach Regionen, nach Schulen, nach Personen; vier, fünf Jahre waren wohl die Regel, doch gibt es daneben Zeugnisse von einer zehnjährigen Dauer. Unter den Schülern befanden sich vereinzelt auch nicht für den geistlichen Dienst bestimmte Abkömmlinge aus städtischen oder aus adligen Familien.

In aller Regel beherrschten die Adligen das Lesen und Schreiben freilich nicht. Herrscher wie Otto III. oder Heinrich II. mit ihrer ausgezeichneten Bildung stellten eher die Ausnahmen, Otto I. erlernte das Lesen erst mit dreißig, sein Vater Heinrich I. blieb Analphabet sein Leben lang.

Aus den Reihen des Klerus rekrutierte sich, was man die Hofbeamtenschaft nennen könnte, also die Notare, politischen Zuträger und häufig auch das diplomatische Personal. Grund war, dass sie außer der Fähigkeit zu Schrift und Lektüre außerdem Latein verstanden. Dies war die *lingua franca* des Mittelalters, es war politische Verhandlungssprache, wie es die Sprache der Theologie war, und es war das Idiom, in dem üblicherweise Urkunden ausgefertigt wurden.

Neben männlichen Ordensleuten gab es Nonnen. Auch sie richten sich nach der Regel des heiligen Benedikt, ihre Leben und ihre Einrichtungen glichen denen der Mönche. Benediktinerinnenklöster sind auf deutschem Boden nachweisbar seit dem 8. Jahrhundert.

Das Nonnenkloster war jener Ort, wo sich weibliche Selbstverwirklichung, um diesen modernen Begriff zu verwenden, während des europäischen Mittelalters am stärksten und konsequentesten erfüllen konnte. Man hat richtig gesagt, dass die Vergeistigung, die spirituellen und ästhetischen Aktivitäten bei den Ordensfrauen wohl noch stärker und häufiger anzutreffen waren als bei den Brüdern.

Privilegiertes Leben

Auch das Nonnenkloster bildete, so wie die Mönchsabtei, eine wirtschaftliche Einrichtung, auch hier musste Grundbesitz bestellt und verwaltet werden, und auch hier, war das Latifundium nur groß genug, arbeitete zusätzlich gewöhnliches bäuerliches Personal. Überschüssige Produkte wurden auf Märkten verkauft.

Das Klosterleben war ein privilegiertes Leben. Ungeachtet seiner strengen Regeln, Übungen und Abläufe wirkte es geregelter, sicherer und humaner als das weltliche Dasein, der Ansturm von Bewerbern konnte deshalb größer sein als alle zur Verfügung stehenden Kapazitäten.

Innermonastische Konflikte, die bis zu Zweifel und Verzweiflung führen konnten, schloss dies alles nicht aus. In dem Text eines österreichischen Benediktinermönches, einem nach antiken Vorbildern verfertigten Dialog, beklagt sich ein Bruder:

»Das Leben in der Welt, in der ich lange war, hat mir in allem missfallen, deshalb habe ich auch darauf verzichtet. Aber ebenso will mir das Leben, das ich jetzt führe, ganz und gar nicht behagen; in vielem ist es mir zuwider. Es ermüden mich Versuchungen immer wieder, und mancherlei Trübsal erschüttert mich; ich kann kaum noch leben.«

209. Unterricht und Bildung sind Monopol der Geistlichen. Szene aus einer französischen Handschrift (1372)

210. Schulszene aus der Sächsischen Weltchronik (erstes Viertel 14. Jh.)

Erhaltene Bauten, erhaltenes Wort

Die Sakralgebäude aus der Zeit zwischen 950 und 1050, die auf uns gekommen sind, zeigen stilistische Gemeinsamkeiten, die man üblicherweise unter dem Namen Frühromanik zusammenfasst. Die christliche Kirchenarchitektur kennt zwei Grundformen: den Zentralbau und die Basilika. Beide gab es nebeneinander auch im Mittelalter, wobei, wie wir sehen werden, die Basiliken bald einen sehr bestimmenden Rang einnahmen.

Zentralbauten sind Baukörper mit gleich langen oder annähernd gleich langen Hauptachsen. Bei den Kirchen bildet die Grundform das völlig regelmäßige, das sogenannte griechische Kreuz, mit dem Sanktuarium in seinem Mittelpunkt; die Abdeckung erfolgt durch ein flaches Dach. Dieser Form bedienen sich bis heute die Kirchenbauten der griechischen Orthodoxie.

Statt des flachen Daches kann auch eine Kuppel aufgebracht werden, deren Formen in der Regel einen Kugelabschnitt zeigen und zwischen flach, spitz, zwiebelförmig und, zusätzlich erhöht durch einen sogenannten Tambour, in vielerlei Gestalt vorkommen. Die große Zeit der Kuppelkirchen war nach dem Frühmittelalter erst wieder das Barock; als Vorbild diente dann Michelangelos Architektur von St. Peter in Rom, der Stammkirche des weströmischen Christentums.

211. Unterweisung in Bibelkunde: Die heilige Klara unterrichtet Novizinnen (Miniatur, 1482)

Grundriss ein Kreuz

Die Basilika ist ein Langhaus. Ihr Ursprung ist heidnisch, Basilika hieß ein Priesterbau auf dem Marktplatz des alten Athen. Von anderen rechteckigen Gebäuden unterscheidet sie sich durch ihre Untergliederung in drei oder fünf Langschiffe, die voneinander getrennt werden durch Pfeiler- oder Säulenreihen, wobei das Mittelschiff breiter ausfällt als die Seitenschiffe.

Dieser Bautypus wurde von zahlreichen antiken Gebäuden wiederholt. In römischer Zeit diente er als Markthalle und Gerichtsort, unter anderem; die Basilika in Trier, sie ist die älteste ihrer Art auf deutschem Boden, war ursprünglich eine kaiserliche Aula.

212. Beispiel romanischer Sakralbaukunst. Allerheiligenkapelle des Regensburger Doms (um 1150)

Erhaltene Bauten, erhaltenes Wort 139

213. Klosterkirche der Benediktiner-Abtei von Cluny. Sie war ein Zentrum der monastischen Reformbewegung im Hochmittelalter, ein Zentrum christlicher Macht in Norddeutschland. Hier: der romanische Johannischor im Obergeschoss des Westwerks

140 Die Seele ist wie ein Wind

214. Der Dom von Speyer war unter anderem Grablege salischer Kaiser

215. Kloster Corvey war im Hochmittelalter ein wichtiges christliches und intellektuelles Zentrum auf sächsischem Gebiet (li.)

216. Blick in das Mittelschiff der romanischen Stiftskirche St. Georg, Oberzell auf der Insel Reichenau

Christliche Basiliken gibt es dann ab dem 4. Jahrhundert, und da bereits findet sich das eingeschobene Querschiff, so dass nunmehr auch hier der Grundriss ein Kreuz ergibt, das lateinische. Damit wird zugleich die innere Gliederung vorgegeben: In der Ausbuchtung am Abschluss des Langschiffes, der Apsis, steht der Altar, und davor befindet sich der Chor, vom übrigen Innenraum getrennt durch die Chorschranke.

Dieser Bautypus wird bei den großen, repräsentativen Gotteshäusern während des deutschen Hochmittelalters bevorzugt, wobei die ersten Basiliken noch flache, aus Holz gefertigte Innendecken tragen. Die frühesten steinernen Kirchen Deutschlands entstammen fast durchweg erst der nachottonischen Periode, und auch da muss wieder die Stadt Trier genannt werden, da sie den überhaupt frühesten erhaltenen Dom auf deutschem Boden besitzt.

Romanische Dorfkirchen stehen noch in manchen Tälern Südtirols, doch die allermeisten erhaltenen Bauzeugnisse jener Zeit wurden in späteren Stilperioden überbaut, die Anfänge gibt es dann nur mehr in Resten, als dämmrige Krypta, als schmutziges Fundament, das bei Grabungsarbeiten irgendwann freigelegt werden konnte.

Illumination

Sehr viel besser und sehr viel reichhaltiger als die architektonischen Zeugnisse aus jener Zeit sind Buchkunst und Kunsthandwerk überkommen. Die Buchkunst war Klosterarbeit. Sie entstand in den dortigen Schreibstuben, wo man die einzige damals mögliche Form der Vervielfältigung von Texten betrieb: durch Abschriften, die ein Kopist entweder direkt vom Ursprungstext übernahm oder die ihm, wie auch gleichzeitig anderen seinesgleichen, durch einen Vorleser vorgesagt wurden.

Das Bedürfnis, die Schrift als dekorative Zeichen zu behandeln und Eingangslettern durch Vergrößerung, Einfärbung und Ornament besonders herauszuheben, erbrachte eine Möglichkeit der künstlerischen Ergänzung, die Illumination, also die Beifügung von erklärenden Bildern, brachte eine andere. Hier finden sich dann die überhaupt frühesten bildlichen Zeugnisse, die aus dem deutschen Mittelalter erhalten sind.

217. Wandmalereien aus dem 11. Jahrhundert. Apsis der Kirche St. Peter und Paul in Niederzell, auf der Bodensee-Insel Reichenau

218. St. Michael in Hildesheim. Der romanische Bau aus dem 11. Jahrhundert ist eine dreischiffige Basilika mit flacher Holzdecke. Blick in das Mittelschiff. Das Deckengemälde stammt vom Anfang des 13. Jahrhunderts

142 Die Seele ist wie ein Wind

219. Buchdeckel für das Samuhel-Evangeliar aus dem Quedlinburger Domschatz (1225–30)

220. Kanontafel (Konkordanztabelle) aus dem Samuhel-Evangeliar. Süddeutschland (zweites Viertel des 9. Jh.)

Es geht in ihnen durchweg um religiöse Darstellungen. Sie können freilich gleichermaßen Aufschluss geben über Kultur und Lebensgewohnheiten zur Zeit ihrer Entstehung. Auffällig sind, in den Anfängen, die eigentümlich archaischen Gesichter und starren Haltungen mancher wiedergegebenen Personen; dies verdankte sich der Ikonographie des orthodoxen Christentums, das die byzantinische Staatsreligion war. Byzanz erwies sich, als politische Macht wie in der kulturellen Leistungsfähigkeit, den Ländern Westeuropas deutlich überlegen, ein geistiger und materieller Austausch zwischen Ost- und Westrom erzeugte einen ständigen Zufluss von Anregungen und Informationen.

Die bildlichen Darstellungen in den Evangeliaren wandeln sich dann. Der oströmische Einfluss tritt allmählich zurück. Die Illustrationen entwickeln ihre eigene Ästhetik, ihren eigenen Stil und neigen bald einem stärkeren Realismus zu. Solche Tendenzen gehen immer von Westen nach Osten und von Süden nach Norden; Italien und Frankreich liefern kulturell wie künstlerisch den Deutschen die Maßstäbe.

Autonome Kleinplastik

Die Einbände der frommen Bücher wurden überaus aufwendig hergerichtet: mit Metallbeschlägen, mit aufgebrachten Edelsteinen oder mit Schnitzwerk. Es handelt sich dabei um Elfenbeinarbeiten, die ein in vielen Kulturen verbreitetes und während des christlichen Hochmittelalters vermutlich durch den Islam erneut in Umlauf gebrachtes Kunsthandwerk sind. Er liefert die anderen figürlichen Darstellungen der Epoche, und auch sie sind vorwiegend, doch nicht ausschließlich, religiösen Inhalts.

Der Reliquienkult erbrachte die kunstvolle Gestaltung von Reliquiaren. Zusammen mit dem übrigen christlichen Kultgerät, wie Taufbecken, Abendmahlskelchen, Kruzifixen und Madonnen-Statuetten, zeigen sie eine zunehmende Tendenz zur autonomen Kleinplastik. Es gab auf deutschem Boden förmliche Zentren solcher Art von Kunsthandwerk und Kleinkunst: für Goldschmiedearbeiten Köln und St. Emmeran in Regensburg, für die Buchkunst Reichenau, Corvey und Fulda. Die religiösen Äußerungen des ästhetischen Tuns in jener Zeit überwiegen alles, doch haben sich daneben auch erste rein weltliche Erzeugnisse erhalten: eine Kaiserdarstellung inmitten eines Evangeliars, ein kaiserliches Siegel, und neben den vielen Goldschmiedearbeiten für religiöse Gegenstände gibt es jene kunstvolle Krone, die wahrscheinlich Otto I. als Kaiser trug und die heute die Schatzkammer der Wiener Hofburg aufbewahrt.

Reinke de Vos

Es entstand in jenem Jahrhundert nicht bloß eine bemerkenswerte bildende Kunst, sondern auch eine Dichtkunst von Rang. Sie war insofern deutsch, als sie verfasst wurde von deutschstämmigen Autoren, doch war die Sprache, in der sie sich äußerte, dann nicht Deutsch, sondern Lateinisch, denn bei den Urhebern, wie kaum anders zu erwarten, handelte es sich um Geistliche. Dies alles bedeutete indessen nicht, dass man etwa ausschließlich geistliche Inhalte suchte. Verglichen mit der bildenden Kunst zeigt sich die schöne Literatur der Zeit bei der Wahl ihrer Gegenstände sehr viel ungebundener, neugieriger und souveräner.

Die bedeutendsten literarischen Zeugnisse transportieren deswegen durchweg nichtchristliche Geschichten. So das Waltharius-Lied des Mönches Ekkard aus dem Kloster St. Gallen. Es entstand vermutlich unter dem Eindruck der von Heinrich I. und Otto I. geführten Ungarnkriege, die in Parallele gesetzt werden zu den Hunnenkriegen, und es erzählt von Walther und Hildegund am Hofe des Hunnenkönigs Attila, der die beiden als Geiseln gefangen hält.

Sie müssen sich dann auf eine lange Wanderschaft begeben. Sie gelangen an den Rhein und haben sich eines Angriffs von Gunther und Hagen zu erwehren, den Walther gewinnt; das Ende bringt dann ein versöhnliches Festmahl der Kämpfer. Bemerkenswert ist der Auftritt eines Personals, das dem Nibelungenstoff zugehört und hier zum ersten Male erscheint, um sich in späteren Abschnitten der deutschen Kulturgeschichte immer wieder einzustellen; das Epos ist in lateinischen Hexametern verfasst, der Sprache von Vergils »Aeneis«, die hier wohl unter anderem als literarisches Vorbild diente.

Der erwähnte Widukind von Corvey verfasste eine ausführliche Sachsenchronik, die vorwiegend als historische Quelle von Belang ist, doch daneben auch belletristische Hinweise enthält. So erwähnt sie außer allerlei sächsischen Volkssagen ein verschollenes Heldenlied von Iring und Irminfried, bei dem es sich offenbar um einen jener ehrwürdigen epischen Stoffe handelt, da tapfere germanische Kämpfer sich in einem tragisch-dramatischen Konflikt auseinandersetzen müssen.

In die gleiche Zeit fällt eine frühe, ebenfalls lateinische Niederschrift der großen Fabel von Reineke Fuchs. Der Inhalt ist eine gleichnishafte Erzählung menschlicher Zustände und Haltungen mit Figuren aus dem Tierreich und wird der Kulturgeschichte das gesamte Mittelalter hindurch erhalten bleiben. Er wird in französischer Gestalt auftreten, im *Roman de Renart* des Pierre de Saint-Cloud, in flämischer und in niedersächsischer Gestalt, als *vos Reinaerde* und *Reinke de Vos*. Schließlich wird er noch unseren Johann Wolfgang von Goethe beschäftigen; die Trickfilmfiguren von Walt Disney sind seine Erben in heutiger Zeit.

Am Tegernsee entstand »Ruodlieb«, ein bemerkenswerter Versroman, handelnd von einem jungen Menschen, der seine Heimat verlässt und einem fremden König dient, der um ein Edelfräulein wirbt, das seiner freilich unwürdig ist, der einen Zwerg besiegt, allerlei Weisheiten erfährt und schließlich zurückkehrt zu seiner Mutter. Es geht bei alledem sehr zaubrisch und märchenhaft zu, etwas deutscher Alltag findet statt neben sehr viel Orient, man hat dem Texte allerlei byzantinische Entlehnungen nachweisen können.

221. Tierfabelwesen auf dem Einband des Samuhel-Evangeliars (1225-1230)

222. Niedersächsisches Reliquienkreuz (Doppelkreuz) (frühes 13. Jh.)

223. Monstranz mit Bergkristallgefäß, das die Darstellung eines Fisches zeigt. Aus dem Quedlinburger Domschatz (10.–13. Jh.)

224. Zellenschmelz – das ist Email in zumeist edelmetallenen Rahmen – auf dem Buchdeckel des Samuhel-Evangeliars

Mit Hrotswith aus dem Kloster Gandersheim am Südharz betritt dann die erste deutsche Poetin die Szene. Um das Jahr 970 verfasste sie fromme Legenden und dramatische Dialoge nach dem Vorbild der Komödien des altrömischen Dramatikers Terenz. Ihr Latein ist vorzüglich. Ihre Helden sind Märtyrer, Asketen und heilige Jungfrauen. Ihre Dichtungen zeigen eine sonderbare Mischung aus Gottergebenheit und Sinnenfreude, Hrotswith oder Roswitha war ebenso hochbegabt wie hochgebildet; von der Geburt her wohl ein sächsisches Edelfräulein aus der nämlichen Gegend, der auch die Ottonen entstammten.

Es gab, von anonymen Autoren, politische Lyrik für das Kaiserhaus, sogenannte »Modi«. Es gab humoristische »Sequenzen« über unernste Geschehnisse. Es gab einen ersten Liebesdialog:

Suavissima nunna   choro miner minna
Resonant odis nunc silvae   nu singant vogela
    in walde.

(Süßeste Nonne, prüf meine Liebe. Jetzt erschallen die Wälder von Liedern. Nun singen die Vögel im Wald.)

Bemerkenswert ist hier nicht nur, dass, durch den Anonymus, ein Klosterfräulein erotisch angeschwärmt wird. Bemerkenswert ist ebenso die sprachliche Aufbereitung: Jeder zweite Halbvers wird auf Deutsch formuliert. Der gleichen Wechseltechnik bedient sich ein Mönch namens Notker aus St. Gallen; er ist schon der dritte Literat dieses Namens aus seinem Kloster und heißt deswegen mit Beinamen wahlweise Labeo, der Großlippige, und Teutonicus, der Deutsche. Er war ein ausgezeichneter Gelehrter. Er schrieb Kommentare zu biblischen und römischen Texten, wobei er teilweise auf Deutsch formuliert, und auch ein paar Verse gibt er so wieder:

Sose snel snellemo   pegagenet andermo
So uuirdet slíemo   firsniten sciltremo

(Wenn ein schneller Held einem anderen begegnet, wird schleunig der Schildriemen zerschnitten. Will heißen: Man schreitet zum Kampf.)

Ein paar Worte noch zu dem Idiom, das, als einzige Erscheinung in jener Zeit, ganz unzweifelhaft und völlig unbestreitbar den Namen Deutsch für sich beanspruchen darf.

Die Ottonen-Epoche des ausgehenden 10. Jahrhunderts ist die Zeit, da unsere Sprache einen deutlichen Wandel erlebt. Genauer gesagt: Hier vollzieht sich der allmähliche Übergang vom Althochdeutschen ins Mittelhochdeutsche, zwei linguistische Aggregatzustände, deren heutige Bezeichnung sehr viel später erfolgte und deren dokumentarische Belege ebenso zufällig wie lückenhaft sind.

Zumal für den Zeitraum zwischen 950 und 1050 fallen sie mager aus, während sie danach wie davor zahlreicher vorliegen. Zufällig sind sie in jedem Falle, auch was ihre regionale Herkunft anlangt; es gab, den Namen Alt- und Mittelhochdeutsch zum Trotz, keine verbindliche Hoch- und Schriftsprache, und die erhaltenen Zeugnisse notieren ausschließlich Dialekt.

Hier muss angemerkt werden, dass aus jener Zeit auch schriftliche Dokumente des Altsächsischen existieren, einer Vorform des Niederdeutschen, das bis heute gesprochen wird und das Autoren wie Klaus Groth, Fritz Reuter und John Brinckman zur modernen Literatursprache erhoben. Ein frühes literarisches Zeugnis ist der »Heliand«, die freie Adaption des Neuen Testaments, entstanden um das Jahr 840. Daraus hier, die Sprachgestalt zu verdeutlichen, der Wortlaut vom Anfang des Vaterunsers:

Fadar is ûsa   firiho barno
The is an them hôhon   himilika rîkea.
Geuuîhid si thîn namo   uuordo gehuuilico.
Cuma thîn crâftag rîki.

(Du bist unser, der Menschenkinder, Vater, der du in dem hohen Himmelreich bist. Geheiligt werde dein Name mit jeglichem Wort. Es komme dein starkes Reich.)

So klang die Sprache, in der die Liudolfinger Heinrich I. und Otto I. aufwuchsen. So sprach, sofern sie nicht lateinisch parlierte, wohl auch Hrotswith von Gandersheim.

Bigalan heißt singen

Die häufigeren schriftlichen Überlieferungen freilich kommen aus dem oberdeutschen Raum. Auch sie transportieren eine frühe Form der dortigen Volkssprache, und es lassen sich dabei, da sie den nämlichen Kulturraum betreffen, Veränderungen nachweisen, die in ihrer prinzipiellen Verbindlichkeit ebenso für andere deutsche Dialekte gelten dürfen.

Der Altgermanist Hans Eggers hat zu Zwecken der Demonstration zwei Texte aus verschiedenen deutschen Sprachepochen nebeneinander gestellt. Zunächst:

Erhaltene Bauten, erhaltenes Wort   **145**

Trôstet hiu, gisellion, mîne nôtstallon.
Hera sante mih god joh mir selbo gobôd,
ob hiu rât thûti, thaz ih hier gevuhti,
mih selbon ni sparôti, uncih hiu gineriti.
Nû willih thaz mir volgôn alle godes holdon.

Dies sind Verse aus dem 882 entstandenen althochdeutschen Ludwigslied eines unbekannten Verfassers. König Ludwig, Herrscher in Neustrien, redet zu seinen Leuten vor einem Kampf gegen die Normannen. Die wörtliche Übersetzung lautet:

»Tröstet euch, Gesellen, meine Notgefährten. Gott sandte mich her, und er selbst gebot mir, sofern es euch rätlich (= vernünftig) dünkte, dass ich hier fechten sollte und mich selbst nicht sparte (= schonte), bis ich euch gerettet hätte. Nun will ich, dass mir alle Holden (= Anhänger) Gottes folgen.«

Eggers hat diesen Text ins Mittelhochdeutsche übertragen:

Troestet iuch, gesellen, mîne nôtgestallen.
Her sante mich got joh mir selbe gebôt,
ob iu rât diuhte, daz ich hier gevühte,
mich selben ne sparete, unz ich iuch generete.
Nû wil ich daz mir volgen alle gotes holden.

Die Unterschiede sind evident. Die im Althochdeutschen noch volltönenden Endsilben werden vereinheitlicht zu einem gleichlautenden e-Vokal. Die befremdlich-eindrucksvolle Klangfülle geht damit weitgehend verloren.

Zusammen mit dem Melos ändert sich die Lexik. Alte Worte fallen fort und machen anderen Platz, oder Worte wechseln ihre Bedeutung. Im Folgenden ein paar beliebig herausgegriffene Beispiele:

Das althochdeutsche *itis* für Weib geht ersatzlos unter. Ebenso *mornên* für trauern, im Englischen blieb es erhalten als *to mourn*, in der gleichen Bedeutung. *bigalan* heißt singen, das Wort verschwand, nur in der Nachti*gall* hat es sich erhalten. Die lateinische Butter ersetzt *anke*, das lateinische Fieber *ritto*; *frô*, es bedeutet Herr und ist das Gegenstück zu Frau, verschwindet und erhielt sich lediglich in den Wörtern Frondienst und Fronleichnam; *êwa* bedeutet Zeit, wir haben es noch in ewig; *laib* war ursprünglich der Name für ungesäuertes und *brot* der Name für gesäuertes Brot, nun werden beide Wörter Synonyma. Und so fort.

Die Zeiten verändern sich, und mit ihnen verändert sich die Sprache. Wie sollte sie auch nicht?

225. Die Benediktinerin und Dichterin Roswitha von Gandersheim (Kupferstich, 16. Jh.)

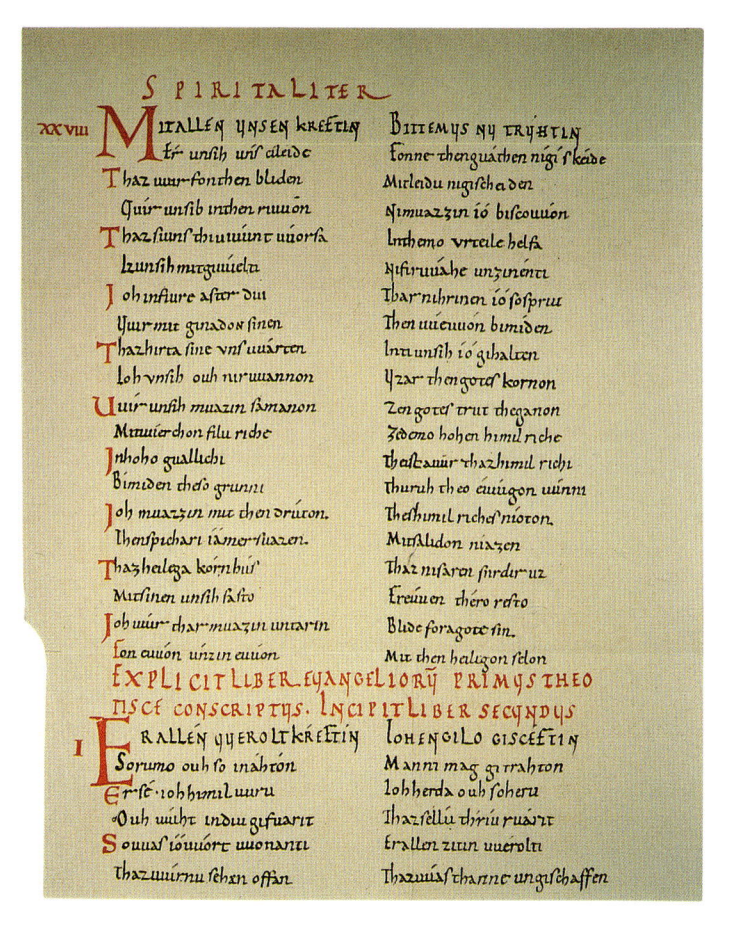

226. Textseite aus der Evangelienharmonie des Otfried von Weißenburg

Reformen

Es haben sich Rechnungsbücher erhalten, aus denen sich die Speisefolgen der klösterlichen Küche entnehmen lassen. Danach wurde Rind-, Kalb-, Lamm- und Schweinefleisch in großen Mengen verbraucht, auch Euter und Kleinteile, dazu Gänse, Enten, Hühner, Tauben und Wildgeflügel wie Haselhühner, Wachteln, Fasane, Krammetsvögel, Reiher, Tauchenten sowie vierundzwanzig Sorten Fisch. Aus einem österreichischen Kloster ist der Speiseplan eines gewöhnlichen Abendessens überkommen: eingemachte Zunge, danach Gänse, Schweinesulz und Eier in Essig. Und als Fastenspeise: Mandelmilch, Fisch in Pfeffer, Erbsen mit Äpfeln, gebratener Fisch und Spezerei.

Mit der Regel des heiligen Benedikt, der befand, »dass für jeden Tisch auch bei Berücksichtigung der verschiedenen Schwächen zwei gekochte Speisen ausreichen«, hatte das nicht mehr allzu viel zu tun, und auch sonst fing man vielfach an, die Ordensregel nachlässiger zu handhaben und sich der angenehmen Seiten des weltlichen Lebens zu freuen.

Das Bestreben, solchen Verfallserscheinungen zu begegnen, kam aus dem Inneren der monastischen Bewegung. Ausgangsort war die burgundische Benediktinerabtei Cluny, eine eigentlich schon recht alte Einrichtung, gegründet bereits im Jahre 910. Als ein Kloster, das die Benediktinerregel sehr ernst nahm und sehr streng befolgte, wuchs es unter einer Reihe bedeutender Äbte aus kleinen Anfängen zu einer zuletzt riesigen Anlage, die sich bald ein eigenes Regularium gab. Die liturgischen Übungen wurden über das von Benedikt vorgegebene Maß erweitert. Es ging um Frömmigkeit und nur darum, alles andere war jetzt sekundär oder nichtig.

Ein geistlicher Besucher von Cluny schrieb nach einem Besuche an den dortigen Abt:
»Wenn ich mich an den strengen und ausgefüllten Tageslauf in eurem Kloster erinnere, muss ich anerkennen, dass ihr vom Hl. Geist geleitet werdet. Denn ihr habt eine solch ununterbrochene

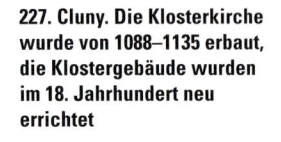

227. Cluny. Die Klosterkirche wurde von 1088–1135 erbaut, die Klostergebäude wurden im 18. Jahrhundert neu errichtet

Folge von Gottesdiensten und verbringt so viel Zeit beim Chorgebet, dass selbst an Hochsommertagen, wo das Tageslicht am längsten ist, kaum eine halbe Stunde bleibt, in der die Brüder im Kreuzgang sich unterhalten können.«

Maximen des Glaubens

Der das notierte, Petrus Damiani, wurde seinerseits ein entschlossener Reformer des Klosterlebens in Italien. Überhaupt griff die cluniazensische Bewegung über die Grenzen Burgunds rasch hinaus, zunächst nach Lothringen, wo ein wichtiger Ort der Klosterreform Gorze war; Heinrich II., letzter Ottonenkaiser und seinerseits ein tief religiöser Mann, hatte sich den Bestrebungen in Gorze nachdrücklich verschrieben.

Wichtigste Bastion der cluniazensischen Bewegung in Deutschland wurde dann Hirsau im Schwarzwald. Seine architektonische Anlage galt bald als vorbildhaft für alle monastischen Bauten, die aus dem Geiste der cluniazensischen Reform entstanden.

Die exzessive Frömmigkeit, ablesbar am beträchtlichen Umfang der liturgischen Übungen, wollte ursprünglich die weltlich-politischen Bindungen der Kirche eliminieren. Lebensinhalt des Mönches sollte der christliche Glaube sein und sonst nichts. Bald erwies sich, dass eine vollständige Abkehr von weltlichen Angelegenheiten schlechterdings nicht zu leisten war, die Klöster blieben in jedem Fall integraler Teil des gesellschaftlichen Lebens. Was am Ende herauskam, war dann lediglich eine radikal andere, eine ständig an Maximen des Glaubens orientierte und ausschließlich von Glaubensüberzeugung bestimmte Art der gesellschaftlichen Teilhabe.

Viele maßgebliche Kleriker in Bistümern wie auf dem Stuhle Petri kamen aus der Mönchsreform, und nicht bloß Kaiser Heinrich II., der später heilige, auch der herrisch-selbstbewusste Salierkönig Heinrich III. hingen ihr an; sie hatten die entsprechenden Erzieher gehabt und unterhielten noch im Erwachsenenalter innige Verbindungen zu der davon beeinflussten Geistlichkeit. Bei Heinrich III. mag dies insofern erstaunen, als bei ihm wie bei keinem anderen Herrscher die Praxis der kaiserlichen Laieninvestitur und die Abhängigkeit des Papsttums von der Krone zur selbstverständlichen und unangefochtenen

228. Eulenturm des ehemaligen Benediktinerklosters Hirsau. Hier begann die cluniazensische Klosterreform im deutschen Sprachraum

229. Betender Mönch. Aus dem Stifterbuch der Barfüßer (1424)

Praxis gedieh. Der Konflikt entstand, als ein besonders energischer und talentierter Vertreter der Mönchsreform beschloss, damit zu brechen: nicht aus hoffärtigem Leichtsinn und nicht (oder nicht bloß) aus persönlichem Ehrgeiz, sondern in der unerschütterlichen Überzeugung, dies und allein dies sei sein christlicher Auftrag. Der Mann hieß Hildebrand, als Papst hieß er Gregor VII., und er war es, der das Verhältnis zwischen Papsttum und Kaisertum zu einer welterschütternden Krise führte.

Er und jene unter seinen Nachfolgern, die aus gleicher Überzeugung handelten, schufen am Ende die Voraussetzungen zu einer weitgehenden kirchlichen Autonomie. Der erbitterte Streit der zwei Schwerter, des weltlichen und des geistlichen, sollte der deutsch-römischen Geschichte im Hochmittelalter Jahrhunderte bleiben.

Scholastik und Mystik

Nun wäre es fahrlässig, die Mönchsreform allein unter dem Gesichtspunkt dieses freilich epochalen politischen Konfliktes wahrzunehmen. Die Energien, über die das erneuerte benediktinische Klosterleben verfügte, waren sehr groß und äußerten sich in vielerlei Form. Überhaupt erlebte die Kirche in jenen Jahrzehnten Innovationen der unterschiedlichsten Art. Zwei von ihnen seien erwähnt: Scholastik und Mystik.

Die Scholastik hatte ihre Ursprünge wie auch ihre Zentren in Frankreich und England. Angesichts der regen gedanklichen Kommunikation innerhalb der Gesamtkirche griff sie bald auch nach Deutschland über. Bei der Scholastik handelte es sich, sehr vereinfacht gesagt, um den Versuch, die übernatürlichen Phänomene der christlichen Offenbarung mit den Mitteln der menschlichen Vernunft zu deuten und zu begründen. Als methodisches Werkzeug diente dabei die Logik des Aristoteles, der als die schlechthin unangefochtene philosophische Autorität galt; übliche Formen des Vortrags waren der Kommentar, also die Auslegung, und die Disputation.

Die Scholastiker haben viel für die Bewahrung, Wiederentdeckung, Überlieferung und Pflege der antiken Philosophie getan. Sie haben das Nachdenken über naturwissenschaftliche Erscheinungen befördert. Ihre Vertreter dienten als Lehrer an den Dom- und Klosterschulen, aus denen sich später der Universitätsbetrieb entwickeln würde. Eine scheinbar gegenläufige Form der christlichen Selbstverwirklichung war die Mystik. Es handelt sich hier um eine durch beharrliche Meditation und inbrünstige Gebetsübung bewirkte Annäherung an Gott, hinführend bis zu einer spirituellen Vereinigung, der *unio mystica*.

Makrobiotische Ernährung

Mystiker finden sich in fast allen Religionen. Im Christentum reicht die Überlieferung weit zurück, bis in die Anfänge; man hat rechtens gesagt, sowohl der Apostel Paulus wie der Evangelist Johannes seien eigentlich Mystiker gewesen, und ihre biblischen Texte weisen es auch so aus.

Die enorme Ausbreitung der Mystik im Hochmittelalter geschieht dann vor allem durch Rückgriffe auf Texte des Kirchenvaters Augustin und durch Rückbesinnung auf Teile der antiken Philosophie. Hierdurch ergaben sich wieder Berührungen mit der Scholastik, was nur auf den ersten Blick sonderbar erscheinen mag, denn weder waren die bedeutenden Scholastiker so ausschließlich vernunftgeleitet, wie es ihre Lehrpraxis und viele ihrer wissenschaftlichen Resultate nahelegen, noch waren die Mystiker so völlig weltentrückt, wie angesichts ihrer Glaubenspraxis zu vermuten.

Dies wird unter anderem deutlich an einer der wohl eindrucksvollsten Persönlichkeiten im damaligen Deutschland, Hildegard von Bingen.

Die 1098 geborene Tochter aus einer kinderreichen rheinländischen Adelsfamilie war als Kind häufig krank und hatte schon in dieser Zeit fromme Visionen. Im Alter von acht Jahren wurde sie der Obhut einer Nonnengemeinschaft zu Disibodenberg bei Bingen übergeben. 1136 stieg sie zu deren Äbtissin auf und gründete schließlich das Kloster Rupertsberg, ebenfalls nahe Bingen.

Sie begann ihre spirituellen Erlebnisse aufzuschreiben. Das machte sie rasch sehr bekannt. Sie war Theologin und Predigerin, sie hat eine Reihe kirchlicher Gesänge komponiert und auch ein geistliches Singspiel. Sie schrieb zahllose Briefe. Sie verfasste eine Reihe von geistlichen Dichtungen. Sie kümmerte sich um die Medizin, um die Pflanzenheilkunde und notierte entsprechende Traktate. Selbst Kochrezepte von ihr sind reichlich überliefert. Die Politik ging sie wiederholt um Rat an, und wie ihre männlichen Ordensbrüder wurde sie mit diplomatischen Aufgaben betraut.

Sie war eine der bemerkenswertesten Figuren jener Epoche, und inmitten einer reinen Männergesellschaft erlangte sie als Frau einen Einfluss, wie er sich bloß noch mit jenem der Kaiserinwitwe Theophanu vergleichen lässt. In ihrer Person und ihrer geistigen Hinterlassenschaft entdeckten sich spätere Zeitalter immer wieder neu, bis hin in unsere Gegenwart, die Hildegard von Bingen als Modellfall der feministischen Emanzipation begreift und außerdem als Modellfigur für die makrobiotische Ernährung und für allerlei esoterische Exerzitien.

Sie kann sich dagegen nicht mehr wehren. In einer ihrer lateinisch geschriebenen Dichtungen heißt es:

Die Seele ist wie ein Wind, der über die Kräuter weht,
Und wie ein Tau, der auf die Gräser träufelt,
Und wie die Regenluft, die wachsen macht.
Genauso ströme der Mensch sein Wohlwollen aus
Auf alle, die da Sehnsucht tragen.
Ein Wind sei er, der den Elenden hilft,
Ein Tau, indem er die Verlassenen tröstet,
Und Regenluft, indem er die Ermatteten aufrichtet
Und sie mit der Lehre erfüllt wie Hungernde:
Indem er ihnen seine Seele gibt.

230. Hildegard von Bingen – hier bei der Niederschrift ihrer Visionen – gilt als eine der einflussreichsten geistlichen Denkerinnen des Hochmittelalters (Rupertsberger Codex)

231. Mainz war häufiger Schauplatz der Fürstenversammlungen zur Königswahl. Der Dom St. Martin und Stephan, hier die Gesamtansicht von Südosten, war Bischofskirche des Erzkanzlers

Romanisches

Die Herrscher der salischen Kaiserdynastie sind beigesetzt in der Krypta des Doms zu Speyer. Er war die Grablege und die Hauptkirche dieser rheinfränkischen Herrscherfamilie; Konrad II., ihr Begründer, hatte mit dem Bau der oberrheinischen Basilika begonnen, um das Jahr 1030, sein Nachfahr Heinrich IV. hatte sie später umbauen und die Wölbung anbringen lassen. Der hohe dreischiffige Bau mit seinen sechs Türmen ist das überhaupt größte erhaltene romanische Bauwerk in Deutschland.

Die Romanik war der nun allgemeine Baustil für repräsentative Architekturen geworden. Sein Name sagt aus, dass er sich an Bauten des alten Rom orientierte, die im deutschen Südwesten noch reichlich umher standen; mehr noch traf man auf sie bei den Italienzügen der deutschen Herrscher. Mit der zeitlichen Entfernung eines Dreivierteljahrtausends schloss die Baukunst Mitteleuropas damit an jene des untergegangenen mittelmeerischen Weltreichs der augusteischen Imperatoren an, stilistisch wie technologisch. Die Romanik war der Versuch einer Renaissance. Er war darin nicht der erste, den hatte man schon unter Karl dem Großen probiert, und schon gar nicht würde er der letzte bleiben.

Auch die übrigen großen romanischen Bauwerke entstehen in jener Zeit, voran die zwei anderen Kaiserdome am Oberrhein, der in Worms und der in Mainz. Es sind nicht mehr allein die größeren Dimensionen, die diesen Arbeiten ihre Nachdrücklichkeit verleihen, es ist auch ihr skulpturaler Schmuck. Längst belässt man es nicht mehr bei der Ausschmückung von Kapitellen. Die Portale und die Innenräume werden jetzt reichlich mit steinernen Figuren versehen, mit Heiligen und Dämonen, mit Allegorien und mit Epitaphen. Die Kunstfertigkeit ist oftmals enorm. Etliche dieser Arbeiten, so der Reiter im Bamberger Dom (der möglicherweise ein Denkmal für den Gründer dieses Gotteshauses, Kaiser Heinrich II. ist), haben es zu einer die Jahrhunderte überdauernden Prominenz gebracht.

Gestik und Mimik, Haltung und Faltenwurf zeigen eine wohlkalkulierte Genauigkeit und Anmut. »Es ist kaum vorstellbar«, sagt der Kunsthistoriker Hermann Fillitz, »dass diese Beherrschung des menschlichen Körpers, diese Art des Verhältnisses von Gewand und Körper, die Einheit des Menschen in Ausdruck und Handlung und schließlich sein Verhältnis zu dem ihn umgebenden Bewegungsraum ohne eine Verbindung zur Antike angeregt und gelöst werden konnte. Das muss durchaus nicht unbedingt als unmittelbares Studium antiker Werke verstanden werden, wenngleich dem mittelalterlichen Künstler in den Kirchenschätzen genügend Originale eine Vertiefung in die antike Kunst ermöglichten. Viele mittelalterliche Goldschmiedearbeiten sind noch heute mit Kameen aus der Antike geschmückt.« Ein berühmtes deutsches Beispiel hierfür ist das sogenannte Lotharkreuz.

Dass der Bamberger Reiter, um bei unserem Beispiel zu bleiben, sein direktes Vorbild in den Reiterstatuen der alten Römer hat, ist unzweifelhaft. Das schon in ottonischer Zeit höchst lebendige und reiche Kunsthandwerk, das Fillitz

232. Der Bamberger Reiter, antiken Vorbildern nachempfunden, gilt als eines der schönsten Beispiele von hochmittelalterlicher Bildhauerkunst. Er steht, hoch über den Köpfen der Beschauer, vor einem Pfeiler an der Nordseite des Bamberger Doms (erbaut zwischen 1225 und 1237)

233. Illustration zur 6. Vision der Hildegard von Bingen. (Rupertsberg, 12. Jh.)

erwähnt, entwickelt sich unterdessen seinerseits weiter. Die erhaltenen Kirchenschätze der mittelalterlichen Kathedralen sind von Evangeliaren, Monstranzen und Reliquiaren aus dieser Epoche übervoll. Die Buchmalereien werden zahlreicher, sie werden vollkommener und widmen sich noch häufiger zeitgenössisch-weltlichen Themen, ohne dabei einen biblischen oder sonstwie religiösen Vorwand überhaupt noch zu bemühen. Kunsthandwerk jenseits des kirchlichen Raumes zeigt auf das Eindrucksvollste der sogenannte Gisela-Schmuck, den man der Gemahlin Kaiser Konrads II. zuschreibt, der aber möglicherweise älter ist. Auch Zeugnisse reiner Profanarchitektur aus jener Epoche sind erhalten, steinerne Burgen und Pfalzen, etwa die in Memleben und in Forchheim. Die Kaiserpfalz von Goslar wurde im 19. Jahrhundert gründlich überbaut, im historistischen Geschmack jener Zeit, doch etwas von dem Charakter und den Dimensionen des ursprünglichen Bauwerks blieb bei alledem erhalten.

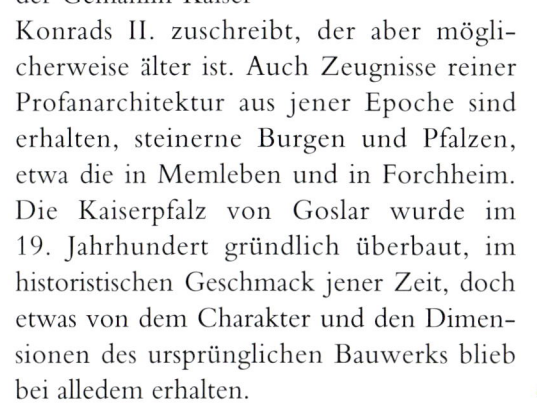

Natürlich sind die darin aufgebrachten Fresken ein wilhelminisches Produkt, doch die ältesten wohlerhaltenen Zeugnisse deutscher Wandmalereien, meist sind sie religiösen Inhalts, stammen jedenfalls aus salischer Zeit. Sie zeigen noch nicht die ästhetische Souveränität der Skulpturen, aber sie sind erkennbar dorthin unterwegs.

Aufrufe zur Askese

Die schöne Literatur der salischen Zeit steht in ihrer Entwicklung jener der bildenden Kunst kaum nach. Durch ihre Bindung an die Schriftlichkeit blieb sie dem klerikalen Bereich fast noch mehr attachiert als die Architektur und das Kunsthandwerk, mit immer währenden Folgen für die Themenwahl und den sprachlichen Ausdruck. Chroniken sowie Traktate und Kommentare der theologischen Autoren bedienen sich ganz selbstverständlich weiterhin des Mittellateinischen, als der *lingua franca* der Kirche, doch finden sich jetzt mehr und mehr auch deutschsprachige Texte.

Sie vermitteln zunächst einmal religiöse Inhalte. Sie bleiben damit in der Tradition, die inzwischen ihrerseits schon ehrwürdig ist und für die der altsächsische »Heliand« steht; andere, althochdeutsche Texte frommen Inhalts waren die Bibelnachdichtung des elsässischen Mönches Otfried von Weißenburg gewesen und dann das Wessobrunner Gebet. Gleichwohl ist das um 1060 in Bamberg entstandene Lied des Ezzo eine Leistung von neuer Qualität. Es handelt sich hierbei um einen äußerst kunstvollen Text für den geistlichen Chorgesang.

Die übrigen geistlichen Texte aus salischer Zeit sind Predigten, sind Aufrufe zu Askese und Barmherzigkeit. Die Themen wechseln vom Neuen Testament zum Alten, die Genesis wird ins schriftliche deutsche Wort gebracht, dazu das Lob Salomonis, die Legende von Judith, der Gesang der drei Jünglinge im Feuerofen. Nach Roswitha und Hildegard von Bingen mit ihren lateinischen Versen gibt es jetzt auch eine deutschsprachige Lyrikerin, Frau Ava aus der Umgebung des österreichischen Klosters Melk. Sie verfasst Verse voller mystischer Ergriffenheit und inständiger Christus-Minne. Daneben, und das erst macht den entscheidenden Wandel aus, entwickelt sich, und zwar gleich im großen Stil, eine nur mehr weltliche Dichtung deutscher Sprache. Die Verfasser müssen Kleriker gewesen sein oder jedenfalls Personen mit klerikaler Erziehung. Es sind fünf große Dichtungen, von denen hier zu reden ist.

Die erste, das Epos um König Rother, ist ein Versroman um einen märchenhaften Herrscher, für den es vermutlich sogar historische Vorbilder gibt, langobardische und normannische. Die zweite ist eine Dichtung um jenen Herzog Ernst, für den ein Stiefsohn von Salierherrscher Konrad II. das historische Modell abgab, der aber ausgestattet wird mit vielerlei legendären Zutaten. Die dritte und umfänglichste ist die um 1147 entstandene Kaiserchronik, die in über 17 000 deutschen

234. Vorderansicht des Lothar-Kreuzes, das um 1000 in Köln entstand. Das Medaillon im Zentrum des Kreuzes ist eine römische Gemme

235. Adler-Fibel aus dem sogenannten Gisela-Schmuck. Die Gewandspange gehört zu einer Sammlung von Schmuckstücken, die der Gemahlin Konrads II. zugeordnet werden

Versen die europäische Geschichte von Gaius Julius Caesar bis hin zur damaligen Gegenwart erzählt und kommentiert.

Daneben gibt es noch die (gleichfalls sehr freien) Verserzählungen um zwei hochberühmte Figuren: Alexander den Großen und Roland, den Verwandten und Feldherrn Karls des Großen, der im Kampf gegen Sarazenen fiel. Diese zweite Dichtung hat ein literarisches Vorbild, nämlich eine französische *chanson de geste*, ein Heldenlied. Die Adaption von Stoffen, die westlich des Rheines populär sind, einschließlich der dabei gepflegten literarischen Formen, wird demnächst zu einer förmlichen Pflichtübung hochmittelalterlicher deutscher Belletristen werden.

Gleichfalls in die nahe Zukunft weist die in den letzten salischen Jahren ungemein verbreitete Mariendichtung. Ihr Gegenstand ist selbstverständlich tief religiös, aber die Leidenschaft, mit der die Gottesmutter angerufen wird, hat unverkennbar erotische Züge; die erst sehr viel später, nämlich von Sigmund Freud behauptete Gemeinsamkeit von Liebe und Tod findet im Zeitalter der Mystik ihren literarischen Beleg.

> Nû denchent, wîb unde man war ir sulint werdan.
> Ir minnont tisa brôdemi unde wânint iemer hie sîn.
> Si ne dunchent iu nie sô minnesan eina churza wîla
>   sund ir si hân:
> Ir ne lebint nie sô gerno manegiu zît ir muozent
>   verwandelon disen lîp.

(Jetzt gedenkt, Frauen und Männer, wohin ihr kommen sollt. Ihr liebt diese Vergänglichkeit und wähnt, immer hier zu sein. Sie dünkt euch so lieblich, aber nur eine kurze Zeit wird sie euch bleiben. Ihr lebt so gern lange Zeit, und doch müsst ihr euren Leib verlassen.)

Dies sind Verse aus einem »Memento mori«, also einer Bußpredigt über die Hinfälligkeit alles Irdischen, entstanden im alemannischen Sprachraum. Die Endsilben mit den vollen Vokalen sind eine Eigenart des dortigen Idioms und haben sich bei manchen Schweizer Lokaldialekten bis heute erhalten.

Ansonsten zeigt der Text bereits vollständig das, was eine spätere Sprachwissenschaft Mittelhochdeutsch nennen wird. Die Worte, lange genug betrachtet, beginnen uns ihren Sinn zu erschließen. Das alemannische »Memento mori« mit seiner eindrucksvollen Formulierkunst steht unmittelbar am Beginn einer der ganz großen Epochen deutscher Dichtkunst.

236. Blick von der Donau auf das Benediktinerstift Melk. Aus dieser Umgebung stammt Ava, die erste deutschsprachige Lyrikerin

237. Der Weserbrunnen. Illustration zum »Wessobrunner Gebet« (Bayern, 9. Jh.)

Zisterzen, Ketzer, Bettelorden und Universitäten

238. Bernhard von Clairvaux. Glasierte Terracottaskulptur aus der Kirche S. Coce in Florenz (15./16. Jh.)

239. Ehemalige Zisterzienserabtei Maulbronn (12. Jh.)

»Nie hat ein Orden einen rascheren und gewaltigeren Siegeszug über die Welt gehalten«, schreibt der deutsche Journalist, Historiograph und Romanschriftsteller Theodor Fontane. »Fünfzig Jahre nach der Gründung des Ordens gab es 500, hundert Jahre nach der Gründung bereits 2 000 Zisterzienserklöster.« Diese Sätze stehen im dritten Band der »Wanderung durch die Mark Brandenburg«, der sich ausführlich zur Kolonisation des Havellandes äußert, und tatsächlich ist die Christianisierung und Germanisierung Ostelbiens im Hochmittelalter ohne diesen Mönchsorden nicht denkbar.

Der Name bewahrt den Ursprungsort, *Cîteaux*, nach dem lateinischen Cistercium, was Ziehbrunnen bedeutet, also Zisterne. In der kleinen burgundischen Gemeinde nahe Dijon gründeten am 21. März 1098 22 Ordensmänner ein neues Kloster, Robert hieß ihr erster Abt, später wurde er heilig gesprochen.

Sie kamen aus der Benediktinerabtei von Molesme, auf der Grenze von Burgund und Champagne, und sie hatten sich von dort entfernt, da sie den Niedergang ihres Hauses in Nachlässigkeit und innerem Verfall nicht länger ertragen mochten. Dabei war Molesme ein Kloster der cluniazensischen Reform. Das ständige Wechselspiel von strenger Erneuerung und folgender Dekadenz, die dann eine andere Erneuerung provoziert, kennzeichnet das gesamte christliche Mönchstum.

In Cîteaux entsagte man der Rede, dem Wein und dem Fleisch. Diesem Verzicht widersprach sonderbar der außerordentliche Eifer der Ordensbrüder bei allem agrikulturellen Tun, von der Feldbestellung bis zur Viehhaltung, vom Fischereiwesen bis zum Weinanbau. Dass der fortwährende Umgang mit Nahrungs- und Genussmitteln am Ende die strengen zisterziensischen Gewohnheiten aufweichen würde, geschah so fast zwangsläufig.

Die Ausbreitung der Zisterzienser erfolgte über Filiationen, also Tochtergründungen, eine der ersten war Clairvaux. Geschaffen hat sie Bernhard von Fontaine, der mit dem Abt von Cîtaux in Konflikte geraten war. Clairvaux stieg dann auf zur einflussreichsten Zisterz überhaupt, 68 Filialgründungen gehen allein auf sie zurück.

Bernhard wurde im Jahre 1090 geboren. Der Spross eines burgundischen Kleinadelsgeschlechtes erhielt, auf Betreiben seiner frommen Mutter, eine kirchliche Erziehung, und die führte, nach kurzem weltlichen Zwischenspiel, ganz richtig zum Mönchtum. Das schon zu seinen Lebzeiten enorme Ansehen Bernhards gründete auf seine Beredsamkeit, seine literarischen Leistungen und seine kirchenpolitische Aktivität. Bei seinem Biographen Peter Herde ist er »ein hagerer Mann in heller Mönchskleidung«, der durch halb Europa zieht, »gefolgt von Scharen von Kranken und Besessenen, die ihn, der selbst leidend war, um Heilung anbettelten. Er reiste nie allein, eine Gruppe von Mönchen umringte ihn, und oft genug eine Menge anderer geistlicher Würdenträger. Meist sah der Mann nichts von seiner Umgebung, da er, auch auf dem Rücken seines Pferdes, in tiefe Meditation über die Liebe zwischen Gott und Seele versunken war."

Er war ständig magenkrank und litt an Magersucht. Er war ein erfolgreicher Prediger selbst im Ausland, wo er sich nur über Dolmetscher mitteilen konnte. Vornehmlich seiner Propaganda ist das Zustandekommen des zweiten Kreuzzugs von 1147 zu danken, der katastrophal endete, was Bernhard wusste und was ihn wohl auch gepeinigt haben mag.

Seine andere Leistung waren seine theologischen Schriften: Predigten und Bibelexegesen, nicht gerechnet den Epistolar. Er gilt als bedeutendster Mystiker des Hochmittelalters neben Hildegard von Bingen, mit der er übrigens kommunizierte. Bernhards exegetische Arbeiten umkreisen das Hohelied Salomonis, dessen höchst diesseitige Erotik er als Metapher begriff und zu einer Paraphrase auf die Beziehung zwischen Seele und Gott erhob; die beträchtlichen Energien der Sexualität waren ihm offenbar bekannt, er wollte sie zum Spirituellen hinlenken. Verglichen mit den Schwärmereien späterer Mystiker geht es bei ihm noch einigermaßen rational zu.

Außerdem ergriff er politisch Partei. Er nahm an Konzilien teil. Er engagierte sich in Streitigkeiten des Adels. Er gab Anweisungen zum Umgang mit Ketzern und Juden. Wenn er polemisierte, konnte er derb und schneidend werden; bei aller kontemplativen Versunkenheit blieb er sich seiner Außenwirkung offenbar bewusst. Es scheint, dass er sie genoss, jedenfalls hat er sie gezielt eingesetzt. Dies geschah zumal bei seiner wohl erheblichsten Auseinandersetzung, jener mit dem Zeit- und Altersgenossen Pierre Abaelard. Sie entzündete sich an liturgischen Einzelheiten und führte bald zu einem theologischen Grundsatzstreit, in dem auch Mystik gegen Scholastik und Metaphysik gegen Dialektik standen. Abaelard unterlag. Sein politischer Schüler Arnold von Brescia wurde von Bernhard geradezu denunziatorisch verfolgt. Wo immer der Abt von Clairvaux Häresie witterte, wurde er zum unnachsichtigen Ankläger, der französische Historiker le Goff hat ihn rundheraus einen vorweggenommenen Inquisitor genannt.

Er starb 1153 in seinem Kloster Clairvaux. Bereits 21 Jahre später wurde er heilig gesprochen.

Fränkischer Lebkuchen

Da hatten sich, wie von Fontane erwähnt, die Zisterzienser schon ausgebreitet, durch Töchterklöster, die ihrerseits Neugründungen inspirierten. Der Orden strebte über die Grenzen von Burgund rasch hinaus, er eroberte Flandern, die britischen Inseln, Norditalien, Spanien und Portugal, Skandinavien und Ungarn. Nach Frankreich mit 246 Klöstern war er am erfolgreichsten im deutschen Sprachraum, wo es schließlich über 140 Ordenshäuser gab.

Die Blütezeit der Zisterzienser war das 12. und 13. Jahrhundert. Einzelne Ordensleute wirkten maßgeblich mit in der allgemeinen europäischen Politik. Es gab zahlreiche zisterziensische Bischöfe, 22 Kardinäle und zwei Päpste entstammten dem Orden. Die Staufer neigten deutlich dem Orden zu, Kaiser Barbarossa hat gleich zweimal das Stammhaus Cîteaux besucht.

Das Zisterzienserkloster bevorzugte, im Gegensatz zur Benediktinerabtei, die wie das Kastell auf einem Berge stand, entschieden das flache Land, zumal die Nähe zum Wasser, und setzte sich am liebsten in ein Flusstal. Es war gekennzeichnet durch Wirtschaftshöfe, Werkstätten und den manuellen Fleiß seiner sämtlichen Bewohner. In alledem wurde es damit das geistliche Gegenstück zur wichtigsten zivilisatorischen Innovation des europäischen Hochmittelalters, der Stadt.

Beider Erfolg war ökonomisch-gesellschaftlich bedingt, durch die höhere Produktivität und durch die Existenz einer Gemeinschaft, deren Hierarchien die strengen feudalen Abhängigkeiten aufbrachen, da sie multipler und auch egalitärer war. Die Zisterzienserabtei in ihrer vollkommenen Ausprägung umwehte ein spürbarer Hauch von Frühbürgerlichkeit. Dies wird am sichtbarsten dort, wo die wirtschaftliche Erfolgsgeschichte des Ordens triumphiert. Bei den Engländern waren über eine lange Zeit hinweg Schafzucht und Wollgewinnung ein ausschließliches Zisterziensergeschäft. Die Mönche zeigten sich als begabte Bienenzüchter, gute Käsemacher und erfolgreiche Bierbrauer. Der fränkische Lebkuchen und gute Apfelsorten wie Borsdorfer und Renette gehen auf sie zurück.

Pompöse Ruine

Das flämische Kloster Ter Duinen oder Les Dunes in der Nähe von Brügge gewann durch Eindeichungen Land für umfängliche Agrokulturen. Es betrieb daneben Fischfang und Handel und unterhielt eine eigene Flotte, seine Novizen zogen zum Studium nach Paris in ein eigenes Hochschulkolleg. Seine durch Reichtum begründete Macht war so beträchtlich, dass der Abt zum britischen Bevollmächtigten beim Freikauf des Königs Richard Löwenherz aus deutscher Gefangenschaft wurde. Das Zisterzienserkloster Walkenried im Südharz betrieb eine der ältesten Bergbauanlagen in Deutschland, den Rammelsberg bei Goslar. Andere Zisterzienser widmeten sich der Erz- und Kohleförderung in Oberharz und Erzgebirge, der Salzgewinnung in Lüneburg und im steirischen Aussee.

Wir halten damit bei den deutschen Aktivitäten des Ordens. Die Gründungen erfolgten über drei Primärabteien, Kam und Altenberg im Rheinland und Esrom in Dänemark; die Ausbreitung in Österreich geschah über das Kloster Morimond in der Champagne. Bedeutende deutsche Zisterzienserklöster waren Maulbronn und Salmansweil, das heutige Salem, dazu Arnsburg in Mittelhessen, Erbach und Heilsbronn in Franken, Loccum und Amelungsborn in Niedersachsen. Die baulichen Anlagen wurden zumeist in späteren Perioden architektonisch überholt und ergänzt. Walkenried, heute eine pompöse Ruine, über-

240. Fischfang und Fischzucht spielten im Klosterleben eine bedeutende Rolle. Niederösterreichische Miniatur, um 1200

241. Klöster waren Selbstversorgungsbetriebe. Hier: Obstkeller mit eingelagerten Birnen (»Speculum naturae«, 13./14. Jh.)

nahm die Benediktinerabtei von Schmölln nahe Naumburg, das heutige Schulpforta; die Portenser dürfen gleich zwei zivilisatorische Verdienste beanspruchen: die Einführung des bis heute betriebenen Weinanbaus an Saale und Unstrut und eine Schlüsselfunktion bei der deutschen Ostkolonisation. Die Leistungen der Ordensleute von Cîteaux bei Rodung, Urbarmachung, Meliorisation waren außerordentlich. Mecklenburg und Pommern wurden von Esrom, Brandenburg und die Lausitz von Kam und Altenberg aus erschlossen; spätere Klostergründungen gab es in Schlesien, Polen und im Baltikum.

Taten und Wohltaten

Bereits der Reformorden von Cluny hatte, durch die Sakralarchitektur seines Stammhauses, erhebliche baugeschichtliche Folgen gezeitigt, und zumal die Romanik in Deutschland erfuhr über die cluniazensische Bauschule von Hirsau, wir sagten es, bedeutende Anregung. Die Ordensleute von Cîteaux, erfahrene Bauhandwerker und fleißige Ziegelbrenner, wurden während der deutschen Ostkolonisation zu Promotoren der Backsteingotik.

Hochbedeutende Sakralbauten jenes Stils verdanken sich ihnen: Doberan in Mecklenburg, Eldena in Vorpommern, Lehnin, Chorin und Zinna in Brandenburg. Dies sind nur einige Beispiele – »überall, wo die Ostwand einen chorartigen Ausbau, ein sauber gearbeitetes Sakristeihäuschen oder das Dach infolge späteren Anbaus eine rechtwinkelige Biegung, einen Knick zeigt, überall da mögen wir sicher sein – hier waren Zisterzienser«, schreibt Fontane. »Das Gedächtnis an sie und an das Schöne, Gute, Dauerbare, das sie geschaffen, ist geschwunden; uns aber mag es geziemen, darauf hinzuweisen, dass noch an vielen hundert Orten ihre Taten und Wohltaten zu uns sprechen.«

Sie waren darin nicht die einzigen. Fast zur gleichen Zeit wie Cîteaux entstand in Prémontré bei Laon in der Picardie ein anderer Orden, hier hieß der Gründer Norbert von Xanten. Er war zunächst Hofkaplan bei Salierkaiser Heinrich V. gewesen, zog sich aber schon fünf Jahre vor dessen Tod von diesem Amte zurück und gründete sein Reformkloster. Er hatte als Wanderprediger einen beträchtlichen Einfluss.

242. Backsteingotik in der Mark Brandenburg: Außenansicht des Klosters Chorin

243. Kloster Lehnin. Außenansicht der Kirche (Baubeginn 1190)

Zisterzen, Ketzer, Bettelorden und Universitäten **157**

Die Synthese von kontemplativer Beschaulichkeit und apostolischer Aktivität bei den Prämonstratensern ähnelt jener des Ordens von Cîteaux, und in etwa vergleichbar war auch ihr Erfolg. Die anfängliche Praxis, monastische Einrichtungen für Mönche und Nonnen in enger Nachbarschaft zu betreiben, als förmliche Doppelklöster, wurde nach zwei Jahrzehnten verboten. Norbert selbst ging 1126 als Erzbischof nach Magdeburg, wodurch sein Orden in den ostdeutschen Territorien ein neues Betätigungsfeld und eine beträchtliche Wirkung fand.

Insgesamt gab es um 1230 in Europa etwa tausend Prämonstratenserklöster. In Deutschland waren sie wesentlich konzentriert auf die von Magdeburg aus erreichbaren und missionierbaren Regionen, voran die Altmark; die Bischofsstühle von Brandenburg, Havelberg und Ratzburg befanden sich in Händen des Ordens. Bereits im Land Brandenburg rivalisierten sie aufs heftigste mit den Zisterziensern.

Konsequente Askese

»Freilich«, sagt der Kirchenhistoriker Karl Suso Frank, »teilte der Orden nach guten hundert Jahren seines Bestehens auch das Schicksal des verwandten Ordens von Cîteaux; gleich diesem musste er zur Kenntnis nehmen, dass sich die eigene Lebenskraft erschöpft und religiöses Leben sich immer wieder neue Ausdrucksformen schafft, die zur Entstehung neuer Ordensgemeinschaften führt und die bisherigen in den Hintergrund drängt.« Innovation in christlichen Glaubensdingen bedeutet in jedem Falle eine Abkehr vom Gewohnten. Meist geht es einher mit einer gewollten Rückkehr auf das Eigentliche und Ursprüngliche. Reform bedeutet in ihrem Wortsinn zunächst gar nichts anderes, doch gewöhnlich kann, was am Ende entsteht, dann durchaus unerhört wirken, und außer Zustimmung mag es deswegen auch Befremden, wo nicht Gegnerschaft provozieren. Ein Mann wie Bernhard von Clairvaux war zu seinen Lebzeiten nicht unumstritten. Er seinerseits war, es wurde erwähnt, jeder Abweichung von der christlichen Botschaft, wie er sie verstand und vertrat, mit eifernder Unerbittlichkeit hinterdrein.

Insofern sind die Grenzen zwischen Innovation und Häresie, zwischen Erneuerung und Ketzerei

244. Langhaus und Chor der Klosterkirche Chorin

245. Kreuzgang des Klosters Lehnin

allemal fließend, und weder in ihrem religiösen Ansatz noch in vielen Einzelheiten ihrer Praxis lassen sich zum Beispiel Zisterzienser und Katharer voneinander unterscheiden.

Katharer ist eine etwas irreführende Sammelbezeichnung für christliche Strömungen des frühen und Hochmittelalters, die auf eine Erneuerung des Glaubens durch strenge Askese und konsequente Befolgung des Armutsgebotes drängten. Von der katholischen Amtskirche wurden sie niemals anerkannt, und im Gegensatz zu den Reformationsbestrebungen des Spätmittelalters, zwischen Wycliff, Hus, Luther und Calvin, konnten sie niemals die soziale Kraft zu einer vollkommenen Eigenständigkeit entwickeln. Sie hielten sich vielmehr im Untergrund, als eine Art Geheimsekte, sie lebten von der Attraktivität des Unerlaubten und von dem heimlichen Triumph, einer elitären Situation anzugehören.

Reich des Satans

Die Geschichte der häretischen Bewegungen im Christentum ist lang. Die armenischen Paulizianer zählen zu ihnen ebenso wie die Bogumilen auf dem Balkan. An der Scheldemündung und am Niederrhein gab es Anfang des 12. Jahrhunderts einen Wanderprediger namens Tanchelm, der gegen den Verfall der Amtskirche wetterte und die Rückkehr zu den urchristlichen Tugenden empfahl. Er wie seine zahlreichen Anhänger wurden der Häresie beschuldigt, unter anderem durch Norbert von Xanten.

Der französische Kaufmann Peter Waldes aus Lyon gründete, ungefähr zur gleichen Zeit, eine Laienbruderschaft, deren Angehörige üblicherweise Waldenser hießen und die sich ähnlichen Regeln unterwarfen wie die Anhänger Tanchelms. Sie wurden 1184 von Papst Lucius III. verboten. Manche ihrer Anhänger liefen hernach den Albigensern zu.

Sie waren die mächtigste katharische Strömung im Hochmittelalter. Benannt nach ihrem Zentrum, der Stadt Albi in Südfrankreich, hingen sie, wie alle Katharer, einem dualistischen Weltbild an. Rein und göttlich vollkommen war ihnen ausschließlich der Bereich des Spirituellen, dem man sich nur durch konsequente Askese annähern und das man erst nach seinem Tode ganz erreichen konnte, wogegen alles Materielle schlecht und verderbt, weil unumschränktes Reich des Satans war. Selbst die herkömmliche Kirche mit ihrem korrupten Klerus gehörte völlig Letzterem an. Die Albigenser schieden sich in einfache Gläubige und »Vollkommene«, die sich mit ihrem

246. Klosterruine Eldena bei Greifswald. Gemälde des Romantikers C. D. Friedrich

Gelübde für ein Leben in strenger Askese entschieden hatten und die ausschließlich von den Spenden anderer lebten.

Die Lehre der hochmittelalterlichen Katharer breitete sich, ausgehend von den Niederlanden, über ganz Westeuropa aus. Sie sind am deutschen Niederrhein und zumal in Köln nachweislich. Ihre stärkste Anhängerschaft fanden sie in Südfrankreich, wo fast die gesamte Provence und dort fast der gesamte Adel albigensisch wurde; mit einem von 1209 bis 1229 geführten Kreuzzug gegen diese Häresie, ausgerufen von Papst Innozenz III., begann ein blutiger Verfolgungskrieg gegen die Katharer, der dann mit der Zerstörung und Verwüstung ganzer Landstriche endete. Das Ausweichen der Albigenser in den Untergrund hatte vor allem damit zu tun. Heimlich wirkten ihre Überzeugungen dort weiter und endeten nachdrücklich erst mit der erfolgreichen Heraufkunft der sogenannten Bettelorden, die in ihrer Ethik und Praxis von den katharischen Überzeugungen und Gewohnheiten manches erfolgreich zu adaptieren wussten.

Hunde Gottes

Dabei war es wenigstens einer dieser neuen Orden, der gerade das unerbittliche Vorgehen gegen jegliche Form der Häresie zu seiner ureigenen Aufgabe gemacht hatte, nämlich die Dominikaner. Sie wurden bald zur wesentlichen Streitmacht der kirchlichen Inquisition, und ihr Name erfuhr die volksetymologische Deutung *Domini canes*, Hunde Gottes. In Wahrheit geht er auf den Gründer zurück, Dominikus von Guzmán, einen spanischen Chorherrn, der von Papst Innozenz III. bei der geistlichen Rückgewinnung der vorher katharischen Gebiete in Südfrankreich eingesetzt wurde und der von den Prinzipien der albigensischen Lebenspraxis manches übernahm. Er gründete schließlich einen Predigerorden, dessen Mitglieder sich als Pflicht eine ständige Missionsarbeit und als Lebensmaxime eine besonders strenge Bedürfnislosigkeit auferlegten.

Die Erfolge dieser neuen Mönchsbewegung waren beträchtlich. Sie wurde flankiert durch zwei weitere Neugründungen mit ähnlichen Grundsätzen. Beide kamen aus Italien und wurden durch die gleiche Persönlichkeit inspiriert, nämlich Giovanno Francesco Bernardoni, einen

247. Betender Kartäusermönch. Buxheim, Chorgestühl (Ende 17. Jh.)

248. Kloster Maulbronn. Blick aus dem Brunnenhaus

249. Fresko von Giotto in der Oberkirche S. Francesco in Assisi. Szene aus der Franziskuslegende

250. Beginenhof Amsterdam im 16. Jahrhundert. Zeitgenössischer Kupferstich

Mann aus wohlhabender Familie, der nach einer schweren Krankheit ein Erweckungserlebnis hatte und sich hinfort der völligen Armut und der Pflege von Bedürftigen hingab. In seinem Geburtsort Assisi gründet er mit zwölf Gefährten seine erste Ordensgemeinschaft, die Franziskaner, und die aus dem gleichen Ort stammende adlige Nonne Klara gründete dazu schon bald das weibliche Gegenstück. Beide Orden breiteten sich rasch über ganz Europa aus, Franziskaner wurden zu Bischöfen und zu geschätzten Lehrern an den Domschulen.

Gustav Freytag hat die Tätigkeit und die Theologie dieser neuen Orden ebenso einfühlsam wie abwägend geschildert, was die Vorzüge und die Nachteile einbezieht:

»Durch sie erhielt die Kirche unendlich größeren Einfluss, das Christentum ein neues volkstümliches Gepräge. In Stadt und Land drängten sich Kloster an Kloster, die Mönche traten in jede Hütte und banden durch unzählige Fäden die Seelen der Kleinen an die Altäre ihrer Heiligen.«

Zynisches Wesen

»Der Gott aber, dem zu Ehren sie barhäuptig, mit ungewaschenem Fuß einherliefen, war der Gott der armen Leute. Ihr Christus hatte nicht mehr die Hoheit jenes großen Gefolgsherrn aus der alten Zeit, er war der arme gedrückte Kreuzträger, das demütige Vorbild der bedrängten Menschheit. Wie er selbst und seine Heiligen, werden auch die Menschen hier in der Vorhölle gebunden, gegeißelt und gemartert, damit sie im Jenseits die Fülle der Freuden genießen. Und wie der kleine Mann auf Erden gar nicht bis zu seinem König durchdrang, wenn er in Nöten war, sondern froh sein musste, wenn er bei dem nächsten Vornehmen Schutz fand, so wurde auch der Himmelsherr allmählich fast vergessen über den Heiligen der einzelnen Klöster, deren jedes seinen Patron als den mächtigsten empfahl. Sinnlicher und vielgestaltiger wurde der Heiligendienst, massenhafter der Aberglaube, welcher sich daran legte, roher das Werben um die Gunst der Himmlischen und plumper die Werkheiligkeit. Die Mönche waren zum großen Teil einfältige, ungelehrte Gesellen von zynischem Wesen, schwer in Regel und Zucht des Klosters zu halten. Schon im 13. Jahrhundert waren die fahrenden Mönche übelberüchtigt als böse Zungen und üppige Droher, Verleumder und Bauchfüller, und man verwünschte sie: ›Der Teufel soll ihr Ross sein, damit sie darauf zur Hölle fahren.‹ Auch ihre Frömmigkeit war wilder und fanatischer, ihre Verfolgungslust zügelloser, sie wurden grausame Ketzerrichter und unwissende Kämpfer für den Buchstaben des Dogmas. Kein Wunder, dass sie den Unwillen der Besseren und Freieren wachriefen und dass ihre Schwächen der Kirche zur Last geschrieben wurden.«

Beguinagen

Es bildete sich im Hochmittelalter neben den Bettel- und den Ritterorden noch eine weitere Art der ordensähnlichen Glaubensgemeinschaft. Ihre soziale Basis wurden die zahlreichen Adelsfrauen, die infolge der Kreuzzüge zu Witwen geworden waren, und ihre spirituelle Anregung erfuhr sie, wie die Dominikaner und Franziskaner, durch die ständigen Differenzierungen und Spannungen innerhalb der etablierten Kirche. Lambert de Bègue, ein Erweckungsprediger aus Lüttich, gründete um 1170 eine erste religiöse Vereinigung von alleinstehenden Frauen, die sich, ähnlich den Nonnen, einer gemeinsamen Regel unterwarfen. Sie wollten ehelos bleiben und sich dem karitativen Tun ergeben, doch galt dies nur auf Zeit und konnte problemlos beendet werden. Die Frauen nannten sich nach dem Begründer ihrer Gemeinschaft Beginen. Sie wohnten in abgeschlossenen Vierteln, sogenannten Beginenhöfen oder Beguinagen, die viele einzelne abgeschlossene Wohnungen zusammenfassten. Die Frauen trugen eine für sie charakteristische Tracht und verbrachten ihre Zeit, außer mit dem Beten, mit der Erziehung, mit der Krankenpflege und mit verschiedenen häuslichen Tätigkeiten wie dem Weben.

Es gab eine männliche Variante zu ihnen, Begarden geheißen, die freilich nicht annähernd so erfolgreich wurden wie die Beginen. Später verdächtigte man beide, Begarden wie Beginen, der Ketzerei. Meist schlossen sie sich daraufhin anderen Glaubensgemeinschaften an.

Die Bewegung hatte ihre größten Erfolge im niederrheinischen Raum und in Flandern. Einzelne Beguinagen bestanden bis in die Neuzeit. Unübersehbar ist ihre bauliche Hinterlassenschaft: In Brügge wie in Amsterdam gehören die Beginenhöfe mit ihrer Mischung aus frühbürgerlicher Großzügigkeit und sanfter Melancholie zu den wichtigsten Elementen der dortigen Altstadtarchitekturen.

»Neue Ketzer und neue Orden, dazu die religiöse Frauenbewegung – gibt es wirklich Grund, Gemeinsamkeiten zu sehen? Und auf der anderen Seite die kirchliche Gegenwehr: Sehr spät erkannte Bereitschaft, die existenziellen, nicht die theologischen Argumente der Ketzerbewegung mit gleichen Mitteln zu erwidern, schließlich aber neue Verhärtung und ein allmählich wachsendes

251. Der Beginenhof in Gent. Postkarte, um 1900

252: Gemeinschaftliches Zechen. Aus der Handschrift der »Carmina burana« des Klosters Benediktbeuren (um 1225)

Regulativ theologischer Normen, nach denen die Kirche sich selbst definierte und andere zu verketzern wusste. Wuchs auch das aus demselben Zusammenhang?«

So fragt Ferdinand Seibt und gibt gleich die Antwort. Sie lautet positiv. Sie wird begründet mit einer Erscheinung im kirchlichen Raum, die alle diese scheinbar kontroversen Strömungen insofern wieder zusammenfasst, als sie dort mindestens reflektiert, besprochen und beurteilt werden. Die Rede ist von den Hohen Schulen, die schließlich zu Universitäten wurden.

Mein Begehr und Willen

Sie entstanden in der zweiten Hälfte des 12. Jahrhunderts, im Rahmen geistlicher Einrichtungen und vorrangig, doch bald schon nicht mehr ausschließlich, zum Zwecke des Theologiestudiums. Die frühesten westeuropäischen Universitäten waren Oxford, Paris, Bologna, Reggio und Salerno; der deutsche Kulturraum folgt erst hundert Jahre später. Wer als Deutscher nach erweiterter akademischer Bildung dürstete, musste sich ins Ausland begeben, was denn auch reichlich geschah. Das häufigste Ziel war Paris, wo das von Robert de Sorbonne gegründete theologische Kolleg im lateinischen Viertel, dem *Quartier Latin*, schließlich verschiedene studentische Landsmannschaften versammelte, die als sogenannte Nationen auftraten.

Eine neue Form der Gemeinschaft von Lehrenden und Lernenden nahm ihre Gestalt an und erhielt ihre kirchliche Lizenz. Es gab so etwas wie eine päpstlich garantierte akademische Freiheit, zu der als wichtiges Element die Niederlassungsfreiheit für die Magister als den akademischen Lehrern gehörte. Neben der Theologie rückte die Jurisprudenz zum bedeutsamen Studienfach auf, und schon bald zählten die Magister und ihre Scholaren, die Studenten, zum üblichen hochmittelalterlichen Gesellschaftsbild. Die neuen Universitäten entwickelten sich zu einem Betätigungsfeld der Scholastiker, deren Konjunktur kaum denkbar gewesen wäre ohne diese neue Einrichtung, wie umgekehrt.

»Universitäten sind nicht nur Lehrstätten«, sagt richtig Ferdinand Seibt. »Sie sind auch Stätten der Begegnung, der Reife, der Entscheidung und Begründung oft lebenslanger Freundschaften. Die Zwölf- bis Zwanzigjährigen, die sie bezogen – die Älteren namentlich an italienischen Rechtsschulen, wo sie auch starken Anteil an der Selbstverwaltung hatten –, kamen nicht nur in der Absicht, zu studieren. Sie wollten auch Fremde erleben, die großen Städte, und der eigenartig lockende Ruf von Paris reicht bis in jene Zeit zurück. So entstanden nicht nur Vorlesungsskripten, nicht nur Promotionsurkunden und Briefliteratur, sondern auch Trink- und Liebeslieder von hohem Rang.«

Gemeint sind die Vagantenlieder, wie sie vor allem in einer hochberühmten Sammlung des Klosters Benediktbeuren vorliegen, den Carmina burana. Es handelt sich um Verse von gelegentlich derbem Zuschnitt, überwiegend in Latein verfasst, der Sprache der Universitäten, manche auch auf Französisch und Deutsch. Gelegentlich kommt es zu sprachlichen Vermischungen, vergleichbar den Sequenzen und Dichtungen Notkers des Deutschen zweihundert Jahre zuvor. Auch die rein lateinischen Verse lehnen sich völlig an deutsche Betonungs- und Reimgewohnheiten an:

*Meum est propositum
In taberna mori,
ut sint vina proxima
morientes ori.*

Zu Deutsch:

*Mein Begehr und Willen ist,
in der Schenke sterben,
wo mir Wein die Lippen netzt,
eh sie sich entfärben.*

253. Die Sorbonne, ursprünglich Theologentrakt der Pariser Universität, später vielfach überbaut. Der Stich stammt aus dem 19. Jahrhundert

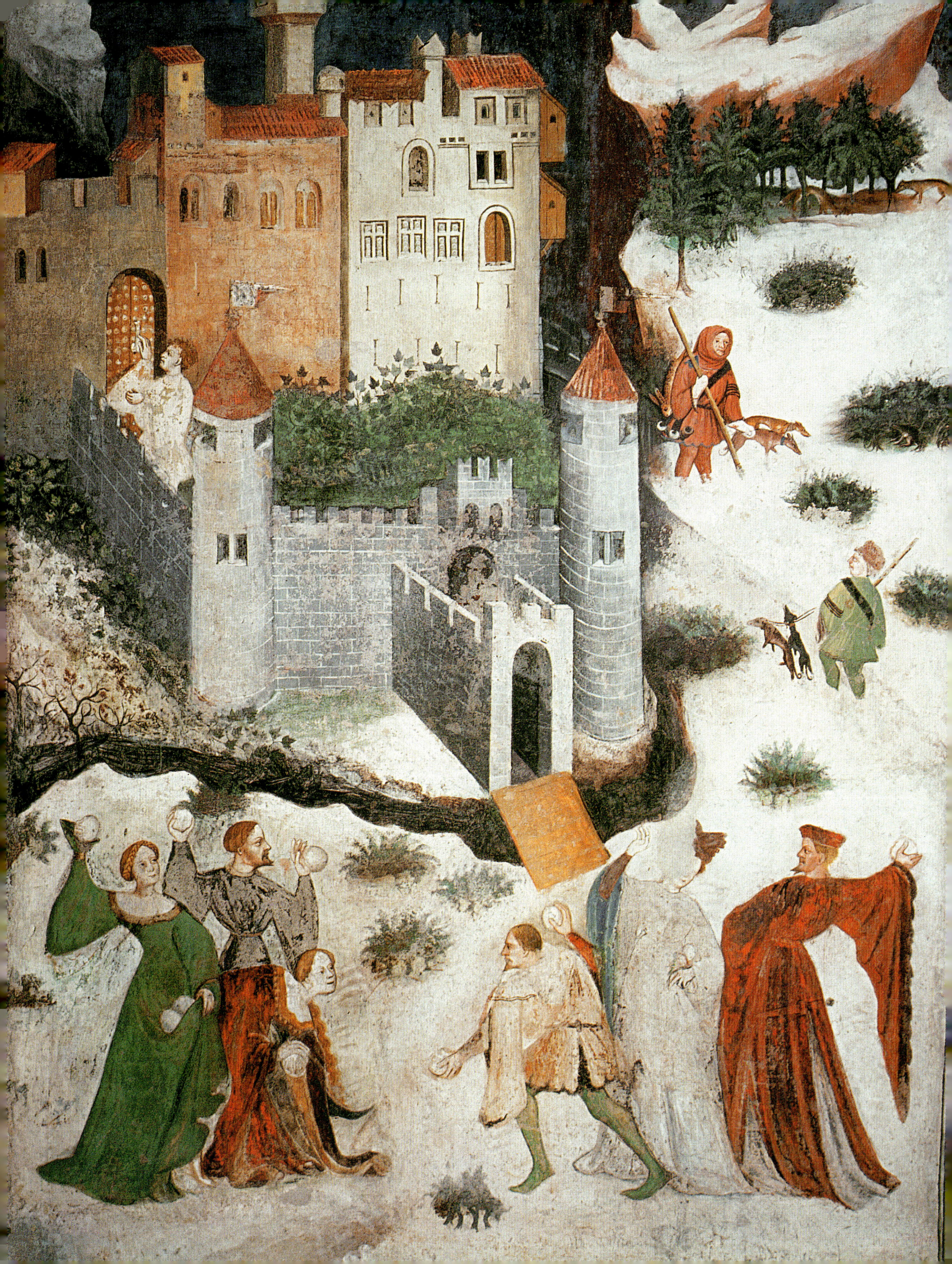

Ritterleben

- Biographie
- Feudalherrschaft
- Krieg
- Gerechtigkeit
- Nach Jerusalem
- Ministeriale Gewohnheiten
- Höfisches Leben
- Der schöne Schein
- Der Flug des Falken

Biographie

Wir stellen uns einen jungen Mann vor. Wir wollen ihn Jörg nennen. Er ist mittelgroß und hat dunkelblondes Haar, das ihm gekräuselt in den Nacken fällt; auf seinem Nasenrücken wachsen Sommersprossen, und seine Ohren stehen etwas ab. Er ist der zweite Sohn und das vierte Kind eines kleinen Grundherrn, dessen Burg, ein hölzerner Turm, außer für seine Familie, das sind Ehefrau und fünf Kinder, noch für seine Bettfreundin Platz hat und für das vierköpfige Gesinde, zwei Knechte und zwei Mägde, die alle anfallenden Arbeiten verrichten, die unmittelbar zu Füßen der Burg liegenden Äcker bestellen, sich um das Vieh kümmern und im Haus die Speisen bereiten.

Jörg wird, das ist ihm seit Kindertagen bewusst, den Besitz seines Vaters nicht erben, da dieses Recht an Friedrich fällt, seinen ältesten Bruder. Jörg wird im Alter von sieben Jahren als Knappe zu einem anderen Grundherrn gegeben, einem entfernten Verwandten und dem Adelsrang nach ein Graf. Jörg ist dort Knappe, zusammen mit dem gleichaltrigen Grafensohn.

Knappe bedeutet so viel wie Lehrling, und in der Tat lernt er, wie man ein Pferd sattelt, wie man mit Bogen und Armbrust schießt, wie man die Lanze einlegt, wie man mit dem Schwert ficht und auch, wie man mit einem Jagdfalken umgeht, denn der Graf besitzt zwei abgerichtete Greifvögel. Vor allem aber lernt er zu dienen. Den Umgang mit Waffen kann er nur nebenher üben, denn hauptsächlich muss er dem Grafen, einem unsteten, trunksüchtigen Menschen mit sehr rotem Gesicht, der eine Neigung zu jäher Gewalttätigkeit zeigt, bei dessen verschiedenen Tätigkeiten zur Hand gehen, das sind die Ausritte zu den leibeigenen Bauern und immer wieder die Jagd auf Wildschweine, Hasen und Hirsche.

Als Jörg vierzehn Jahre alt ist, erlegt er während einer Jagd einen riesigen Eber und dazu eine Hirschkuh. Daraufhin darf er, erstmals in seinem Leben, an einem Trinkgelage teilnehmen. Er hat einen gewaltigen Rausch, der ihm anderntags einen dumpf schmerzenden Kopf beschert.

Sein Dasein danach gestaltet sich nicht anders als zuvor. Er bleibt Knappe. Er muss die gleichen Dienste verrichten wie alle vergangenen Jahre. Sein Vater spendiert ihm einen Anzug nach der gängigen Mode, zweifarbig grün und rot, mi-parti, mit weiten Ärmeln, engen Beinkleidern und spitzen Schuhen. Die Töchter des Grafen fangen an, hinter ihm zu tuscheln, wenn er in diesem Anzug über den Burghof schreitet, sie wispern und kichern, was ihn gleichermaßen verstört wie ihm schmeichelt. Dabei sind die Mädchen dralle und hässliche Dinger, mit strähnigem Haar und schlechtem Gebiss. Manchmal kommt auf die Burg ein Sänger. Er sieht zerlumpt aus und ist, behauptet er, von Adel. Gegen das Entgelt einer warmen Mahlzeit, eines Bettes für die Nacht und einiger Brakteaten, die man ihm anschließend aushändigt, singt er zu einer Laute allerlei Lieder von hoher und niederer Minne und von grausamen Aufpassern, oder er berichtet von Abenteuern in einer fernen Gegend namens Orient, wo es bunte Paläste mit weichen Kissen und murmelnden Brunnen gibt und wo feuerspeiende Drachen eine Dame bewachen, die man befreien muss.

Bei einem Hoffest erhält Jörg aus der Hand des Herzogs seinen Ritterschlag, gemeinsam mit zwei Dutzend anderen Knappen. Der Herzog ist ein graubärtiger Mensch, dessen Finger immerfort zittern; mit seinem Schwert berührt er die beiden Schultern Jörgs und murmelt dabei Unverständliches. Anschließend gibt es ein großes Trinkgelage. Jörg ist jetzt Ritter. Da er also ist, was er hat werden wollen und werden sollen, fühlt er sich mit seinem Schicksal zufrieden. Er betrinkt sich mit Wein und Met so ausgiebig, dass er anderntags in einer Pfütze seines Erbrochenen aufwacht.

Er ist jetzt ein Ritter. Er muss sich fragen, was er damit anfangen soll. Zu seinem Glück geschieht es, dass sich der Herzog in einen kleinen Krieg mit den Dänen einlässt.

Jörg leiht sich bei einem Juden Geld, für das sein Bruder Friedrich bürgt und von dem er selbst sich auf dem städtischen Rossmarkt ein Reitpferd kauft. Mitsamt den Truppen des Herzogs, viertausend Leuten, zieht er nach Norden, wo es, in einer sumpfigen Elbsenke, zu einer Schlacht kommt. Sie geht für den Herzog günstig aus, die Dänen weichen zurück, und auf dem Schlachtfeld bleiben an die zweihundert Tote zurück, über die sich die Leute des Herzogs hermachen, um sie auszuplündern. Jörg ist mitten unter ihnen, er stapft durch die von Regen und Blut durchweichte Erde, er greift sich außer einem zerbeulten Harnisch noch ein neues Schwert, eine

254. Bild zum August aus den Monats-Fresken im Adlerturm von Trient: Höfisches Paar mit Falken

255. Monatsbild September. Adliges Paar zu Roß, bei der Falkenjagd

Lanze und, Höhepunkt seines Beutezugs, ein großes goldenes Kreuz, das er einer der Leichen vom blutigen Hals reißt.

Er bringt das Kreuz dem Juden. Er begleicht damit seine Schulden und bekommt noch ein paar Münzen heraus. Er vertrinkt sie in einer Schänke und bezahlt eine Nacht bei einer Hure. Er fühlt sich als ein Held. An eine unmittelbare Fortsetzung dieses aufregenden Lebens ist vorerst nicht zu denken. Also verbringt Jörg ein paar Wochen auf der Burg seines Bruders, bis dieser ihm bedeutet, dass nun länger kein Platz mehr sei. Jörg hört von irgendwelcher Landnahme im Osten, jenseits der Elbe, wo man neue Äcker erschließt, aber was soll er, Jörg, mit Äckern? Er ist kein Bauer. Er ist ein Ritter, und er ist ein Held.

Aus Zufall gerät er, als er die Stadt besucht, in eine kleine Versammlung. Ein Mönch mit einem gelben Gesicht voller Pockennarben verkündet, dass ein Heer zusammengestellt werde, um das Heilige Land mitsamt den Stätten der Christenheit den gottlosen Sarazenen zu entreißen. Jeder Christ sei aufgerufen, dem türkischen Frevel ein gewaltsames Ende zu bereiten. Gewinn winke außerdem, dazu Abenteuer und die höchste Seligkeit im Jenseits sowieso. Die Worte, die der Bettelmönch mit nassen Lippen vorträgt, überzeugen Jörg augenblicklich. Er reitet zum herzoglichen Hof, wo der Fürst, der ihn einst zum Ritter schlug, inzwischen tot ist; sein Sohn stellt soeben ein Kreuzritterheer zusammen. Jörg denkt an bunte Paläste mit weichen Kissen und murmelnden Brunnen, an feuerspeiende Drachen, die Damen bewachen; begeistert lässt er sich das Kreuz auf den Rücken heften und schließt sich dem Herzog an.

Seine Begeisterung hält nicht an. Unendlich langsam marschieren die herzoglichen Truppen die Weser hinan, vereinen sich mit anderen Kreuzrittern, ziehen über die Berge und gelangen bis zur Donau. Es ist jetzt Herbst. Es stürmt und regnet sehr oft. Jeder Teilnehmer muss für sich und seinen Unterhalt allein aufkommen; manche führen genügend Geld mit sich und haben dadurch eine vergleichsweise bequeme und angenehme Reise. Jörg gehört zu ihnen nicht. Mit anderen, die sich in ähnlicher Lage befinden, zwingt er Bauern zur Herausgabe von Brot und Fleisch, bei vorgehaltener Waffe, denn von irgendwas muss er doch leben. In Regensburg beteiligt er sich an der Plünderung dortiger Judenhäuser und erbeutet etwas Geld.

Sie ziehen weiter. Seit Tagen regnet es unentwegt. Die Pferde stapfen durch Schlamm, Insekten schwirren in der nassen Luft und graben sich in die Haut der Reiter. Auf Jörgs Gesicht blühen rote Pusteln. Handelt es sich um die Stiche von Parasiten? Es muss mehr sein. Eines Morgens, da er auf sein Pferd steigen will, versagen ihm die Knie. Er schleppt sich bis zum nächsten Kloster, wo er sich in die Krankenstube legt; ein Bruder, dessen Sprache er nicht versteht, versorgt ihn mit dünner Suppe und bitteren Tinkturen. Schweiß bedeckt seine Glieder, die auch faulig riechen. Das Nachdenken bereitet ihm Mühe. Manchmal träumt er von bunten Palästen mit den weichen Kissen und murmelnden Brunnen, auch

256/257. Zur Jagdgesellschaft gehören die Bläser und Treiber mit Hunden. Die Treiber, ausweislich ihrer Holzgabel, waren Bauern

von feuerspeienden Drachen, die Damen bewachen und die man besiegen muss. Schließlich verliert er das Bewusstsein.
Er stirbt zehn Tag vor Allerheiligen und wird am Rande des Klosterkirchhofs verscharrt.

Unwiderstehlicher Zwang

Noch einmal sei ein Abschnitt der »Bilder aus der deutschen Vergangenheit« zitiert, der unsere Schilderung teils ergänzt und teils zu ihr kontrastiert:

»Den Kreisen, welche jetzt in den Vordergrund des deutschen Lebens traten, lagen Abenteuer und ritterliche Tat vor allem am Herzen. Schmuck und Pracht des Orients, Freude am Unerhörten, gewagte Verhältnisse zu schönen Frauen, Märchenhaftes und Ungeheures lockte die Fantasie. Die nüchterne Auffassung der Tatsachen, welche in früheren Jahrhunderten die lateinische Geschichtsschreibung gelehrter Mönche oft zuverlässig gemacht hatte, ging dieser Zeit fast verloren. Die persönlichen Erlebnisse und was schnell umbildendes Gerücht von den Taten anderer meldete, wurde sorglos zugerichtet und niedergeschrieben. Wie den Ritter sein Herz trieb, rastlos in Einzelkämpfen seine Kraft zu erweisen, in fremde Länder zu fahren und vor allem Gefahren zu bestehen, die er um des Ruhmes willen suchte: so schuf er auch da, wo er Gedichtetes erzählte, oft zwecklose Abenteuer und eine Willkür für Ritterfahrten ohne innere Notwendigkeit. Der preiswürdige Inhalt seiner Dichtungen war immer ein Spiel mit dem Leben, ein verwegenes, launisches, zuweilen tiefsinniges, oft wunderliches und unnützes Spiel, dem die ethischen Motive aller großen volkstümlichen Gedichte, unwiderstehlicher Zwang der Verhältnisse, dämonische Größe der Leidenschaften fast immer fehlten ...

Es war eine arge Verbildung, das soll man nicht beschönigen. Aber die unverwüstliche Tüchtigkeit deutscher Natur ließ sich nicht lange beirren. Wenn bei den Romanen die Liebe des Ritters zu seiner erwählten Frau in einzelnen überlieferten Anekdoten eine Gewalt und Stärke zeigt, welche beiden das Leben verbrannte: von deutschen Werbern um ritterliche Frauengunst ist uns nichts dergleichen überliefert. Hier wurde durch die größte Innigkeit des Gefühls das ruhige, abwägende Urteil nicht ganz vernichtet. Das nahm der Poesie einige tragische Stoffe, in der Wirklichkeit forderte es die Befreiung. Und es stimmt heiter, Spuren dieser untilgbaren deutschen Bedächtigkeit auch da zu finden, wo man sie am wenigsten erwarten sollte ...

Aber durch fast sechzig Jahre liefen die Herzensneigungen eines deutschen Ritters zeitweilig nebeneinander, in Sommerzeit und Winterzeit. Er sehnte sich nach Landbesitz und Lehn, wenn ihm das fehlte, und er dankte erfreut in artigem Lied seinem Herrn, welcher ihm spät zum Lohn für Dienst und Lobgesang solche Wohltat gönnte. Hatte er eigenen Haushalt, dann war er wahrscheinlich verheiratet mit der Tochter eines benachbarten Vasallen oder auch eines wohlhabenden Landmannes. Seine Hausfrau erzog die Kinder und leitete sparsam die Wirtschaft; im Sommer, wenn der Mann auf poetischen Fahrten umherzog, musste sie Hausstand und Dienstleute fest zusammenhalten, auch wohl einmal mit harter Hand den Bolzen auf die Armbrust legen, wenn ein feindseliger Nachbar ihr Haus bedräute; sie war ihrem Wirt Beschließerin, Arzt und zuverlässiger Freund. Aber diese Ehe des Ritters, sein Hauswesen, seine Kinder, seine Familiengefühle, alles holde Behagen der Heimat stand ganz außerhalb der idealen Welt, in welcher er am liebsten lebte ... Der Burgherr war nicht gerade ein treuer, aber doch wahrscheinlich ein warmherziger Gatte und liebevoller Vater. Das war die Prosa seines Lebens. Und sie galt ihm für gemein und kunstlos.«

Feudalherrschaft

Das althochdeutsche Wort *adal* bedeutet zunächst nichts anderes als Abstammung, Geschlecht. Als Entsprechung zum lateinischen *nobilitas* meint es dann eine bestimmte, durch Herrschafts- und Verwaltungsmonopol herausgehobene Sozialschicht, wie es der aus der gleichen Sprachwurzel gewachsene Begriff *edel* und *Edelmann* auch mitteilt. Adel konnte, wenigstens in diesen frühen Epochen, kaum erworben werden; man wurde adlig geboren, wie man frei oder unfrei geboren wurde.

258. Die Turmbläser hatten gewaltige Hörner. Federzeichnung aus Niederösterreich (um 1200)

259. Ein junger König wird zum Ritter geschlagen. Miniatur aus »Leben des Königs Offa« (Schule St. Albans, England)

260. Die »Kürer« haben Stimme bei der Wahl des deutschen Königs, der vor ihnen thront. Der Pfalzgraf bei Rhein überreicht, als Truchsess, dem König eine goldene Speiseschüssel. Dahinter, als Marschall, der Herzog von Sachsen. Ganz links der Markgraf von Brandenburg als Erzkämmerer (aus dem Sachsenspiegel)

Zu Anfang des Hochmittelalters war die Adelsschicht noch klein und ihre gesellschaftliche Funktion genau umrissen: Es gab Adelige an der Spitze von Herrschaftseinheiten, deren kleinere Gaue oder Grafschaften hießen. Lagen sie im Grenzgebiet, zumal dem nach Osten oder Südosten, wo besonders unberechenbare Völkerschaften wohnten und ständige kriegerische Auseinandersetzungen drohten, sprach man von Marken und Grenzmarken, und der Feudalherr hieß entsprechend Markgraf. Er war mit größeren Machtvollkommenheiten ausgestattet, da er im Konfliktfall sofort militärisch reagieren musste; entsprechend hoch war sein Prestige. Es gab berühmte Markgrafen, wie Gero am Harzrand, den Erbauer von Gernrode, oder Hermann Billung, einen Markgrafen an der Grenze zu den Elbslawen. Beide gehörten bereits zu den vornehmen Adelsfamilien.

Gaue und Grafschaften wurden zusammengefasst im Herzogtum. Es stimmte noch weitgehend, doch nicht mehr vollständig und nicht mehr immer, mit jenen alten germanischen Völkerschaften überein, die den Namen *Stämme* trugen. Das Wort ist durch die Hitlerei gründlich verdorben worden; zuvor war es ein völlig neutraler Begriff, der zum Beispiel problemlos in den Anfang der Weimarer Verfassung eingehen konnte, wo es heißt, das deutsche Volk sei »einig in seinen Stämmen und von dem Willen beseelt, sein Reich in Freiheit und Gerechtigkeit zu erneuern«.

Stämme, germanische Stämme waren an der Völkerwanderung und damit am Untergang des Weströmischen Reiches beteiligte Ethnien. Die meisten gingen dann ihrerseits unter. Verblieben sind und geschichtsmächtig wurden die Stämme mit vergleichsweise geringen Migrationsbewegungen, nämlich Franken, Sachsen, Alemannen und Bayern.

Hierarchien

Aus ihnen entwickelten sich dann auf deutschem Territorium die Stammesherzogtümer, wobei es bald schon Vermischungen ebenso wie Abspaltungen oder Trennungen gab. Jedenfalls waren die Herzöge unangefochtene und ziemlich mächtige Herrscher ihrer Gebiete und der darauf siedelnden Menschen. Ihr Adelsrang war hoch. Sie beriefen die Landtage. Sie befanden über den niederen Adel. Sie heirateten untereinander, auch über Stammesgrenzen hinweg; in jenen Zeiten besiegelten Hochzeiten auch beim Adel keine Liebesbündnisse, sondern Zweckgemeinschaften zum Erhalt und zur Beförderung von Besitzständen. Neben den herzoglichen Geschlechtern gab es noch andere Hochadelshäuser, die an solcher Heiratspolitik teilhatten; die Zähringer, die Staufer und die Welfen gehörten dazu.

261. Der Markgraf trägt als Fürst die Fahne. Seine Kleidung ist typisch für seinen Stand

262. Gerichtstag. Zwei Parteien streiten vor ihrem Herrn um ein Lehen. Die Ährenbüschel zu ihren Füßen künden vom Anlass ihres Zwists

Die Herzöge wussten über sich nur noch den König, über den sie insofern mitbestimmten, als sie ihn wählten, und dessen Subjekt sie wurden, wenn er seine Herrschaft antrat. Ihre Bindung an den Herrscher geschah durch Huldigung und Treueid. Besonders dieser, da vor Zeugen und unter Berufung auf Gott geschworen, stiftete ein elementares Bündnis: theoretisch, denn Abfall und Verrat, also Meineid gab es immer wieder, wofür sich dann jeweils etwelche Begründungen nachschieben ließen.

Die Hierarchie führte weiter von den Herzögen über die Grafen bis zu den freien Bauern. Das Prinzip, das dem zugrunde lag, war relativ einfach: Man unterstellte sich einem Mächtigen, der Schutz gewährte, wofür er im Gegenzug Anspruch auf Leistungen hatte. Es handelt sich um ein altes germanisches, vor allem von den Franken kultiviertes gesellschaftliches Brauchtum, das seine militärischen Implikationen gut erkennen lässt und den Namen Vasallität trägt.

Der bedeutende französische Historiker Marc Bloch hat das Ritual und die ihm innewohnende Bedeutung eindrucksvoll beschrieben:

»Zwei Männer stehen sich von Angesicht zu Angesicht gegenüber; der eine, der dienen will, der andere, der willens ist oder hofft, als Herr anerkannt zu werden. Der erste faltet seine Hände zusammen und legt sie so verbunden in die Hände des zweiten: ein klares Symbol der Unterwerfung, dessen Sinn manchmal noch durch Niederknien hervorgehoben worden ist. Gleichzeitig spricht die Person mit den dargebotenen Händen einige sehr kurze Worte, mit denen sie anerkennt, der ›Mann‹ ihres Gegenüber zu sein. Dann küssen sich der Herr und der Untergebene auf den Mund – ein Symbol der Übereinstimmung und der Freundschaft. So sahen die Gesten aus, die dazu dienten, eines der stärksten gesellschaftlichen Bande zu knüpfen, die das Feudalzeitalter kannte. Sie waren sehr einfach und gerade dadurch außerordentlich geeignet, die Gemüter zu beeindrucken, die allen sichtbaren Dingen so aufgeschlossen waren. Hundertmal beschrieben und in Texten erwähnt, auf Siegeln, Miniaturen und Reliefs wiedergegeben, ist dieser Vorgang ›Mannschaft leisten‹ oder ›Huldigung‹ genannt worden. Um den zu bezeichnen, der daraus als der Höhere hervorging, gab es tatsächlich keinen anderen Ausdruck als den höchst allgemeinen Namen ›Herr‹. Der Untergebene ist oft in gleicher Weise ohne Zusatz der ›Mann‹ dieses Herrn genannt worden, mitunter mit etwas größerer Genauigkeit, sein ›Mann von Mund und Hand‹ … So verstanden, blieb der Ritus von jedem christlichen Gepräge entblößt. Ein derartiger Mangel, der bloß durch die weit zurück reichenden germanischen Ursprünge seines Symbolismus erklärt werden kann, konnte nicht in einer Gesellschaft fortdauern, in der man es kaum mehr duldete, dass ein Versprechen galt, wenn es nicht Gott zum Garanten hatte. Die Form der Huldigung selbst ist niemals verändert worden.«

Die Leistungen also waren zunächst immaterielle: Gehorsam, Treue und Dienst. Mit Bloch: Der Herr bot Schutz, der Vasall bot Rat und Hilfe. Bald kamen materielle Leistungen dazu wie Tributzahlungen, das Ausheben von Kriegern, doch was auch immer: sämtliche gesellschaftlichen Schichten, Königshaus, Adel, Freie und Unfreie, waren angewiesen auf die agrarischen Erträge, womit wir wieder bei der Grundherrschaft halten. Sie bildete, wir sagten es, die Grundlage fast aller materiellen Produktion. Der Vorgang bestand darin, dass der Grundherr den Boden zur Bewirtschaftung leihweise vergab und dafür mit Frondiensten, Naturalien, später auch Geld bezahlt wurde. Der Vorgang hieß Belehnung und war juristisch genau fixiert. Lehensgüter wurden dem jeweiligen Nutzer vom Ranghöheren zum Gebrauch leihweise überlassen.

Das Prinzip der Leihgabe besteht darin, dass ihre Nutzung durch den Empfänger vorübergehend ist und der Leihgeber als eigentlicher Eigentümer sie wieder zurückholen kann. Dies alles galt auch für das Lehen: zunächst, denn ziemlich rasch betrachteten die Lehensherren ihr Nutzgelände als ständigen, uneingeschränkten und damit auch vererbbaren Besitz. Durch Gewohnheitsrecht wurde der Vorgang schließlich legitimiert. Hier lag eine Quelle fortwährender Konflikte, die auch reichlich ausbrachen und überwiegend unfriedlich gelöst wurden.

Der mittelalterliche Rechtsbegriff, der für den Niesbrauch eines Lehens üblich war, lautete

263. Bauern bei der Arbeit an Weinstöcken, im Schutz der Burg Hernstein. Federzeichnung aus dem Falkensteiner Urbar (1166)

gewere. Sein etymologisches Umfeld bilden die heute noch gebräuchlichen Wörter wahren und bewahren; *gewere* umschreibt ein etwas unklares Ineinander aus Nutzungsrecht, Besitz und Eigentum; *gewere* erlangte man durch Einweisung oder Investitur. Sie betraf immer tote Gegenstände. Es gab die Pfandgewere bei verpfändeten Sachen. Mehrere Personen konnten sich stufenweise in die *gewere* an ein und demselben Besitztum teilen, analog zur ständischen Gliederung vom König bis zum einfachen Freien. Die Hauptbeschäftigungen des Adels waren Herrschaft und Krieg. Zur Herrschaft gehörten die richterliche Gewalt und das Eintreiben von Abgaben. War gerade kein Krieg, bestand die Tätigkeit des Adels in der Jagd und in kriegerischen Übungen, etwa den Turnieren, mithin in kriegerischem Sport. Man befand sich ständig in Bereitschaft. Man fieberte dem Krieg entgegen. Nochmals Bloch:

»Ein wesentlicher Bestandteil jeden Klassenbewusstseins ist der Stolz; der der ›Adligen‹ der frühen Feudalzeit war vor allem ein kriegerischer Stolz. Für sie war das Kriegführen auch nicht nur eine gelegentliche Pflichterfüllung gegenüber dem Lehensherrn, dem König, der Sippe, es war weit mehr – ein Lebenszweck!«

Burgenbau

Der mittelalterliche Adel wohnte zunächst auf befestigten Höfen, die allmählich den Namen und die Gestalt einer Burg annahmen. Man darf sich noch nicht die Burganlagen des Spätmittelalters vorstellen, wie sie als steinerne Zeugnisse auf uns gekommen sind; die Burgen des 11. Jahrhunderts wurden zumeist aus Hölzern errichtet, dem damals üblichen Baumaterial, für das in den Wäldern genügend Nachschub zur Verfügung stand, und sie waren zunächst nicht viel mehr als ein Turm. Er bot Unterbringung und Schutz auf engstem Raum. In den mehreren Stockwerken ließen sich Vorräte, Vieh, Flüchtlinge, die Adelsfamilie und ihr Gefolge unterbringen. Die Turmspitze bot die Möglichkeit zur Fernbeobachtung.

Um dessentwillen wurde, wenn es die geologische Situation hergab, dieser Turm gern auf einen (manchmal auch künstlich errichteten) Hügel oder einen Berg gestellt. Zur besseren

264. Turmbläser auf einer Burg (aus dem Wolfenbütteler Sachsenspiegel)

265. Bau einer Fortifikation. Aus der Weltchronik des Rudolf von Ems (15. Jh.)

172 Ritterleben

266. Burg Falkenstein im Harz (o. l.)

267. Burg Trifels in der Pfalz. Das Mauerwerk zeigt die Geschicklichkeit beim Umgang mit schwierigen Baugründen (o. r.)

268. Dankwarderode, Heinrichs des Löwen Burg zu Braunschweig, im 12. Jahrhundert. Historisierende Darstellung

Verteidigung zog sich rund um die Anlage ein Palisadenzaun oder ein Erdwall, vor dem als ein zusätzliches Hindernis für mögliche Eindringlinge ein Wassergraben verlief.

Der Turm ist die Urform aller Burgen; als Bergfried blieb er noch den späteren Anlagen erhalten. Die Umzäunung bot Platz und Möglichkeit für weitere Gebäude wie Vorratshäuser, Stallungen, zusätzliche Wohntrakte und dann auch für eine eigene Kapelle.

Auf solche Weise entstand die Burgform der späteren Jahrhunderte. Die Palisaden wurden höher. Man ersetzte sie durch Mauerwerk. Auch die Substitution des Baumaterials Holz durch Stein erfolgt im allgemeinen erst relativ spät, denn Steine sind erheblich schwerer zu transportieren und schon deswegen ziemlich teuer, und allemal waren sie zunächst das Privileg von begüterten Aristokraten.

Es seien die reichen Bauherren, notiert ein Autor des 12. Jahrhunderts, die ein Vergnügen daran fänden, aus »Kalk, Sand und zugehauenem Stein ... Torbögen, Erker, Türme, Fensterwölbungen und Wendeltreppen« zu bauen. Vor allem brauchte es dazu ausgebildete Arbeiter, eben Maurer, während für die hölzernen Bauten im Rahmen ihrer Frondienste die Bauern herangezogen werden konnten.

Man lebte in den Burgen nicht besonders komfortabel. Fast alles wurde gemeinschaftlich unternommen, die Mahlzeiten wie das Schlafen. Das Bedürfnis nach frommer Einsiedelei, so hat man richtig angemerkt, sei vielleicht auch deswegen entstanden, da Einzelne, selbst solche von Adel, jenem burgüblichen Massenbetrieb zu entkommen trachteten, da sie ihn nicht mehr ertrugen. Man wird gewisse architektonische Ähnlichkeiten zwischen den Burgbauten und den Klosteranlagen erkennen.

Auch sonst stimmen die beiden Einrichtungen vielfach überein: in ihren inneren Hierarchien, in dem Umstand, Wohnstatt für eine größere Menschengruppe zu bieten, und in dem kollektiven Bewusstsein der gesellschaftlichen Exklusivität. Architektur ist immer Ausdruck einer bestimmten Funktion und einer besonderen Gesinnung. Nur die sexuelle Freizügigkeit fiel bei Mönchen und Nonnen fort. Auf den Burgen, so hat man gesagt, liefen die legitimen Nachkommen und die Bastarde ständig durcheinander.

Krieg

Das höchste gesellschaftliche Ansehen gewann ein deutscher Herrscher des Hochmittelalters, wenn er Kriege führte und in diesen Kriegen siegreich blieb. Kampfesbereitschaft und Kampfesmut, militärische Stärke und militärische Fortüne, wir wiederholen uns, waren das, wonach ein Adliger fortwährend strebte, was seinen höchsten Daseinszweck ausmachte, worin er sich zu erfüllen versuchte auch um den Preis seines eigenen Lebens. Noch verhielt es sich so, dass üblicherweise der Herrscher seinen Truppen voran schritt oder voran ritt und dass er, in Einzelfällen, durch den bloßen Zweikampf mit dem Anführer der Gegenseite eine gesamte Schlacht entschied.

Die Militarisierung des öffentlichen Lebens war so beträchtlich wie die Idealisierung des Kampfes als Prinzip. Mindestens im Zeitalter der Ottonen und Salier galt es für Männer als selbstverständlich, dass sie Waffen trugen, selbst wenn sie Bauern, und in Einzelfällen sogar, wenn sie Unfreie waren.

Fast sämtliche Auseinandersetzungen erfolgten bewaffnet. Gewaltanwendung war die übliche Form, einen erlittenen Nachteil oder Schaden auszugleichen, und wurde darin durch die bestehende Rechtsordnung gedeckt.

Der entsprechende Begriff lautete Fehde. Er bezeichnete tätliche Feindseligkeiten und Privatkriege zwischen Einzelpersonen, Sippen oder Familien. Er beinhaltete die weitgehende Abwesenheit dessen, was wir heute das Gewaltmonopol einer staatlichen Ordnung nennen, und, damit verbunden, das völlige Fehlen einer Gerichtshoheit. Als es die schließlich gab, blieb die angeordnete tätliche Auseinandersetzung zwischen zwei Streitparteien ein wichtiges Mittel der Urteilsfindung und des Urteilsvollzugs.

269. Bogenschützen gehörten zur Grundausrüstung der Heere

270. Besatzung eines Burgturms. Krieger mit Schilden und Waffen

271. »Einbergsknechte erschlagen den Sohn des Besitzers« (»Hortus deliciarum«, 12. Jh.)

Sieht man in der Fehde eine Urform des Krieges und nimmt die anderen Formen der Gewaltanwendung wie Raub und Überfall hinzu, herrschte das gesamte Mittelalter hindurch eigentlich immerfort Krieg. Natürlich ist dies eine summarische Behauptung; natürlich gab es immer auch Zeiten und Regionen einer länger währenden Friedfertigkeit. Außerdem existierten Bestrebungen wie der Gottesfrieden, da zu bestimmten Fristen im Jahr auf Gewaltanwendung und Blutvergießen verzichtet werden sollte – wenn es denn so geschah.

Die Schlacht tobt

Die Grenzen zwischen Privatfehden, kleineren Scharmützeln, regionalen Auseinandersetzungen und großen Kriegen blieben fließend. Dass der Krieg das Maß aller Dinge sei und Kampfeslust zum selbstverständlichen Menschsein gehöre, bestimmte die Moral, die Erziehung, die Kunst und den Festbetrieb. Sämtliche sportlichen Spiele waren direkte Ableitungen von oder direkte Trainingsvorbereitungen zu kriegerischem Tun. Am deutlichsten wird dies bei den öffentlichen Turnieren, wo die Bewaffneten Schaugefechte austrugen, die gut und gerne blutig oder auch tödlich enden mochten.

In einem zeitgenössischen literarischen Text heißt es:

»... mein Jubel ist groß, wenn ich bewaffnete Ritter auf ihren Pferden in Schlachtordnung aufgestellt sehe; und es gefällt mir, wenn das Volk mit dem Vieh vor den schnellen Reitern flieht, in deren Gefolge eine große Schar bewaffneter Männer kommt. Und mein Herz schlägt schneller vor Freude, wenn ich feste Burgen belagert und die Palisaden zerbrochen und zerstört sehe und das Heer am Ufer, umgeben von Wassergräben und einem starken Geflecht von Latten.«

Lässt sich das notfalls noch als eine einigermaßen abstrakte Ästhetisierung begreifen, wird der gleiche Autor im Folgenden ganz eindeutig:

»Waffen, Schwerter, Helme in Hülle und Fülle, die Schilde werden durchstoßen und zerstückelt sein, sobald der Kampf beginnt, und viele Vasallen werden niedergestreckt sein, ihre Pferde und die der Verwundeten irren umher. Und wenn die Schlacht tobt, darf keiner mehr, der aus vornehmem Geschlecht stammt, an etwas anderes denken als daran, Köpfe zu spalten und Glieder abzuschlagen, denn besser ist es zu sterben als besiegt weiterzuleben. Ich sage Euch, weder am Essen, Trinken noch Beischlafen finde ich soviel Gefallen wie daran, den Schrei ›Auf sie!‹ zu hören, der von beiden Seiten ertönt, das Wiehern reiter-

272. Aufmarsch der Schwerter. Im Mittelpunkt der babylonische Nebukadnezar (Bibel-Illustration, Mitte des 14. Jh.)

loser Pferde und die Rufe ›Zu Hilfe, zu Hilfe‹, oder daran, jenseits der Gräben Hoch und Niedrig sterbend auf das Gras sinken zu sehen und schließlich die Toten zu erblicken, die in ihren Leibern noch die Schäfte der Lanzen mit den daran befestigten Wimpeln stecken haben.«

Der genüssliche Sadismus, der aus solchen Sätzen spricht, muss verbreitet gewesen sein. Die zeitgenössischen literarischen Texte, die sich über konkrete Schlachten äußern, schwelgen in ausführlichsten Schilderungen von Tod und Verstümmelung. Marc Bloch meint, zu Zeiten des Friedens sei das aristokratische Leben allzu leicht und allzu oft versunken in grauem Allerlei. »So entstand ein wahrer Hunger nach Zerstreuung und Abwechslung«, sagt er und definiert den hochmittelalterlichen Krieg schlichtweg als »Mittel gegen Langeweile«.

Das Recht zum Krieg

Diese hemmungslose Militanz lässt sich für den deutschen Raum als ein direktes Erbe der germanischen Vergangenheit betrachten, da Kampf und Krieg beherrschende Elemente der Volksreligion gewesen waren. Inzwischen freilich befand man sich in christlichen Zuständen. Das Neue Testament porträtierte den Religionsstifter und Messias Jesus Christus als Person von exemplarischer Friedfertigkeit, der die Feindesliebe predigte, noch im Angesicht seines fremdbestimmten Todes, um sich für seine Überzeugungen am Ende in vorgefasster Wehrlosigkeit zu opfern. Wie ging ein solches Glaubensbekenntnis, an dem schließlich alle teilhatten, dem sie in ihren religiösen Gewohnheiten huldigten, dessen Wortlaut sie im Gottesdienst vernahmen und dessen Symbole sie unentwegt bei sich führten, mit der Wehrhaftigkeit und bluttriefenden Streitlust des alltäglichen Lebens zusammen? Es gab verschiedene Möglichkeiten zur Vereinigung dieses eigentlich Unvereinbaren. Es gab eine theologisch unterfütterte Diskussion über das förmliche Recht zum Krieg. Man berief sich auf Bibelsprüche wie jenen von Jesus Christus, er sei nicht gekommen, den Frieden zu bringen, sondern das Schwert. Der Apostel Paulus hatte in seinem 13. Römerbrief behauptet, dass die Obrigkeit von Gott sei und man ihren Anweisungen folgen müsse, den kriegerischen mithin auch. »Wer mit dem Schwert getötet werden soll, wird mit dem Schwert getötet«, hieß es gebieterisch in der Apokalypse des Johannes, und das Alte Testament wimmelte nur so von Berichten über Schlacht, Kampf und Blutvergießen. Das Alte Testament war Vorläufer und direkte Voraussetzung des Neuen.

Den konsequentesten Weg beschritt eine praktische Theologie, die den christlichen Glauben für Feiertag, Sonntag und Seelenheil reservierte, während im übrigen Leben, und das stellte den weitaus größeren Anteil, die welt-

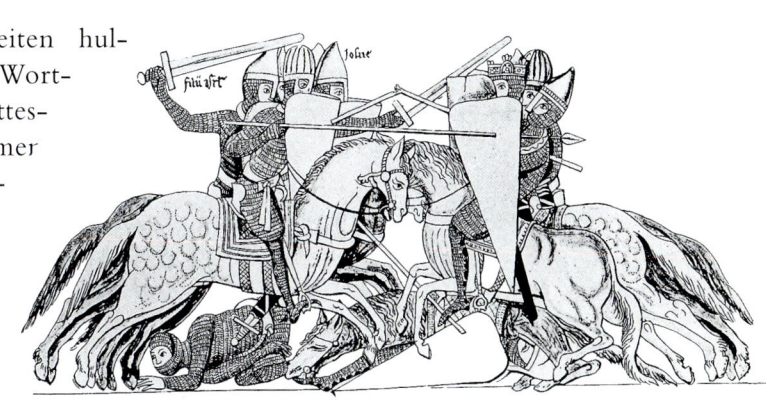

273. Ritter im Nahkampf (aus dem »Hortus deliciarum«)

274. Kriegerisches Gemetzel (Stuttgarter Bilderpsalter)

lichen Forderungen galten; der kirchliche Reformator Martin Luther sollte später daraus seine Zwei-Reiche-Lehre entwickeln. Die theoretischen Vorformen dazu gab es schon im frühen und im Hochmittelalter.

Derart geschah, dass selbstverständlich mit den Truppen Geistliche auszogen, um vor entscheidenden Auseinandersetzungen die Waffen zu segnen und Gottes Hilfe für die eigenen Mannschaften zu erbitten. Handelte es sich bei den Gegnern um Nichtchristen, was bei Slawen und Arabern zutraf, machte die theologische Rechtfertigung des Schlachtens wenig Beschwer, der Krieg bedeutete hier so etwas wie eine gewaltsame Missionierung zur höheren Ehre des Herrn. Was aber, wenn auf der Gegenseite ebenfalls Getaufte standen und man annehmen konnte, dass auch dort ein Geistlicher die Waffen und deren Träger mit seinem Segen versah?

Man behalf sich damit, dass man solchen Gegnern den Rang absprach, auch den christlichen, und sich selbst zum Vollzieher von Gottes Willen erklärte. Es gab die verbreitete Überzeugung und die ausformulierte Theorie vom »gerechten Krieg«. Wir haben es hier mit Propaganda zu tun, die ein altes Argument der geistigen Kriegführung ist: Der eigenen Seite soll es die Hemmungen nehmen und sie moralisch stärken, während es die Gegenseite herabsetzt und nach Möglichkeiten entmutigt.

»Waren die Feinde erst einmal als Ausgeburten der Hölle vorgeführt, konnte man ihnen Rechte absprechen, wie sie Menschen eingeräumt werden sollten. Man gab sich überzeugt, dass ihnen gegenüber nicht nur Verteidigung erlaubt sei, sondern dass man eine solche Pest endgültig von der Erde vertilgen müsse. An Kampagnen zur Entmenschlichung des Gegners beteiligten sich auch Hochgebildete«, schreibt der Historiker Norbert Ohler.

Der verbale Aufwand war erheblich. Die wortgewaltigen Vergleiche mit Ungeheuern aus dem Tierreich oder finsteren Dämonen aus Hölle und Apokalypse waren das Übliche. Da sich dergleichen abnutzen kann, was man wusste oder spürte, bot sich als zusätzliches Mittel das Klein- und Lächerlichmachen des Feindes an. Man verhöhnte sein Aussehen, seine Sprache, seine Gewohnheiten. Die erhofften Effekte waren die gleichen wie bei der Schmähung: Der Feind sollte verunsichert und das eigene Gefolge moralisch aufgerüstet werden.

Unmittelbar vor entscheidenden Schlachten konnte geschehen, dass der Herrscher höchstselbst vor seine Truppen trat und sie mit einer Rede ermutigte. Er pflegte die gute Sache zu beschwören, an Mut und Tapferkeit seiner Leute zu appellieren, das Verabscheuungswürdige des Feindes hervorzuheben und für den Sieg eine Belohnung zu verheißen. Derartige Ansprachen sind etwa von den Kaisern Otto I. und Heinrich V. bezeugt. Wer im blutigen Kampf gegen einen unwürdigen Gegner sein Leben verlor, durfte vielleicht darauf hoffen, als Märtyrer zu gelten. Der Anreiz dazu scheint von einer Art gewesen zu sein, dass jedenfalls im frühen Mittelalter selbst geistliche Herren begeistert in die Schlacht zogen, beileibe nicht nur als Prediger, sondern auch als Waffenträger, und dies betraf nicht bloß Kirchenfürsten, die durch ihre adlige Herkunft im kriegerischen Denken immerhin geübt waren, sondern ebenso einfache Klosterbrüder. War das richtig? War das falsch? Im Zweifelsfall war ohnehin falsch, was immer man tat, wie schon das Buch Hiob sagt: »Wie kann ein Mensch gerecht vor Gott sein, und wie kann rein sein eines Weibes Kind? Siehe, auch der Mond scheint nicht helle, und die Sterne sind nicht rein vor seinen Augen: wie viel weniger ein Mensch, die Made, und ein Menschenkind, der Wurm.«

Kriegspferd und Fußtruppe

Der Häufigkeit des Krieges im täglichen Leben entsprach die Vielfalt der verwendeten Waffen und Techniken. Sie sollten ihrerseits Rückwirkung haben auf die gesellschaftlichen Strukturen.
Ein wesentlicher Wandel erfolgte zum

275–277. Schwert, Pfeilspitze und Streitaxt aus salischer Zeit

Beispiel durch den zunehmenden Einsatz von Pferden. Er war nicht gänzlich neu; Rösser wurden in Kämpfen verwendet seit alters her. Die militärischen Erfolge der asiatischen Steppenvölker, zuletzt der Ungarn, führten im Ostfränkischen dazu, dass man seinerseits in stärkerem Maße auf die Reiterei zurückgriff. Der Berittene war schneller und wendiger als der Kämpfer zu Fuß. Sein erhöhter Sitz schuf eine optische und taktische Überlegenheit. Hinzu kam, dass man, als eine neue Erfindung und beträchtliche Erleichterung, nunmehr den Steigbügel kannte und verwendete. Der Besitz eines Kampfpferdes war von einem Unbemittelten nicht zu verlangen; entweder musste er sich ein Pferd leihen und sich dafür verschulden, oder er musste bei den Fußtruppen bleiben. Der Besitz und die Verwendung eines Kriegspferdes garantierten eine gesellschaftliche Besserstellung. Wie von selbst bildete sich damit als ein neuer sozialer Stand der des bewaffneten Reiters heraus.

In germanischer Zeit war jeder Freie verpflichtet, im Kriegsfall als Kämpfer zur Verfügung zu stehen. Waffen und Unterhalt bestritt er selbst. Das Alter für die beginnende Kriegsfähigkeit lag bei zwölf bis vierzehn Jahren. Unfreie durften am Kampf teilnehmen und derart der Möglichkeit zu einer sozialen Karriere teilhaftig werden.

Die allgemeine Kriegspflicht eines jeden Waffenfähigen blieb auch später grundsätzlich erhalten. Angesichts der manchmal sehr langen Abwesenheiten, zumal bei den Italienzügen, konnte dies zu einem spürbaren Nachteil für Landwirtschaft und Ernährung geraten, weswegen dann immer bloß noch ein – in entsprechenden Verhandlungen zu bestimmender – Teil des bäuerlichen Personals zu den Waffen gerufen wurde.

Bei aller wachsenden Bedeutung der Kavallerie bestand weiter der größere Teil der Heere aus Fußtruppen. Zeitweilig galt ihr Wert nur gering. Man wog etwa einen Berittenen gegen zehn Fußkämpfer auf. Für bestimmte militärische Aktionen, etwa Belagerungen, blieben sie freilich unentbehrlich und ebenso für das, was man heute Pionieraufgaben nennen würde: das Errichten von Befestigungen, von Brücken, von Pontons.

Die Mehrzahl der Fußtruppen waren Infanteristen mit wenig Ausbildung. In ihrer Ausrüstung unterschieden sie sich: nach Fernwaffen und nach Geräten für den Nahkampf.

Wams und Nasenspange

Zu den Fernwaffen zählten Lanze, Pfeil, Armbrustbolzen und der mit der Schleuder beförderte Stein. Reichweite und Treffsicherheit waren unterschiedlich, am geringsten bei der Lanze. Die Reichweite von Schleudern lag bei 100 Metern, die von Pfeilen bei 200, die von Armbrustbolzen bei 400 und deren Treffsicherheit immerhin bei 80 Metern. Pfeilspitzen konnten vergiftet sein. Man konnte Brandpfeile schießen. Geübte Schützen brachten es in der Minute auf sechs bis zwölf Pfeile. Berühmt und im Ausland als Hilfstruppen sehr begehrt waren die angelsächsischen Bogenschützen.

Zu den Nahkampfwaffen zählten Spieße, Schwerter, Dolche, Keulen, Haken und Streitäxte. Die Präferenzen wechselten mit den Zeiten und mit den Ethnien. Zum Selbstschutz dienten auf jeden Fall der Helm, meist mit Nasenspange, dann ein Wams, zunächst aus Leder gefertigt und mit Metallapplikationen, dazu der Schild, der aus Holz, Leder oder Metall bestand. Im Verlaufe des späteren Hochmittelalters wurde dann die Vollrüstung mit geschlossenem Helm, mit Kettenhemd und Beinschutz zur Regel.

Für die Belagerungen wurden dann Rammböcke verwendet und große Steinschleudern. Zum Schutz gegen die Waffen der Verteidiger – Lanzen, Steine, flüs-

278–280. Helm mit Nasenspange, Armbrust und Pfeilspitze (11. Jh.)

siges Pech – dienten Belagerungstürme. Die sicherste, wiewohl langwierigste Methode, eine Burg zu erobern, war die fortdauernde Belagerung. Es gibt Berichte, dass manche dieser Aktionen, erfolgreich oder nicht, bis zu einem Jahr oder noch länger währen konnten.

Je mehr das Kriegsgeschehen nach Spezialisten verlangte, desto mehr kamen Söldner in Gebrauch; mit den angelsächsischen Bogenschützen haben wir ein Beispiel genannt. Sie hatten den Vorzug, ausgebildete Kräfte zu sein, und sie hatten den Nachteil, dass ihre Loyalität vergleichsweise gering blieb; sie kämpften einzig um des Lohnes willen und drohten mit Aufruhr, wenn man sie nicht wie vereinbart bezahlte. Besonders begehrt und zahlreich waren eine Zeit lang die normannischen Söldner. Das Risiko, das man mit ihnen einging, zeigte sich bald: Sie zogen binnen kurzem weitere Stammesgenossen nach sich und usurpierten am Ende das süditalienische Territorium derer, in deren Sold sie ursprünglich gestanden.

Nackt wie die Kinder

Alle militärischen Unternehmungen jenseits lokaler Scharmützel bedurften der umfänglichen Vorbereitung. Die Italienfeldzüge der deutschen Herrscher beanspruchten Anlaufzeiten von bis zu einem Jahr. War der König zum Krieg entschlossen, erließ er den Heerbann. Seine Herzöge und Bischöfe hatten daraufhin die vereinbarten Truppen zu stellen.

Größe und Beweglichkeit der Heere waren unterschiedlich. Die Chronisten nennen manchmal Zahlen; die Ottonenherrscher sollen mit 30 000 Leuten über die Alpen gezogen sein. Solchen Angaben ist in aller Regel zu misstrauen, denn die Autoren neigten durchweg zur Übertreibung. In jedem Falle waren Ausrüstungen und das Kriegsgerät zu transportieren, und dementsprechend langsam kam man voran. Man rechnete mit durchschnittlichen Strecken von nicht viel mehr als zehn Kilometern an einem Tag.

281. Belagerung Rottweils durch Kaiser Lothar III. Neben den Zelten der Belagerer wird eine Wurfmaschine in Stellung gebracht (Rottweiler Hofgerichtsordnung, um 1430)

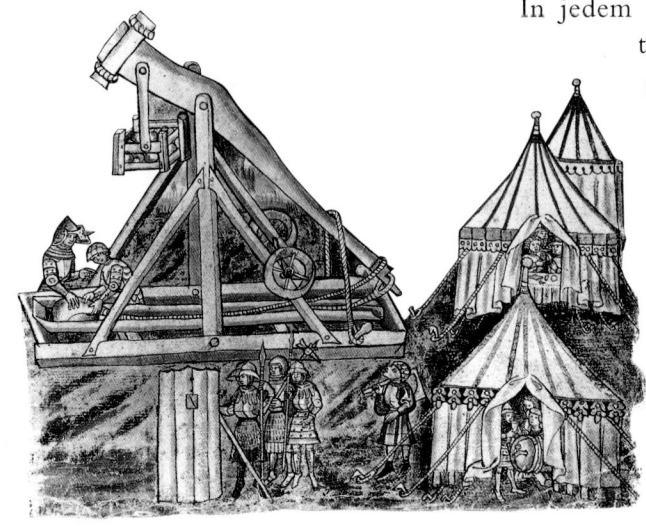

Mitbestimmend waren Witterung und Jahreszeit. Der Winter fiel für die Kriegführung ohnehin aus, und der Hochsommer drohte mit zu großer Hitze, mit Insektenplage und Infektionskrankheiten. Als besonders kriegsgünstige Jahreszeiten blieben der Frühling und der Herbst; mit Aufmärschen auf den deswegen so genannten März- oder Maifeldern begann gewöhnlich die große Saison des Drein- und Totschlagens.

Für Unterkunft und Verpflegung der Heere hatte im eigenen Herrschaftsbereich die Bevölkerung aufzukommen, während im feindlichen Gelände marodiert wurde. Die Unterschiede zwischen beiden Handlungsweisen waren für die davon Betroffenen bloß gering.

Botschafter hatten den Weg zu erkunden. Lager mussten mit Wachen gesichert werden. Kam es schließlich zur entscheidenden Schlacht, waren außer der jeweiligen Truppenstärke die Beschaffenheit des Geländes, das taktische Geschick des Feldherrn und die Motivation der Kämpfenden von erheblicher Bedeutung.

Das Kampfgeschehen selbst lief dann mit unerhörter Brutalität ab. Immer wurde besinnungslos abgeschlachtet. Gefangene waren sowieso lästig und wurden, sofern sie sich nicht als Sklaven verwenden ließen, deswegen lieber gleich getötet, es sei denn, sie hatten einen hohen Rang und man durfte deswegen auf ein gutes Lösegeld hoffen. Das Ziel der Kämpfenden bestand darin, den Gegner hinzumetzeln und ihm Waffen sowie anderes Eigentum fortzunehmen. Das Betteln um Gnade durch den Unterlegenen half in aller Regel nichts.

Die Leichen der Feinde blieben auf den Schlachtfeldern liegen, »nackt wie Kinder, wenn sie aus dem Schoß ihrer Mutter kommen«, wie es in einem zeitgenössischen Text heißt. Was die eigenen Toten betraf, so wurde die Kampfstatt nach ihnen abgesucht, und man setzte sie bei, gewöhnlich an Ort und Stelle, nachdem der Geistliche nachträglich die Absolution erteilt hatte. Friedhöfe wurden manchmal schon vor Schlachtbeginn angelegt. Manchmal geschah auch, dass man die Überreste von Gefallenen in ein Beinhaus überführte.

Es war üblich, dass die Truppen des Siegers drei Tage lang Beute machen durften, das betraf dann vor allem die Zivilbevölkerung des besiegten Landes. Sie wurde ebenfalls abgeschlachtet, die Frauen wurden vergewaltigt, die Kinder ver-

Krieg **179**

282. Gericht Gottes im Zeichen des Schwertes

schleppt und zu Sklaven gemacht. Das Eigentum, sofern nicht beweglich, fiel der Vernichtung anheim und wurde niedergebrannt. Immer ging es darum, die Besiegten so nachhaltig zu schwächen und abzuschrecken, dass sie sich nicht gleich wieder erheben konnten.

»Nach glücklich beendetem Krieg«, so Norbert Ohler, »hatte der Sieger allen Grund, Gott zu ehren; gelegentlich geschah das ›mit großem Geschrei‹ noch auf dem Schlachtfeld. Es folgten Messen, oft mit dem *Te Deum laudeamus*, Dich Gott loben wir. Von Dank ist – anders als man erwarten möchte – eher selten die Rede. Beim feierlichen Einzug des Herrschers in eine eroberte Stadt und beim Triumphzug nach glücklicher Heimkehr wurden, wie bei der Krönung, *Laudes* gesungen, litaneiartige Anrufungen Gottes und seiner Heiligen.«

Die frommen Zutaten ändern nichts daran, dass Kriege damals organisierter Raub und Massenmord waren. Wir dürfen uns fragen, ob sich im Zeichen der Moderne daran allzu viel geändert hat.

Gerechtigkeit

In der außerordentlich vielschichtigen und vielfältigen Entwicklungsgeschichte der mittelalterlichen Gerichtsbarkeit gibt es eine Konstante: Die Beendigung von Streitigkeiten zwischen verschiedenen Personen durch Urteil oder Beschluss eines Gerichtes hat nur dann rechtliche, soziale und wirtschaftliche Bedeutung, wenn die rechtsprechende Instanz durch die Autorität und das Ansehen einer Gerichtsherrschaft legitimiert ist.«

So der Historiker Wilhelm Volkert. Seine wissenschaftlich unterkühlte Formulierung lässt ahnen, dass es sich bei der mittelalterlichen Jurisdiktion um eine ihrerseits umstrittene und anfechtbare, in ihrer Praxis unsichere und in ihren Zuständigkeiten sich ständig verändernde Angelegenheit handelte.

Zweck jeglicher Gerichtsbarkeit ist die Wiederherstellung des Rechtsfriedens. Er wird gestört durch Konflikte zwischen Personen oder Personengruppen sowie durch offensichtliche Verstöße gegen jene Verhaltensnormen, die sich die Gesellschaft zum Zweck eines gedeihlichen

283. Ein Mann legt vor Gericht einen Eid ab. Mit der Schwurhand berührt er einen Reliquiar. Vor ihm der gräfliche Richter

284. Der Beklagte kauert vor dem Richter, sechs Zeugen beschwören seine Schuld. Wiederum ist der Richter ein Graf

285. Der Bote rechts verkündet dem an eine Säule gebundenen Lehensmann das Urteil des Richters

Miteinanderlebens und des Erhaltes der überkommenen Ordnung gegeben hat. Diese Normen sind ihrerseits veränderlich. Für gewöhnlich gehen die Veränderungen im mehrheitlichen Verhalten denen der normierenden Festlegung voraus. Schon hieraus können dann gerichtlich relevante Konflikte entstehen.

Das deutsche Mittelalter kannte zwei Rechtsprinzipien, die völlig unterschiedlichen Traditionen entstammten und gleichwohl nebeneinander existierten: das kanonische und das weltliche Recht.

Das kanonische Recht ging zurück auf das römische und hatte dessen Grundsätze und Erkenntnis vielfach übernommen; *ecclesia vivit lege Romana*, wie es hieß, die Kirche lebt nach römischem Recht. Der am Ende maßgebliche Kodex wurde im Jahre 1140 zusammengestellt durch den italienischen Mönch Gratian, einen Scholastiker; sein Decretum Gratiani war verbindlich für die geistliche Gerichtsbarkeit. Kanonisches Recht galt bei allen Konfliktfällen innerhalb des Klerus und war zuweilen zuständig auch für Laien, so, ab dem vierten Laterankonzil von 1215, in Familiendingen, denn die Ehe galt als ein Sakrament. Kanonisches Recht war außerdem zuständig in Fällen von Meineid, denn geschworen wurde auf Gott und die Bibel.

Die weltliche Gerichtsbarkeit im Hochmittelalter ging dagegen nicht auf römisches, sondern auf germanisches Recht zurück. Lange war es nicht kodifiziert und blieb reines Gewohnheitsrecht, wie es heute noch, als *common law*, in den angelsächsischen Ländern Gültigkeit besitzt. Es basiert auf dem sogenannten Fallrecht, was bedeutet: Gerichtsentscheidungen werden ausschließlich getroffen unter Hinweis auf früher entschiedene Fälle, nicht aufgrund aufgeschriebener und nachlesbarer Gesetze.

Gerichtshoheit

Die richterliche Gewalt kann hier wie dort erheblich sein, aber die Verfahren wie die Begründungen bei der Urteilsfindung erfolgen höchst unterschiedlich. Im Hochmittelalter begann man dann in Deutschland die bisherigen Gewohnheitsrechte zu sammeln und schriftlich zu fixieren. Die früheste und berühmteste dieser Sammlungen ist der »Sachsenspiegel« des sächsischen Adligen Eike von Repgow, ein in niederdeutscher Sprache verfasstes Buch. Es erlebte viele Ausgaben, fand Nachahmungen in anderen deutschen Regionen und besaß vereinzelt noch Gültigkeit bis ins 19. Jahrhundert hinein.

Berufsrichter gab es im Hochmittelalter nicht. Die Gerichtshoheit war Teil der allgemeinen herrscherlichen Gewalt und wurde entsprechend vom Herrscher ausgeübt. Dies war zunächst der König, zuständig für alle Reichsdinge, und entsprechend der lehensrechtlichen Abstufungen gab es für die verschiedenen Adelsränge richterliche Zuständigkeiten bis hinab zur einfachen Grundherrschaft. Die niedrigste und zugleich elementarste war das Hausrecht des *pater familiae*, der

286. Streit um ein Grundstück. Links fordert ein Mann, der den Kaufpreis bereits entrichtet hat, sein Recht, rechts erhebt der Erbe seine Ansprüche, indem er ein Ährenbündel in der Hand hält. Zu seinen Füßen liegt der verstorbene frühere Eigentümer. Zwischen den Parteien thront der Graf als Richter (aus dem Wolfenbütteler Sachsenspiegel)

287. Ringkampf. Niederösterreichische Miniatur (um 1260)

über Streitigkeiten aller zu seinem Hof gehörenden Dienstkräfte und Familienmitglieder entschied.

»Im Mittelalter ist es grundsätzlich legitim, Rechtsansprüche mit eigener Gewalt durchzusetzen – notfalls mit Krieg, bzw. mit dem mittelalterlichen Fachwort gesagt: mit Fehde. Mittelalter ist ein Zeitalter, wo jedermann jederzeit gegen jedermann hätte Krieg führen können: potenziell ein Zeitalter der Anarchie. Da eine Gesellschaft so nicht existieren kann, ist das Mittelalter ebenso eine Zeit immer neuer Versuche, diese Anarchie aufzuheben oder doch einzuschränken: durch die Macht eines Herrschenden oder durch wirkungsvolle Normen«, sagt der Mediävist Hartmut Boockmann und beschreibt damit zwei andere und eigentlich ganz gegenläufige Prinzipien, die alle mittelalterliche Gerichtsbarkeit bestimmen. Der Grundsatz, dass jeder waffenfähige Mann seine Ansprüche gewaltsam durchsetzen könne, mochte angehen in frühen germanischen Zeiten, da der Einzelne noch auf sich selbst gestellt war. Schließlich gab es unendlich viel Raum und nur sehr wenige Menschen. Diese Situation hatte sich mit dem hochmittelalterlichen Bevölkerungszuwachs gegeben. Jetzt mussten Zustände geschaffen werden, bei denen nicht oder nicht zuerst die Waffen entschieden – unter anderem, da es Waffenträger auch nicht durchweg mehr gab. Denn ab dem 12. Jahrhundert waren Bauern zunehmend entwaffnet, Waffentragen und gerichtliche Entscheidungsmacht wurden jetzt mehr und mehr das Privileg des Adels.

Auf handhafter Tat

Es gab jetzt den Landfrieden. Der Begriff kam gleichfalls ab dem 12. Jahrhundert in Umlauf und sollte durch entsprechende herrscherliche Anordnungen Geltung erhalten. Der Landfrieden entstand aus den vergleichsweise angenehmen Erfahrungen mit dem Gottesfrieden, er diente dem inneren Ausgleich und dem Zurückdrängen des Fehdewesens. Wie alle Rechtsgrundsätze ist er eher ein idealisches Ziel als eine durchweg reale Praxis gewesen; immerhin, er war in der Welt. Entsprechend wuchs nunmehr die Bedeutung einer funktionierenden Gerichtsbarkeit.
Es bestanden ein paar allgemein eingehaltene Prinzipien für die praktische Ausübung.

Ohne Klage fand kein Gerichtsverfahren statt, ohne Kläger gab es keinen Richter. Zudem galt, dass der Kläger nicht ranghöher sein durfte als der Richter. Andererseits konnte ein Niedrigstehender gegen einen Höherrangigen durchaus Klage erheben. Es gab dafür das Mittel der Rüge, um ihn, sofern ihm aus Furcht vor einer möglichen Rache des Höherrangigen etwa der Antrieb fehlte, zu solchem Tun zu ermuntern: Die Grafen waren verpflichtet, angesehene Leute nach möglicherweise geschehenen Unrechtshandlungen zu befragen. Der Beklagte musste auf frischer, auf »handhafter« Tat ertappt worden sein. Der Bericht darüber musste unter Eid erfolgen. Nach dieser Angabe, eben der Rüge, war dann ein Verfahren zu eröffnen. Wir haben es hier mit einer Vorform der späteren Zeugenaussage zu tun.
Gerichtsherr war, wir sagten es, der Fürst. *Is, qui iure publico utitur, non videtur iniuriae faciendae causa hoc facere*, hieß ein Grundsatz, wer öffentliche Gewalt ausübt, von dem darf man annehmen, dass er das nicht tut, um Unrecht zu tun. Wirklich nicht? Die Beispielfälle von Beeinflussung und direkter Bestechung des Gerichtspersonals sind zahlreich.
Der Vorsitzende leitete das gesamte Verfahren. Die Verhandlungen waren öffentlich. Neben dem Vorsitzenden gab es Beisitzer, später auch Schöffen genannt, vertrauenswürdige Männer, die dem Vorsitzer durch Eid verbunden waren und ihn berieten. Das Gericht hörte Kläger und Beklagte, anschließend fällte es das Urteil.
Das wichtigste Beweismittel war der Eid. Das Gericht hatte zu entscheiden, wer als erster schwor und in welcher Form, nämlich ob allein oder unter Zuhilfenahme von Eideshelfern.
Der Eid ist eine Wahrheitsversicherung in streng ritualisierter Form. Gott wird angerufen, der Schwörende verflucht sich selbst für den Fall von Eidbruch oder Meineid. Eidesleistungen können Künftiges oder Vergangenes betreffen; das zweite, der sogenannte Wahrheitseid, galt (und gilt noch) vor Gericht. Er konnte die Behauptung des Klägers stützen, und er konnte, als Reinigungseid, vom Klagevorwurf befreien. Die mögliche Missbräuchlichkeit ist evident, weshalb noch andere Beweismittel zulässig waren: das Gottesurteil und der gerichtliche Zweikampf. Die Folter war vergleichsweise selten, sie kam erst im späten 12. Jahrhundert auf und wurde erst im Spätmittelalter wirklich häufig.

Das Gottesurteil war älter als der Eid. Üblich waren die Feuerprobe (etwa als das Gehen auf glühenden Pflugscharen), die Kaltwasserprobe, die Bissensprobe, die Abendmahlsprobe, der Schuldspruch durch Losentscheid und das Bahrrecht – zeigte eine Leiche bei Berührung durch den Probanden Veränderungen, war dieser schuldig. Das Gottesurteil ist, seinem Namen zum Trotz, nicht kirchlichen, sondern magischen Ursprungs, und entsprechend wurde es durch eine kirchliche Anordnung, ergangen durch das Laterankonzil von 1215, dann auch verworfen.

288. Ein Ketzer und eine Hexe werden verbrannt. Der Henkersknecht schürt das Feuer. Die Delinquentin wird wegen Giftmischerei bestraft, was die Phiole andeutet

Brutale Strafen

Der moderne Rechtsstaat kennt die Unterteilung in Straf-, Zivil- und Verwaltungsgerichtsbarkeit. Das Hochmittelalter kannte Hochgerichte und Niedergerichte. Ihre Zuständigkeit ergab sich aus dem jeweiligen gesellschaftlichen Rang des Beklagten, aus der Art des Deliktes, aus der Art und Höhe der zu erwartenden Strafen.

Das Verfahren selbst sah nach Anhörung von Kläger und Beklagtem den Urteilsvorschlag der Beisitzer vor. Der Vorsitzende sprach das endgültige Urteil. Es war gewöhnlich unanfechtbar; jedes Verfahren hatte nur eine Instanz. Allerdings war ein Art Einspruch zulässig, die sogenannte Urteilsschelte, was gegebenenfalls zu einer Neuverhandlung führen konnte. Später setzten sich dann Appellationsverfahren durch.

Urteile gingen von dem Grundsatz aus, dass mutwillig verursachte Schäden und Verluste in voller Höhe zu entgelten seien. Dies betraf Viehverluste ebenso wie Verluste an Menschenleben. Solcher Ausgleich geschah entweder dinglich oder durch Geld oder durch Frondienste. Der Kläger riskierte es, im Verlustfall die gleiche Strafe zu erleiden, wie sie dem Beklagten drohte. Auch Landeigentum, als wichtigster Besitztitel jener Zeit, konnte vom Gericht neu vergeben werden, man nannte das Anleit.

Im übrigen existierte eine breit gefächerte Skala von Strafen, die zum Teil äußerst brutal ausfielen. Bei nachweislichem Meineid wurde die Schwurhand abgehackt. Es gab die Acht; der davon Betroffene war rechtsfrei auf Zeit, und wenn die angesetzte Frist abgelaufen war und der Geächtete keine Einkehr zeigte, wurde die Aberacht verhängt, die zu völliger Rechtlosigkeit führte.

289. Hinrichtung durch Rädern (Nequambuch der Stadt Soest)

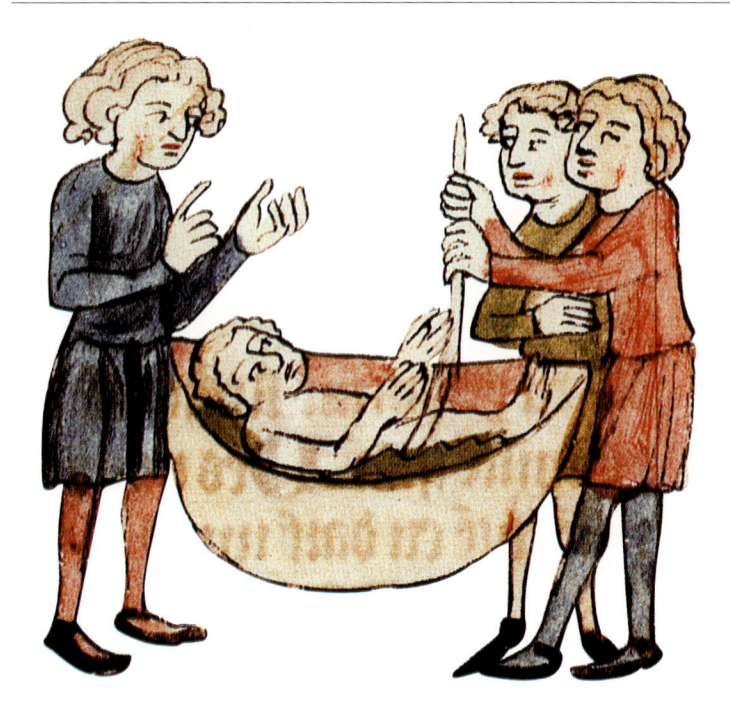

184 Ritterleben

290. Gottesurteil. Hier: die Kaltwasserprobe. Der Beweispflichtige wird in eine Wanne gelegt; geht er unter, ist er unschuldig

291. Hinrichtungen waren öffentlich (Nequambuch der Stadt Soest)

Ruten- und Peitschenhiebe waren üblich. Bei Gotteslästerung wurde die Zunge mit glühenden Eisen durchbohrt, eine andere Strafe war das Brandzeichen, am Körper anzubringen oder im Gesicht. Man schnitt Verurteilten Hände, Füße, Nasen, Ohren und Lippen ab, man stach ihnen die Augen aus.

Kardinalverbrechen wie Mord, Raub, Brandstiftung und Vergewaltigung wurden mit dem Tode bestraft. Mörderinnen wurden lebendig eingegraben. Die Strafvollstreckung war anfangs dem erfolgreichen Kläger überlassen, ab dem Hochmittelalter gab es hierfür Gerichtsdiener, auch Frondiener und Büttel geheißen, und zuletzt, bei Vollzug der Todesstrafe, den Henker. Die Urteile sollten unter anderem der Abschreckung dienen. Die Hinrichtung erfolgte gewöhnlich am Galgen, daneben gab es Rädern, Enthaupten und Verbrennen. Der Vollzug war stets ein öffentliches Spektakel.

Abgerissene Hoden

Die Grundsätze des juristischen Betriebes, gleichgültig in welcher Epoche, wirken vergleichsweise dröge. Spannend wird es immer erst im konkreten Rechtsfall. Nun sind aus jener hochmittelalterlichen Zeit der immer noch dürftigen Alphabetisierung bloß wenige schriftliche Gerichtsunterlagen erhalten; wir müssen uns auf die Chronisten verlassen, und die notierten nur die besonders spektakulären Verfahren.

So ist von Kaiser Otto I. überliefert, dass er den Streit um die Keuschheit seiner Tochter durch einen Zweikampf entscheiden ließ. Er griff allerdings nicht selbst zu den Waffen, sondern beauftragte damit zwei professionelle Kämpfer.

Im Jahre 1127 wurde ein Adliger namens Guy von einem anderen Adligen namens Hermann beschuldigt, er habe sich des Mordes an einem flämischen Aristokraten schuldig gemacht. Guy leugnete. Das Gericht entschied auf Gottesurteil durch Zweikampf. Die beiden Kontrahenten griffen zu den Waffen. Sie fochten zunächst zu Pferde und dann zu Fuß, bis sie keine verwendbaren Waffen mehr hatten. Nunmehr begaben sie sich in den Ringkampf. Hier konnte Hermann, der Kläger, die Richtigkeit seiner Aussage beweisen: Er riss Guy die Hoden aus, worauf dieser verblutend einen elendiglichen Tod starb.

Nach Jerusalem

Stauferkaiser Heinrich VI. starb in der Vorbereitung auf einen Kreuzzug. Auch sein Vater Friedrich Barbarossa hatte bei einem Kreuzzug sein Leben verloren, dem dritten, wie schon der erste Staufer auf dem deutschen Thron, Konrad III., Teilnehmer eines Kreuzzugs gewesen war, des zweiten. Im Verständnis ihrer Teilnehmer waren Kreuzzüge zunächst nichts anderes als Wallfahrten, wie man sie auch sonst vielfach unternahm, nach Rom oder nach Santiago de Compostela im spanischen Galicien.

Wallfahrten sind kollektive Bußübungen. Der Pilger erwirbt sich durch seine Teilnahme die himmlische Gnade und wird seiner Sünden enthoben. Dass dem Lebensraum Jesu Christi und den frühen Lebensstationen seiner Apostel als Wallfahrtsorten ein besonderer Rang zukam, verstand sich von selbst.

Wallfahrten sind volksreligiöse Aktionen, denen sich die katholische Amtskirche zunächst nur unter Zögern zugewandt hatte; wenn sie es dann dennoch tat, beugte sie sich einem unwiderstehlichen Mehrheitswillen und verfolgte dabei, von Fall zu Fall, auch außerreligiöse Ziele. In Santiago de Compostela befand sich das Grab des Apostels Jakob, und Santiago de Compostela lag auf der iberischen Halbinsel, die sich zu ihren größeren Teilen damals in der Hand muslimischer Mauren befand. Die Züge der Jakobspilger signalisierten einen christlich begründeten Territorialanspruch und bilden gleichsam eine Parallele zur Reconquista, der Wiedereroberung des gesamten christlichen Spanien.

Auch die Wallfahrten nach Jerusalem, die Kreuzzüge hießen, waren so etwas wie eine antimuslimische Reconquista oder, besser Recuperatio. Im Jahre 1077 hatten Seldschuken, ein muslimisches Turkvolk, die Stadt Jerusalem erobert. Da sie auch sonst das byzantinische Kaiserreich bedrohten und das oströmische Heer in einer Schlacht geschlagen hatten, wandte sich der Griechenkaiser Alexios Komnenos um Hilfe an das christliche Westeuropa.

Sein Ruf wurde erhört. 1095 rief Papst Urban II. auf einem Konzil im französischen Clermont zum Kreuzzug auf. Urban war ein frommer, durch die cluniazensische Klosterreform gepräg-

292. Zweiter Kreuzzug, 1147–1149. Angriff des französischen Heeres auf eine türkische Stadt (französ. Miniatur)

293. Belagerung von Damaskus durch das Kreuzfahrerheer während des zweiten Kreuzzugs (französ. Buchmalerei, 15. Jh.)

294. Marmorne Grabplatte des Gilbert Marshall, Earl of Pembroke, in der Temple Church zu London (13. Jh.)

ter Mensch; er erhoffte sich durch die Aktion vielleicht auch eine Wiedervereinigung der seit 1054 förmlich in Ost- und Westkirche gespaltenen Christenheit, natürlich unter dem Primat von Rom.

Das Echo, das Urbans Aufruf fand, war beträchtlich. Angeheizt von vielen, meist namenlosen Predigern, wurde zunächst das französische Volk von einer religiösen Aufbruchsstimmung ergriffen, die gelegentlich an Hysterie grenzte. Solche Emotionen sollten den Kreuzzügen bleiben, über Frankreichs Grenzen hinweg; dies hatte mit der tief verwurzelten Volksfrömmigkeit des christlichen Hochmittelalters zu tun und einem chiliastischen Ergriffensein, das sich auch sonst immer wieder durchsetzte.

Kam hinzu, dass für die Teilnehmer besondere Regeln galten. Man unterstand dem kanonischen Kirchenrecht, das von einer weitgehenden Egalität aller Menschen ausging, gleich welchen Standes und gleich welchen Geschlechtes. Nicht ganz zu Unrecht hat man von einer geradezu demokratischen Grundierung der Kreuzzugsidee gesprochen; manche französische Historiker setzen die Kreuzzüge an den Beginn der Revolutionsgeschichtsschreibung.

Außerdem bot sich hier die Aussicht auf Abenteuer und Gewinn. Den religiösen Antrieben waren die machtpolitischen innig attachiert, und materieller Vorteil blieb für die Teilnahme mindestens ebenso wichtig wie die Zuwendung für das Seelenheil. Wobei noch erwähnt werden muss, dass die Kreuzzüge zugleich ein Ventil boten für den in West- und Mitteleuropa entstandenen Bevölkerungsdruck; die Zahl der Einwohner wuchs ständig, längst waren alle agrikulturell erschließbaren Ländereien innerhalb der Staatsgrenzen vergeben, und trotz ihrer fortwährenden Dezimierung durch Krieg und Gewalttätigkeit, Hunger und Epidemien nahm die Bevölkerung immer noch zu. Die Kreuzzüge waren der Versuch einer Siedlungsbewegung mit kriegerischen Mitteln, durch die fromme Begründung aufs angenehmste geadelt.

Dann muss noch erwähnt werden, dass der immaterielle Zuwachs für die Teilnehmer nicht unerheblich war. Sie trafen auf fremde Kulturen und Gewohnheiten, und wie militant und gelegentlich blutig es dabei zugehen mochte, etwas blieb bei diesen Berührungen an ihnen hängen. Der Historiker Ferdinand Seibt sagt:

»Bei allen Spielarten der Religiosität, von der archaischen Vorstellung, die Gott gab, damit er wiedergebe, über die Wundergläubigkeit, die handgreifliche und sichtbare Verbindungen zum Transzendenten suchte und zu finden wusste, bis zur Geringschätzung des Irdischen, die aber doch den jenseitigen Lohn der Entsagung erwartete, war der mittelalterliche Glaube auf engste gesellschaftsbezogen und weltverbunden … Ähnlich wie bei Kaisern und Königen ›von Gottes Gnaden‹, ähnlich auch wie bei den Forderungen der Päpste nach oberster politischer Autorität sticht dabei die unmittelbare Verbindung zwischen Religion und Politik ins Auge, zeigt sich die mittelalterliche Gesellschaft nicht etwa nur beeinflusst, sondern gelenkt von religiösem Denken im ursprünglichen Sinn des Wortes: als unmittelbare Verbindung zum Transzendenten.«

Antisemitische Ausschreitungen

Dem eigentlichen Unternehmen, das dann eine äußerst aufwendige militärische Vorbereitung und genaue Logistik erforderte, ging eine Art von unkontrollierter Volksbewegung voraus.

Peter von Amiens, ein fanatisierter Mönch, sammelte ein Heer aus kleinen Leuten um sich. Viele Frauen und Kinder waren darunter. Er predigte ein militantes Vorgehen gegen sämtliche Formen der Andersgläubigkeit. Seine Anhängerschaft zog aus der Picardie an den Rhein und gelangte nach Trier, Köln, Mainz und Worms. Es kam zu wüsten antisemitischen Ausschreitungen und zu Plünderungen der dortigen Judensiedlungen. Fortwährend weiter plündernd, gelangten Peters Leute schließlich bis Nikäa, wo sie von den Seldschuken vernichtet wurden. Der Anführer selbst, natürlich, kam mit dem Leben davon.

Der förmliche erste Kreuzzug begann dann im Jahre 1096. Teilnehmer waren vor allem französische, lothringische und normannische Ritter. Sie zogen nach Konstantinopel und schließlich durch Kleinasien weiter bis nach Jerusalem, das sie, nach vierwöchiger Belagerung, im Juni 1099 eroberten. Die Heilige Stadt erlebte ein von den Christen veranstaltetes Blutbad. Die eroberten Gebiete wurden christlicher Herrschaft unterstellt. Der Kreuzzug wurde erfolgreich beendet, und die Teilnehmer, sofern sie sich nicht in der Levante niederließen, kehrten in ihre Heimat zurück.

295. Marmorne Grabplatte eines Ritters des Templer-Ordens (13. Jh.)

188 Ritterleben

Während dieses Kreuzzugs entstand in Jerusalem ein nach Johannes dem Täufer benanntes Spital für Pilger, die Gründer waren wahrscheinlich Kaufleute. Der Vorsteher Gerhard gründete schließlich einen geistlichen Orden, den er sich durch den Papst bestätigen ließ. Der Johanniterorden gliederte sich in Ritter, Priester und dienende Brüder. An der Spitze stand ein auf Lebenszeit gewählter Großmeister. Man unterwarf sich Mönchsregeln und widmete sich der Krankenpflege wie dem geistlichen Kampf.

Eine andere Gruppe von Kreuzfahrern war im vermeintlichen Tempel des biblischen Königs Salomo untergebracht, auf der Straße von der Hafenstadt Jaffa nach Jerusalem. Ihre Aufgabe war der militärische Schutz christlicher Pilger. Die Angehörigen beschlossen, eine eigene geistliche Organisation zu schaffen, die sich nach ihrem Gründungsort Templerorden nannte; die Organisationsform ähnelte jener der Johanniter.

Die beiden Orden bewiesen in der Folgezeit ein beträchtliches Geschick in militärischen und fiskalischen Dingen. Sie wurden so etwas wie das Rückgrat aller Kreuzzugsaktivitäten, und ihre Mitglieder legten ein beträchtliches Elitebewusstsein an den Tag.

Eine weitere Vereinigung, die nach dem nämlichen Muster gebildet wurde, war der Deutsche Ritterorden. 1190 im Heiligen Land ins Leben gerufen während der Belagerung der Hafenstadt Akkon, war er eine Gründung von Kaufleuten aus Lübeck und Hamburg. Auch hier ging es zunächst um karitative Leistungen, vornehmlich um Krankenpflege; 1198/99 wurde dann die Organisation umgewandelt in einen reinen Ritterorden, *Ordo Hospitalis Sanctae Mariae Theutonicorum*, und gelangte bald zu ähnlicher Macht und vergleichbarem Einfluss wie die beiden anderen.

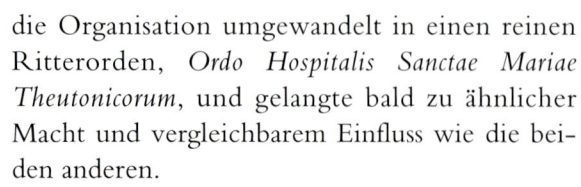

Der Ordenssitz blieb erst einmal Akko. Später wechselte er nach Venedig. Auch hier stand an der Spitze ein auf Lebenszeit gewählter Hochmeister, dem fünf gleichrangige Großgebietiger beigeordnet waren, verantwortlich für die wesentlichen Verwaltungsarbeiten wie Rüstung, Heereswesen, Hospital- und Finanztätigkeit. Später kamen noch Provinzialobere dazu. Die Mitglieder des Ordens rekrutierten sich, nicht anders als bei den drei anderen, aus Kreisen des besitzlosen Adels.

1226 bat Herzog Konrad von Masowien den Deutschritterorden unter seinem Hochmeister Hermann von Salza um Hilfe bei der Christianisierung des Baltikums. Er überließ ihm dafür das Kulmer Land in preußischem Gebiet; eine kaiserliche Bulle ermächtigte den Orden förmlich zu dieser Mission und bestätigte dessen Herrschaftsanspruch. Damit war die Basis geschaffen für den Deutschordensstaat im späteren West- und Ostpreußen, dessen koloniale Leistungen erheblich waren und dessen Territorium zu Zeiten seiner größten Ausdehnung von Livland bis zum östlichen Oderufer reichte. Das unerschütterliche Elitebewusstsein und die schneidende Arroganz seiner Mitglieder schufen ihm freilich bald erbitterte Gegner, sowohl innerhalb wie außerhalb seiner Herrschaftsgrenzen.

Säulen und Mosaike

1147 hatten die Seldschuken den christlichen Kreuzfahrerstaat Edessa in Syrien erobert. Daraufhin wurde zum zweiten Kreuzzug aufgerufen, dem sich außer dem französischen Herrscher auch Stauferkönig Konrad III. anschloss.

Der zweite Kreuzzug brachte auch die sinnliche Erfahrung eines beträchtlichen Zivilisationsgefälles. Die französische Historikerin Régine Pernoud hat die Begegnung des westeuropäischen Hochadels mit der byzantinischen Hauptstadt Konstantinopel beschrieben:

»Schon der Anblick des Palastes selbst überwältigte sie: der riesige marmorgepflasterte Hof, die mit goldenen und silbernen Blättern geschmückten

296. Die Jakobsmuschel war das Zeichen der Pilger, die im spanischen Santiago de Compostela zum mutmaßlichen Grab des Apostels Jakob zogen

297. Aufbruch zum Krieg gegen die Syrier. Aus dem Psalterium aureum (St. Gallen, ca. 851–900)

Säulen, die Mosaike … Es war ein weitläufiges Gebäude; drinnen versank der Fuß in kostbaren Teppichen, wohlriechende Düfte strömten aus silbernen Räucherpfannen, und ein Heer von beflissenen Dienern bemühte sich um die Gäste … Mehrere Stunden dauerte das Festmahl; es gab viele Gänge, und die Franken lernten dabei ganz neue und raffinierte Gerichte kennen: Artischocken, auf silbernen Schüsseln serviert, gefüllte Lammrücken, gebackene Froschschenkel und vor allem Kaviar, der an der kaiserlichen Tafel in reichlichen Mengen genossen wurde. Griechischen Wein trank man aus hauchdünnen, farbigen Gläsern, und Saucen, die mit Kaneel und Koriander gewürzt waren, standen in goldgetriebenen Schüsseln auf den Tischen. Zum Essen bediente man sich zweizinkiger silberner Gabeln, die damals im Abendland noch unbekannt waren. Der Fußboden war mit Rosenblättern bestreut, und hinter einem Vorhang spielte ein Orchester sanfte Musik.«

Was die eigentlichen Ziele des zweiten Kreuzzugs betraf, so wurden sie durchweg verfehlt. Das Unternehmen war entschieden miserabel vorbereitet und endete entsprechend desaströs. Unverrichteter Dinge kehrte Konrad 1149 zurück.

1187 eroberte der ägyptische Sultan Saladin, eigentlich Salah ad-Din Jusuf ibn Ajub, ein gebürtiger Kurde, fast das gesamte Königreich Jerusalem, worauf man zum dritten Kreuzzug rief. Der Aufwand war wieder enorm. Das Unternehmen war erheblich besser organisiert als das vorhergehende, aber auch diesmal blieb das Ergebnis ziemlich mager. Jerusalem wurde von Saladin gehalten. Richard Löwenherz ertrotzte sich lediglich die Erlaubnis zu einem Pilgerbesuch an den heiligen Stätten der Christenheit. Saladin, ein ziemlich eindrucksvoller Mann, wurde später zu einer respektvoll gezeichneten Hauptfigur in Gotthold Ephraim Lessings bekanntem Toleranz-Schauspiel »Nathan der Weise«.

Rattenfänger

Ebenso brachten dann die weiteren Kreuzzüge im Verhältnis zu dem Aufwand, der für sie betrieben wurde, kaum nennenswerte Resultate. Es kam zu politischen Konflikten mit Byzanz, sogar zu einer zeitweiligen lateinischen Oberhoheit in Konstantinopel, die dann wieder abgeschüttelt wurde. Die Kreuzzugsidee degenerierte zur Perversion des sogenannten Kinderkreuzzugs von 1212, an dem Kinder aus Frankreich und aus den Landschaften des Niederrheins, meist Sprösslinge aus armen Familien, nach Jerusalem ziehen sollten, insgesamt

298. Kämpfende Kreuzritter. Zeitgenössische Darstellung

299. Der Kinderkreuzzug von 1212 (Miniatur aus der Stuttgarter Landesbibliothek)

50 000. Viele kehrten um. Die anderen zogen über die Alpen und verschwanden, wahrscheinlich wurden sie in die Sklaverei verkauft. Die grausige Geschichte des Rattenfängers von Hameln geht darauf wohl zurück.

Insgesamt gab es sieben große Kreuzzüge, den letzten im Jahre 1270. Die christlichen Bastionen in der Levante gingen eine nach der anderen wieder verloren, und auch in Nordafrika triumphierte die Religion des Mohammed. Zuletzt, im 16. Jahrhundert, wurde fast der gesamte Balkan muslimisch. Lediglich die christliche Reconquista auf der iberischen Halbinsel sollte von dauerhaftem Erfolg sein.

Was für immer blieb, war die zivilisatorische Berührung mit dem Orient und die dauerhafte Kenntnis von exotischen Gewürzen, Früchten, Pflanzen, Bäumen, Stoffen, Parfums und Farben. Der französische Autor René Grousset hat es auf diese Formel gebracht:

»Der Glaube war es, der am Ausgang des elften Jahrhunderts den Lateinischen Orient geschaffen hat; aber im dreizehnten Jahrhundert hat ihn die Nachfrage nach Gewürzen aufrecht erhalten.«

300. Ein adliges Paar tanzt einen Reigen. Monatsbild Juni, Trient

Ministeriale Gewohnheiten

Das Mittelalter bewirkte, je weiter es vorankam, eine immer stärkere soziale Umschichtung. Sie war die Folge der wirtschaftlichen Fortschritte und der durch sie bedingten Arbeitsteilung. Sämtliche gesellschaftlichen Schichtungen wurden davon ergriffen, auch die weltliche Herrschaft, die, um ihre ständig komplizierter werdenden Pflichten wahrnehmen zu können, eines entsprechenden Verwaltungsapparates bedurfte und sich diesen auch schuf. So entstand die für das Hochmittelalter ebenso charakteristische wie einflussreiche Ministerialität.

Ursprünglich waren dies nichts als Dienstleute, Abhängige; überwiegend waren sie auch unfrei. Durch Tüchtigkeit und Umsicht machten sie sich unentbehrlich, wurden Aufseher, Vögte und Meier, besetzten die Richterstühle und übernahmen wichtige Funktionen im Militärbetrieb. Sie besaßen die Energien der Emporkömmlinge und das eiserne Bewusstsein ihrer eigenen Unentbehrlichkeit. Sie verrichteten, was in sehr viel späteren Phasen der Staatsentwicklung die Verwaltungsbeamten zu leisten hatten. Ihre gesellschaftlichen Anfänge reichen zurück bis in das fränkische Zeitalter, doch ihre entscheidende Rolle begann dann erst im letzten Abschnitt der Salierherrschaft.

Die Tätigkeit als Ministerialer stellte ein wichtiges Vehikel dar für einen möglichen Aufstieg innerhalb der ständischen Hierarchie. Zwar gab es vereinzelt auch Adlige, die sich zu Ministerialen berufen ließen, doch die Mehrheit stellten immer die Unfreien, die darauf setzen konnten, demnächst aus ihrer Leibeigenschaft entlassen zu werden. Ihre materielle Entlohnung bestand in Landbesitz, mit dem sie belehnt wurden und der, wie aller Lehensbesitz, irgendwann erblich wurde, wie schließlich auch ehedem unfreie

301. Zwei Damen und ein Ritter verlassen die Burg und gehen zur Jagd (September-Bild, Trient)

Ministeriale bald in – zumeist niedere – Adelsränge gelangten.

Ministeriale stellten einen Großteil derer, die in der Stauferzeit und danach unter dem Sammelbegriff Ritter rangieren. Hierbei, es wurde angedeutet, handelt es sich um keinen exakten Rechtsstatus. Die einfachste Erklärung ergibt sich aus der deutschen Etymologie: Der Ritter, französisch *chevalier*, zu *cheval*, Ross, ist ein Reiter, ein Krieger zu Pferd. In mittellateinischen Urkunden steht dafür gewöhnlich *miles*, im Gegensatz zu den *pedites*, den Fußsoldaten, doch *miles* ist in urkundlichen Texten gleichermaßen die Bezeichnung für den Ministerialen. Ritter aber bedeutet zugleich eine Art Ehrbegriff, dem sich der Kaiser ebenso unterwarf wie der unbedeutende Grundherr; ritterlich bedeutet, wie noch heute, so viel wie stolz, vornehm, und derart fließen in diesem Wort ständische, funktionale und ethische Vorstellungen zusammen.

Senkgrube mit Sitzbalken

Man darf sich das Leben eines Ministerialen nicht allzu üppig vorstellen. Er lebte nicht viel anders als ein Bauer, ein kleiner Grundherr, ein einfacher Städter. Die Zivilisationsgewohnheiten in diesen Schichten waren immer noch primitiv, gemessen an den Standards des alten Rom, etwa denen im Bereich der Hygiene.

Für die Notdurft gab es die Senkgrube, mit einem Sitzbalken darüber, untergebracht in einem Verschlag. Man hatte sie ebenso in den Städten, wo sich gelegentlich mehrere Gebäude in ein einziges Bedürfnishäuschen teilen mussten. In den Städten waren auch Nachttöpfe im Gebrauch. Der Inhalt wurde aus dem Fenster in den Hof oder in die Gasse entleert.

Senkgruben mit Sitzbalken darüber existierten gleichermaßen in den Klöstern, wobei die Brüder gehalten waren, gemeinschaftlich zu defäzieren; man wollte jegliche Gelegenheit zur Masturbation ausschließen. Auf den Burgen der Aristokratie gab es keine Senkgruben, die Erleichterung erfolgte aus speziellen Erkern, von denen aus die Fäkalien in den die Burg umlaufenden Wassergraben fielen. Die abschließende Reinigung des Afters geschah mit Moos oder, bei vornehmeren Personen, mit einem an einem Stöckchen befestigten Tuch.

302. Mittelalterlicher Abort. Miniatur zu Boccaccios Decamerone

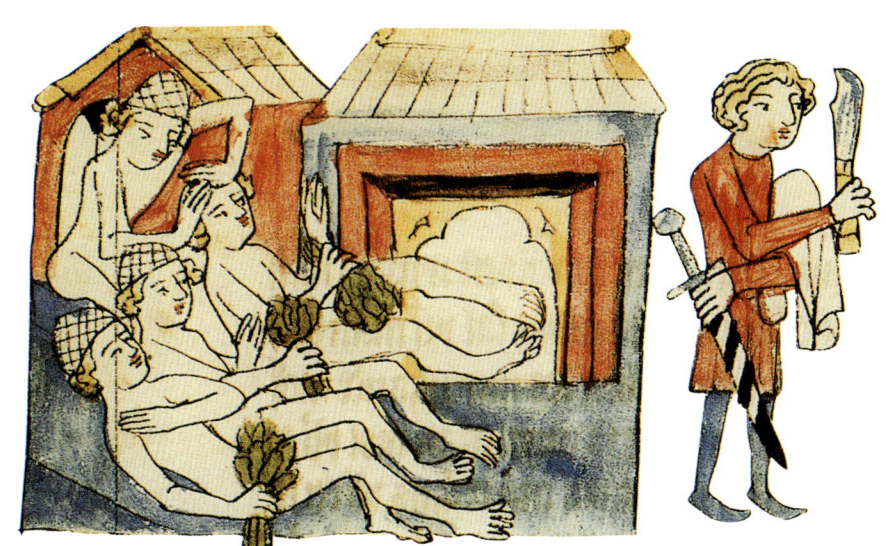

303. Badehaus mit Gästen. Wolfenbütteler Sachsenspiegel

304. Adliger Stutzer. Niederösterreichische Miniatur (1341)

305. Adlige Haartracht des Hochmittelalters. Stifterfigur des Ekkehard aus dem Westchor des Naumburger Doms

Ansonsten war üblicher Ort der Hygiene der heimische Wasserbottich oder das Badehaus. Bauern wuschen sich selten oder überhaupt nicht. Einigen Wert auf Hygiene legten die Klöster, und die mit Abstand saubersten Menschen im Mittelalter sollen, manchen Autoren zufolge, die Mönche und Nonnen gewesen sein.

»Sauberkeit war im Mittelalter keineswegs gleichbedeutend mit Frömmigkeit«, schreibt hingegen der amerikanische Kulturhistoriker Will Durant und weist nachdrücklich auf die Körperfeindlichkeit des frühen Christentums hin. »Die Sauberkeit war fast gleichbedeutend mit Geldbesitz und richtete sich nach dem Einkommen; der Lehnsherr und die reichen Bürger badeten verhältnismäßig oft in großen hölzernen Zubern, und im zwölften Jahrhundert sorgte die Ausbreitung des Wohlstandes für die Ausbreitung der persönlichen Sauberkeit ... Ein Ergebnis der Kreuzzüge war das Aufkommen von Dampfbädern im muselmanischen Stil in Europa.«

Mit Hilfe der Brennschere

Unser unglückseliger Ritter Jörg erhält von seinem Vater ein Festgewand. Es ist farbig, entsprechend dem Vorrecht des Höhergestellten. Die Bauern haben im wesentlichen bei dem Farbton zu bleiben, den ihnen die Wolle ihrer Schafe liefert, also Hell- und Dunkelgrau; die einzigen Kunstfarben, die sie außerdem verwenden dürfen, sind Dunkelblau und Schwarz.

Bei der Arbeit tragen sie einen einfachen Kittel, darunter eine Langhose, während ihre Frauen sich in einen einfachen knöchellangen Rock kleiden. Man geht barfuß oder in Schuhen, die aus Leder, aus Holz oder aus Bast gefertigt sind. Die Kleidung der Vornehmen ist im Schnitt anfangs nicht sehr viel anders, lediglich in der Ausstattung reicher.

Im 12. Jahrhundert ändert sich das. Die Einflüsse und die Vorbilder kommen zunächst aus Byzanz und dem arabischen Orient und werden durch die Fernkaufleute importiert. Die Stoffe sind jetzt sehr farbig. Die Schnitte werden extravaganter. Die Unterschiede zwischen männlicher und weiblicher Garderobe werden stärker.

Die Mäntel trägt man jetzt gleichmäßig über beiden Schultern, das Herunterrutschen verhindert ein so genannter Tasselriemen. Bei den Kleidern sind die Ärmel durch aufgenähte Borten unterbrochen. Die altgermanische Langhose wird ersetzt durch eine kurzbeinige Unterhose, *bruoch*, woran lederne Riemen hängen, und an denen werden die – meist verschiedenfarbigen – Beinlinge befestigt; der Vorgang heißt nesteln.

Beinlinge kommen gleichermaßen bei den Frauen in Mode. Sie tragen auf ihrem Haar einen Schleier oder, sofern verheiratet, das *gebende*, eine leinene, straff aufsitzende Kopfbedeckung mit einem Kinnband, wie man sie bei den weiblichen Stifterfiguren im Dom zu Naumburg sehen kann. Das Haar wird offen getragen, oder es wird in Zöpfe geflochten.

Die männliche Haartracht ist bei den Bauern der in Ohrenhöhe gestutzte Schopf. Die vornehmeren Schichten lassen ihr Haar zum Nacken hin lang wachsen. Manche kräuseln es mit Hilfe der Brennschere.

Der junge Mann rasiert sich, der Ältere trägt Schnurr- und Vollbart, wobei der Vollbart auch in kleine Zöpfe geflochten und, wiederum mittels der Brennschere, gekräuselt sein kann. Mönche sind in aller Regel bartlos. Ihre Kleidung ist seit langem vorgegeben, mit der Cuculla, das ist der weite Kapuzenmantel, und dem an den Seiten zusammengenähten Leibrock. Lediglich in den verschiedenen Farben ihrer Kutten heben sich die einzelnen Orden und ihre Angehörigen deutlich voneinander ab.

Die Kreuzzüge brachten nicht nur neue Farben und Schnitte, sondern auch neue Stoffe ins Land, nämlich Seide und Baumwolle. Nach dem Vorbild der byzantinischen Führungsschicht setzte sich im westlichen Europa ein bis dahin unbekannter Kleiderluxus durch, immer ergänzt durch Schmuck wie Perlen, Juwelen und Gold, die teilweise direkt an den Kleidern angebracht sind: Perlen verzieren Borten, Goldblättchen werden auf den Stoff genäht, Knöpfe bestehen aus Edelsteinen. Kleider haben Schleppen, und ihre Ärmel fallen weit. Für die Füße kommen Schnabelschuhe in Mode. Mäntel sind mit kostbaren Pelzen gefüttert.

Fast alle diese Neuerungen gelangen nach Deutschland über Frankreich; die französische Pionierfunktion in Modedingen hat, wenn man so will, eine fast achthundertjährige Tradition. Unumstritten (und auch diese Tradition hält bis heute) blieb die Neigung zum Modischen nicht, zumal geistliche Tadel sind hier unüberhörbar,

306. Kopfbedeckung einer Nonne. Niederösterreichische Miniatur (1341)

307. Die verheiratete Frau trug das Gebende, Kopfbedeckung mit Kinnband. Stifterfigur der Uta aus dem Naumburger Dom

und so, wie die mittelhochdeutschen Dichter in ihren Epen nicht müde werden, sämtliche Einzelheiten in der Kleidung ihrer Heldinnen und Helden mit immer neuen Versen rühmend zu beschreiben, kommt es andererseits in geistlichen Texten immer wieder zu heftiger Kritik. Der Prediger Bertold von Regensburg schimpft: *ir frouwen, ir machet ez gar ze noetelîche mit iuwerm gewande, mit iuwern röckelînen: diu naewet ir sô maniger leie unde sô tôrlîche, daz ir iuch möhtet schamen in iurwerm herzen.*

(Ihr Damen, ihr treibt es gar zu übertrieben mit euren Gewändern, mit euren Kleidchen: die näht ihr auf so vielfältige Art und so geckenhaft, dass ihr euch schämen solltet in eurem Herzen.)

Höfisches Leben

Nicht nur textile Anregungen und Vorbilder wurden aus Frankreich bezogen, auch geistige. Die gesamte schöne Literatur des 12. Jahrhunderts in Deutschland folgte Mustern, die von der anderen Seite des Rheins stammten. Diese Herkunft blieb immer deutlich, denn sie wurde offen einbekannt; dessen ungeachtet erhob sich die deutsche Poesie zu einer in der Kulturgeschichte unseres Landes zuvor noch nicht erreichten Höhe. Man muss sehr weit gehen, bis zur klassischen und frühromantischen Literatur um 1800, um eine vergleichbare Leistung wieder anzutreffen.

Worin die Gründe für jene Talentexplosionen zu suchen sind, lässt sich nicht sagen, im einen Fall so wenig wie im anderen. Man kann lediglich die Bedingungen schildern und die näheren Umstände dartun. Im 12. Jahrhundert bestanden sie darin, dass es ein Milieu gab, das jene Dichtungen förderte, indem es sie nachfragte, und eine Kultur, die zu ihrer Vervollständigung des poetischen Wortes bedurfte. Wir haben uns angewöhnt, diese Kultur die höfische zu nennen.

Es ist ein ungefähres Wort, nicht viel anders als der Begriff des Ritterlichen, der seinerseits einen integralen Bestandteil der höfischen Kultur darstellte. Die Etymologie ist eindeutig. Sie leitet sich her von Hof, französisch *cour*, womit der Adelshof gemeint ist; die anderen Ableitungen lauten: höflich, hübsch und hofieren, womit gleich einiges über Art und Tendenz der höfischen Kultur ausgesagt wird. Sie war ein Spiegel der hochmittelalterlichen Adelsgesellschaft in Ritual, Selbstfeier und Kunst, eine Hochkultur, die ebenso der Repräsentanz diente wie der Selbsterziehung und dem Genuss. Die Muster, wir sagten es, kamen aus Frankreich. Dies betraf die Mode und die schöne Literatur nicht anders als die Baukunst und das Zeremoniell. Die Querverbindungen in das Land westlich des Rheins waren zahlreich. Sie betrafen die Herrscherhäuser, bei denen es immer wieder zu Hochzeiten zwischen Angehörigen aus beiden Ländern kam, Friedrich Barbarossas Ehe mit Beatrix von Burgund, die anfangs kein Wort Deutsch gesprochen haben soll, ist dafür bloß eines von vielen Beispielen.

308. Ballspiel. Aus dem Legendarium Austriacum (1195)

309. Vorbereitungen für das Festessen. Fleisch wird zerlegt und aufgetragen. Aus dem Luttrell-Psalter (1340)

Kommunikation erfolgte durch die Kreuzfahrer aus beiden Ländern, die ein gemeinsames Schicksal fortan zusammensperrte, und durch die Kaufleute, die ständig die Sprach- und Kulturgrenze in beiden Richtungen überquerten. Sie erfolgte durch die fahrenden Scholaren, die der Universität von Paris entgegen strebten oder von dorther zurückkehrten. Teile des französischen Sprachgebietes unterstanden der Herrschaft der deutschen Krone, das betraf das Herzogtum Lotharingien mitsamt Burgund.

Ideales Verhalten

Die Möglichkeiten für den kulturellen Austausch waren reichlich gegeben. Ein anderes Ding ist, dass sie wahrgenommen wurden, und Deutschland, als das zivilisatorisch rückständigere Land, sich tatsächlich bereit zeigte, die kulturelle Vormacht Frankreichs anzuerkennen und sich ihr anzugleichen. Wie auch immer: Es geschah so. Der deutsche Adel kleidete, benahm und verhielt sich wie der des zeitgenössischen Frankreich, er probierte sich in dessen Sprache, er folgte dessen Maroten, Gewohnheiten, Vorlieben, Verboten und Träumen.

Man benahm sich *courtois*, das ist *hövesch* oder höfisch. Man bohrte sich nicht mehr mit dem Messer in den Zähnen. Man wischte sich das Bratenfett vom Munde, ehe man aus dem gemeinsamen Weinbecher trank, denn es gab an den Tafeln immer bloß ein Trinkgefäß für zwei Personen. Man schneuzte sich nicht in das Tischtuch. Man blies nicht in zu heiße Flüssigkeit. Man schlug sich nicht sinnlos den Bauch voll.

Trinkens und ezzens unmêzigkeit
Bringet manigen liuten ofte leit
An lîbe, an sêle, an êren, an guote

(Unmäßigkeit im Trinken und Essen bringt den Menschen häufig Schaden an Leib und Seele, an Ansehen und Besitz.) So heißt es bei dem Dichter Hugo von Trimberg. Zurückhaltung, Angemessenheit, mittelhochdeutsch *mâze*, war ein wichtiges Element des idealen höfischen Verhaltens. Andere Schlüsselbegriffe lauteten *êre*, also Ehre, Zucht, Erziehung, *milte*, das war Großzügigkeit, Nachsicht, *arebeit*, das war Anstrengung und Mühe, und hoher *muot*, das war die vornehme Gesinnung.

Die gemeinsamen Mahlzeiten bildeten einen wichtigen Bestandteil des höfischen Lebens. Die Tischdienste, wie Kämmerer, Truchsess und Mundschenk, wurden bei den Königen symbolisch oder manchmal, zu besonderen Anlässen wie den Krönungsfeierlichkeiten, auch realiter durch Angehörige des Hochadels versehen. Wichtig war die Sitzordnung. Der *wirt*, also der Hausherr,

310. Die Lanze in der Hand tragend, reiten zwei Ritter zur Jagd (Szene aus dem Adlerturm in Trient)

311. Höfische Gesellschaft bittet zum Tanz. Wandmalerei aus Burg Runkelstein in Südtirol (1390)

196 Ritterleben

**312. Gastmahl Karls
des Kühnen zu Ehren
Kaiser Friedrichs III.
(Burgund, um 1474)**

gewöhnlich der höchste Aristokrat im Raum, saß an der Spitze des Tisches, die Gäste waren entsprechend ihrer Rangordnung neben oder nach ihm plaziert. Da hierbei ständig protokollarischer Streit lauerte, entschloss man sich gerne zu einer *table ronde*, einem runden Tisch, an dem solche Probleme fortfielen.

Entsprechend dem Rang des Hausherrn und der Zahl seiner Gäste verhielt sich die Größe der Dienerschar. Das Eintreten erfolgte in der Form eines feierlichen Aufzugs. Hinter den Gästen schritten die Musikanten, denn bei großen Mahlzeiten wurde musiziert.

Gegessen wurde mit den Fingern. Es gab zwar Löffel, Messer und Gabel, aber Löffel und Messer wurden lediglich zum Zerkleinern benutzt (das in gehobenen Kreisen ein eigener Diener vornahm) und die Gabel zum Vorlegen. Als Teller diente eine Scheibe Brot, das *tranchoir*; nach getaner Mahlzeit wurde es entweder verspeist oder den Hunden vorgeworfen. In die Schüsseln griff jeder nach seiner Neigung und seinem Appetit. Für das Säubern der Hände standen nach der Mahlzeit Diener mit Handwaschbecken bereit.

Das Abwischen des Mundes blieb ein Problem. Taschentücher waren noch nicht in Gebrauch. Sollte man also die Hand benutzen oder nicht? Besser benutzte man den Ärmel oder einen anderen Abschnitt des eigenen Gewandes. Probleme auch sonst: Wohin mit den abgenagten Knochen? Was, wenn jemand einen Juckreiz verspürte, doch die Hand, die ihn verscheuchen könnte, anschließend in die gemeinsame Schüssel griff?

Keinesfalls wollte man verfahren wie die *dörper*, die Bauern; der Tannhäuser, ein auch durch Richard Wagners Oper berühmt gewordener Dichter und Autor einer eigenen »Hofzucht«, empfiehlt im Falle des erwähnten Juckreizes:

Ob es aber geschiht, so nemet hovelich das gewant
Und jucket da mit daz zimt baz, denn iu diu hant
unsuber wirt.

(Wenn das geschieht, dann benutzt höflich euer Gewand und juckt euch damit. Das ist besser als wenn die Hand unsauber wird.)

Zeremonieller Ablauf

Gemeinsame Mahlzeiten sind identitätsstiftende Maßnahmen in vielen Kulturen. Man denke an das Christentum, dessen Abendmahlspraxis wohl ihrerseits eingewirkt hat auf das Brauchtum des gemeinschaftlichen Essens im weltlichen Raum. Im höfischen Bereich schärfte die ständige Anwesenheit von Dienstpersonal zugleich das Bewusstsein für die hierarchische Ordnung. Die übrigen kollektiven Handlungen innerhalb der höfischen Kultur waren auf nichts anderes ausgerichtet.

Es zählten hierzu die Feste. Kaiser Friedrich Barbarossa hat gegen Ende seiner Herrschaft zwei große Hoffeierlichkeiten ausgerichtet, über deren Umfang und Glanz die Chronisten sich nicht zu lassen wissen; was den Umfang und die Pracht anbelangt, waren sie wohl schwerlich zu überbieten, obschon man den zeitgenössischen Berichten, die bei Größenangaben immer zu Übertrei-

313/314. Musikanten spielen bei höfischen Festen, zumal bei den Mahlzeiten (Niederösterreich, 13. Jh.)

315. Zwei Männer braten Fleisch auf einem Drehspieß. Luttrell-Psalter (um 1340)

198 Ritterleben

bungen neigen, nicht durchweg glauben soll. Bei dem ersten der beiden Feste schwanken die Teilnehmerzahlen, je nach Autor, zwischen 40 000 und 70 000 Teilnehmern, man benutzte eigens zum Anlass errichtete Gebäude und wohnte in prunkvollen Zelten.

Der zeremonielle Ablauf war, hier wie sonst, immer der nämliche. Es gab die Einladung, die Vorbereitung, die Ankunft und den Empfang der Gäste. Es gab die Bewirtung, es gab Unterhaltung und Geselligkeit und schließlich das Überreichen von Geschenken zum Abschied.

Die Ankunft vollzog sich in der Form einer feierlichen Prozession. Auch die Begrüßung war ritualisiert: *mit gebaerden und mit gruoze*, mit Gesten und Gruß wurde empfangen, wozu gehörte: Niederknien, Verbeugung, Umarmen und Kuss; die religiös-christliche Anlehnung ist ebenso zu erkennen, wie für die Zeitgenossen die rechtliche Bedeutung ablesbar und wichtig war. Ein Gruß bedeutete, immer aus der Optik des Gastgebers, eine Huld- und Gunstgewährung.

In hohem Bogen

Unter das Rubrum Geselligkeit fallen dann Unterhaltungsangebote von vielerlei Art. Es traten Akrobaten, Gaukler und Spielleute auf. Ein – im Original lateinischer – Text aus dem Jahr 1214 beschreibt:

»Als die Mahlzeit beendet ist, fängt die Schar der Fahrenden wieder mit ihren Kunststücken an. Jeder macht, was er kann, und müht sich zu gefallen. Der eine singt und erfreut die Zuhörer durch die Lieblichkeit seiner Stimme; der andere trägt Lieder vor von den Taten der Helden. Dieser hier schlägt mit den Fingern nach der Regel die verschiedenen Saiten; dieser da lässt mit seiner Kunst die Leier süß ertönen. Die Flöte macht aus tausend Löchern Töne verschiedener Art, der Schlag der Pauken erzeugt schrecklichen Lärm. Der eine springt und vollführt mit seinen Gliedern verschiedene Bewegungen, beugt sich vor und zurück, bewegt sich im Zurückbeugen nach vorn, lässt die Hände anstelle der Füße gehen, streckt die Füße in die Höhe und heißt den Kopf unten sein, wie eine Chimäre. Der andere lässt durch Zauberkunst verschiedene Trugbilder erscheinen und täuscht durch die Geschicklichkeit der Hand die Augen. Dieser führt den Leuten einen jungen Hund oder ein Pferd vor, die er auffordert, sich wie Menschen zu gebärden; dieser dort wirft die Scheibe in hohem Bogen in die Luft, fängt sie im Fallen auf und wirft sie wieder empor. Solche Spiele und andere mehr gibt es an diesem festlichen Tag.«

Man sieht: Wir haben es mit einer Art von Varieté oder Zirkus zu tun. Das Letzte, die dressierten Tiere, scheinen mit ihren Bändigern selbst noch in Heerlagern aufgetreten zu sein, um die Kriegsleute mit etwas Abwechslung zu versorgen. In einem Dichtertext heißt es bei solcher Gelegenheit, *helfande, löuwen unde bern zôch man durch kurzewîle für*, man führte Löwen und Bären zum Zweck der Unterhaltung vor.

Es gab auch intimere Formen der Zerstreuung, nämlich die Spiele. Sie konnten intim sein und waren dann auch (oder vor allem) außerhalb großer Festlichkeiten denkbar, wiewohl man sie gleichermaßen parallel ausrichtete, was dann wieder vor allem für die großen Feste galt. Das geistig anspruchsvollste dieser Spiele war das Schach. Vermutlich gleichen kulturellen Ursprungs sind die Spielkarten, auch sie finden sich in Europa schon früh. Tarock ist eines der ältesten Kartenspiele. Weitere Brettspiele waren *Tric-Trac*, *mîle* und *wurfzabel*. Man würfelte, und wie bei den Städtern, nur noch intensiver, entwickelten sich Würfel- und Kartenspiele zu einer Sucht und erregten deswegen das Missfallen der Geistlichkeit.

Zu den Wettbewerben mit körperlichem Einsatz gehörten Ballspiele, an denen sich auch die Da-

316–318. Jagd und Spiele als Bestandteil höfischer Zerstreuung. Niederösterreichische Darstellungen des 13. Jahrhunderts

319/320. Ein Würfelspiel war Tric-Trac, auch Puff genannt, Vorform des heutigen Backgammon (aus der Manessischen Liederhandschrift, um 1320) Würfel (Bild oben) waren weit verbreitet

321. Ritterturniere, unter den Augen der Hofdamen, waren militärische Übung und Unterhaltung zugleich

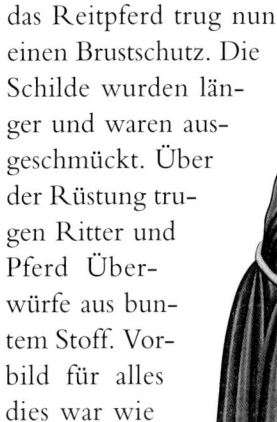

322. Steinbock. Aus dem Reiner Musterbuch (1220)

323. Zwei Marionettenspieler. Aus dem »Hortus deliciarum« (12. Jh.)

men beteiligen durften. Reine Männerspiele waren hingegen Weitsprung, Steinwurf, Hürdenlauf, Zielschießen und Speerwurf. Die militärische Herkunft und Ausrichtung dieser meisten Sportarten ist unverkennbar und blieb dies bis heute. Im Mittelalter setzte sich dies direkt fort in den großen Kampfsportübungen der Turniere. Auch sie kamen aus Frankreich, wie schon der Name anzeigt; das französische Ursprungswort lautet *tornoi* oder *tornoiement*, im Mittelhochdeutschen *turnei*. Es gab feste Regeln und Vorschriften. Dem Sieger winkte ein Preis, der alles Mögliche sein konnte: der Händedruck einer Dame, der Besitz eines wilden Tieres, der Besitz einer Hure. Man bildete zwei Parteien, die ihrerseits einen Anführer bestimmten, dann ritt man in geschlossenen Scharen aufeinander los und versuchte, den jeweiligen Gegner zum Rückzug zu zwingen. Gelang das nicht auf Anhieb und verharrten beide Parteien auf der Stelle, entwickelten sich Zweikämpfe, bei denen man versuchte, den Gegner aus dem Sattel zu heben. Manche Turniere dauerten lange, oft mehrere Tage. Die Teilnehmerzahlen waren höchst unterschiedlich. Bei großen Turnieren konnten mehrere tausend Reiter beteiligt sein.

Neben dem *turnei* existierte der *buhurt*. Auch er war eine Massenveranstaltung, aber es ging bei ihm weniger martialisch zu, denn er wurde ohne Waffen ausgeführt; man hat ihn als eine Art von Reiterspiel bezeichnet. Schließlich gab es noch den *tjost*. Er war ein Einzelkampf, ausgeführt mit Lanzen. Alle diese Übungen boten ein Training für den kriegerischen Ernstfall, halb Exerzierübung und halb Manöver.

Die Angelegenheit war übrigens nicht billig. Der am Turnier beteiligte Ritter musste Anreise und Ausrüstung selbst bezahlen. Manche Teilnehmer verschuldeten sich dafür erheblich.

Helm und Schulterschutz

Die Ausrüstung selbst war exakt jene, die man auch für den militärischen Ernstfall benötigte. Sie war im Lauf der Zeit immer aufwendiger geworden. Man trug nun einen Topfhelm, der den Kopf zwar besser schützte, aber Sicht und Beweglichkeit erschwerte. Der Helm war mit einem Putz versehen, *zimiere* oder *kroier* genannt. Statt des Kettenhemdes setzte sich mehr und mehr der geschlossene Panzer durch, mit seinen verschiedenen Einzelteilen wie Brünne, Schulterschutz, Halsschutz und Armschutz. Auch das Reitpferd trug nun einen Brustschutz. Die Schilde wurden länger und waren ausgeschmückt. Über der Rüstung trugen Ritter und Pferd Überwürfe aus buntem Stoff. Vorbild für alles dies war wie

324. Duellierende Ritter. Der nunmehr verwendete Topfhelm bot größeren Schutz, erschwerte aber Sicht und Beweglichkeit (aus dem Wolfenbütteler Sachsenspiegel)

325. Mittelalterliche Spielleute mit Blasinstrumenten und Trommeln (Monatsbild Juni, Trient)

immer Frankreich. Die Rüstung bewirkte zwar, dass die Gesundheit besser geschützt wurde, aber sie machte ihren Träger auch schwerfälliger und schwerer. Man hat errechnet, dass im Spätmittelalter die bloße Rüstung, also ohne den Träger, um die zweieinhalb Zentner wog. Im Hochmittelalter dürfte es wenigstens die Hälfte betragen haben.

Es mussten deswegen kräftige Rösser her, die solche Lasten tragen konnten. Besonders begehrt waren Importe aus Spanien. *Kastellân*, eine geschätzte Rasse, kam, wie der Name aussagt, aus Kastilien. Die Ritter ihrerseits kamen unter ihren Harnischen gehörig ins Schwitzen, und zumal in der wärmeren Jahreszeit, wo üblicherweise sowohl die Turniere als auch die Kriege stattfanden, muss der Aufenthalt in einer Rüstung fast unerträglich gewesen sein. Die meisten Zeugnisse verlieren darüber kaum ein Wort. Der Auftritt in voller Rüstung hoch zu Ross, die Teilnahme an *turnei* oder *strît*, an Turnier oder Schlacht, galt als der wahre und eigentliche Zweck des ritterlichen Daseins. Das gleiche Bewusstsein, das sich über das unermessliche Leid und die blutigen Greuel des Krieges beklagt, preist die Schönheiten des Kampfes und bewundert in ausführlichen Beschreibungen die Stärke und den Einsatz von dessen Teilnehmern. Der das gesamte mittelalterliche Denken bestimmende Dualismus findet hierin zu seinem äußersten und widersinnigsten Ausdruck.

Und nicht nur das.

»Das höfische Ritterideal und die gesellschaftliche Realität des adligen Lebens standen zueinander im Verhältnis krasser Gegensätzlichkeit«, schreibt der Germanist Joachim Bumke. »Die Diskrepanz zwischen dem hohen moralischen Anspruch, der sich mit dem Namen Ritter verband, und der gelebten Wirklichkeit ist am deutlichsten von Klerikern gesehen worden, die das Hofleben und die Hofgesellschaft aus eigener Erfahrung kannten.«

Räuberhandwerk

Bumke zitiert dann einen Geistlichen, Petrus von Blois, gestorben 1204, der das Leben an Fürstenhöfen gleich in mehreren europäischen Ländern aus eigener Anschauung kannte:

»Der Orden der Ritter besteht heute darin, keine Ordnung zu halten ... Denn sobald sie mit dem Rittergürtel geschmückt sind, erheben sie sich gegen die Gesalbten des Herrn und wüten im Erbland des Gekreuzigten. Sie plündern und berauben die unbemittelten Diener Christi und, was schlimmer ist, sie unterdrücken erbarmungslos die Armen und sättigen am Schmerz der anderen ihre eigenen verbotenen Gelüste und ihre außerordentlichen Begierden ... Die im Kampf gegen die Feinde des Kreuzes Christi ihre Kräfte beweisen sollten, die liegen lieber mit ihrer Trunkenheit im Streit, geben sich dem Nichtstun hin, erschlaffen in Völlerei, und durch ihr verderbtes und unanständiges Leben schänden sie den Namen und die Pflichten des Rittertums.« Das klingt nicht gut, ist aber vermutlich recht nahe an der Wahrheit. Woraus erhellt, dass es zu allen Zeiten einen deutlichen Unterschied gab zwischen dem Ideal und der Wirklichkeit, zwischen der realen Welt und der schönen Literatur. Immerhin war der Ritter jetzt noch ein leidlich angesehener, weil im militärischen Bedarfsfalle benötigter Berufsstand. Da er gebraucht wurde, fand er auch seinen materiellen Unterhalt. Seine durch Petrus von Blois erläuterte Neigung zu brutalen Übergriffen aus Habgier würden überhand nehmen, wenn er zu einer nur mehr überflüssigen Einrichtung verkam. Dafür würden zwei Gründe maßgeblich werden: das Aufkommen der Feuerwaffen und, auch dadurch bedingt, eine fortschreitende Pauperisierung, die den Adelsmann manchmal weit unter das materielle Niveau nichtadliger Personen aus Stadt und Dorf drückte.

Er würde dann keinen anderen Ausweg finden als den Raub. Wegelagerei wurde sein tägliches Geschäft. Der Mann der *zuht*, der *milte* und der *mâze* entwickelte sich zu einem ordinären Raubritter. Gustav Freytag hat ihn beschrieben:

»So wild, frevelhaft und gemeinschädlich war das Gebaren gerade der Rührigsten, dass ihr Stand in aller Ruchlosigkeit des Räuberhandwerks zugrund gegangen wäre, wenn nicht dieselbe Schwäche, welche sie verhinderte, nützliche Mitglieder der Gesellschaft zu werden, auch das letzte Verderben von ihnen ferngehalten hätte. Dass sie ein privilegierter Stand waren, der seine Genossen für besser hielt als den Bürger und Bauern, der in Ehe, Beschäftigung, Recht, in Sitten und Zeremoniell sich gegen andere abschloss, dies exklusive Standesgefühl hat die Rittermäßigen durch Jahrhunderte schwach gemacht und ihre Ansprüche zu einem Leiden für das Volk …

Zwischen dem Räuber, der jetzt auf entlegener Heide den Wanderer beraubt, und dem Landjunker, der um das Jahr 1400 den Kaufmann vom Pferde warf und bei Wasser und Brot in ein finsteres Gefängnis steckte, während seine Frau aus dem gestohlenen Tuch Röcke und Mäntel schnitt, ist in Rücksicht auf die Tat sehr wenig Unterschied.«

**326. Turnierkampf
(Monatsbild Februar, Trient)**

327. Portal des Straßburger Münsters. In spätromanischer Zeit begonnen, ist das 1250–1275 gebaute Langhaus einer der ersten hochgotischen Kirchenräume im damaligen deutschen Sprachraum, berühmt auch durch seine Rosettenfenster

Der schöne Schein

Für die bildende Kunst Deutschlands haben in der Zeit nach dem Ende der Salierherrschaft, Mitte des 12. Jahrhunderts, ein paar erhebliche Veränderungen begonnen. Zwar setzen sich die alles beherrschenden Tendenzen der salischen Jahre fort, so im Dombau, der während der folgenden Stauferjahre die großen Vorhaben am Oberrhein weiter vorantreibt; Kathedralarchitekturen haben durchweg eine lange Genesis, die sich nur nach Jahrzehnten, manchmal nur nach Jahrhunderten bemessen lässt. Die langen Zeiträume der Entstehung bieten die Möglichkeit zu Eingriffen, mit denen neuen und neuesten Stilformen Rechnung getragen werden kann. Selten folgt eine der großen deutschen Bischofskirchen einem völlig einheitlichen Gestaltungswillen, vielmehr zeigen sie, wie die Ringe im Inneren eines Baumstamms, die verschiedenen Etappen ihrer Entstehung vermittels der bei ihrem Bau verwendeten unterschiedlichen Stilelemente.

Die Stauferzeit gilt in Deutschland als die Epoche der sich vollendenden Romanik. Außer den großen Kathedralen am Oberrhein wird zum anderen geographischen Mittelpunkt dieser Architektur der Niederrhein und hier besonders das reiche Erzbistum Köln. Mit seinen vielen romanischen Sakralbauten von St. Andreas bis zu St. Gereon und von St. Aposteln bis zu St. Kunibert bietet es die wohl stärkste Massierung der Kirchen dieses Baustils auf so vergleichsweise engem Raum. Manche von ihnen zeigen Elemente der byzantinischen Baukunst. Die vielfältigen Begegnungen mit einer deutlich andersartigen und, im Falle Byzanz, einer als deutlich überlegen empfundenen Zivilisation hinterließen ihre Spuren.

Im Jahre 1150 wurde mit dem Bau der Kölner Kirche Groß-St.-Martin begonnen. Sie zeigt in Grundriss und Ausgestaltung die üblichen Eigenarten romanischer Sakralarchitektur, aber sie besitzt auch ein paar Stilelemente, die über die Romanik hinausweisen. Sie nähern sich der Gotik, die, anders noch als Goethe meinte, keine deutsche, sondern eine französische Erfindung war, *art de France*. Seit der Mitte des 12. Jahrhunderts setzt sie sich, von der Normandie kommend, in ganz Frankreich durch, beherrscht vor allem die Kirchenarchitekturen und wird in der Folge den deutschen Kulturraum erreichen und prägen. Unter anderem geschieht dies vermöge der Dombauhütten, deren Personal gleichsam Wanderarbeiter waren und deren west-östliche Migration sich nachweisen lässt.

Das architektonische und, darüber hinaus, bildkünstlerische Erscheinungsbild der Gotik wird bestimmt durch die Vertikale. Sie möchte Transzendenz mitteilen. Alle baulichen Elemente streben dem Himmel entgegen, dem Sitz Gottes und seines Sohnes Jesus Christus. Sämtliche horizontalen Linien werden nach Möglichkeit verdeckt und überbaut, notfalls durch architektonische Attrappen. Die populären Stilelemente der Gotik, der Spitzbogen und die Kreuzrippe in den Gewölben, waren zwar schon in vorgotischen Zeiten bekannt und sind dort vereinzelt verwendet worden, jetzt aber erhalten sie ihre alles andere ausschließende Dominanz.

Einfache Hebewerke

Das bedeutete auch: die Baukörper gerieten immer größer. Die spätromanischen und gotischen Kathedralen mit ihren hohen Mittelschiffen und riesigen Türmen waren nicht nur eine ästhetische, sondern auch eine technologische Herausforderung zu Zeiten, die weder motorisierte Kräne noch motorisierte Lastenaufzüge kannten. Immerhin gab es, bereits seit dem Frühmittelalter, Flaschenzüge und einfache Hebewerke. Für den Transport der schweren Sandsteinquader aus den Steinbrüchen standen vierrädrige Karren zur Verfügung. In den Strebepfeiler einer Pfarrkirche bei Kassel wurde die älteste bildliche Darstellung eines mittelalterlichen Kranes eingeritzt. Er funktionierte mit einem hölzernen Tretrad, das von Menschen bewegt wurde, und hatte am Ende des Seils eine metallene Zange, welche die Last erfasste und infolge von deren Gewicht festhielt. Im Dachgestühl der Heiligkreuzkirche von Schwäbisch Gmünd hat sich das Laufrad eines Baukrans aus dem 15. Jahrhundert erhalten.

Der Niederrhein mit seinem Zentrum Köln wird zum Einfallstor für die französische Sandsteingotik. Im küstennahen Norddeutschland, wo es keinen Sandstein und keine Steinbrüche gab, musste man sich für Repräsentationsbauten mit einem anderen Material behelfen, das, wenn man

328. Der Kölner Dom ist der größte gotische Sakralbau in Deutschland. 1248 begonnen, wurde er erst im 19. Jahrhundert vollendet

204 Ritterleben

329–331. Die großen Kirchenbauten des Mittelalters entstanden durch Werkstattgemeinschaften, sogenannte Bauhütten. Die dort beschäftigten Handwerker waren außerhalb der Zünfte organisiert. Bautechnische Erfahrungen wurden als Geheimnis gehütet. In den Hütten entstand auch die Bauplastik, was die stilistische Einheitlichkeit der Kunstwerke gewährleistete. Rekonstruktionen vom Bau des Freiburger Münsters

sich denn nicht für Holz entschied (und Holz war in vielerlei Hinsicht problematisch, allein wegen der Feuergefahr), aus den am Ort vorfindbaren Ressourcen gewonnen wurde. Wir reden vom gebrannten Ziegel. Die gesamte Sakralarchitektur in den Gebieten der deutschen Ostkolonisation entstand aus Backstein und erreichte, genötigt durch die Eigenarten des anderen Materials, ihre besondere Stilistik und Formgebung.

Das erste Bauwerk dieses Stils entstand übrigens nicht auf deutschem, sondern auf schwedischem Boden, in Lund, der Baubeginn fiel auf das Jahr 1102. Dem folgten Ribe, Viborg und das dänische Roskilde. Die baulichen Vorbilder waren immer Sakralbauten aus Oberitalien und Frankreich. Die Kenntnisnahme der skandinavischen Backsteinarchitekturen erfolgte auf den Handelswegen der Hanse. Der erste und zugleich für vieles Spätere maßstäbliche backsteingotische Bau in Deutschland wurde die Marienkirche in der hanseatischen Kapitale Lübeck.

Ein wichtiger Bauträger in den Regionen der Ostkolonisation, doch nicht nur dort, war der Orden der Zisterzienser. Bereits sein kirchengeschichtlicher Vorläufer, die Bewegung von Cluny, hatte nachhaltige architektonische Folgen gezeitigt; womöglich noch mehr geschah dies nun durch die Mönchsbewegung des Bernhard von Clairvaux. Die Bautätigkeit seines Ordens, immer im Gefolge von dessen Missionstätigkeit und Landnahme, prägte das architektonische Erscheinungsbild der ostelbischen Regionen bis hin zu den Mündungsarmen der Weichsel.

Den größer gewordenen Dimensionen der klerikalen Bauwerke entsprachen die Formate der in oder vor ihnen aufgestellten Figuren. Das Zeitalter der Staufer wurde endgültig zur Epoche der monumentalen Skulpturen. Sie finden sich schon neben den Eingängen der Kathedralen, deren Portale, ins Relief gebracht, einem immer noch überwiegend analphabetischen Publikum ganze Geschichten erzählten. Der figürliche Schmuck der Kirchen, innen wie außen, wurde zu einem kunstvoll-eindringlichen Lehrbuch für die Besucher. Er referierte die großen Ereignisse der Bibel, vorrangig des Neuen Testaments, er kommentierte in allegorischen Darstellungen Diesseits und Jenseits, Himmel und Hölle, Glauben und Häresie, Leben und Tod.

Abkehr vom Klischee

Das Innere der Kirchen wurde außer mit Skulpturen mit Malereien ausgeschmückt. Letztere haben sich nur noch in Resten erhalten, ebenso wie die Malereien in nichtkirchlichen Gebäuden. Aus der Stauferzeit stammen die ältesten erhaltenen Wandbilder weltlichen Inhalts sowohl in Thüringen, in Schmalkalden als auch in Südtirol.

Immer mehr versuchen sich die schönen Künste dabei aus der geistlichen Umarmung zu emanzipieren. Die metallene Plastik des Löwen, Symboltier von Welfenherzog Heinrich und aufgestellt vor dessen Braunschweiger Burg Dankwarde-

332. Gerüste am Münster, auf denen schwere Steinlasten gelagert wurden. Modell (Freiburger Stadtmuseum)

333. Steinmetze bei der Arbeit. Werkzeuge sind die ein- und zweischneidige Axt. Aus dem Stuttgarter Bilderpsalter

334. Französisches Graduale mit einer Sammlung kirchlicher Antwortgesänge (14. Jh.)

335. Englische Notenhandschrift, mit Initiale »Q«

rode, steht ebenso dafür wie die nichts weniger denn geistlichen Illustrationen in vielen Handschriften, die, obschon in Klöstern, also in geistlicher Umgebung verfertigt, die Erscheinungen des Lebens außerhalb des monastischen Milieus ausführlich zur Kenntnis nehmen.

»Der Übergang von der Romanik – dem *more Romano* – zur Gotik – dem *opus francigenum* –, die Erprobung einer neuen Art ästhetischer Verallgemeinerung von Wirklichkeit, besaß als Phase einen eigenständigen Charakter, der im konkreten Einzelwerk freilich kaum rein anzutreffen ist«, sagen die Kunsthistoriker Friedrich Möbius und Helga Sciurie. »Es war insgesamt eine Zeit des Suchens und Experimentierens, des Aufbrechens alter Zwänge und des Aufrichtens neuer Ideale – ein Wagnis, dessen Ausgang die Zeitgenossen nicht vorhersehen konnten ... Der Hochadel, der es fertigbrachte, sich selbst zu reformieren (und reformieren zu lassen), gewann eine neue und schärfere Sicht auf die Wirklichkeit, die tatsächlichen Verhältnisse, das alltägliche Leben, auf die wirklichen Bedingungen der Machtausübung, Herrschaft praktizierend in der Hinwendung auf den Kern der Sache und der Abkehr von unglaubwürdig und unpraktisch gewordenen Klischees.«

Weltliche Musik

Bei zeitgenössischen Schilderungen höfischer Feste ist immer auch von Musikanten die Rede. Es waren dies Spielleute, also fahrendes Volk, das aus Anlass von kollektiven Vergnügungen aller Art seine Kunstfertigkeiten in der Form bezahlter Dienstleistungen anbot. Wie bei den anderen Künsten handelte es sich hierbei um die weltliche Variante einer Erscheinung, deren anderer und ehrwürdigerer Teil der Kirche zugehörte.

Wir sind über das musikalische Geschehen des Hochmittelalters relativ genau unterrichtet. Wir wissen, dass geistlicher Gesang zum festen Bestandteil des liturgischen Geschehens in den Kirchen gehörte; er war monophon, also einstimmig, seine Texte waren lateinisch, und seine Notate geschahen im sogenannten Neumen, Vorläufer unserer heutigen Notenschrift. Der einfache liturgische Chorgesang oder *cantus planus* ist seit dem 9. Jahrhundert bezeugt. Eine wesentliche Neuerung geschah zur Zeit der Salier, durch

Elemente wie Sequenz, Tropus und Conductus, und es entstanden komplette Gesangbücher. Hildegard von Bingen war eine begabte Komponistin, unter anderem, und erste musikalische Spiele geistlichen Inhaltes entstanden zu jener Zeit, man kann sie als Vorformen der Oper betrachten. Die Mehrstimmigkeit blickt ihrerseits auf eine lange Tradition zurück, wiewohl hier man nicht sofort von den voll ausgebildeten Formen der barocken oder nachbarocken Polyphonie ausgehen darf.

Die Anfänge der weltlichen Musik sind erheblich schlechter dokumentiert als die der geistlichen. Gesichertes Notenmaterial existiert erst aus dem Zeitalter der provenzalischen Troubadoure und ihrer deutschen Imitatoren. Von da an besteht dann eine ziemlich geschlossene Überlieferung des kompositorischen Geschehens bis hin zu den großen musikalischen Innovationen im Zeitalter der Renaissance.

Die Lieder der Troubadoure waren eine höfische Kunst und wurden überwiegend von aristokratischem Personal ausgeführt. Die Spielleute auf den großen Festveranstaltungen waren nichthöfischer Herkunft und hatten ein entsprechend minderes Sozialprestige. Die Instrumente, auf denen sie musizierten, werden in einem Text des mittelhochdeutschen Literaten der Stricker aufgezählt. Es sind vierzehn an der Zahl: *fidel* (Geige), *harpfe* (ein dreieckförmiges Zupfinstrument), *rotte* (Harfenzither), *symphonie* (Drehleier), *flöite* (Flöte), *clîe* (wohl eine Flötenart), *lîre* (ein Saiteninstrument), *pusîn* (Trompete), *manichord* (Trumscheit), *psalterium* (Zitter), *holre* (Holunderflöte), *gîge* (Geige), *organiston* (Saiteninstrument mit Tastatur) und *tambûr* (Trommel). An anderer Stelle berichtet der Stricker von dreihundert welschen, also französischen Geigern, und selbst wenn die Anzahl beträchtlich übertrieben ist, wovon man ausgehen darf, ist eine solche orchestrale Vorstellung ohne Koordination und ohne Mehrstimmigkeit nur schwer vorstellbar.

Die Musik bei höfischen Festen diente zunächst der Begleitung bei den Mahlzeiten. Dann noch, und dies vor allem, spielte sie zum Tanzen auf. Über die tänzerischen Figuren wissen wir nicht viel, die Texte sprechen von *treten* und *springen*, also schreiten und springen, und dann noch davon, dass Männer und Frauen gemeinsam tanzen. Wir dürfen uns Choreographien vorstellen, wie sie heute noch bei Volkstänzen gebräuchlich sind.

Tanz, ganz allgemein, ist ritualisiertes Sich-Bewegen. Als sein Ursprung gilt zunächst die Religion; der Tänzer nähert sich durch vorgegebene Bewegungsabfolgen seinem Gott, wobei die dabei selbstverständliche Ergriffenheit durch den Tanz gesteigert werden kann bis zur Trance. Tanzschritte sind zumeist aus der belebten Natur übernommen, so wird das Balzverhalten bestimmter Vogelarten zum Vorbild von Tanzhaltungen, etwa beim Flamenco, der schon durch seinen Namen mitteilt, dass er sich an Bewegungen des Flamingos anlehnt.

Simulierte Kohabitation

In der religiösen Beschwörung von Fruchtbarkeit, der des Feldes wie der des Herdenviehs, auch der des Menschen, ergibt sich eine enge Berührung mit der Sphäre des Sexuellen. Sie ist der andere Inhalt des Tanzes und ist dies zumal in jenen Territorien, wo das Christentum herrscht, denn sie ist die einzige Weltreligion, die den Tanz aus ihrer sakralen Praxis völlig ausgrenzte und auch darüber hinaus gerne verwarf.

Es hat den Tanz nicht vernichten können. Er war jetzt bloß völlig der profanen Welt überlassen und diente fast ausschließlich diesseitigen Zwecken. Von den Klerikern misstrauisch beäugt, blieb der Tanz ein verbreitetes Freizeitvergnügen und der Hauptinhalt weltlicher Feste, wo einziger Zweck und Inhalt des Tanzes die Partnerwahl war. Von der Brautschau und der Brautwerbung bis hin zur simulierten Kohabitation imitieren die Volks- und Gesellschaftstänze mehr oder minder stilisiert sämtliche Formen der menschlichen Liebesbegegnung, sie signalisieren und befördern sie oder bereiten sie vor.

springer wir den reigen, fordern die Carmina burana auf, tanzen wir den Reigen. *dâ wart ein wunneclicher tanz von in gemachet*, da wurde ein herrlicher Tanz von ihnen aufgeführt, heißt es zu etwa der gleichen Zeit in einem hochmittelalterlichen Epos. »Der Tanz ist ein Kreis, dessen Mittelpunkt der Teufel ist«, befindet in klassischem Kirchenlatein ein Kleriker, der damit eine Dichothomie eröffnet, die genau gesehen bis heute anhält.

**336. Trompetenbläser.
Aus der Notenhandschrift des Johannes von Valkenburg (1299)**

337. Aufspielen zum Tanz. Reinmar der Fiedler aus der Manessischen Liederhandschrift

Der Flug des Falken

*Ich zôch mir einen valken   mêre danne ein jâr.
dô ich in gezamete   als ich in wollte hân
und ich im sîn gevidere   mit golde wol bewant,
er huop sich ûf vil hôhe   und flouc in anderiu lant.*

*sît sach ich den valken   schône fliegen:
er fuorte an sînem fuoze   sîdîne riemen,
und was in sîn gevidere   alrôt guldîn.
got sende si zesamene   die gerne geliep wellen sîn.*

Ich zog mir einen Falken, länger als ein Jahr. Als ich ihn gezähmt, wie ich ihn haben wollte, und ihm sein Gefieder mit Gold schön umwunden hatte, da erhob er sich in große Höhe und flog in ein anderes Land. Seither sah ich den Falken herrlich fliegen: Er führte an seinem Fuße seidene Riemen und war an seinem Gefieder rundum gülden. Gott lasse sie zusammen kommen, die einander sehr lieb haben.)

Dieses kleine Lied, um 1160 entstanden, stammt von einem Dichter, der sich der Kürnberger nennt. Wir wissen nicht sehr viel von ihm. Seine Verse erzählen vom Umgang mit einem populären Greifvogel; die Beizjagd war ein verbreitetes Vergnügen in höfischen Kreisen wie heute noch im arabischen Raum, woher sie dereinst auch noch Mitteleuropa importiert worden ist, und zwar lange vor den Kreuzzügen, nämlich schon durch die Römer.

Der Falke wird aufgezogen und geschmückt. Dann aber kehrt er von einem seiner Flüge nicht mehr zurück. Nur noch von Ferne wird er sichtbar, und allein der seidene Riemen an seinem Fuß erinnert noch an seinen Herkunftsort. Was sich bis hierhin wie ein kleines Lehrgedicht über die Falknerei liest, gerät durch den nun folgenden Doppelvers, mit dem das Lied abschließt, plötzlich zu einem Gleichnis. Der Falke steht für einen sehr geliebten Menschen, der auszog und nicht zurückkehrte. Hier ist ein Mann damit gemeint, denn der stolze Aufbruch ins Ungewisse ist ein rein männliches Privileg, während die Frau daheim zu bleiben hat. Demnach muss man sich unter dem Ich, das hier redet, eine Frau vorstellen.

Die von ihr mitgeteilte Stimmung einer unstillbaren, wiewohl vergeblichen Liebessehnsucht wird zu einer Grundtendenz der höfischen Lyrik im Zeitalter der Staufer. Wir nennen sie Minnesang, wobei Minne das übliche mittelhochdeutsche Wort für Liebe ist und der Sang insofern ganz wörtlich genommen werden muss, als alle diese Verse tatsächlich singend und zu musikalischer Begleitung vorgetragen wurden. Die Melodien, die Töne, wurden entweder vom Verfasser eigens erfunden, oder sie wurden, was ebenso häufig geschah, von bereits bekannten Kompositionen übernommen, für die dann lediglich neue Worte zu erfinden waren.

Der Minnesang ist eine hoch stilisierte Kunst. Er bedient sich mehrerer Stereotypen, die ständig variiert werden. Das bei weitem häufigste von ihnen handelt vom (zumeist vergeblichen) Betteln eines Ritters um die Liebesgunst einer Dame. In aller Regel ist sie gesellschaftlich höher gestellt als er, und verheiratet ist sie außerdem. Sie kann in den Liedtexten auch selbst zu Wort kommen, im Wechsel; die Standardgebärden sind hierbei wie in jedem anderen Falle immer nur Vergeblichkeit und Verzicht. Dies alles hält den Ritter nicht davon ab, stets aufs Neue um ein Zeichen der Gunst zu werben, das er zuweilen sogar erhält, in der Form eines Blicks und einer huldvollen Geste. Dies allein kann ihm schon Augenblicke der Glückseligkeit bescheren.

Die Anstrengungen, die ihn das alles kostet, sind ein willig vollzogener Dienst, sind *arebeit*, und das Ergebnis für ihn selbst ist *zuht*, Erziehung. Wir haben es mit einer durchaus pädagogischen Literatur zu tun, deren Ziel Herzensbildung, männliche Bescheidenheit und angemessene Verhaltensformen sind. Zum Bild des vollkommenen Ritters gehört, dass er seiner Dame selbstlos dient

338. Der Falke als Gleichnis für den Geliebten (Manessische Liederhandschrift)

und zu ihrem Ruhm selbst körperliche Gefahren auf sich nimmt; die entsprechenden Minnelieder erzählen auch davon.

Man hat viel gerätselt, wieso es plötzlich zu einem so weit verbreiteten Verhaltenskanon kommt. Dass er mit der kruden Wirklichkeit hochmittelalterlicher Höfe nur selten etwas zu tun hat, darf als gewiss gelten, doch ebenso sicher ist, dass die verbreitete Akzeptanz dieser Lyrik einem allseits vorhandenen Bedürfnis entsprach, da sie ein Verhalten formulierte, das jedenfalls als musterhaft galt.

Zweifellos teilt sich darin von der gesellschaftlichen Wirklichkeit insofern etwas mit, als Ehe und Liebe weit auseinander fielen und diese Diskrepanz sich ständig aufdrängte, da sie fast jedermann betraf. Die Stilisierung zu einem festen Rollenklischee war also wohl Ausdruck einer verbreiteten seelischen Not ebenso wie deren verbale Bewältigung. Nun war diese seelische Situation kein Spezifikum der Stauferzeit. Sie galt ebenso für die Jahrhunderte davor und danach. Die Frage bleibt, wieso es ausgerechnet in jenen Jahrzehnten zu dieser wortmächtigen Ausformung kommt in einer Art, dass man von einer literarischen Mode sprechen kann.

Dame und Verehrer

Hier muss man wissen, dass die Anregungen wiederum aus Frankreich kamen. Anders als beim Siegeszug der gotischen Baukunst, deren Ursprungslandschaft der französische Norden war, entstand die Minnelyrik im Süden des Landes. Er hatte eine weitgehende politisch-kulturelle und auch sprachliche Autonomie. Das dort gesprochene Okzitanisch ist ein eigener romanischer Dialekt, der dem Katalanischen näher steht als dem Französischen, und eben dort, in Provence und Languedoc, traten erstmals Toubadoure auf, die zum Vorbild der nordfranzösischen Trouvers und der deutschen Minnesänger wurden.

Die Stilisierung des Verhältnisses zwischen Dame und Verehrer zur absoluten Keuschheit wird in Frankreich nicht ganz so konsequent betrieben wie östlich des Rheins, doch das Grundmuster ist hier wie dort das gleiche. Man hat die Anregungen dafür sowohl in der christlichen Marienverehrung gesucht als auch in der islamischen Hochkultur, zu der sowohl durch die Kreuzzüge als auch über die Maurenherrschaft auf der iberischen Halbinsel ein Zugang bestand. Wahrscheinlich wirkt es alles zusammen. Ein bisschen volkstümliche Liedkunst war wohl immer auch dabei.

Die Blüte des Minnesangs auf französischem Boden war bald außerordentlich, und die Menge des Überlieferten, in Wort und Musik, ist groß. In Deutschland verhält es sich nicht anders. Die Zahl der bekannten Verfasser von Minneversen geht in die Dutzende. Es sind hochgestellte Per-

339. Der Minnesang hat als Ziel, von der Dame des Herzens erhört zu werden (Manessische Liederhandschrift)

340. Minnesang handelt unter anderem davon, dass der Ritter einer verheirateten Dame höheren Standes seine nicht erfüllbaren Sehnsüchte mitteilt. Hier: der Dichter Dietmar von Aist, verkleidet als Krämer

341. Der Tannhäuser. Minnesänger, Sittenschilderer, Parodist. Hier in der Tracht eines Deutschordensritters (Manessische Liederhandschrift)

sonen vertreten wie Stauferkaiser Heinrich VI., von dem drei Liedtexte überliefert sind; für die große Popularität des Genres aber zeugen die zahlreichen Sammlungen, die sich erhalten haben, in teilweise sehr prächtigen Ausgaben. Die große Heidelberger Liederhandschrift mit ihren farbigen Illustrationen ist die berühmteste von ihnen; sie entstand durch die Bemühungen eines kunstsinnigen Zürcher Patriziers namens Rüdiger Manesse, der im Jahre 1304 starb. Auch die anderen Liederhandschriften wurden erst nach der Blütezeit des Minnesangs aufgesetzt. Die dramaturgische Grundsituation vom Ritter, der einer hochgestellten Dame seine unerfüllbaren Sehnsüchte mitteilt, bezeichnete die hohe Minne. Es gab daneben noch die niedere Minne, wo die ständischen Positionen sich verkehrten und auch eine erotische Erfüllung gegeben war. Diese sehr viel blutvolleren, gelegentlich durchaus derben Verse halten sich näher an die Wirklichkeit, und auch sie bezeugen, auf ihre Weise, die Diskrepanz zwischen Liebe und Ehe.

Die Lieder von niederer Minne haben ihrerseits ihr Stereotyp. Es ist das sogenannte Tagelied: Nacht und Umarmung sind vorüber, die beiden Liebenden müssen auseinander gehen, Glücksgefühle vermischen sich mit dem Trennungsschmerz. Solche Verse waren gleichfalls für ein ausschließlich höfisches Publikum gedacht, das sich in den vorgetragenen Situationen wiedererkennen wollte; dass dabei immer noch eine kräftige Stilisierung waltet, da in der ordinären Wirklichkeit das Beilager zwischen einem Adligen und einer Bauernmagd durchweg brutaler, direkter und ohne jegliche Fragen nach etwelcher seelischer Beschwer geschah, muss uns bewusst sein, wie es ebenso dem damaligen Publikum bewusst war.

Zum Vortrag ist noch zu sagen, dass er in größerer Runde erfolgte. Der Dichter sang zumeist selber. Aus Frankreich ist bezeugt, dass manche Autoren sich gelegentlich bezahlte Sänger hielten. Aus späteren Jahren, aber da war die Blütezeit der Minnedichtung schon vorbei, ist bezeugt, dass zu Minneliedern getanzt wurde – *ze tanzen wâren sî vil guot*, charakterisiert einer der Dichter, Ulrich von Liechtenstein, ein bestimmtes Minnelied: zum Tanzen eignete es sich sehr gut.

Der zitierte Kürnberger ist einer der frühesten namentlich bekannten mittelhochdeutschen

Lyriker. Ein anderer ist Dietmar von Aist, von dem auch das älteste erhaltene Taglied stammt, ein Wechselgesang zwischen zwei Liebenden. Andere prominente Autoren der staufischen Jahrzehnte waren Heinrich von Veldecke, Friedrich von Hausen, Heinrich von Morungen und Reinmar von Hagenau. Sie kommen aus fast allen deutschen Landschaften, sie waren in der Überzahl Ministeriale oder sonst von niederem Adel und befanden sich auf ständiger Wanderschaft.

Hochgemuter Lobpreis

Es gab bestimmte höfische Zentren, an denen diese Art von Liedkunst besonders geschätzt und gepflegt wurde. Der Hof des Kaisers Friedrich Barbarossa zählt ebenso dazu wie, vor allem, der Hof des thüringischen Landgrafen Hermann I., der regelmäßige literarische Treffen auf seiner Wartburg veranstaltete, und auch der Sängerwettstreit, der sich mit ihrem Namen verbindet und der dann Richard Wagner zur Vorlage seines »Tannhäuser« diente, ist historisch bezeugt.

»Minnesang ist die erste Dichtung in deutscher Sprache, in der das Individuum seine eigensten, innersten Anliegen ausspricht, er ist die erste wirklich volkssprachliche Ich-Dichtung in Deutschland und im mittelalterlichen Europa überhaupt«, schreibt der Germanist Helmut de Boor. »Erstaunlich aber ist es, dass dieses Erlebnis nicht nur sehr intensiv, sondern auch sehr differenziert erfasst wird; der Minnesang vermag es sofort, den seelischen Wurzeln der Liebe bis in ihre feinen Verästelungen nachzugehen und sie zu analysieren.«

Dieser hochgemute Lobpreis trifft gewiss nicht auf sämtliche Autoren zu. Es findet sich unter ihnen manch kalt-routinierter Reimer, dessen Produktion bloß noch infolge der sprachlichen Verfremdung anzurühren vermag. Gleichwohl ist das poetische Niveau im allgemeinen erstaunlich hoch, und uneingeschränkt trifft de Boors Qualifizierung für den bekanntesten Lyriker des deutschen Hochmittelalters zu, der zugleich einer der ganz großen Dichter unserer Sprache überhaupt ist, Walther von der Vogelweide.

Seine Biographie ist in groben Umrissen bekannt. Er lebte ungefähr von 1170 bis 1230 und wurde in Österreich geboren, vermutlich in Tirol. Seine Karriere begann er am Wiener Hof der Babenberger. Danach zog er quer durch Deutschland, nach Meißen und nach Thüringen, auf der Wartburg gehörte er zu den Gästen des Landgrafen Hermann. Er wechselte ständig die politischen Fronten, ging von den Staufern zu den Welfen und zu den Staufern zurück, er war ein bezahlter Dichter und verhielt sich entsprechend, und gegen Ende seines Lebens wurde er mit einem kleinen Gut als Lehen belohnt, was er in einem hymnischen Gedicht besang.

Er begann vergleichsweise traditionell, mit Liedern im Stil der hohen Minne, die er dann, nicht als Erster, doch besonders nachdrücklich, zu problematisieren begann. Seine späteren Liebesgedichte durchbrechen die strengen, schon ein wenig entleerten Regeln des höfischen Minnegeschehens zugunsten einer freieren, poetisch ungleich ergiebigeren Form der Geschlechterbegegnung, so in seinem vielleicht populärsten Gedicht; hier dessen Anfang:

Under der linden
an der heide
dâ unser zweier bette was,
dâ muget ir finden
schône beide
gebrochen bluomen unde gras.
Vor dem walde in einem tal
tandaradei
schône sang diu nahtegal.

(Unter der Linde, auf der Heide, wo unser beider Bett war, da könnt ihr finden, beides zerdrückt, Blumen und Gras. Vor dem Wald in einem Tal. Tandaradei. Schön sang dort die Nachtigall.)

Walther war noch mehr. Er war ein politischer Dichter. Er erhob eine auch von anderen Minnedichtern benutzte Form, den Spruch, zu eindringlichen poetischen Aussagen und Mahnungen. Hier ist plötzlich nichts mehr von der galanten Welt des Hofes oder der bukolischen Idylle niederer Minne, hier wird Deutschland in all seinem politischen Elend ungeschminkt ins Bild gebracht, der keines *lebet âne haz*, wo niemand ohne Hass lebt, und das kulminiert dann in dem Ausruf *Sô wê dir, tiutschiu zunge, wie stêt dîn ordenunge!* Wehe dir, deutsches Volk, wie ist es um deine Ordnung bestellt!

Von Walther sind nur drei Kompositionen überliefert. Als seine alles überragende künstlerische Leistung ist auf die Nachwelt sein literarisches Werk gekommen, mit dem er nicht nur die Zeitgenossen überragt. Walther ist eine der ganz gro-

212 Ritterleben

342. Walther von der Vogelweide, bekanntester Lyriker des deutschen Hochmittelalters

ßen Figuren der deutschen Literaturgeschichte. Er hat die Verwerfungen seiner Zeit leidvoll erlebt und darüber berichtet. Er wurde, je älter er war, immer resignierter und elegischer. *Owê war sind verswunden alliu mîniu jâr?* fragt er sich gegen Ende seines unruhigen Lebens, o weh, wohin sind alle meine Jahre entschwunden. Und voller Wehmut stellt er fest:

> *die mîne gespilen wâren, die sint traege und alt.*
> *bereitet ist das velt, verhouwen ist der walt ...*

(Die meine Gefährten waren, die sind nun müde und alt. Beackert ist das Feld, gerodet ist der Wald.)

Walther liegt in Würzburg begraben.

Historie und Mythos

Die Minnelyrik bot die eine Form der literarischen Unterhaltung bei Hofe, das Heldenepos die andere. Die Darbietungsform war ähnlich, nämlich zu musikalischer Begleitung durch einen vortragenden Sänger, und es handelte sich auch hierbei um gereimte Verse in mittelhochdeutscher Sprache, doch Inhalt und Tendenz waren gänzlich anders.

Es ging um sehr ausführliche Erzählungen heroischen Inhalts. Das Personal dieser Dichtungen war aristokratisch, und die Handlungen selbst berichten von ritterlichen Kämpfen und *aventuiren*, exotischen Abenteuern, auch von Liebesgeschehnissen, die zu den Situationsbeschreibungen der Minnelyrik gleichsam das dramatische Gegenstück liefern.

Die Tradition der Heldenepen ist lang, und es gibt sie in allen Kulturen, die ihren Stolz auf militärische Leistungen verwenden, und welche alte Kultur tat das nicht? Die Mittelpunktsfiguren der Epen können historisch oder mythisch sein, oder das Historische kann zum Mythischen hin verfließen.

Jetzt, im Jahrhundert der Staufer, wird mittelhochdeutsch gedichtet, und die Autoren sind auch mehrheitlich keine Kleriker mehr, sondern ihrerseits Ritter. Sie kennen, wovon sie handeln. Das Publikum ist ihresgleichen. Sie wissen, wie nicht anders die Minnelyriker (mit denen sie manchmal identisch sind), dass, wovon sie erzählen, mit der Wirklichkeit wenig übereinstimmt. Die von ihnen geschilderten Szenerien und Landschaften gehören zu einer Kunstwelt.

343. Illustration zu Wolfram von Eschenbachs »Parzival« (zwischen 1228 und 1236)

344. Der Dichter Hartmann von Aue als ritterlicher Dienstmann, in den Wappenfarben seines Herrn (Manessische Liederhandschrift)

345. Strophen aus dem Nibelungenlied (Donaueschingen, 13. Jh.)

Die von ihnen besungenen Helden zeigen Haltungen und vollbringen Taten, die von denen ihres Publikums beträchtlich abweichen. Das ritterliche Ideal, das ihre Gesänge anpreisen, ist bei ihren Zuhörern kaum vorauszusetzen. Die Sänger mögen sich allenfalls schmeicheln, dass die von ihnen präsentierten literarischen Modelle einen Vorbildcharakter haben und dadurch, vielleicht, eine pädagogische Wirkung stiften. Übereinstimmungen mit der Realität gibt es in jenen Gesängen also höchstens partiell. Wenn, was immer sehr ausführlich geschieht, das höfische Treiben der Kunstfiguren beschrieben wird, mit ausführlichen Gelagen und Gesprächen, mit langen Turnieren und anderen Wettkämpfen, vor allem aber mit langen Beschreibungen von Rüstungen, Waffen und Kostümen, Letzteres bei Rittern wie bei Damen, dann werden immerhin zeitgenössische Gewohnheiten und Moden zitiert, wie sie vielleicht nicht bei den Zuhörern, doch anderswo, in vergleichbaren Milieus, anzutreffen sind. Die Schilderungen einer Luxuswelt ist immer unterhaltsam. Das gilt noch heute, wie es schon damals galt.

Troja und Gral

Die nicht unbeträchtliche Zahl hochmittelalterlicher Epen deutscher Sprache lässt sich in mehrere Gruppen unterteilen.

Da gibt es zunächst die Adaption bekannter Stoffe aus der Antike, zum Beispiel die Äneis-Dichtung Vergils, die der auch als Minnedichter tätige Heinrich von Veldecke nach einem nordfranzösischen Vorbild erzählt, als »Eneit«. Ebenso verfährt Herbort von Fritzlar, der für den Landgrafen Hermann von Thüringen nach einer französischen Vorlage den Trojanischen Krieg wiedergibt. Unentwegt, man sieht es, dominiert das Beispiel Frankreich. Fast alle großen Versdichtungen des deutschen Hochmittelalters liefern, streng genommen, nicht viel mehr als Übersetzungen, wobei sie allerdings recht frei verfahren und die deutsche Fassung das französische Urbild in Umfang und poetischer Kraft übertreffen kann.

Zahlreicher als die antiken Stoffe sind die Geschichten aus dem Kreis um König Artus. Er ist eine der erfolgreichsten belletristischen Erfindungen der Weltliteratur, immer wieder rezipiert und adaptiert und als Theaterstück, Romanbuch, Comic, Film, Kinderbuch und Oper präsent bis in unsere Tage. Die Quellen sind keltisch. Ob jemals ein König Artus oder Arthur gelebt hat, ist zweifelhaft. Geographischer Ursprung des Artus-Sagenkreises ist die britische Halbinsel Cornwall. Er ist ein heldenhafter König, der allerlei edle Ritter um sich versammelt. Einer von ihnen, Lancelot, betrügt ihn mit seiner Frau Ginevra, die anderen ziehen durch die Welt und erleben Abenteuer, von denen sie nach ihrer Rückkehr berichten. Eines ihrer Hauptanliegen ist die Suche nach dem Gral, einem höchst geheimnisvollen Ding, manchmal Stein der Weisen, dann wieder auch Pokal, in den das Blut Christi bei dessen Kreuzigung floss. Der Sagenkreis um Artus vermischt keltisch-heidnische Zaubermärchen mit christlichen Legenden.

Der Stoff kam aus England über die Kanalinsel Jersey ins Französische. Hier machte er rasch Karriere, vor allem durch Chrétien de Troyes, den erfolgreichsten, begabtesten und folgenreichsten französischen Ependichter des Hochmittelalters, und von ihm übernahm ihn der deutsche Dichter Hartmann von Aue. »Iwein« und »Erec«, zwei große Versromane um Artusritter, sind Adaptionen von Dichtungen Chrétiens. Zwei andere Dichter der Stauferzeit, begabter und eigenwilliger als der etwas routinierte Hartmann, haben anhand von aus Frankreich bezogenen Stoffen Dichtungen verfertigt, die in ihrer artistischen Bravour und gestalterischen Kraft zu den großen Leistungen der deutschen Literaturgeschichte zählen: Wolfram von Eschenbach und Gottfried von Straßburg.

Wolfram, ein Adliger aus dem Fränkischen, hat sich an insgesamt drei großen epischen Stoffen versucht: »Willehalm«, »Titurel« und »Parzival«. Die zwei letzten gehören zum Artuskreis. »Parzival« ist die Geschichte eines reinen Toren, dem es nach allerlei Irrfahrten gelingt, den Gral zu finden. Das Versepos ist so etwas wie ein hochkomplizierter Traktat über Welt und Gott und eine Dichtung von großer Schönheit.

Darin kommt ihm nur Gottfrieds »Tristan und Isolde« nahe. Erzählt wird die Geschichte eines königlichen Brautwerbers, der sich in die Dame, die er eigentlich seinem Herrn zuführen soll, selber verliebt und damit gegen alle höfischen Regeln verstößt, was zu einem unglücklichen Ausgang führen muss. Gottfried von Straßburg

346. Gottfried von Straßburg, Verfasser von »Tristan und Isolde«, mit den Attributen des Gelehrten. Gottfried war kein Ritter, sondern Bürger (Manessische Liederhandschrift)

347. Illustrationen zu »Tristan und Isolde«. Aus einer bayerischen Handschrift (um 1240)

348. Parzival und Artus an der Festtafel. Illustration zu Wolfram von Eschenbach

war selbst kein Aristokrat, sondern entstammte einer reichen elsässischen Bürgerfamilie, er war hochgebildet und ein begnadeter Literat.

Der dritte Höhepunkt mittelhochdeutscher Epik ist dann von ganz anderer Art. Es handelt sich um das Nibelungenlied. Wir kennen nicht den Namen des Autors, der vermutlich ein Geistlicher war und der, im Unterschied zu den einfachen Paarreimen der anderen Epiker, eine eigene Form benutzt, eine vierteilige Strophe, wie sie schon das Falkenlied des Kürnbergers verwendet.

Blindwütiges Heldentum

Das Nibelungenlied vereint zwei unterschiedliche Sagenkreise. Der eine ist die Geschichte des Helden Siegfried, der nach allerlei glanzvoll bestandenen Abenteuern einem Mordanschlag zum Opfer fällt. Der zweite ist die Geschichte der Burgunder, die zur Hochzeit ihrer Schwester Kriemhild an den Hof des Heunenkönigs Etzel ziehen und dort umkommen.

Der erste Sagenkreis ist germanisch-heidnischen Ursprungs. Die Burgundergeschichte hat dagegen einen historischen Kern und erzählt in stark verfremdeter Form Ereignisse aus der Völkerwanderungszeit; Etzel ist der historische Hunnenherrscher Attila, der tatsächlich eine germanische Prinzessin heiratete, während Dietrich von Bern, der im Epos am Ende auftritt, für den historischen Ostgotenkönig Theoderich steht.

Der Kunstgriff des namenlosen mittelhochdeutschen Dichters besteht darin, diese beiden völlig autonomen Sagenkreise miteinander zu verknüpfen. Die Verbindungsfigur ist Kriemhild. Sie heiratet Siegfried und muss miterleben, wie ihr Bruder Hagen Siegfried tötet; besessen von dem Wunsch, Siegfried zu rächen, heiratet sie Etzel, lädt ihre Geschwister an den Heunenhof und lässt sie dort niedermetzeln.

Dieser hochdramatische Stoff tritt nicht in der Gewandung der Völkerwanderungszeit auf, sondern in der des 12. Jahrhunderts. Er bleibt die atavistische Geschichte von Liebe, Rache und blindwütigem Heldentum und wirkt darin so eindrucksvoll, dass der Stoff in immer neuen Varianten auf die Neuzeit kam, bis er im 19. Jahrhundert zu zwei bemerkenswerten theatralischen Resultaten führte, dem Schauspiel Friedrich Hebbels und dem Opernzyklus Richard Wagners.

349. Vorbild für einen gesamten Sagenkreis: Keltenkönig Artus und die Ritter seiner Tafelrunde. Aus »Histoire de Merlin« (14. Jh.)

350. »Die Mahlzeit des König Artus«. Aus »Livre de Messire Lancelot du lac« (15. Jh.)

Hic ē dpict' rome ce sar fridric'
Signifer invict' celoꝝ regis amo
FRIDERI C. ROMAN.
IMP RATOR

Könige und Kaiser

- Gefühl der Überwältigung
- Herrschaftspraxis
- Anfechtungen
- Weihekaiser und Papsttum
- Erhabener Abgesang

Gefühl der Überwältigung

Ich, Walbert, Bruder im Mönchsorden des Heiligen Benedictus, beginne mit meinem Bericht über unseren Kaiser Otto, meinen gnädigen Herrn. Ich schreibe ihn an einem Abend im Dezember, in der Adventszeit, und ich schreibe ihn in Rom, dem Mittelpunkt der Welt, wohin der Apostel Petrus, Lieblingsjünger unseres Herrn Jesus Christus, dereinst das Kreuz brachte.

Ich selbst komme aus Magdeburg, dem sächsischen Bischofssitz, den der große Vater unseres gnädigen Kaisers Otto einst gegründet. Ich bin der Sohn eines unfreien Bauern. In jugendlichem Alter eingetreten in ein Kloster, da ich mein Leben der Religion widmen und nicht, wie mein Vater, für immer der Willkür eines Grundherrn ausgeliefert sein mochte, empfing ich die gebotenen Unterweisungen und legte die erforderlichen Gelübde ab. Die Fähigkeit, meine Kräfte angemessen einzusetzen und bei Bedarf die richtigen Worte zu wählen, trugen mir die Aufmerksamkeit meines Abtes Thietmar ein, welcher schon bald in die Hofkapelle unseres Kaisers Otto aufrückte, und als er dort Unterstützung suchte, da die Arbeit ihn zu überwältigen drohte, erinnerte er sich meiner.

Er holte mich zu sich, als der Kaiser Anstalten traf, ein weiteres Mal nach Italien zu ziehen. Ich selbst, gehend auf staubigen Wegen von Klosterherberge zu Klosterherberge, manchmal nächtigend unter freiem Himmel, ebenso oft mit Kaufleuten unterwegs wie auch allein, stieß zu dem Tross des Königs am Fuße der Alpen. Es war im Mai. Die Wiesen blühten. Thietmar, mein früherer Abt, begrüßte mich und machte mich mit den anderen Geistlichen der Hofkapelle bekannt. Inmitten des Königstrosses überschritt ich das Gebirge.

Ich hatte jetzt Anspruch auf einen Esel, dem ich meine Habe und, in Stunden der Erschöpfung, meinen Leib anvertrauen konnte. Der Tross war viele hundert Köpfe stark. Es gingen Lastochsen in ihm, welche Karren zogen. Der Kaiser selbst ritt auf einem Pferd, während seine Gemahlin, wenn sie nicht gleichfalls im Sattel saß, von Mitgliedern ihrer Dienerschaft in einer Sänfte getragen wurde.

Nach der Einförmigkeit des dörflichen Daseins und den gleichbleibenden Tagesabläufen im Kloster gestaltete sich mein Leben seither überraschend, aufregend und bunt. Wäre ich hoffärtig, müsste ich Stolz und Genugtuung empfinden über meinen Aufstieg, doch weiß ich, dass ich

351. Kaiser Otto II. Die vier Frauen, die ihm huldigen, stellen Germania, Francia, Italia und Alemannia dar. Behauptet wird damit der Herrschaftsanspruch über das Abendland. Aus dem Registrum Gregorii (983)

ihn, der mir so wunderbar erscheint, allein der Güte Gottes verdanke.

Ich kenne nicht mein genaues Alter, denn mein Vater konnte mir das Jahr meiner Geburt nicht nennen. Vergleiche ich mich mit anderen Mitgliedern des Hofes, die ihr Alter wissen, müsste ich jetzt um die siebenundzwanzig Jahre zählen, so viel wie unser Kaiser Otto, mein gnädiger Herr.

Seine Frau ist aus Griechenland gebürtig. Allgemein werden ihre Klugheit und ihr Lachen bewundert, auch ihre Schönheit, für die ich keinen Sinn und kein Urteil habe, weswegen ich hier die Urteile anderer wiederhole. Ihren Sohn, gleichfalls mit Namen Otto, führte sie bei der Überquerung des Gebirges bei sich.

Wir gelangten zunächst nach Verona, eine alte Stadt mit vielen Ruinen. Kaiser Otto hatte hierher einen Reichstag einberufen; viele Edle sowohl aus Germanien wie aus Italien waren erschienen. Es wurde gegessen, getrunken und beraten. Wir, die Hofkapelle, waren, außer dass wir täglich die Messen lasen, Beichten abnahmen und sonstigen geistlichen Beistand leisteten, mit dem Ausfertigen von Urkunden beschäftigt, manchmal bis tief in die Nacht.

Dann hob unser Kaiser Otto, mein gnädiger Herr, seinen Sohn Otto in die Höhe und bat darum, dass die zusammen gekommenen Fürsten ihn zu ihrem neuen König erwählten, was alsbald geschah. Die Versammelten schlugen mit Schwertern gegen ihre Schilde oder taten ihre Zustimmung durch laute Zurufe kund. Es war ein sonniger Tag. Das Kind Otto begann zu greinen wegen des um seinetwillen veranstalteten Lärms.

Des weiteren belehnte unser Kaiser Otto, mein gnädiger Herr, den Herrn Konrad mit dem Herzogtum Schwaben und Heinrich, den vormaligen Herrn über Kärnten, mit dem Herzogtum Bayern.

Es waren viele Gaukler, Musiker und Diebe zugegen. Bei den Beratungen fielen immer wieder heftige Worte, und mehr als einmal bedrohte ein hoher Herr den anderen, dessen Meinung ihm missfiel, mit der blanken Waffe, was der Kaiser aber glücklich zu unterbinden wusste. Zum Abschluss des Reichstags läuteten die Glocken. Erzkanzler Willigis, der Erzbischof von Mainz, und Herr Johannes, der Erzbischof von Ravenna, geleiteten den neu gewählten König Otto nach Aachen, wo er gekrönt und gesalbt werden soll, wie die Überlieferung es vorschreibt.

Währenddessen zog unser Kaiser mit uns in die apulische Hafenstadt Bari. Auf dem Wege dorthin trafen wir auf bewaffneten Widerstand, denn der Kaiser hatte vor Jahresfrist in der Gegend einen Krieg geführt, den er wegen der Wendenaufstände im Norden dann unterbrechen musste. Nun, da die Rebellion niedergeschlagen war, wollte er den Krieg wieder aufnehmen.

Zuvor musste er nach Rom eilen, da unser Heiliger Vater, Papst Benedikt, gestorben und ein neuer Papst zu küren war. Kaiser Otto schlug den Abt Majolus von Cluny vor, der sich diesem Ruf aber entzog. Nach einer ausführlichen Beratung mit uns, seiner Hofkapelle, bestimmte er als neuen Papst Bischof Petrus von Pavia, der sowohl die Zustimmung der Kurie fand als auch die der vornehmen Familien von Rom. Seine Investitur wurde vollzogen. Das Volk säumte jubelnd die Straßen. Ich, der an den Ufern der Elbe unfrei Geborene, empfand ein Gefühl der Überwältigung, da es mir vergönnt war, der Zeuge derartiger Ereignisse zu sein.

Nunmehr wollte Kaiser Otto, unser gnädiger Herr, endgültig aufbrechen zu seinem Krieg im apulischen Süden, doch er wurde von einer Krankheit befallen. Das Fieber packte ihn, dass er mit den Zähnen zu klappern begann und seine Glieder zitterten. Salman, sein Leibarzt, ein aus Venetien stammender Jude, behandelte ihn mit bitteren Säften, die er zu sich nahm und die das Fieber zurückdrängten, indessen nur für kurze Zeit. Ständig wurde neben seinem Krankenlager gebetet. Ständig auch lasen wir Messen für seine Genesung. Aber die Hitze kehrte in seinen Körper zurück, auch das Zähneklappern und Zittern stellten sich wieder ein. Thietmar, der Capellarius, mein früherer Abt, gab ihm die Letzte Ölung, als er schon nicht mehr bei Bewusstsein war. Stündlich warten wir nun auf das Ableben unseres Kaisers Otto, meines sehr gnädigen Herrn.

352. Kaisersiegel Ottos II.

Der voranstehende Bericht über das Ende Kaiser Ottos II. im Jahre 983 ist eine Erfindung. Die darin mitgeteilten Ereignisse sind es nicht.

Monarchistische Prinzipien

Die deutschen Herrscher unseres Betrachtungszeitraums stammen wesentlich aus drei Dynastien: den sächsischen Liudolfingern oder Ottonen, den salischen Franken und den schwäbischen Staufern. Dazu kommen dann noch die beiden Sachsen Lothar von Süpplinburg und Otto IV., die ihrerseits mit den übrigen Dynastien in enger verwandtschaftlicher Beziehung standen.

Das Ostfränkische Reich, das sich später Deutschland nennen sollte, war demnach eine Erbmonarchie. Es war sie auch wieder nicht, denn jeder neue königliche Herrscher musste von einer Adelsversammlung gewählt oder durch diese be-

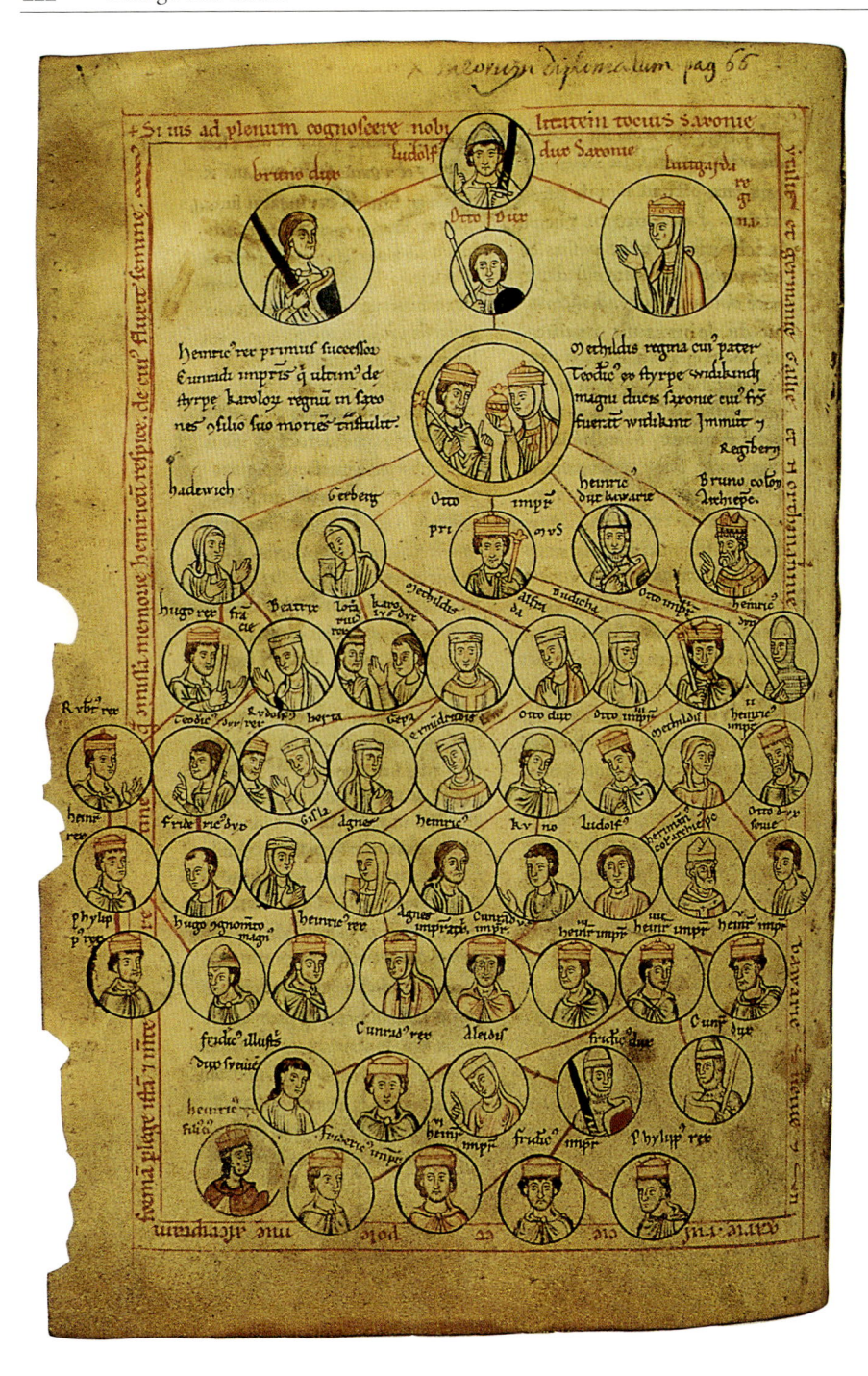

353. Abfolge der deutschen Herrscher von den Ottonen zu den Staufern in der Form eines genealogischen Stammbaums. Miniatur aus der Chronik von St. Pantaleon, Köln (um 1235)

stätigt werden. Zum Prinzip der Erbmonarchie trat das Prinzip der Wahlmonarchie, und da beide Prinzipien vom Ansatz her einander ausschließen oder widersprechen, war hier die Möglichkeit zu Konflikten eröffnet, die dann bald ausbrechen sollten.

Das Beieinander von Erb- und Wahlmonarchie ist keine deutsche Spezialität. Man kannte sie auch in anderen europäischen Ländern, und ein Blick in die unmittelbare Nachbarschaft macht deutlich, zu welchen Konsequenzen es führen konnte, wenn eines dieser Prinzipien das andere majorisierte.

Das Königreich Polen, das durch die erfolgreichen Dynastien der Piasten und Jagiellonen eine überaus erfolgreiche mittelalterliche Entwicklung erfuhr, wurde durch die Schlachta, die immer mächtiger werdende Hocharistokratie, und deren unumschränkte Möglichkeiten zur Wahlmonarchie ein Spielball in- und ausländischer Partikularinteressen, was den Staat schließlich aus der Geschichte verschwinden ließ. In Frankreich haben die Königsgeschlechter der Kapetinger und Bourbonen immer mehr politische Macht an sich ziehen, den übrigen Adel entmachten und die reine Erbmonarchie durchsetzen können. Ungeachtet vieler innerer Konflikte schufen sie sich starke politische Zentren in Paris und Orléans. Die Erbmonarchie war die Voraussetzung der absoluten Monarchie als der konsequentesten Form feudalistischer Herrschaft. Der politische und kulturelle Erfolg Frankreichs bereits im Hochmittelalter basiert auch darauf.

Deutschland stand nicht nur geographisch in der Mitte zwischen Frankreich und Polen. Es versuchte die beiden genannten Prinzipien auszuhalten, was eine Zeit lang ganz gut funktionierte und später nicht mehr.

Kürspruch

Königswahl und Königskrönung im deutschen Mittelalter folgten fest gefügten Ritualen. Die Wahl geschah durch die Adelsversammlung. 1024, zu Beginn der Salierherrschaft, bedeutete diese Wahl sogar eine Auswahl, denn es musste hierbei zwischen zwei Kandidaten entschieden werden.

Beide Anwärter standen zu dem verstorbenen König, dem kinderlos gebliebenen Sachsenherrscher Heinrich II., in gleicher verwandtschaftlicher Beziehung, sie waren Vettern und trugen überdies den gleichen Namen, Konrad.

Beide suchten sie sich jeder ihren Anhang. Der jüngere Konrad stand im Adelsrange höher, dafür hatte der ältere die eindrucksvollere Unterstützung, nämlich durch Kunigunde, Witwe des zweiten Heinrich, und durch Aribo, Erzbischof von Mainz und Primas des deutschen Klerus. Außerdem war er selbst eine glanzvolle eheliche Verbindung eingegangen mit Gisela, der burgundischen Königstochter und Witwe eines schwäbischen Herzogs.

Das eigentliche Wahlzeremoniell hat der geistliche Chronist Wipo beschrieben:

»Die weite Ebene zwischen Mainz und Worms fasst eine sehr große Menschenmenge; abgelegene Inseln verleihen Sicherheit und eignen sich für geheime Beratungen. Als sich alle Fürsten, gewissermaßen die Lebenskräfte des Reiches, versammelt hatten, errichtete man Lager diesseits und jenseits des Rheins, der Gallien und Germanien scheidet. Aus Germanien fanden sich die Sachsen mit ihren slawischen Nachbarn, ferner die Ostfranken, Bayern und Schwaben ein. Aus Gallien kamen die Rheinfranken, Niederlothringer und Oberlothringer. Man verhandelte über die Kernfrage des Reiches, war sich über den Ausgang der Wahl im Unklaren und bangte zwischen Erwartung und Besorgnis; Verwandte besprachen ihre Wünsche miteinander, Freunde erörterten ausführlich die Lage. Ging es doch nicht um eine beliebige Angelegenheit, sondern um eine Sache, die zum Verderben für den gesamten Reichskörper ausschlagen musste, wenn man sie nicht mit warmer Anteilnahme und mit tiefer Verantwortung erwog.«

Die Fürsten nahmen also Platz. Das Volk stand um sie herum. Der Wahlvorgang begann, und als erster votierte Aribo, nämlich für den älteren Konrad. Die übrige Geistlichkeit stimmte dann ebenso wie er.

Von den weltlichen Fürsten gab daraufhin als erster der jüngere der beiden Kandidaten sein Votum ab.

Er gab es seinem älteren Vetter. Der zog ihn gleich neben sich. Die versammelte Menge bekräftigte jeden Kürspruch durch laute Zustimmung. Der ältere Konrad gewann.

Kaiserinwitwe Kunigunde überreichte ihm jetzt die Reichsinsignien. Die beiden Rivalen tausch-

354. Kür eines Königs: die Wahl durch die Erzbischöfe von Mainz, Trier und Köln. Aus dem Wolfenbütteler Sachsenspiegel

355. Fortgang der Königswahl: Dicht gedrängte Wählergruppen, je fünf geistliche und weltliche Personen, geben ihre Zustimmung ab. Wolfenbütteler Sachsenspiegel

224 Könige und Kaiser

356. Thron Karls des Großen in Aachen. Ihn zu besteigen gehörte zu den rituellen Pflichten des neu gewählten Königs

357. Vertreter von vier deutschen Stämmen: Sachsen (kenntlich am Sax, dem Kurzschwert), Bayern, Franken und Schwaben (v. r. n. l.). Die Kronen neben den Köpfen wollen bedeuten, dass es sich ursprünglich um Königreiche handelte. Aus dem Wolfenbütteler Sachsenspiegel

ten, wie zuvor vereinbart, den Friedenskuss. Danach zogen sie alle miteinander nach Mainz, wo Krönung und Salbung vorgenommen wurden und der nunmehrige König die Huldigung des Hochadels entgegennahm. Anschließend begab er sich nach Aachen, wo er im Dom den Thron Karls des Großen bestieg.

Vollbort und Krönung

Die Einzelheiten des Krönungsrituals hat der Historiker Hans K. Schulze anlässlich der Bestallung Ottos I. beschrieben:

»Die Krönung wurde zum Fest. ›Sehet, hier bringe ich euch den von Gott erkorenen und einst von dem großmächtigen Herrn Heinrich bestimmten, jetzt aber von allen Fürsten zum König erhobenen Otto. Wenn euch diese Wahl gefällt, so bezeugt dies mit zum Himmel erhobener Rechten.‹ Mit diesen Worten wandte sich Erzbischof Hildebert von Mainz, der höchste Kirchenfürst des Reiches, an die Volksmenge, die sich am 7. August 936 in der Aachener Marienkapelle versammelt hatte. Heilrufe erklangen. Jubelnd begrüßte das Volk seinen neuen Herrscher.

Die Wahl selbst war schon vor dem Münster vollzogen worden; natürlich keine Wahl im modernen Sinne, sondern die feierliche Erhebung des einzigen Kandidaten durch die Großen des Reiches. Sie hatten sich im Säulenhof vor der Pfalzkapelle eingefunden, Otto den Großen auf den Thron gesetzt, ihm gehuldigt und Treue und Beistand gegen alle seine Feinde geschworen. Die Geistlichkeit und das Volk hatten währenddessen im Inneren der Kirche auf den feierlichen Einzug des Königs gewartet. Nachdem ihm das Volk durch den Heilruf nach uralter, in die graue germanische Vorzeit zurückreichender Sitte seine Zustimmung, die ›Vollbort‹, erteilt hatte, empfing der neue König auch den Segen der Kirche. Der Mainzer Erzbischof führte ihn zum Altar und überreichte ihm die Würdezeichen des Königtums, als erstes das Schwert mit dem Wehrgehenk: ›Empfange dieses Schwert und vertreibe mit ihm alle Widersacher Christi, alle Heiden und schlechten Christen, denn dir ist durch Gottes Willen die Macht im ganzen Reich der Franken übertragen worden, damit du allen Christen den sicheren Frieden bringst.‹ Mahnende Worte begleiteten auch die Übergabe der anderen Insignien, die zu Symbolen für die gerechte christliche Königsherrschaft erhoben wurden. Indem der Erzbischof dem König den Schutz des christlichen Glaubens, die Wahrung des inneren Friedens, die rechte Lenkung der Untertanen und die Fürsorge für die Geistlichkeit, die Witwen und Waisen ans Herz legte, bekleidete er ihn mit dem Mantel, legte ihm die Armspangen an und überreichte ihm Zepter und Stab. Dann wurde er mit dem heiligen Öl gesalbt und mit einem goldenen Diadem gekrönt. Von den beiden Erzbischöfen Hildebert von Mainz und Wigfried von Köln geleitet, stieg Otto auf die Empore zum Marmorthron Karls des Großen hinauf. Auf dem Thron

226 Könige und Kaiser

**358. Reichsinsignien.
Als ältestes Requisit die
Kaiserkrone, dazu Kreuz,
Schwert und Reichsapfel**

seines großen Vorgängers sitzend, wohnte er dem feierlichen Gottesdienst bei.

Nach dem Gottesdienst begab man sich in die Pfalz zum Krönungsmahl. Der König, die Geistlichkeit und das Gefolge nahmen an der mit königlicher Pracht geschmückten Marmortafel Platz, während die Herzöge in symbolischer Form dem König aufwarteten. Sie hatten die Reichshofämter übernommen. Giselbert von Lothringen diente als Kämmerer, Eberhard von Franken als Truchsess, Hermann von Schwaben als Mundschenk und Arnulf von Bayern als Marschall. Das Fest endete fröhlich. Der König ehrte die Großen des Reiches durch fürstliche Geschenke, wie man dies von einem guten Herrscher erwarten durfte, und entließ Fürsten und Volk huldvoll.«

Salbung als Sakrament

Es muss noch ein Insignium erwähnt werden, das bei der Krönung der ostfränkischen Könige und mehr noch bei ihrer Herrschaftsausübung eine wichtige Rolle spielte: die heilige Lanze. Angeblich war sie jene Waffe, die ein römischer Legionär dem gekreuzigten Christus in die Seite gestoßen hatte. Ihr Besitz sollte verstärkte Kraft und besonderen Segen in der Schlacht verleihen.

Das geschilderte Ritual, das sich in ähnlicher Form bei allen künftigen Krönungen wiederholen sollte, beschreibt unter anderem ein bedeutsames Geflecht von Abhängigkeiten.

Der Hochadel war dem König untergeordnet, doch er war es an herausgehobener Stelle; der vorausgegangene Wahlakt hatte seine Mitbestimmung bei der Einsetzung des Monarchen sichtbar dokumentiert. Die Salbung, die der Erzbischof vornahm, ein aus der Levante übernommenes und durch das Alte Testament bezeugtes Ritual, das ursprünglich ein bloßer Reinigungsvorgang gewesen war, rückte den Gesalbten in die Nachfolge König Davids; aus Davids Stamm war nach dem Zeugnis der Evangelien Jesus Christus gekommen. Die Salbung, zu jener Zeit noch ein förmliches Sakrament, bedeutete demnach einen besonderen Ausdruck von Gottesgnade.

Durch die Salbung und die Übergabe der Insignien wurde dem neuen Herrscher sein Verhältnis nicht nur zum christlichen Glauben, sondern ebenso zu der den Glauben bewahrenden Institution der Kirche bedeutet. Er war aufgerufen, Glauben und Kirche zu schützen, er war Teil dieser Kirche und gleichermaßen ihr Herr und Diener. Diese etwas wackelige Dialektik, die keinen eindeutigen Primat der einen Institution vor der anderen behauptete, sollte in der Folge zu einer Quelle ständiger Konflikte und Auseinandersetzungen werden.

An den Einzelheiten des Krönungsrituals lassen sich der Einfluss und das politische Gewicht der Herzöge ablesen. Deutschland oder Ostfranken

359. Die heilige Lanze

360. Kaiserlicher Mantel. Blauer Seidendamast mit später applizierten Stickereien. Gefertigt für Heinrich II. (um 1020)

361. Der König vergibt Lehen, an einen Bischof (links) und an einen weltlichen Fürsten. Aus dem Wolfenbütteler Sachsenspiegel

hatte zur Zeit der Ottonen vier von Herzögen angeführte Volksstämme: Franken, Bayern, Schwaben und Sachsen. Ursprünglich sollten die Herzöge nichts anderes leisten, als ihr Name verhieß, sie sollten ein aus ihren Stämmen gebildetes Volksheer anführen. Später würde der Herzogsrang nur mehr an eine größere, nicht mehr ausschließlich ethnisch definierte Herrschaft gebunden sein, und die Anzahl der Herzogtümer würde wachsen. Vorläufig stellten die Herzöge noch den exklusiven Hochadel und besaßen eine fast unumschränkte Herrschaft über sämtliche Belange ihrer Volksgruppe in Zeiten des Kriegs und in Zeiten des Friedens.

Herrschaftspraxis

Nach seiner Krönung begab sich der neue Herrscher auf seinen Königsumritt. Er sollte ihn in alle von ihm regierten Landschaften führen und ihm dort die allgemeine Zustimmung bescheren. Er würde auch hinfort nie mehr etwas anderes tun.

Der König verfügt, wir sagten es, über keinen festen Regierungssitz. Er amtiert vom Sattel aus und reist dabei »nicht auf festgelegten Routen, er folgt nicht einem fixierten Regierungsfahrplan, sondern er begibt sich hierhin und dorthin: dorthin, wo seine Herrschaft zu zerbrechen droht, dorthin manchmal auch, wo er gern sein möchte, z. B. in die großen Jagdreviere im Harz, dorthin aber auch, wo er überhaupt Unterkunft für sein großes, sicherlich oft an die tausend Personen und eine noch größere Anzahl von Pferden umfassendes Gefolge finden kann, dorthin, wo er die Grundlagen für seine Machtausübung finden kann«. So der Mediävist Hartmut Boockmann. Das Leben eines deutschen Königs war also unruhig, und es war überaus anstrengend. Die unfeste Existenz bot den beträchtlichen Vorteil einer ständig wechselnden Gegenwärtigkeit im Herrschaftsgebiet, denn statt lediglich auf Botenberichte angewiesen zu sein, hatte er den eigenen Augenschein. Der Vorteil war zugleich sein Nachteil: Überall dort, wo der Herrscher sich gerade nicht aufhielt, neigten die Zustände dazu, der zentralen Kontrolle zu entgleiten. Das galt zumal, wenn Reisen und Feldzüge ins Ausland stattfanden. Erosionen bis hin zum offenen Aufruhr waren häufig die Folge.

Gemeinsam mit dem König reiste dessen Familie. Frau eines Herrschers zu sein, war strapaziös, was sich auch durch das reichliche Vorhandensein von Dienstpersonal nur wenig mildern ließ. Die zur Verfügung stehenden Straßen waren schlecht, sofern man da überhaupt von Straßen reden will. Die Bewegung einer tausendköpfigen Reisegesellschaft schuf Versorgungsprobleme. Zum Tross gehörte eine große Anzahl von Lasttieren und Ochsenkarren, beladen mit Vorräten aller Art. Die Bewegung dieser Karren verzögerte das Reisetempo; je nach Beschaffenheit des Untergrunds und den Gegebenheiten der Witterung betrug es selten mehr als 15 Kilometer den Tag. Allerdings ließen sich Kundschafter oder Boten vorausschicken, die das Gelände erkunden und das Eintreffen des Königs vermelden konnten. Ihre Geschwindigkeit war erheblich höher, bis zu 130 Kilometer am Tag, sofern es Möglichkeiten gab, die Pferde zu wechseln. Konnte man auf die Karren verzichten, erhöhte sich auch die Bewegungsgeschwindigkeit eines Trosses oder einer Gruppe auf immerhin bis zu sechzig Kilometer den Tag.

Für Aufenthalte von längerer Dauer existierten die zahlreichen Königspfalzen. Hier begaben sich außerdem die großen Zusammenkünfte mit den anderen Mächtigen im Land, also Reichstage und Synoden, hier wurden Gesandtschaften empfangen und Verträge ausgehandelt. Außer auf Pfalzen machte der Königstross an anderen Herrscherhöfen und, vor allem, in Klöstern Station. Die üppigen und immer wiederkehrenden Schenkungen der Könige an einzelne Abteien hatten unter anderem den Zweck, das Recht für Aufenthalte dortselbst während der königlichen Umritte zu sichern.

Der mobile Herrschaftsbetrieb war teuer. Die Vorräte mussten erneuert, die Mitglieder des Trosses versorgt werden. Hier ließ sich außer auf die Produktion der königlichen Güter auf die Tribute und die Pflichtabgaben zurückgreifen, die der Herrscher beanspruchen konnte.

Religiöses und Schriftverkehr

Regieren bedeutet anordnen, entscheiden, ausgleichen, durchsetzen, kontrollieren. Hierzu bedarf es eines geeigneten Mitarbeiterstabes. Das römische Weltreich, was ein Grund seines außerordentlichen politischen Erfolges war, verfügte außer über eine mächtige Regierungszentrale über eine effiziente Verwaltung mit dem entsprechenden Personal. Ebenso besaß das fränkische Großreich Karls des Großen seine wohlgeordnete Administration mit zugehöriger Beamtenschaft. Der deutsche König Heinrich I. führte einen einzigen Geistlichen mit sich, der verantwortlich war für die religiöse Versorgung und, nebenher, für

362. Die Kaiserpfalz in Goslar. Der romanische Bau wurde im 19. Jahrhundert restauriert

363. Symbolische Darstellung der fünf sächsischen Königspfalzen Grone, Werla, Wallhausen, Allstedt und Merseburg. Aus dem Wolfenbütteler Sachsenspiegel

den gesamten politischen Schriftverkehr. Bei Heinrichs Nachfolgern änderte sich das, unter anderem deshalb, da manche von ihnen ihrerseits des Schreibens und Lesens kundig waren. Als Regierungszentrale fungierte die sogenannte Hofkapelle. Sie sollte zunächst die geistliche Betreuung von König und Gefolge besorgen und erledigte die administrativen Aufgaben gleich noch mit. Es gab kein ordentliches Archiv und keine Registratur; der einzige Ort, Urkunden und Dokumente sicher aufzubewahren, blieben die Bibliotheken der Klöster, wo der geregelte Zugriff schwierig, wenn nicht unmöglich war.

Intelligenz und Interessen

Hohe Kirchenfürsten rückten auf in den Rang einflussreicher politischer Berater. Der Erzbischof von Mainz versah den offiziellen Rang eines Archicancellarius, die faktische Gewalt lag beim jeweiligen Hofkanzler, welcher der Mainzer Erzbischof sein konnte oder nicht. Wie sehr die Bürokratisierung während der folgenden Jahrzehnte dann auch voranschreiten mochte, noch bis in die Anfänge der Stauferherrschaft hinein wurde die Effizienz der Regierungsarbeit unter Karl dem Großen nicht wieder eingeholt.

Alle Entscheidungen lagen beim Herrscher. Er war zugleich oberster Richter, oberster Gesetzgeber und oberster Exekutor. Eine Gewaltenteilung gab es nicht; Montesquieu würde sie erst im 18. Jahrhundert formulieren, und das erste staatsrechtliche Dokument, das sie festschrieb, würde die amerikanische Unabhängigkeitserklärung sein. Das Mittelalter kannte, wenn man denn so will, eine Gewaltenteilung allenfalls in vertikaler Hinsicht: Die Macht des Herrschers versickerte irgendwo auf dem Weg von der Spitze zur Basis, wo die Partikularfürsten dazwischen treten und ihre eigenen Herrschaftsansprüche durchsetzen konnten. Die Kommunikation von oben nach unten war ziemlich mager. Es dürfte im damaligen Deutschland zahllose Bauern gegeben haben, die kaum wussten, wer ihr König war und wie er hieß.

Der König entschied allein, aber er entschied nach vorheriger Beratung. Wen er als Berater berief, war seine Sache; es gab noch keine förmliche Verfassung, es gab nur Konventionen und Rituale; Staat und Verfassung waren der jeweilige Herrscher selbst. Wichtig bei einer Beratung waren Kenntnisstand, Intelligenz und Interessen. Von der Güte der Beratung hing die Weisheit der Entscheidungen ab.

Die Beratung könnte öffentlich oder vertraulich sein. Reichstage und Königsgerichte machten Beschlussfassung und Urteilsfindung weithin miterlebbar, sie werden in den Chroniken auch ausführlich bezeugt. Eine häufige Übung war es, politische Entscheidungen bei Festgelagen zu erörtern, die höfische Tafel erhielt hier einen zusätzlichen Sinn; das Verfahren findet heute noch statt, als sogenanntes Arbeitsessen in Politik und Wirtschaft. Der kommunikative Charakter der gemeinsamen Mahlzeit mit ihren Assoziationen an die Abendmahlspraxis sollte eine friedliche Atmosphäre garantieren, was freilich nicht durchweg funktioniert hat: Man konnte bei Beratungen in Streit geraten, der bis hin zu Tätlichkeiten führte.

Materielle Vorteilsnahmen

Der Herrscher war in der Auswahl seiner Berater relativ frei. Außer der Tradition des Archicancellarius gab es keine vorgegebenen Regierungsfunktionen, die Reichshofämter waren reine Repräsentationsaufgaben. Der Herrscher umgab sich mit Personen seines Vertrauens, die, dem mittelalterlichen Sippengedanken entsprechend, gern der eigenen Verwandtschaft entstammten. Eine Garantie für Verlässlichkeit und Treue brachte das nicht, so wenig wie Huldigungen und Treuegelöbnisse sie brachten.

Wichtig war deswegen die Bindung durch Zahlungen, Schenkungen, durch Rangerhöhungen und Besitztitel. Wohltaten banden oft sicherer als Blut.

Materielle Vorteilsnahmen waren auch der gegebene Weg, königliche Entscheidungen zu beeinflussen oder überhaupt zum Ohr des Mächtigen vorzudringen. Was heute als Bestechung im Amt strafrechtlich verfolgt wird, war im Mittelalter die übliche Praxis: Man gab, damit gegeben wurde, erst eigene Leistung garantierte eine Gegenleistung. Für die Interessenvertretung höheren Orts brauchte es einen Fürsprech, der sich für seinen Einsatz angemessen bezahlen ließ. Dies galt als völlig normal.

Garantien, dass bei alledem richtig verfahren wurde, gab es nicht. Es existierte noch keine Verfassung, in der er sich zu bewegen hatte, es existierten Gewohnheiten. Mittelalterliche Königsherrschaft war ein autokratisches Ungefähr, für das lediglich die festgefügten Rituale vorhanden waren, so oder so zu verstehen. Der Herrscher war selbstherrlich frei, vernünftig oder unvernünftig zu handeln, weise zu entscheiden oder zu irren. Was dann auch alles geschah.

364–366. Richter über Fürsten ist einzig der König: Der König lädt zum Gerichtstag. Ein Bote überbringt die Ladung mit Brief und Siegel (o.) Zwei Fürsten sind der Ladung des Königs nicht gefolgt und müssen Strafgeld zahlen (M.) **Noch umfassender als die richterliche Gewalt des Königs ist die des Papstes. Hier befindet er über einen Lahmen, einen Aussätzigen und einen Gebannten (u. v. l. n. r.). Drei Illustrationen aus dem Sachsenspiegel.**

367. Der Herrscher leistet seinen Huldigungseid auf die Krone (links) und gegenüber dem Papst. Aus dem Wolfenbütteler Sachsenspiegel

Anfechtungen

Die Bindung der Mitarbeiter an den Herrscher und der Hocharistokratie an die Reichsspitze erfolgte durch Huldigung und Eid. Beides konnte missachtet oder vergessen werden. Gegen beides konnte man verstoßen, was auch immer wieder reichlich stattfand, wenn die Situationen es hergaben und Ehrgeiz nebst Habsucht eines jeweiligen Untergebenen danach drängten.

Der Herrscher konnte versuchen, Gegenbündnisse zu schaffen. Er konnte mit entsprechenden Verwaltungsakten operieren, etwa der Absetzung des Ungetreuen. Gewöhnlich half aber bloß noch die bewaffnete Auseinandersetzung und, nach deren Ende, nach neuerlicher Unterwerfung und neuen Eiden, das Stellen hochrangiger Geiseln. Diese waren der Gewalt des Herrschers ausgeliefert, mussten im Königstross mitziehen und wurden bei einem nochmaligen Treuebruch dessen, für den sie standen, der Hinrichtung überantwortet.

Dem König halfen außerdem, jedenfalls ein wenig, Glück, Tüchtigkeit und Charisma. Er zehrte, vor allem in den Anfängen, von dem Nimbus, der seinem Amte anhing und der sich herstellte aus dem feierlichen Gepräge, mit dem er inthronisiert wurde. Das religiös eingefärbte Ritual suggerierte einen göttlichen Auftrag. Wer sich dagegen erhob, verstieß gegen Gott. Allerdings, Gott war weit, und es gab zwischen Schenkung, Beichte und Bußübung vielerlei Möglichkeit, seine Verzeihung zu erwirken.

Die Vorwände für eine Rebellion gegen den gekrönten König waren zahlreich. Man konnte ihm Nachlässigkeit vorwerfen oder Machtmissbrauch. Beliebt waren Einwände gegen die Art, wie er in sein Amt gelangt war, da es dabei angeblich Verstöße gegen die durch die Überlieferung festgelegten Riten der Investitur gegeben habe. Man rebellierte, weil man einfach rebellieren wollte und weil man sich einen direkten materiellen Vorteil davon versprach.

Fast jeder deutsche Herrscher hatte mit beträchtlichen Widerständen im Inneren zu kämpfen. Sie kamen aus Kreisen der mit der eigenen Sippe konkurrierenden Hochadelsdynastien, sie kamen aus der eigenen Sippe selbst.

Ein erster unschöner Beispielsfall ist der des letzten Salierherrschers. Heinrich V. hatte einmal heilige Eide geschworen, dass er sich niemals gegen seinen eigenen Vater erheben werde, doch dieser Schwur war so viel wert wie die meisten Eide der Epoche. Der junge Heinrich schlug sich, als sich die Gelegenheit ergab, auf die Seite der innenpolitischen Gegner seines Vaters, nahm diesen kurzerhand gefangen, sperrte ihn in die Burg Böckelheim und erpresste durch rücksichtslose Behandlung dessen Thronverzicht. Dem Kaiser gelang es zu fliehen. Er wollte den Kampf um die Krone wieder aufnehmen. Er suchte sich Verbündete und Anhänger. Ein erster militärischer Vorstoß seines Sohnes endete mit dessen Desaster; da legte sich Kaiser Heinrich IV. zum Sterben. Sohn Heinrich V. übernahm nun endgültig die Macht.

Üblicherweise ging das Thronerbe an den ältesten Sohn. Es lag im Ermessen des Königs, das Herrschaftserbe statt an diesen an einen anderen Sohn zu vergeben, was verschiedentlich geschah; Heinrich IV. entmachtete seinen Sohn Konrad, der ihn verraten hatte, zugunsten seines jüngeren Sohnes Heinrich, der ihn dann freilich ebenfalls verraten sollte. Um die Nachfolge zu sichern, wurde der Erbe häufig schon zu Lebzeiten des Erblassers gekürt und gekrönt, in aller Regel bei dessen Mündigkeit; war der Vater dann verstorben, konnten diese Vorgänge wiederholt werden, was sie einer schleichenden Entwertung aussetzte.

Herrscherwitwen

Nun mochte geschehen, dass der Herrscher starb, ehe sein Sohn das mannbare Alter erreicht hatte. Das Kind wurde trotzdem gewählt und gekrönt und wurde, bis es das Alter seiner Mündigkeit erreicht hatte, durch einen Regenten substituiert. Das konnte die Herrscherwitwe sein oder ein hoher Aristokrat, meist geistlichen Ranges.
Jedenfalls war dies die Situation, da die Frau eines Herrschers aus dessen Schatten heraustreten und die demütige Rolle, die das Mittelalter den Frauen vorschrieb, ablegen konnte. Der deutschen Geschichte wuchsen auf diese Art ein paar bemerkenswerte Herrscherwitwen zu. Die wohl bedeutendste war Theophanu, Frau Ottos II., eine byzantinische Prinzessin. Sie war hoch gebildet, polyglott und welterfahren. Sie leitete die Erziehung ihres minderjährigen Sohnes, schlichtete Konflikte, entschied auch sonst in vielen Reichsdingen und bewies dabei eine glückliche Hand.
Die durch das Beieinander von Erb- und Wahlmonarchie gegebenen Konflikte, die Unverlässlichkeiten einmal eingegangener und beschworener Loyalitäten führten im Verlaufe des deutschen Hochmittelalters dazu, dass die Rechtmäßigkeit eines deutschen Herrschers dadurch bestritten wurde, dass man einen Gegenkönig berief.
Das erste Mal geschah dies 1077, unter Heinrich IV. Deutsche Fürsten wählten den Gegenkönig Rudolf von Rheinfelden. Es kam zur kriegerischen Auseinandersetzung zwischen den zwei königlichen Rivalen, beide verwüsteten Herrschaftsgebiete des jeweils anderen. Bei einer Schlacht verlor Rudolf von Rheinfelden sein Leben. Die oppositionellen Fürsten beeilten sich,

368. Theophanu, byzantinische Prinzessin und Frau Kaiser Ottos II. Mittelalterliche Darstellung

369. Heinrich IV., der Herrscher aus salischem Haus, mit den Reichsinsignien. Mittelalterliche Darstellung

370. Probleme unter Gekrönten: Der englische König Richard Löwenherz, bei der Rückkehr aus Jerusalem in Österreich gefangen genommen, bittet den Kaiser um Gnade und kommt nach Zahlung eines Lösegeldes wieder frei. Buchillustration um 1196

einen Nachfolger zu suchen, und fanden ihn in Hermann von Salm, der eine eher schwächliche Figur abgab und 1088 starb. Die Fürstenopposition in Deutschland gab nicht auf und wählte nunmehr Heinrichs ältesten Sohn Konrad zum Gegenkönig.

Die Institution des Gegenkönigs war damit in der Welt und sollte ihren Höhepunkt auf der Wende zum 13. Jahrhundert finden. Beteiligt waren zwei prominente deutsche Fürstengeschlechter, die Welfen und die Staufer. Die Welfen, sie hießen so nach dem in ihrer Sippe besonders häufig verwendeten Namen Welf, waren damals Herzöge von Bayern, mit Besitz auch in Oberitalien. Ihre Angehörigen hatten sich wiederholt, doch erfolglos, um die deutsche Königswürde bemüht, die statt dessen an das schwäbische Geschlecht der Staufer fiel. Mit Friedrich Barbarossa stellte es einen der glanzvollsten Herrscher des Hochmittelalters; mit Friedrich Barbarossa lag auch der bekannteste Welfe, Heinrich der Löwe, in erbittertem Streit, der schließlich zu Ungunsten des Löwen ausging.

Erst sein Sohn wurde als Otto IV. zum deutschen König gewählt von einem Teil des Adels, während die anderen Philipp von Schwaben, einen Sohn Friedrich Barbarossas, zum König erhoben. Der Streit zwischen den beiden zerriss das Land, führte zu kriegerischen Auseinandersetzungen und endete zunächst mit dem Tode Philipps; darauf wurde dann der Barbarossa-Enkel Friedrich zum Gegenkönig ausgerufen.

Leerlauf der Dinge

Das Schicksal der hochmittelalterlichen deutschen Herrscher verlief nach einem immer gleichen Schema. Auf Wahl und Krönung begaben sich Widerstände im Inneren durch konkurrierende Fürstenhäuser oder Personen, die man besiegen konnte oder nicht. Zusätzlich gab es kriegerische Auseinandersetzungen über die Grenzen hinweg, im Osten und im Westen, im Norden und im Süden, die Gegner waren Slawen und Dänen, Italiener und Franzosen. Immer ging es dabei um Gebietsansprüche und einen auch in Tributzahlungen ausrechenbaren Machterhalt oder Machtzuwachs.

Wer die Veränderungen während des von uns gewählten Betrachtungszeitraums anschaut, wird erkennen, dass die zentrale herrscherliche Macht im Inneren immer mehr eingeschränkt und geschwächt wurde, während die Machtzuwächse außen sich nicht wesentlich vergrößerten. Auf Gewinn folgte alsbald Verlust, auf einen erfolgreichen Herrscher ein erfolgloser. Ruhm und Glanz waren ebenso heiß begehrt wie nichtig. Die dem Herrscher zugeschriebene moralische Pflicht, Gerechtigkeit, Mildtätigkeit und Güte zu üben, wurde zur leeren Formel. Alles war Gewalt. Alles war Zufall. Gottes Gnade, die man mit der Salbung empfangen hatte, blieb unbegreiflich.

Es ist unwahrscheinlich, dass sich die deutschen Könige über diesen Leerlauf der politischen Dinge vollständig Rechenschaft gegeben haben, aber Ansätze zu existenziellen Zweifeln, wenigstens in der Situation schwerer Niederlagen, dürften ihnen wohl gekommen sein. Ein gewisser Fatalismus bei ihrem Verhalten scheint unverkennbar. Was aber waren dann ihre Motive, und welche den Tag übergreifenden Visionen besaßen sie? Eine, die immer wiederkehrt, ist die *renovatio imperii Romanorum*, die Wiederherstellung des Römischen Reiches. Gemeint ist damit das Imperium der Antike, und zwar jenes nach der Christianisierung unter Konstantin dem Großen, so dass hierbei weltliche Imperialmacht und die Vorstellung eines einheitlichen christlichen Universums ineinander fließen. Als geschichtliche Realität hatte dieses Weltreich zuletzt unter Karl dem Großen existiert, in dessen Nachfolge sich die deutschen Herrscher sahen, dessen Thron zu Aachen sie deshalb nach ihrer Krönung demonstrativ bestiegen, dessen Leistung sie zu wiederholen gedachten und dessen Machtfülle sie erstrebten.

Es ist keinem gelungen. Alle blieben sie hinter Karl zurück, und je mehr Jahrhunderte ins Land gingen, desto dürftiger fielen ihre Versuche zur *renovatio* aus, weder Selbstbetrug noch die schmeichelhaften Einreden der Lobhudler konnten daran etwas ändern. Was also nutzten alle tapferen Kriege, wenn es am Ende immer nur auf einen Verlust hinlief? War vielleicht der Krieg selbst, den die Dichtungen wortstark feierten und dessen Vorbereitung alle fürstliche Erziehung und Ausbildung hauptsächlich diente, die eigentliche Ursache des imperialen Versagens? Hatte Jesus Christus, zu dem man ständig betete und in dessen Namen man zu handeln vorgab, mit seiner Friedensbotschaft am Ende ganz Recht?

371. Friedrich I. Barbarossa, thronend zwischen seinen Söhnen König Heinrich VI. (Kaiser 1191–1197) und Herzog Friedrich V. von Schwaben. Buchminiatur um 1180

372. Rudolf von Rheinfelden, Konkurrent Heinrichs IV., Erster in einer langen Reihe von Gegenkönigen. Grabplatte in Merseburg, nach 1080

Jedenfalls gab es den Gottesfrieden. Er kam, als Idee und beschworene Praxis, in Frankreich auf und speiste sich aus dem Geist der cluniazensischen Klosterreform. Unter der Androhung von Kirchenstrafen wie der Exkommunizierung sollten bestimmte Personengruppen wie Kleriker, Kaufleute, Bauern, Frauen und bestimmte Objekte wie Kirchen, Klöster und Straßen von allen Fehdehandlungen ausgenommen sein; die Sache hatte unter anderem einen unmittelbar wirtschaftlichen Effekt.

Auf deutschem Gebiet wurde der Gottesfrieden nach dem Jahre 1023 wirksam und während des laufenden Jahrhunderts ergänzt durch die sogenannte *Treuga Dei*; das erste Wort ist eine vulgärlateinische Entlehnung aus dem Keltischen *treve*, was Treue bedeutet. Die Treuga Dei legte den Gottesfrieden auf bestimmte Fristen fest: von Mittwochabend bis Montagfrüh, außerdem auf Advent und Weihnachten sowie auf die österliche Fastenzeit. Die Idee des Gottesfriedens war so durchdringend, dass sie später in das geschriebene Landrecht Eingang fand; damit arbeitete sie auf die heutige Vorstellung und Praxis, tätliche Auseinandersetzungen unter Personen und Personengruppen als verwerflich und strafbar zu nehmen, da das Gewaltmonopol beim Staat liegt, unmittelbar hin.

Weihekaiser und Papsttum

Das von allen wichtigste Territorium jenseits der ostfränkischen oder deutschen Grenzen blieb für die deutschen Herrscher nach wie vor Italien. Es war das andere Gebiet, in dem sie sich aufhielten, manchmal häufiger und länger als in den Gegenden nördlich der Alpen; hierfür gab es strategische wie kirchenpolitische Gründe, die, weil auch Kirchenpolitik immer mit Macht zu tun hat, ständig ineinander übergingen.

Die homogene römische Herrschaft über die Apenninhalbinsel war während der Völkerwanderung zerfallen. Fortan gab es zwar noch einen König von Italien, aber sein Territorium entsprach nur dem des alten Königreichs der Langobarden in Ober- und Mittelitalien, mit der

373. Otto I., erster Kaiser aus sächsischem Haus, zusammen mit seiner ersten Frau Editha. Als thronendes Herrscherpaar dargestellt im Magdeburger Dom, den Otto gestiftet hat. Arbeit aus dem 13. Jahrhundert

Hauptstadt Pavia. Im Süden lagen die von Byzanz kontrollierten Landschaften Siziliens, Kalabriens und Apuliens, und in der Mitte befand sich der Kirchenstaat.

Im achten Jahrhundert baten die Päpste die Franken um militärische Hilfe, worauf die Karolinger das Reich der Langobarden eroberten. Karl machte sich selbst zum langobardischen König, indem er sich in Pavia die eiserne Krone aufsetzte, und aus Dankbarkeit für seinen effizienten Einsatz wurde er vom Papst zum Imperator, zum Kaiser, also zum Nachfolger der römischen Caesaren gekrönt.

In Süditalien wechselte die Herrschaft beständig. Muslimische Sarazenen fielen ein und vertrieben die oströmische Verwaltung, später folgten die Normannen. Auch dadurch befanden sich die Grenzen des Kirchenstaates in fortwährender Bewegung. Im nördlichen Teil der Halbinsel hatte sich in der ehemals etruskischen Region ein eigenes Herzogtum gebildet, Tuszien, die heutige Toskana; es wurde von fränkischen Adligen regiert und entwickelte sich bald zu einem ewigen Streitobjekt zwischen den deutschen Königen und den römischen Päpsten.

Italienpolitik

Die Einflüsse wechselten, die Grenzen blieben fließend, und stärker als sämtliche feudalen Herrschaften wurden in Oberitalien bald einzelne Städte, die sich entweder eine beträchtliche Autonomie innerhalb größerer staatlicher Gebilde ertrotzen oder aber eine völlige staatliche Autonomie für sich allein beanspruchen konnten. Sie gründeten solche Forderungen und Bestrebungen auf den durch Handel und Gewerbefleiß akkumulierten Reichtum in ihren Mauern; der Reichtum beflügelte das politische Selbstbewusstsein. Das früheste Beispiel solcher Entwicklung ist Venedig, die prächtige Stadt an der Adria; ab dem Jahre 697 war sie autonom und schuf sich eine eigene patrizisch-republikanische Ordnung. Andere Stadtstaaten, wie Florenz, würden ihrem Beispiel folgen.

Bei der Italienpolitik der deutschen Herrscher ging es zunächst darum, dass in Rom das Zentrum der katholischen Kirche lag. Eine direkte Einflussnahme auf das Papsttum, auf dessen personelle Ausstattung und administrativen Entscheidungen, hatte für alles Geschehen nördlich der

238 Könige und Kaiser

374. Symbolische Figuren von vier Ethnien – Slawen, Germanen, Galliern und Römern – huldigen dem Kaiser. Buchmalerei von der Insel Reichenau, Ende des 10. Jahrhunderts

375. Szepter und Marschallstab haben den gleiche ikonographischen Ursprung im Stab des Richters. Hier: das kaiserliche Szepter

Alpen, soweit es die Kirchen betraf (und deren Gewicht war enorm), unmittelbare Konsequenzen, die wiederum auch den dortigen rein weltlichen Herrschaftsbereich beeinflussten.

Der Kaisertitel wurde von Karl dem Großen an seine Nachfolger weitergereicht und stand damit dem Herrscher über alles Frankien zu. Das aber gab es als einheitliches Staatsgebilde schon bald nicht mehr, sondern es hatte sich gespalten in die zwei mittlerweile autonomen Herrschaften auf französischem und auf deutschem Gebiet. Der Rang des Kaisertitels verblasste, etwelche staatsrechtliche Konsequenzen folgten daraus nicht und würden es niemals mehr tun, er hatte lediglich symbolisches Gewicht, was in einem Zeitalter, das Symbole immer für die Sache selbst nahm, allerdings sehr schwer wog. Ein deutscher König, der außerdem römischer Kaiser war, galt mehr. Er hatte den Segen des Papstes als des höchsten aller Bischöfe. Er bestimmte dem Anspruch zufolge über ein Weltreich und war ranghöchster Herrscher der weströmischen Christenheit. Dafür lohnte es alle Anstrengungen, und kein deutscher König des Hochmittelalters hat sich ihnen entziehen wollen.

Aufgabe und Macht

Der erste war Luidolfinger Otto I., Sohn von Sachsenkönig Heinrich I. Am Sonntag, dem 2. Februar 962, es ist der Tag des Festes Mariae Lichtmess, wird er in der Peterskirche zu Rom als Kaiser gekrönt. Der Papst, der die feierliche Handlung vornimmt, ist der seit 955 amtierende Johannes XII. Otto steht zu jenem Zeitpunkt im fünfzigsten Lebensjahr, als König regiert er seit 936. Mit ihm gemeinsam erhält die Kaiserwürde seine Gemahlin Adelheid. Durch die Ehe mit ihr, es ist seine zweite, hatte Otto sich Ansprüche auf die politische Herrschaft in Oberitalien erworben, unter anderem hatte er sich zuvor die Langobardenkrone aufgesetzt. Die Kaiserkrönung folgte dann absichtsvoll dem Modell Karls des Großen, und siebzig Jahre nach dem zunächst letzten, ziemlich unbedeutenden Träger gab es mit Otto wieder einen Monarchen, der diesen Titel führte. Otto war auch der Erste, der die Idee der *renovatio* vertrat. Er sah sich als Nachfolger der römischen Imperatoren und erstrebte die Herrschaft über alle Landschaften am Mittelmeer; das Bestreben, sei-

376. Gründung des Bistums Magdeburg: Urkunde Ottos I. mit Siegel

nen Sohn Otto mit einer Prinzessin aus dem byzantinischen Kaiserhaus zu vermählen, hatte mit solchen Aspirationen zu tun. Die Krone, die er trug, war achteckig und bestand aus Platten, die durch Scharniere verbunden waren. Acht stand für Himmel und Erde. Jeder Edelstein auf der Krone schloß eine Tugend ein. Unter der Krone war eine Mitra zu tragen, also ein Bischofshut, als Zeichen der höchstpriesterlichen Würde und als Ausdruck, dass der Kaiser zugleich *rex et sacerdos* sei, weltlicher und geistlicher Herrscher. Zu den übrigen Insignien gehörte unter anderem der Stab als das Zeichen der richterlichen Gewalt; daraus ging später der Marschallstab hervor. Weitere, teilweise erst später verwendete Insignien waren Szepter und Reichsapfel, mit dem Kreuz auf der Weltkugel: das Symbol sprach für sich, in der Hand des Kaisers bezeugte es dessen Aufgabe und Macht.

Auch die Kaiserkrönung nahm ein Geistlicher vor, der höchste in der katholischen Christenheit, und wie bei der Königskrönung wurde im Ritual festgehalten, was in der Realität existierte oder dort zu verrichten war. Der Kaiser erhielt seine weltliche Macht von der Kirche, er blieb von ihr abhängig, er war ihr Verteidiger, Beschützer und Diener. Sie hatte Macht über ihn, wie umgekehrt er Macht über sie besaß, wenn er etwa mitsprach und mitentschied bei der Besetzung von hohen Kirchenämtern bis hin zu dem des Papstes.

Hier lauerten Konflikte. Zunächst schien noch alles geregelt, Kaiser Otto I., auch der Große genannt, war ganz unangefochten ein selbstherrlicher Kaiser, der sich durchaus als Herr dieser Welt begriff, die ebenso augusteisches Rom war wie neues Jerusalem, und niemand redete ihm da drein, auch nicht der Papst.

Der römische Bischof

Die Päpste waren anfangs nicht mehr als die katholischen Bischöfe der Stadt Rom. Der erste in diesem Amt war Jesu Vorzugsjünger gewesen, der Apostel Petrus, und von ihm leitete sich ein durch die biblischen Texte gestützter und durch die einsetzenden Traditionen gestärkter Anspruch auf den Vorrang des römischen Bischofs gegenüber allen anderen Bischöfen ab. Durch bedeutende Persönlichkeiten, zumal in den Anfängen,

377. Papst Gregor VII.,
der kirchliche Gegner
Heinrichs VI. Zeit-
genössische Darstellung

wurden das Ansehen ebenso wie die Ansprüche des Papsttums stabilisiert.

Schenkungen von Landbesitz schufen die Grundlagen des Kirchenstaates. Es gab noch andere Dotationen, etwa von Schätzen, wie sie Otto I. anlässlich seiner Kaiserkrönung übergab. Alles zusammen hatte den beträchtlichen Vorzug, dass die Päpste dadurch materiell unabhängig wurden, freilich waren damit gleichermaßen die Begehrlichkeiten konkurrierender Feudalherren aufgerufen.

Die Päpste gingen aus Wahlen hervor. Ursprünglich war vorgeschrieben, wie bei der Bestimmung von anderen Bischöfen auch, dass daran »Klerus und Volk« beteiligt wären. Außerkirchlichen Einflüssen war damit breiter Raum geöffnet, und der wurde auch kräftig genutzt, von den deutschen Kaisern und von den mächtigen Familien des römischen Stadtadels. Besonders Letztere haben dann aus dynastischen Interessen immer wieder die Papstwahlen manipuliert und Angehörige ihres Vertrauens oder ihrer Verwandtschaft auf den Stuhl Petri gehoben.

In der Folge hat dies zu manchmal fürchterlichen Deformationen geführt. Es herrschten Nepotismus und Korruption, und oft genug gab es Gegenpäpste, wie es in Deutschland Gegenkönige gab. In solchen Zeiten des moralischen und machtpolitischen Niedergangs schien die unmittelbare Einflussnahme der deutschen Herrscher auf das päpstliche Regiment geradezu angezeigt, wiewohl sich nicht übersehen lässt, dass auch deren Handlungen nichts weniger denn altruistisch waren.

Die Wahl der Päpste wurde dann, durch ein entsprechendes Konzilsdekret, den Kardinälen übertragen; Kardinalsgeistliche waren besonders herausgehobene Kleriker an besonders herausgehobenen Kirchen. Mit ihrem Kollegium, das gleichsam als ein Senat für die Kurie fungierte, wurde die Existenz von Gegenpäpsten immer noch nicht ausgeschlossen, bis eine andere Ordnung vorsah, ein Papst müsse mindestens zwei Drittel aller Kardinalsstimmen auf sich vereinen.

Diese Maßnahme bewährte sich. Ab Mitte des 13. Jahrhunderts fanden die Papstwahlen der Kardinäle in einem Konklave statt, was ursprünglich nichts als eine aufgezwungene Notmaßnahme gewesen war, sich aber überraschend bewährte, deshalb beibehalten wurde und bis heute die Regel ist.

Ungeniertes Hineinregieren

Der Zugriff der ersten Kaiser auf den Stuhl Petri war direkt und geschah häufig. In der Geschichte der Kurie gibt es mehrere deutsche Päpste, sie alle fallen in diese Zeit und verdankten ihr Amt den Kaisern; die Schwäche der Päpste war die Stärke der deutschen Herrscher. Das ungenierte Hineinregieren deutscher Kaiser in römische Angelegenheiten erregte freilich oft genug den Verdruss der davon Betroffenen.

Ein Beispiel liefert ein Kaiser aus salischem Haus, Heinrich III. Er trat sein Königsamt 1039 an; 1046 wollte er sich in Rom zum Kaiser krönen lassen, was insofern schwierig war, als es jetzt nicht nur einen Papst gab, sondern deren gleich drei. Sie wurden vorgeschoben und gestützt von den miteinander konkurrierenden römischen Stadtadelsfamilien. Heinrich ließ zwei Synoden einberufen. Drei Heilige Väter verloren ihre Ämter, und Heinrich sorgte dafür, dass ein ihm genehmer Geistlicher, der Bischof von Bamberg, den Stuhl Petri erklomm.

Um seine Autorität bei den deutschen Gliedkirchen geltend zu machen, nahm Heinrich sich außerdem das Recht, die Kirchenfürsten einzusetzen. So waren vereinzelt schon seine Vorgänger verfahren. Heinrich machte daraus ein Prinzip, indem er, was abermals ein aussagekräftiges Symbol ist, Bischöfe und Reichsäbte persönlich mit den Insignien ausstattete, mit Ring und mit Stab. Man kann hier von einem sakralen Kaisertum sprechen, und Salierkaiser Heinrich III. wurde dessen wichtigster Repräsentant.

Der Mönch Hildebrand

Gregor VII. war einer der mächtigsten Päpste des gesamten europäischen Hochmittelalters, der eine große und nachhaltige Wirkung ausübte auf die gesamte Verfassung der katholischen Christenheit.

Seine Herkunft ist umstritten. Sein ursprünglicher Name lautete Hildebrand; für manche Autoren entstammte er einer einfachen toskanischen Familie, andere sehen in ihm ein illegitimes Fürstenkind, noch andere einen gebürtigen Juden. Seine theologische Ausbildung erfuhr er in Rom, wo er bald die Aufmerksamkeit von Gregor VI. erregte, einem jener drei konkurrierenden Päpste,

378. Heinrich IV. bittet Markgräfin Mathilde, die Vertraute Papst Gregors VII., um Vermittlung. Das Ergebnis war Canossa. Buchillustration um 1115

die Heinrich III. schließlich absetzte. Gregor VI. wurde in die Verbannung nach Köln geschickt. Der Mönch Hildebrand befand sich in seiner Begleitung.

Er war damit ein unmittelbarer Zeuge der rüden Eingriffe gewesen, die der Kaiser in Belange der Kurie vornahm; als Gefährte seines Papstes Gregor VI. hatte er schmerzlich darunter gelitten. Er hatte beobachtet, wie auch sonst die Staatsmacht Angelegenheiten der Kirche selbstherrlich bestimmte. Nur die kaiserliche Gewalt verfügte über die Investituren, die Besetzungen der hohen klerikalen Ämter; Hildebrand wusste, dass dabei immer wieder Geld floss. Dieses Verfahren, Simonie genannt, war üblich und galt als lässlich, Kaiser Otto III. hatte es darin einst zu hoher Virtuosität gebracht.

War es aber nicht angemessener, dass die Kirche ihre ureigenen Belange allein entschied? Stand sie Gott nicht näher als der Kaiser? War nicht alleiniger Stellvertreter des Allmächtigen auf Erden der Papst? Versah er nicht das durch den Apostel Petrus eingerichtete und durch dessen Martyrium geheiligte römische Amt?

Nun war Hildebrand nicht blind für die zu Teilen miserablen Zustände des Papsttums in seiner Zeit. Das Elend der römischen Kirche war allgemein und gehörte beseitigt; wer das ausrichten wollte, musste an Haupt und Gliedern ansetzen. Hildebrand zeigte sich dazu fest entschlossen.

Seine Karriere in der kirchlichen Hierarchie erfolgte rasch. »Widerstrebend bin ich mit dem Herrn Gregor über das Gebirge gezogen«, sagte er immer wieder, in Erinnerung an den entscheidenden Augenblick seines Lebens. Dieser Vorgang hatte sich 1046 ereignet; bereits drei Jahre später befand er sich, aus Köln heimgekehrt, wieder in Rom. Er wurde Abt eines dortigen Klosters. Er erwies sich als intelligenter und fähiger Mann. Die Kurie entsandte ihn in diplomatischer Mission nach Frankreich und nach Deutschland. 1059 stieg er auf in das Amt eines Archidiakon und bekleidete damit eine der maßgeblichen Funktionen in der päpstlichen Verwaltung. 1073 wurde er Papst.

1075 gab es Vakanzen auf drei italienischen Bischofsstühlen, darunter jenem in Mailand. König Heinrich IV. verfügte die personellen Entscheidungen. Papst Gregor sah die Gelegenheit gekommen zu einem demonstrativen Protest. In einem päpstlichen Mahnschreiben, gerichtet an den König, knüpfte er an die Erteilung des üblichen Segens die Bedingung, dass der Herrscher sich der apostolischen Kathedra unterwerfe. Gott gehorchen, schrieb er, heiße der Kirche gehorchen, was bedeute, ebenso dem Papst zu gehorchen; dies alles gelte wie für jedermann so auch für den König. Die von Heinrich IV. verfügten Bischofsinvestituren lehnte er rundweg ab.

Heinrich fühlte sich herausgefordert. Im Januar 1076 berief er die wichtigsten Repräsentanten des deutschen Episkopats nach Worms und ließ sie eine Gegenerklärung aufsetzen.

Darin wurde dem Bruder Hildebrand der Gehorsam aufgekündigt. Seine Papstwahl sei unwirksam, und Gehorsam schulde man ihm keinesfalls; das Volk von Rom wurde aufgefordert, ihn zu vertreiben.

Was nun folgte, war der Zweikampf zweier einflussreicher Männer mit zunächst völlig ungewissem Ausgang.

Der Gang nach Canossa

Gregor trug das von Heinrich angeregte Schreiben während der römischen Fastensynode vor. Die Reaktion der kirchlichen Zuhörer war die einhellige Empörung. Dadurch gestärkt, exkommunizierte Gregor sämtliche Bischöfe, die das Wormser Schreiben unterzeichnet hatten, und er belegte den König mit der höchsten Strafe, die ihm zur Verfügung stand, dem Bann. Als dem König die entsprechende Bulle übergeben wurde, ließ er seinerseits, durch einen seiner Bischöfe, den Papst exkommunizieren. Das war völlig konsequent und sehr kühn, aber es brachte ihm nicht die davon erhoffte Wirkung.

Die Front seiner eigenen Verbündeten begann zu bröckeln. Die Lage des Königs wurde immer ausweglöser. Was im Folgenden geschah, gehört zu den spektakulären Ereignissen der deutschen Geschichte. Es erfuhr deswegen zahlreiche Darstellungen, in der Geschichtsschreibung, in der erzählenden Literatur, auf dem Sprechtheater und in der bildenden Kunst.

Begleitet von seiner Gemahlin und seinem dreijährigen Söhnchen, überquerte Heinrich im Winter 1076/77 die Alpen. Er tat es auf Wegen, wo er Verbündete wusste.

Der Winter war hart. Heinrichs Gefolge musste sich manchmal auf allen vieren bewegen, wegen der Glätte, die Frauen wurden auf Rinderhäute gesetzt und dann von den Bergführern hinabgezogen.

Papst Gregor befürchtete einen militärischen Racheakt. Als ihn die Nachricht von Heinrichs Eintreffen erreichte, befand er sich gerade auf einer Reise, die er dann sofort abbrach. Hastig flüchtete er in die Burg einer ihm verbündeten Aristokratin, nach Canossa, gelegen im Gebirge der heutigen norditalienischen Provinz Emilia-Romagna. Doch Heinrich suchte nicht den militärischen Konflikt. Er wollte tatsächlich die Absolution. Er ging seinerseits nach Canossa, um sich zu demütigen in einer bisher beispiellosen Weise. Alles Weitere hat Papst Gregor selber in einem Briefe mitgeteilt:

»Drei Tage lang harrte der König vor den Toren der Burg aus, ohne jedes königliche Gepränge in Mitleid erregender Weise, barfuß und in wollener Kleidung, und ließ nicht eher ab, unter reichlichen Tränen Hilfe und Trost des apostolischen Erbarmens zu erflehen, bis alle, die dort anwesend waren und zu denen diese Kunde gelangte, von Mitleid und Barmherzigkeit überwältigt, sich für ihn unter Bitten und Tränen verwendeten und sich über die ungewohnte Härte unseres Sinnes wunderten; einige aber klagten, in unserem Herzen sei nicht die Festigkeit apostolischer Strenge, sondern die Grausamkeit wilder Tyrannei.«

Am 28. Januar des Jahres 1077 sprach er König Heinrich IV. von dem gegen ihn erlassenen Bann frei. Der König hatte seine politische Handlungsfähigkeit zurück, freilich um den Preis einer außerordentlichen Verrenkung, die alle bisherigen Gewohnheiten im Verhältnis zwischen Kurie und Krone in ihr Gegenteil verkehrten.

Sie wurden neu definiert. Die Zeiten des Weihekaisertums waren vorüber und kehrten nie mehr zurück. Das Entscheidungsrecht bei geistlichen Investituren besaß fortan die Kurie. Die Tatsache, dass die Krönungen der Herrscher durch hohe Kleriker versehen wurden, umgekehrt die Einsetzung von Bischöfen nicht mehr der weltlichen Macht oblag, hatte die frühere Dialektik im Verhältnis der beiden Institutionen aufgehoben zugunsten einer eindeutigen Hierarchie. Die Vision der *renovatio*, die auf ein Weltreich Gottes in den Abmessungen des antiken Imperiums zielte, da sie zugleich altes Rom und neues Jerusalem sein wollte, sah jetzt nur noch einen Herrscher vor, den Papst.

379. Siegel Heinrichs IV.

Die Kaiser wollten sich dem nicht widerstandslos fügen, und so wurde auch fürderhin die hochmittelalterliche Geschichte bestimmt durch Auseinandersetzungen zwischen Kaiser und Papst. Sie sollten kaum mehr die Schärfe des Kampfes zwischen Gregor und Heinrich erreichen, doch am politischen Einzelgeschehen sich entzündende Konfliktpotentiale waren immer wieder gegeben, und es hing von den handelnden Personen, ihrer Klugheit, ihrem Ehrgeiz und ihrer Entschlossenheit ab, zu welchen Konsequenzen das führte.

Die Kraft der Persönlichkeit

Wir nehmen den Beispielsfall des vermutlich prominentesten aller hochmittelalterlichen Kaiser, Friedrich Barbarossa aus dem Geschlecht der Staufer. Kein deutscher Kaiser des Hochmittelalters hat so viel Aufmerksamkeit der Nachwelt auf sich gezogen. Er lebte im Volksmythos und in der Dichtung fort, die Deutschen späterer Jahrhunderte projizierten ihre nationalen Leiden und politischen Sehnsüchte auf ihn und erhoben ihn zu einer Ikone ihrer erhofften geschichtlichen Größe. Verglichen mit dem, was Friedrich Barbarossa geleistet und hinterlassen hat, ist das unverhältnismäßig. Er war weder so mächtig und erfolgreich wie Karl der Große noch intellektuell so brillant wie sein Enkel Friedrich II.

»Er konnte liebenswürdig und fröhlich sein, aber immer auf dem Grunde des gesammelten Ernstes, den sein hohes Amt forderte. Andererseits ließ er sich durch keinen Schicksalsschlag, deren ihn so manche trafen, entmutigen oder nur niederdrücken; niemand sah ihn je anders als aufrecht und zuversichtlich. Das wurde ihm durch seine kräftige Körperlichkeit erleichtert ... In der Kraft seiner Persönlichkeit besaß er den Zauber, der das Glück und die Menschen fesselt.«

So beschreibt ihn Ricarda Huch. Nun mag sein, dass Friedrich tatsächlich Charme besaß und das, was gemeinhin Charisma heißt. Betrachtet man seine geschichtliche Leistung, bleiben von dem Monument, das Ricarda Huch errichtet, nicht viel mehr als ein paar Fragmente. Seine Auseinandersetzung mit dem Papsttum ist der Beweis.

Insgesamt zog er sechsmal über die Alpen. Zusammengerechnet würde er von den 38 Jahren seiner Herrschaft mehr als drei Viertel auf der

380. Darstellung Friedrich Barbarossas in der Art eines Reliquiars. Es soll sich, Seltenheit in jener Zeit, um ein wirkliches Porträt handeln (um 1160)

Apenninhalbinsel verbringen. Der erste Zug dorthin erfolgte 1154/55; Friedrich wollte sich zum Kaiser krönen lassen, wie für die deutschen Könige üblich. Der Papst, Hadrian IV., zog dem deutschen Herrscher ein Stück Weges entgegen, doch bei der ersten persönlichen Begegnung der hohen Herren kam es zu protokollarischen Differenzen. Man konnte sie vorerst beilegen. Man zog weiter nach Rom. Am 18. Juni 1155 krönte Hadrian Friedrich Barbarossa in der Peterskirche zum Kaiser.

Hadrian IV. starb 1159. Seine Nachfolge traten, wieder einmal, zwei Gegenpäpste an, zu denen sich ein paar Jahre später zwei weitere Gegenpäpste gesellten. In diesem überaus verworrenen Schisma setzte Friedrich Barbarossa auf Victor IV. Dies war sein politisches Pech, denn als weitaus potentester und stärkster der vier konkurrierenden Gottesmänner sollte sich Papst Alexander III. erweisen.

Man kannte einander, und man mochte einander überhaupt nicht. Vor seiner Papstwahl war Rolando Bandinelli päpstlicher Legat in Deutschland gewesen und hatte durch sein selbstherrliches Auftreten vor Friedrich Barbarossa einen solchen Ärger verursacht, dass es fast zu einem Blutvergießen gekommen wäre. Nunmehr, im Schutze der Tiara, schien er gewillt, die unnachgiebige Politik seines Vorgängers Gregor VII. gegenüber der deutschen Königsherrschaft fortzusetzen.

Die zwei Gegenpäpste exkommunizierten sich gegenseitig. Friedrich Barbarossa führte einen erbitterten Krieg gegen die oberitalienischen Städte, welche die Unterstützung von Papst Alexander hatten. Barbarossa war militärisch siegreich, und ein Chronist schildert, wie der Kaiser anschließend verfuhr, nämlich er »brannte die Felder nieder und verwüstete sie, zerstörte die Weingärten, ließ die Feigenbäume herausreißen und alle fruchttragenden Bäume entweder fällen oder abschälen und verwüstete das ganze Land«. Es war die übliche Art der Kriegführung, Barbarossa machte da keine Ausnahme. Er schuf sich damit künftige Feindschaften, die auch ausbrachen und in weitere militärische Auseinandersetzungen mündeten.

Wenn er, nach Jahrzehnten des Kampfes, mit den oberitalienischen Städten endlich einen Frieden schließen würde, sollte dieser, angesichts der vielen zuvor unternommenen Anstrengungen, für den Kaiser durchaus nachteilig ausfallen: Barbarossa würde die Selbständigkeit der Städte anerkennen und den Fortbestand ihres Bündnisses garantieren.

Vorher schloss er Frieden mit dem Papst. Auch hier waren zahlreiche Zugeständnisse zu machen. Der Kaiser musste seinen Gegenpapst aufgeben und damit anerkennen, dass sich eine Kirchenspaltung nicht mehr, wie noch hundert Jahre zuvor, durch den Eingriff des Kaisers beenden ließ. Er musste darauf verzichten, die Stadt Rom zu beherrschen. Er musste sich verpflichten, Frieden mit den oberitalienischen Städten und mit den süditalienischen Normannen zu schließen. Er musste auf Besitz in Tuszien verzichten. Er musste bei einer zeremoniellen Begegnung mit dem

382. Friedrich I. Barbarossa ertrinkt am 10. Juni 1190 im Fluss Saleph. Aus der Sächsischen Welt-Chronik, 13. Jahrhundert

246 Könige und Kaiser

383. Friedrich II. mit einem Falken. Illustration zu dem von ihm verfassten Buch über die Beizjagd

Papst symbolische Unterwerfungsgesten vollführen, mit Fußkuss und Marschalldienst.

Damit habe »Barbarossa dem Papst gegenüber anerkannt, dass er jene Stellung, die seine Amtsvorgänger vor dem Investiturstreit innegehabt hatten, nicht zurückgewinnen konnte«, sagt Hartmut Boockmann. »Es scheint, als habe der Kaiser in seiner langen Regierungszeit gelernt, dass die Verhältnisse sich inzwischen geändert hatten und dass er Kompromisse schließen musste, um seine Position zu behaupten. Die Lehrbücher hatten die Gestalt blutiger Kriege gehabt.«

Erhabener Abgesang

Die letzte Kulmination von staufischer Kaiserherrlichkeit begibt sich unter Friedrich II. Alle Möglichkeiten und alle Grenzen, alle Irrtümer und alle Konflikte, die dieses Amt mit sich bringt, werden an seiner Person noch einmal deutlich. Was nach seinem Tode geschieht, wird nur mehr Niedergang, Abgesang und Transformation in ein anderes Zeitalter mit gänzlich anderen Konstellationen sein.

Geboren wurde er 1194 in Jesi bei Ancona, unweit der adriatischen Küste. Er wuchs vaterlos auf, auch ziemlich unkontrolliert; das Königreich Sizilien befand sich, wie schon öfter während seiner jüngeren Geschichte, in Zuständen heilloser Anarchie. Der junge Friedrich trieb sich in den Straßen herum, und es ist bezeugt, dass er eine Zeit lang in wechselnden Bürgerhäusern Palermos unterkam, wo man ihm ein Mittagessen spendierte. Unter solchen Umständen muss erstaunen, wie sehr er sich trotz allem bilden konnte, in körperlichen Fertigkeiten wie dem Fechten, dem Reiten und dem Bogenschießen ebenso wie auf intellektuellem Gebiet. Er sprach mehrere Sprachen. Er war interessiert an der schönen Literatur, an der Juristerei, an der Architektur, an den allgemeinen Naturwissenschaften und zumal an der Ornithologie.

Im Dezember 1208 wurde er für mündig erklärt, und in der Folge unterwarf er die Insel Sizilien. Er ging dabei nicht zimperlich vor. Als er auf Betreiben von Papst Innozenz III. zum deutschen Herrscher gewählt wurde, als Gegenkönig gegen den Welfen Otto IV., überquerte er erstmals die Alpen. Das Land, dem seine staufischen Vorfahren entstammten, wurde für ihn nur insofern belangvoll, als das deutsche Königtum Voraussetzung der angestrebten Kaiserherrschaft war. Er verstand die Sprache nur ungenügend, womöglich überhaupt nicht; gleichwohl flogen ihm, dem »Kind von Pülle« (Apulien), bei seinem Zug durch Süddeutschland die Sympathien nur so zu, und der große Walther von der Vogelweide dichtete jetzt nicht mehr für Otto, den Welfen, sondern für Friedrich, den Staufer.

Er hielt sich insgesamt bloß zweimal in Deutschland auf, und das war weniger, als frühere deutsche Könige nach Italien gezogen waren. Er setzte seinen Sohn aus erster Ehe in Deutschland als seinen Verweser ein: Heinrich, einen lebensfrohen und kunstsinnigen, vor allem aber einen höchst leichtfertigen Menschen. Trotz feierlich abgegebener Zusicherungen ließ er sich von deutschen und italienischen Gegnern seines Vaters gegen diesen instrumentalisieren, und so kam es zum offenen Konflikt, in dem sich Heinrich, von allen seinen Verbündeten verlassen, Friedrich am Ende unterwerfen musste. Er wurde abgesetzt; anschließend hielt ihn sein Vater auf verschiedenen Burgen gefangen, zuletzt in Apulien, wo Heinrich 1242 an den Folgen eines Selbstmordversuches umkam, im Alter von 31 Jahren. Friedrich ließ ihm eine prunkvolle Beisetzung zukommen

Selbstherrliches Vorgehen

Unter den Kräften, mit denen der unglückselige Heinrich sich eingelassen hatte, war wieder einmal der Papst. Auch Friedrich II. hatte schon bald nach seiner Kaiserkrönung seine Auseinandersetzungen mit der Kurie; Innozenz III., sein einstiger Vormund, war 1216 gestorben; unter den mehreren Nachfolgern erwies sich Gregor IX. als ein besonders energischer Widerpart. Anlässe des Streites waren etliche von Friedrich gegebene und dann nicht eingehaltene Zusagen, und vor allem wurde mit besonderem päpstlichen Argwohn Friedrichs selbstherrliches Vorgehen in Sizilien registriert, das zu den direkten Einflussgebieten der Kurie rechnete, da es an den Kirchenstaat grenzte und ein päpstliches Lehen war.

Eine von Friedrichs vernachlässigten Zusagen war das Gelübde, sich auf einen Kreuzzug zu begeben.

Friedrich hatte es ohne Not geleistet, aus reiner Selbstüberhebung, die Realisierung dann aber immer wieder hinausgeschoben. Im Jahre 1228 endlich schiffte er sich nach Jerusalem ein, fand augenblicklich einen friedlichen Ausgleich mit dem ägyptischen Sultan, der daraufhin die heiligen Stätten der Christenheit für Pilger freigab; in der Grabeskirche Jesu Christi setzte sich Friedrich die Krone eines Königs von Jerusalem auf.

Solche Handlungsweise verdross den Papst. Allein das Arrangement mit dem Sultan musste seinen christlichen Fundamentalismus provozieren. Vorerst gelang es noch einmal, die beiden Kontrahenten zu versöhnen, und bald darauf unternahm Friedrich seine zweite Reise nach Deutschland, wo er demonstrativ an den frommen Marburger Feierlichkeiten für die heilige Elisabeth teilnahm. Sie war die Witwe des Landgrafen Ludwig von Thüringen, eines Teilnehmers am Kreuzzug Friedrichs II. Sie hatte, inspiriert von franziskanischer Frömmigkeit, ihr Leben der Pflege von Armen und Kranken gewidmet und war dabei gestorben. Nun geschah die feierliche Umbettung ihrer Gebeine in einen kostbaren Schrein, Friedrich selbst setzte ihr eine goldene Krone aufs Haupt und legte einen goldenen Becher in ihren Sarg. Er selbst trug dabei die graue Kutte der Zisterzienser, jenes Ordens, den er besonders schätzte; anwesend waren Tausende von Gläubigen. Man geht gewiss nicht fehl, wenn man in dieser Handlungsweise des Kaisers vor allem propagandistisch-politische Berechnung sieht.

Er war alles andere als ein fanatischer Christ. Er hat allenfalls einem vagen Deismus gehuldigt, und das christliche Weltbild blieb ihm vornehmlich ein Mittel zum politischen Zweck. Durch die in Jerusalem vollzogene Selbstkrönung stellte er sich in die unmittelbare Nachfolge von König David und von Davids Nachkommen Jesus Christus.

Denn auch er selbst, Friedrich, wollte nichts anderes als die *renovatio*, die Wiederherstellung des christlich-römischen Weltreiches unter seinem Regiment. Diese Absicht verfolgte er, wie man weiß, nicht als Erster, doch seit Karl dem Großen und Heinrich III. war viel Zeit vergangen, und die Welt war noch sehr viel komplizierter und unübersichtlicher geworden. Jedenfalls sollte Friedrich in diesem Vorhaben der dann endgültig Letzte sein. Er handelte in einer Mischung aus Staatsräson und Größenwahn. Er spürte die außerordentliche Verehrung, die ihm entgegen schlug, und wenigstens in seinen Anfängen reihte er einen politischen Erfolg an den anderen. Ohne jeden Zweifel besaß er Charisma, und mit dem materiellen Aufwand, den er betrieb, kam er der zeitgenössischen Vorstellung von Kaiserherrlichkeit völlig entgegen, man nannte ihn *stupor mundi*, Erstaunen der Welt. Dabei setzte er nicht nur aufs luxuriöse Wohlleben, darauf freilich auch.

Er war von einer beträchtlichen intellektuellen Neugierde. Er liebte die geistvolle Unterhaltung. An seinem Hof versammelte er Gelehrte aus vielerlei Disziplinen und legte bei naturwissenschaftlichen Experimenten selbst Hand mit an. Sein Buch über die Vogeljagd, *De arte venandi cum avibus*, das er auf Betreiben seines Sohnes Manfred verfasste, ist ein kleines ornithologisches Meisterwerk, zeugend von genauer Beobachtung, kulturgeschichtlicher Bildung und exakter Formulierungskunst.

Luxus und Bildung

Er war ein unermüdlicher Bauherr. Er ließ Fortifikationen in Apulien und Sizilien errichten, manche nach seinen persönlichen Entwürfen; erhalten hat sich, wiewohl nur mehr als rohe Steinhülle, sein Castel del Monte im apulischen Foggia, ein Jagdschloss auf dem Grundriss eines Oktogons. In jener Gegend wuchsen damals noch dichte Wälder, und dort ging Friedrich gerne einem seiner Hauptvergnügen nach, der Jagd.

Er hatte viel Sinn für die schöne Literatur. In Palermo war er das Haupt einer Dichterschule und schrieb selber Kanzonen im Stil der provenzalischen Troubadoure, doch schrieb er sie auf Italienisch.

Er war insgesamt viermal verheiratet und hatte Maitressen. Seine Frauen ließ er von Eunuchen bewachen; er sperrte sie ein in Gemächer, deren Vorbild der orientalische Harem war. Er kommunizierte mit arabischen Gelehrten und war völlig geprägt durch die Kulturlandschaft Siziliens; seine militärische Leibgarde stellte eine Sarazeneneinheit. Dies alles lieferte der päpstlichen Propaganda zahllose Argumente, als es darum ging, Friedrich als Ketzer und Antichrist zu denunzieren.

Für ihn aber gehörte es zu den Darstellungsformen einer Selbstherrlichkeit, zu der er sich privilegiert sah kraft seiner Majestät als Gesalbter des Herrn. Er bediente sich beim Orient in Sachen

384. Ausschnitt aus dem Falkenbuch Friedrichs II.

Luxus ebenso wie in Sachen Bildung oder in Sachen Überfluss. Er bediente sich des Orients auch in Sachen Despotie. Wenn es darum ging, mit seinen Gegnern abzurechnen, praktizierte er die äußerste Grausamkeit, und zumal sein Edikt gegen die Ketzerei operierte mit Abschreckungsstrafen, die den berüchtigten spätmittelalterlichen Hexenhammer von Kaufmann und Spengler vorwegnahmen. Sämtliche Versuche von Geschichtsschreibern, Friedrich zum Vorläufer eines aufgeklärten Absolutismus zu ernennen, müssen deswegen scheitern.

Solche Urteile stützen sich hauptsächlich auf Friedrichs Maßnahmen zur Neuordnung des Staatswesens. Seine Idee eines Weltreiches war nicht irgendeine *idée fixe*, vielmehr erstrebte er eine vom altrömischen Rechtsverständnis inspirierte Neuordnung der Welt. Er schuf sich einen durchrationalisierten Beamtenstaat mit ordentlichen juristischen Grundlagen, er schuf ihn sich jedenfalls in Sizilien und Apulien und probierte ihn dann auch in Deutschland, wo er, auf einer Reichsversammlung in Mainz, eine Reichslandfriedensordnung durchsetzte, eine Reichsgesetz gewordene *Treuga Dei*, die dann zwar nicht funktionierte, doch immerhin das erste Reichsgesetz in deutscher Sprache war und mindestens darin bemerkenswert bleibt.

Die alte Gegnerschaft

1237 kam es zu einem Konflikt zwischen Friedrich und den oberitalienischen Städten. Alles verhielt sich in etwa so wie bei Friedrich Barbarossa, und wie schon im Falle seines Großvaters erzielte auch Friedrich II. bei seinen militärischen Unternehmungen gegen den lombardischen Bund keinen bedeutenden Erfolg. Dafür brach die alte Gegnerschaft mit der Kurie wieder auf, Friedrich wurde vom Papst gebannt, schon zum wiederholten Male; in der Reaktion darauf marschierte Friedrich mit seinen Truppen in den Kirchenstaat ein.

Papst Gregor IX. starb. Sein Nachfolger Innozenz IV. zeigte sich als mindestens ebenso energischer Gegner. Er berief nach Lyon ein Konzil, das den Kaiser für abgesetzt erklärte und in Deutschland für die Wahl eines Gegenkönigs sorgte. Der hieß zunächst Heinrich Raspe und war ein Thüringer, starb aber bald, so dass die

385. Illustration aus dem Falkenbuch Friedrichs II.

386. Papst Innozenz IV., der klerikale Gegner Kaiser Friedrichs II.

387. Castel del Monte, Jagdschloss Friedrichs II. in Apulien und nach dessen Entwürfen auf oktogonalem Grundriss erbaut

Wahl nunmehr auf Wilhelm von Holland fiel. Friedrich verlor zudem die Herrschaft über große Teile Mittelitaliens.

Es gab eine Reihe von Attentatsversuchen gegen ihn. Sein Leibarzt versuchte ihn zu vergiften; Friedrich vermutete, wahrscheinlich nicht ohne guten Grund, hinter diesem Mordanschlag den Papst. Friedrichs enger Mitarbeiter Petrus de Vinea, hochbegabter Leiter der Hofkanzlei und ein glänzender Schriftsteller, wurde der Korruption beschuldigt und kam in Haft. Enzio, sein natürlicher Sohn und sein Lieblingskind, geriet während eines Gefechtes in Oberitalien in Gefangenschaft und kam nie wieder frei.

Papst Innozenz IV. saß weiterhin in Lyon, aus Vorsichtsgründen. Friedrich wollte zu einem Feldzug gegen ihn aufbrechen und hatte gute Aussichten auf Erfolg. Da befiel ihn eine fiebrige Darminfektion, von der er sich nicht mehr erholte. Er ließ sich in das apulische Fiorentino bringen. Er setzte sein Testament auf, in dem er Konrad, seinen Sohn aus zweiter Ehe, zu seinem Gesamterben und seinen natürlichen Sohn Manfred zum Statthalter in Sizilien bestimmte. Sämtliche Gefangenen mit Ausnahme der Hochverräter sollten frei kommen. Für den Kampf um das Heilige Land standen 100 000 Goldunzen bereit.

Angetan mit der Kutte eines Zisterziensers empfing er aus der Hand des uralten Erzbischofs von Palermo, den er schon aus seinen Kindertagen kannte, die Sterbesakramente. Er starb im Dezember des Jahres 1259, 56 Jahre alt. »O festlicher Tag, feierlicher Erinnerung würdig! O Tag der Freude und ungeheurer Fröhlichkeit! O willkommener Tod, erwünschter Tod!« jubelte Papst Innozenz IV. Friedrichs Leichnam wurde im Dom von Palermo beigesetzt, in einem von vier Löwen getragenen Sarkophag aus dunkelrotem Porphyr, neben den Gräbern seines Großvaters und seiner Eltern.

Transalpiner Ehrgeiz

Wie aber soll man über ihn befinden? Die deutschnationale Geschichtsschreibung des 19. und 20. Jahrhunderts verargte ihm seine unerschütterliche Bindung an die unteritalienisch-mediterrane Welt und seine unbestreitbare Vernachlässigung der deutschen Dinge, was alles in der Konsequenz dazu führen sollte, dass die deutschen Partikularfürsten immer mächtiger wurden und, anders als in Frankreich und auch England, eine staatliche Konzentration in immer weitere Ferne rückte. Man machte Friedrich mit-

Erhabener Abgesang **251**

388. Der Papst verfluchte Friedrich II. als Antichrist. Er triumphierte nach dessen Tod und wünschte ihn zur Hölle. Ausschnitt aus dem Kuppelmosaik im Baptisterium Florenz (10./11. Jh.)

verantwortlich für die staatliche Zersplitterung Deutschlands bis ins 19. Jahrhundert hinein.

Nun fühlte er sich in der Tat mehr als Italiener denn als Deutscher, schon infolge seiner Herkunft. Ethnozentrisches Denken allerdings war ihm fremd. Seine Interessen waren das, was man heute multikulturell nennen würde, und in alledem verfuhr er nicht viel anders als irgendeiner seiner Vorgänger.

Der transalpine Ehrgeiz deutscher Könige und Kaiser fand in ihm seinen extremsten Ausdruck und sein Ende. Der Sog der Apenninhalbinsel auf Deutschlands Herrscher hatte außer mit dem karolingischen Erbe und der begehrten deutschen Kaiserkrone noch mit den dortigen zivilisatorischen Standards zu tun. Verglichen mit ihnen war Deutschland eine kalte, unwirtliche und rückständige Region. Wozu ist man Herrscher, wenn man nicht auch ein wenig angenehmer leben darf als die anderen?

Verfehltes Arrangement

Problematischer und für die Zukunft verhängnisvoller war Friedrichs fortdauernder Zwist mit dem Papsttum.

Auch den hatte er ererbt, aber er unternahm auch nichts, ihn zu beenden. Auf dem Stuhle Petri saßen außer schwachen und korrupten Personen immer wieder Männer von bedeutendem geistigen und geistlichen Zuschnitt, gerade zu Zeiten von Friedrichs Herrschaft. Dass die Päpste ihrerseits in den Kategorien des Territorialbesitzes dachten, unter anderem, war ein Zug der Zeit und hatte mit den Überlieferungen des einmal übernommenen Amtes zu tun. Ein Ausgleich, ein Arrangement zwischen Kaiser und Papst wäre denkbar gewesen, notfalls zu Lasten der kaiserlichen Machtvollkommenheit, die Friedrich einmal tatsächlich opferte, um sie im nächsten Augenblick gleich wieder zu beanspruchen und die vorher eingegangene Vereinbarung schlichtweg zu missachten.

Es nützte ihm alles nicht viel. Sein Kampf mit der Kurie endete militärisch-politisch unentschieden, wie bei allen seinen Vorgängern, und tendenziell lief er auf eine Niederlage hin. Nach Friedrichs Tod kam die deutsche Italienpolitik allmählich zum Erliegen, und ebenso endeten dann die ganz großen Auseinandersetzungen mit dem Papsttum.

Die oberitalienischen Stadtrepubliken konnte Friedrich so wenig bezwingen wie sein Großvater. Sie wurden nur immer stärker und hatten den wirtschaftlichen Fortschritt für sich. Friedrich ordnete das Königreich Sizilien mit Konsequenz und mit Blut. Nach seinem Tode sollte alles wieder verkommen.

Sein Kreuzzug endete mit einem wohlarrangierten Kompromiss, der nicht hielt, und mehr als einen pompösen Titel brachte ihm das nicht ein. Hundert Jahre später sollte Jerusalem, Heilige Stadt der Christenheit, endgültig unter arabische Herrschaft geraten.

Vom Standpunkt der reinen Machtpolitik und im Hinblick auf die Zukunft Europas errang Kaiser Friedrich II. keinen einzigen nachhaltigen Erfolg. Er bewahrte den *status quo*, bestenfalls; ihn dafür überschwänglich zu loben, scheint unverhältnismäßig, dessen ungeachtet geht der Lobpreis seiner Persönlichkeit und seiner Herrschaft quer durch die Jahrhunderte. Es gibt nicht viele mittelalterliche Herrscher, über die so viel reflektiert und geschrieben wurde; eine Bibliographie aus dem Jahre 1975 addiert ein gutes Dutzend Friedrich-Bücher allein in deutscher Sprache.

Er war eher der abschließende Vertreter einer auslaufenden als der erste Repräsentant einer beginnenden Epoche, zu dem manche Historiker ihn stilisieren wollen. Was unmittelbar nach ihm kam, war dann bloß noch das trübselige Auslaufen seiner Dynastie, deren letzter Spross, Enkelsohn Corradino oder Konradin, auf dem Marktplatz von Neapel hingerichtet wurde.

In Deutschland herrschte da schon, mit Friedrich Schiller, »die kaiserlose, die schreckliche Zeit«, auch Interregnum genannt. Könige und Gegenkönige wechselten einander ab, und manche der Herrscher, wie Alfons von Kastilien, haben niemals einen Fuß auf deutschen Boden gesetzt. Ab 1273 ließ der König dann Rudolf von Habsburg, und in seiner Person tritt eine Dynastie an, die Deutschland 600 Jahre lang beherrschen und prägen sollte und mit der endgültig das Spätmittelalter begann.

»Geschichte besteht darin, dass Leuten Unrecht getan wird. Anders findet Geschichte nie statt«, hat ein zeitgenössischer Autor gesagt. Gegen diese Feststellung lassen sich schwerlich Einwände vortragen. Sie trifft für die Zeiten Friedrichs II. von Staufen zu wie für alle Zeiten davor und danach.

389. Porphyrsarkophag Friedrichs II. im Dom von Palermo

Erhabener Abgesang 253

254 Könige und Kaiser

919 Der Herzog von Sachsen wird als Heinrich I. zum deutschen König gekrönt. Mit ihm gilt das deutsche Reich – »regnum teutonicum« – als begründet.

936 Heinrich stirbt. Sein Sohn Otto wird zum König gekrönt.

951 Feldzug Ottos nach Italien.

962 Otto I. wird in Rom zum Kaiser gekrönt. Durch Schenkungen und Zusagen sichert er sich seinen Einfluss auf das Papsttum.

973 Tod Ottos I. Sein Sohn übernimmt als Otto II. die Herrschaft.

983 Tod Ottos II. Sein Sohn Otto III. wird König unter der Regentschaft seiner Großmutter Adelheid und seiner Mutter, der Byzantinerin Theophanu.

995 Otto III. übernimmt die Regentschaft. 996 krönt ihn Gregor V., der erste deutsche Papst, zum Kaiser.

1002 Tod Ottos III. Der Herzog von Bayern wird als Heinrich II. zum König gewählt und 1014 zum Kaiser gekrönt.

1024 Tod Heinrichs II. Seine Nachfolge tritt der Salier Konrad an, der 1027 auch zum Kaiser gekrönt wird.

1039 Konrad II. stirbt. Sein Sohn tritt als Heinrich III. die Nachfolge an.

1056 Heinrich III. stirbt. Seine Witwe Agnes übernimmt bis 1065 die Regentschaft für den unmündigen Heinrich IV.

1069 Von der Abtei Hirsau aus ergreift die cluniazensische Reformbewegung die Gebiete östlich des Rheins.

1075 Konflikte zwischen Heinrich IV. und Papst Gregor VII., Beginn des Investiturstreits

1077 Bußgang Heinrichs nach Canossa

1085 Der Kaiser verkündet den Gottesfrieden.

1095 Papst Urban ruft in Frankreich zum ersten Kreuzzug auf.

1105 Der Sohn Heinrichs IV. zwingt seinen Vater zur Abdankung.

1106 Heinrich V. wird als neuer König anerkannt, 1111 zum Kaiser gekrönt.

1122 Der Kaiser verzichtet in aller Form auf eine Investitur mit Ring und Stab. Damit endet der Investiturstreit.

1125 Tod Heinrichs V. Der Sachsenherzog Lothar von Süpplingenburg wird zum König gewählt.

1137 Tod Lothars III.

1138 Konrad von Schwaben wird neuer König. Beginn des Konfliktes zwischen Staufern und Welfen.

1149 Die deutschen Städte geben sich zum Zeichen ihrer Autonomie Stadtsiegel.

1152 Tod Konrads III.

1152 Herzog Friedrich von Schwaben wird als Friedrich I. Barbarossa zum König gewählt.

1155 Kaiserkrönung Barbarossas in Rom.

1161 Deutsche Kaufleute gründen eine Genossenschaft, Keimzelle der späteren Hanse.

1167 Die lombardischen Städte schließen sich zu einem Bündnis gegen den Kaiser zusammen.

1189 Barbarossa bricht zum Kreuzzug auf. Das Jahr darauf ertrinkt er in dem kleinasiatischen Fluss Saleph.

1190 Gründung des Deutschen Ordens durch Lübecker und Bremer Kaufleute. Heinrich VI., Barbarossas Sohn, wird König.

1197 Nach Heinrichs Tod wird der Welfe Otto VI. König, Heinrichs jüngerer Bruder Philipp von Schwaben sein Gegenkönig.

1200 Wirken Walthers von der Vogelweide. Das Nibelungenlied entsteht.

1211 Auf Betreiben des Papstes wird Friedrich von Sizilien, der Sohn Heinrichs VI., zum König gewählt.

1220 Kaiserkrönung Friedrichs II.

1220 Eike von Repgow beginnt den Sachsenspiegel niederzuschreiben, das bedeutendste Rechtsbuch des Mittelalters.

1235 Reichslandfrieden von Mainz.

1250 Friedrich II. stirbt in Apulien und wird in Palermo beigesetzt.

Fotonachweis

Bildquellen, Fotovermerk:

Titel/Innentitel: Institut für mittelalterliche Realienkunde, Krems (IMREA), Monatsbild aus dem Adlerturm Trient; Heidelberger Universitätsbibliothek, Manessesche Hs.; Bild Nr. 1 AKG, Tretjakow-Galerie Moskau; Nr. 2 AKG, Römer in Frankfurt/M.; Nr. 3 AKG, Stiftung Maximilianeum, München; Nr. 4 Bildarchiv Foto Marburg (BFM); Nr. 5/6 bpk; Nr. 7/8 AKG, Bayrische Staatsbibliothek München; Nr. 9 IMREA, Österr. Nationalbibl. Wien; Nr. 10 IMREA, Adlerturm Trient; S. 16/17: AKG/British Library, Luttrell-Psalter; Nr. 11 Römisch-Germanisches Zentralmuseum Mainz; Nr. 12 Herzog-August-Bibliothek Wolfenbüttel, Sachsenspiegel (Sachs.); Nr. 13 Campus; Nr. 14 Sachs.; Nr. 15 IMREA, Trient; Nr. 16/17 AKG, Tacuinum sanitatis; Nr. 18 AKG; Nr. 19 Sachs.; Nr. 20–22 Utrechter Psalter; Nr. 23 Sachs.; Nr. 24 Universitätsbibliothek Heidelberg, Heidelberger Sachsenspiegel; Nr. 25–27 Sachs.; Nr. 28–30 Heidelberger Sachsenspiegel; Nr. 31 AKG, British Library; Nr. 32/33 Sachs.; Nr. 34 AKG, British Library; Nr. 35 AKG, British Library; Nr. 36 Sachs.; Nr. 37 AKG, British Library; Nr. 38 Sachs.; Nr. 39 AKG, Lutrell-Psalter; Nr. 40 Sachs.; Nr. 41–44 IMREA, Adlerturm; Nr. 45–48 Sachs.; Nr. 49 IMREA Adlerturm; Nr. 50–53 AKG, Tacuinum sanitatis; Nr. 54 British Library, Luttrell-Psalter; Nr. 55 BFM, Hortus deliciarum; Nr. 56 Stuttgarter Psalter; Nr. 57 AKG/Erich Lessing; Nr. 58 Sachs.; Nr. 59–63 Freilichtmuseum Groß Raden; Nr. 64 Uwe Koch; Nr. 65 Groß Raden; Nr. 66–71 Uwe Koch; Nr. 72 Freilichtmuseum Groß Raden; Nr. 73–75 Staatliches Landesmuseum Mecklenburg-Vorpommern; Nr. 76 Oldenburger Sachsenspiegel; Nr. 77 Freilichtmuseum Groß Raden; Nr. 78/79 Staatliches Landesmuseum Mecklenburg-Vorpommern; Nr. 80 Staatliches Museum Schwerin; Nr. 81 Oldenburger Sachsenspiegel; Nr. 82/83 Staatliches Landesmuseum Mecklenburg-Vorpommern; Nr. 84 AKG; S. 63/64 Joachim Siener/Württ. Landesbibliothek; IMREA Adlerturm; Nr. 85 Nürnberg, Hausbuch der Mendelschen Zwölfbrüderstiftung; Nr. 86 AKG, Bibliothèque National, Paris; Nr. 87 BFM Bayerische Staatsbibl. München, Kloster Benediktbeuren; Nr. 88 St. Andreas, Lüneburg; Nr. 89 Rosgarten Museum Konstanz, Richental-Chronik; Nr. 90–92 BFM, Schedelsche Weltchronik; Nr. 93/94 HVK; Nr. 95 Stadtmuseum Göttingen; Nr. 96 BFM; Nr. 97 HVK; Nr. 98 BFM; Nr 99–102 Kunsthistorisches Museum, Wien; Nr. 103 IMREA, Adlerturm; Nr. 104 Bayerische Staatsbibl. München, Kloster Benediktbeuren; Nr. 105 Stadtarchiv Soest; Nr. 106–108 BFM; Nr. 109 Österr. Nationalbibliothek, Tacuinum sanitatis; Nr. 110 IMREA; Nr. 111 BFM; Nr. 112 Rosgartenmuseum Konstanz, Richental-Chronik; Nr. 113/114 Landesdenkmalamt Baden-Württemberg; Nr. 115 Rosgarten Museum Konstanz, Richental-Chronik; Nr. 116/117 AKG, Österr. Nationalbibl., Wien; Nr. 118 BFM; Nr. 119/120 Stadtarchiv Ravensburg; Nr. 121 AKG, Florenz, Libro che tracta di mercantile; Nr. 122 BFM; Nr. 123 AKG, Museo civico Venedig; Nr. 124 HVK, Württ. Landesmuseum Stuttgart; Nr. 125 Archiv der Hansestadt Lübeck; Nr. 126 Teppich von Bayeux; Nr. 127 BFM, Schedelsche Weltchronik; Nr. 128 Uwe Koch; Nr. 129 Zentralbibliothek Zürich; Nr. 130/131 BFM; Nr. 132 AKG, Deutsches Historisches Museum, Berlin; Nr. 133/134 BFM; Nr. 135 Stadtarchiv Rostock; Nr. 136 BFM, Schedelsche Weltchronik; Nr. 137 AKG, Hamburgisches Staatsarchiv; Nr. 138 Sachs.; Nr. 139 Universitätsbibl., Graz; Nr. 140 Österr. Nationalbibl., Wien; Nr. 141 Teppich von Bayeux; Nr. 142 Museo di Siena; Nr. 143 Bibliotheque Inguimbertine, Carpentras; Nr. 144–147 Bibl. des Escorial, Madrid; Nr. 148 Bibl. Municipale, Laon; Nr. 149 Württ. Landesbibl., Stuttgart; Nr. 150–152 Universitätsbibl. Göttingen, IMREA; Nr. 153 Sachs.; Nr. 154 Archiv der Stadt Zwickau; Nr. 155 Bibl. de L'Arsenal, Paris; Nr. 156 Niedersächsische Staats- und Universitätsbibl.; Nr. 157 The British Library, London; Nr. 158 IMREA; Nr. 159 Thomas Helms, Grabplatte im Schweriner Dom; Nr. 160 Zentralbibliothek Zürich; Nr. 161 Schnütgen-Museum, Köln; Nr. 162 Domstift Merseburg; Nr. 163 Bodleian Library, Oxford; Nr. 164 Staatsbibl. Berlin; Nr. 165 Württ. Landesbibl., Stuttgart; Nr. 166 Bayerische Staatsbibl. München; Nr. 167/168 AKG, British Library; Nr. 169/170 AKG, Bodleian Library, Oxford; Nr. 171 AKG, Israel-Museum, Jerusalem; Nr. 172/173 BFM; Nr. 174/175 Sachs.; Nr. 176 Staats- und Universitätsbibl. Hamburg; Nr. 177 Hortus deliciarum, ehem. Straßburger Bibliothek; Nr. 178 Universitätsbibl. Heidelberg, Manessesche Handschrift; S. 118/119 Nordrhein-Westfäl. Staatsarchiv Münster (Fraternitätsbuch v. Corvey), Bibl. Nationale, Paris; Nr. 179 Cod. Vat. Lat. 1202; Nr. 180 Sachs.; Nr. 181 Trinity College, Cambridge; Nr. 182–184 Sachs.; Nr. 185 Rhein. Bildarchiv, Stadt- und Universitätsbibl. Frankfurt/M; Nr. 186 IMREA, Stiftsbibl. Heiligenkreuz; 187/188 Stiftsbibliothek St. Gallen; Nr. 189 AKG, Landesbibl. Dresden; Nr. 190 Utrechter Psalter; Nr. 191 IMREA, Stiftsbibl. Göttweig; Nr. 192 AKG, Bodleian Library, Oxford; Nr. 193 FMB, Bibl. de l'Arsenal, Paris; Nr. 194 Bodleian Library, Oxford; Nr. 195 AKG, Österr. Nationalbibl., Wien; Nr. 196 IMREA, Narodni Muzeum, Prag; Nr. 197 Cîteaux, Dijon; Nr. 198 Bibliothèque Municipale, Troyes; Nr. 199 Kloster Wienhausen, Celle; Nr. 200 Bibliothèque National, Paris; Nr. 201 Kloster Medingen, Uelzen; Nr. 202 Kunsthist. Museum, Wien; Nr. 203 Staatsmuseum Bamberg; Nr. 204–206 Stadtmuseum Köln, Schnütgen-Museum Köln; Nr. 207 Staatsbibl. Berlin; Nr. 208 Paris, Archives nat.; Nr. 209 BFM, Bibl. St.-Geneviève, Paris; Nr. 210 BFM, Sächs. Weltchronik; Nr. 211 IMREA, Badische Landesbibl.; Nr. 212 BFM; Nr. 213 AKG; Nr. 214–218 AKG; Nr. 219/220 bpk; Nr. 221 Quedlinburger Domschatz; Nr. 222/223 bpk; Nr. 224 Quedlinburger Domschatz; Nr. 225 bpk; Nr. 226 AKG, Bayerische Staatsbibl. München; Nr. 227 AKG; Nr. 228 AKG; Nr. 229 IMREA, Franziskanerkloster St. Anna, München; Nr. 230 AKG; Nr. 231 AKG; Nr. 232 AKG; Nr. 233 AKG, Rupertsberger Codex; Nr. 234 AKG; Nr. 235 HVK; Nr. 236 AKG; Nr. 237 BFM; Nr. 238 bpk; Nr. 239 AKG; Nr. 240 IMREA, Stiftsbibl. Heiligenkreuz; Nr. 241 BFM, Speculum naturae, Laon; Nr. 242–248 AKG; Nr. 249 BFM, San Francesco in Assisi; Nr. 250/251 bpk; Nr. 252 BFM, Kloster Benediktbeuren; Nr. 253 bpk; S. 164/165 IMREA, Adlerturm. Württemb. Staatsbibl., Stuttgarter Bilderpsalter; Nr. 254–257 IMREA, Trient; Nr. 258 IMREA, Stiftsbibl. Heiligenkreuz; Nr. 259 BFM, Brit. Museum, London; Nr. 260–262 Sachs.; Nr. 263 IMREA, Falkensteiner Urbar, Bayer. Staatsarchiv, München; Nr. 264 Sachs.; Nr. 265 bpk; Nr. 266 HVK; Nr. 267/268 BFM; Nr. 269 BFM, Bibl. National, Paris; Nr. 270 Dijon, Bibliothèque; Nr. 271 Hortus deliciarum, ehem. Straßburger Bibl.; Nr. 272 BFM, Universitätsbibl. Prag, Welislow-Bibel; Nr. 273 Hortus deliciarum, ehem. Straßburger Bibl.; Nr. 274 Stuttgarter Bilderpsalter, Württ. Landesbibl.; Nr. 275–280 HVK; Nr. 281 BFM, Landesbibl. Stuttgart; Nr. 282 Staatsbibl., Bamberg; Nr. 283–286 Sachs.; Nr. 287 IMREA; Nr. 288 Sachs.; Nr. 289 Stadtarchiv Soest, Nequambuch; Nr. 290 Sachs.; Nr. 291 Stadtarchiv Soest, Nequambuch; Nr. 292 BFM, ehem. Preuß. Staatsbibl.; Nr. 293 AKG; Nr. 294/295 BFM, Temple-Church, London; Nr. 296 HVK; Nr. 297 Stiftsbibl. St. Gallen, Psalterium aureum; Nr. 298 BFM, Abteikirche St. Denis; Nr. 299 BFM, Stuttgarter Landesbibl.; Nr. 300/301 IMREA, Adlerturm; Nr. 302 Bibliothèque National de Paris; Nr. 303 Sachs.; Nr. 304 IMREA, Österr. Nationalbibl. Wien; Nr. 305 BFM; Nr. 306 IMREA, Österr. Nationalbibl. Wien; Nr. 307 BFM; Nr. 308 IMREA, Stiftsbibl. Heiligenkreuz; Nr. 309 AKG, Luttrell-Psalter, British Library, London; Nr. 310 IMREA, Castello de Buonconsiglio; Nr. 311 IMREA, Innenfresko Burg Runkelstein, Südtirol; Nr. 312 BFM; Nr. 313 IMREA, Stiftsbibl. Zwettl; Nr. 314 IMREA, Stiftsbibl. Heiligenkreuz; Nr. 315 AKG, Luttrell-Psalter, British Library, London; 316–319 IMREA, Reiner Musterbuch; Nr. 320 Heidelberger Universitätsbibl., Manessesche Hs.; Nr. 321 IMREA; Nr. 322 IMREA, Reiner Musterbuch; Nr. 323 Hortus deliciarum, ehem. Straßburger Bibl.; Nr. 324 Sachs.; Nr. 325/326 IMREA, Adlerturm; Nr. 327 AKG; Nr. 328 AKG; Nr. 329–332 Uwe Koch; Nr. 333 Stuttgarter Bilderpsalter, Württ. Landesbibl.; Nr. 334 AKG; Nr. 335 AKG, Bodleian Library, Oxford; Nr. 336 IMREA, Universitätsbibl. Bonn; Nr. 337–342 Universitätsbibl. Heidelberg, Manessische Liederhandschrift; Nr. 343 BFM Staatsbibl. München; Nr. 344 Heidelberger Universitätsbibl., Manesse Nr. 345 AKG; Nr. 346 Heidelberger Universitätsbibl., Manesse; Nr. 347 BFM, Staatsbibl. München; Nr. 348 BFM; Nr. 349/350 AKG, Bibl. National, Paris; S. 218/219 AKG, Bibl. Vaticana, Sachs.; Nr. 351 bpk, Einzelblatt Trier; Nr. 352 HVK; Nr. 353 Herzog-August-Bibliothek Wolfenbüttel; Nr. 354/355 Sachs.; Nr. 356 AKG; Nr. 357 Sachs.; Nr. 358 AKG; Nr. 359 HVK; Nr. 360 Diözesanmuseum Bamberg; Nr. 361 Sachs.; Nr. 362 AKG; Nr. 363–367 Sachs.; Nr. 368 AKG, Cod. Aureus v. Echternach, Trier; Nr. 369 AKG, Weltchronik Ekkehard v. Aura, Cambridge; Nr. 370 AKG, Liber ad honorem Augusti, Bern; Nr. 371 AKG, Landesbibl. Fulda; Nr. 372 bpk; Nr. 373 AKG; Nr. 374 AKG, Evangeliar Otto III., Bayer. Staatsbibl. München; Nr. 375 AKG; Nr. 376 AKG; Nr. 377 AKG, Universitätsbibl. Leipzig; Nr. 378 AKG, Biblioteca Vaticana; Nr. 379 Herzog-Ernst-August-Bibl.; Nr. 380 AKG; Nr. 382 AKG, Sächs. Weltchronik, Gotha; Nr. 383 AKG, Biblioteca Vaticana; Nr. 385 AKG, Bibl. Vaticana; Nr. 386 AKG, Kloster San Benedetto, Subiaco; Nr. 387 AKG; Nr. 388 AKG; Nr. 389 AKG.